国家社科基金项目(批准号:12BYY086)成果
温州大学中国语言文学学科建设成果

近代汉语句式糅合现象研究

叶建军 著

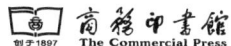
商务印书馆
The Commercial Press

图书在版编目(CIP)数据

近代汉语句式糅合现象研究 / 叶建军著. — 北京:商务印书馆,2020
ISBN 978-7-100-19294-1

Ⅰ.①近… Ⅱ.①叶… Ⅲ.①汉语—句法—研究—近代 Ⅳ.①GH146.3

中国版本图书馆CIP数据核字(2020)第265687号

权利保留,侵权必究。

近代汉语句式糅合现象研究
叶建军 著

商 务 印 书 馆 出 版
(北京王府井大街36号 邮政编码100710)
商 务 印 书 馆 发 行
北 京 冠 中 印 刷 厂 印 刷
ISBN 978-7-100-19294-1

2020年11月第1版　　开本 880×1230　1/32
2020年11月北京第1次印刷　印张 17 1/8
定价:75.00元

序 一

温州大学叶建军教授近年来致力于近代汉语句式的研究，特别是聚焦于从句式糅合的角度探讨近代汉语若干句式的生成机制及其理据，发表了一系列富有新意的成果，受到学界的关注和好评，呈现在读者面前的这本《近代汉语句式糅合现象研究》就是他这方面的代表性成果。我个人觉得，这本《近代汉语句式糅合现象研究》至少具有以下几个方面的创获和贡献：

第一，首次对近代汉语句式糅合现象进行了较为全面、系统、深入的研究，成果具有填补学术空白的价值。作者详细考察了近代汉语中十余种句式糅合现象，深入分析了这些特殊句式的糅合机制及其认知动因，探讨了其历史发展演变的过程及相关的词汇化、语法化等问题，在视角和方法上均有显著的创新。

第二，首次对句式糅合现象进行了明确的界定和理论阐述。作者认为，句式糅合是指两个语义相同或相近的句式 A 与 B，因某种语用目的主要通过删略重叠成分合并成一个新的句式 C 的过程或现象。在详细辨析"糅合"与"杂糅"异同的基础上，作者首次提出句式糅合的三个基本原则，即语义相近原则、时代先后原则和成分蕴含原则或语义蕴含原则，这三个原则不仅揭示了"糅合"现象的本质特征，也可以用作识别句式糅合现象的标准和参数。这些原则的提出反映出作者对近代汉语句式糅合现象的深入思考，深具理论意义。

第三，作者搜集了大量典型的第一手资料，对近代汉语学界以往关注较少的一些特殊句式，如"X胜似Y""X胜如Y""X不如Y较A""非得X不Y"，进行了系统、全面的考察，并从句式糅合的角度对这些特殊句式的生成机制进行了深入的解释，从而拓展了近代汉语语法研究特别是句式研究的范围。

当然，跟其他所有学术著作一样，建军的这本《近代汉语句式糅合现象研究》也有进一步提升和完善的空间。句式糅合本质上是一种句法实现的结果，背后一定具有某种认知操作和语用策略，对于这些认知操作和语用策略的分析也就是对句式糅合理据的解释。建军的这本著作还可以在这方面做进一步的拓展和深化。

建军书稿既成，函嘱笔者缀数语于卷首。作为同道和同乡，笔者义不容辞。是为序。

吴福祥
2020仲夏于京城齐贤斋

序 二

　　句式糅合一直是近现代汉语中的一种重要而又特殊的语言现象。然而，在传统的语法体系及其研究中，句式糅合及其相关的语言现象一直没有受到应有的重视，甚至被看作是不规范的语言现象，这也正是迄今为止这方面研究成果较少的原因。近些年来，随着各种语言理论的引入和借鉴，研究方法的改进和完善，研究手段的不断更新和提升，有关汉语句式糅合的研究也得到了一定的发展，并且陆续发表了一系列研究成果。当然，在取得部分成绩的同时，也不能忽视当前糅合句式研究中还存在的问题，比如深层次、解释性的研究成果还很少，尤其是结合特定语言学理论与有效研究方法的系统性探究就更少了。叶建军的这本《近代汉语句式糅合现象研究》正是近代汉语句式糅合研究的一项重要突破与总结，是针对这一语言现象研究的创新性成果。该书从多个不同的语言现象与研究视角出发，对近代汉语句式糅合的性质与特征、构造与类别、演化与成因，都做了深入详尽的分析与探究、全面系统的揭示与解释。通过对一批糅合句式的深入研究，作者提出了一系列很有创见的结论与解释。

　　我仔细审阅这本论著，觉得这本专著的学术价值与优点，主要有以下几个方面：

　　首先，这本论著从多个角度对近代汉语句式糅合现象做了相当全面、深入、系统的研究。作者依次研究了近代汉语中十余种句式糅合现象,将微观的个案分析与宏观的理论阐述结合起来,提出的句式糅合理论颇有创见,得出的许多结论也相当新颖。作者认为:句式糅合是某些特殊句式的一种特定生成机制;句式糅合要完全遵循语义相近原则、时代先后原则以及成分蕴含或语义蕴含原则;句式糅合现象可以分为同类句式糅合与异类句式糅合两种现象;近代汉语的句式糅合现象具有普遍性、多样性和系统性,甚至还存在句式的二次糅合现象;句式糅合的动因大多与凸显言者的主观性有关,语言接触也是句式糅合的一种动因;糅合句式在发展演化过程中不是被淘汰就是逐渐规约化。总之,这本论著在学界第一次全面、系统地研究了近代汉语糅合句式,提出了一系列创见与解释,构建了一整套探究句式糅合的理论与方法。

其次,这本论著既重视演绎法,更重视归纳法,特别注重实事求是地调查、分析第一手语料。作者得出的许多结论在语言事实中能够得到验证,揭示了不少以前学界不曾注意的近代汉语句式糅合现象。比如"X 胜似 Y"是现代汉语中常见的差比句式,但是作者却敏锐地观察到该句式也可以表示平比,进而深入探究其中的原因,并且由此提出了一系列的问题,进行了深入的剖析。而且专著的分析都是建立在大量第一手语料调查的基础上,绝不做纯理论的假设。所以,作者列举的例证典型翔实,颇有说服力,论证过程细致严谨,抽丝剥茧、鞭辟入里,得出来的结论都相当可靠。比如,作者认为"X 胜似 Y"

是因递进的语用目的由差比句式与平比句式糅合而成的；随着"胜似"的词汇化与差比义的规约化，平比动词"似"逐渐转化为引出差比对象的介词；在类化机制作用下糅合句式"X胜如Y"中的"胜如"也发生了词汇化，"如"也发生了语法化。像这样精细、深入的论证，在这本专著中还有很多。

再次，这本论著能够做到求真务实，不回避疑难问题，对一些既有定论也不盲从，敢于提出自己的见解，尽量以理服人，这在当下实在难能可贵。专著探讨的某些句式糅合现象，实际上早已有人注意到，只是语焉不详。比如近代汉语中具有被动意义的所谓零被动句"被+NP+VP+NP"及相关语言现象的生成机制，尽管早就引起了学界的关注，但一直没能得出充分、合理的解释。作者立足于汉语史，着重探究其生成机制与生成动因，从句式糅合的基本原则、同义句式的比较、主语羡余句式等三个视角，充分论证了其生成机制是糅合，证明其是由命题义相同的省略受事主语的被动句式与主动句式通过删略重叠成分糅合而成的。作者还认为，如果言者大脑中先浮现省略受事主语的被动句式，后叠加主动句式，那么其生成动因是保证信息的完整性；相反，其生成动因是凸显言者的主观性，同时还有可能是保持话题的同一性。再比如，对于肯定义句式"好不A"，作者通过大量的事实调查，根据句式糅合的三个基本原则，认定句式中感叹标记与反诘标记以及同义句式的同现，进而断定肯定义句式"好不A"的生成机制是糅合，证明由感叹句式与反诘句式糅合而成，而且，作者还从正反两个方面探讨了句式糅合的动因。由于作者的调查论证细致严谨,逻辑性很强,这本论著所提出的相应观点不能不让人信服。

最后,这本论著将近代汉语句式糅合现象研究与汉语词汇化研究、语法化研究结合起来,拓展了汉语词汇化、语法化研究的视野。作者研究了近代汉语句式糅合现象的发展、演变及相关问题,将句式糅合研究与词汇化、语法化研究结合起来,在某种程度上丰富了汉语词汇化、语法化理论。比如,作者通过探究句式"X 胜似 Y"的来源、"胜似"的词汇化及相关问题得出结论:句式糅合不仅会致使某个结构发生词汇化,而且会引起此结构中某个词语发生语法化。又如作者通过探究句式"果不然"的形成及其演变,得出糅合句式本身也可以发生词汇化的结论。显然,论著又给学界提供了词汇化、语法化研究的一个崭新的视角。

除以上四个方面之外,这本专著的学术价值还体现在对汉语与其他民族语言的接触研究具有一定的参考价值,对现代汉语句式糅合现象的研究也具有一定的借鉴意义。

我认识叶建军是 2005 年 9 月,那年我正式开始培养语法学的博士生。他来上海师范大学跟袁宾教授攻读博士学位,同时选修了我的现代汉语语法专题课。我当时就发现,他是一个善于独立思考并有独到见解的人,在我的课堂上讨论问题时,他常常能提出与众不同的看法,令人刮目相看。叶建军 2008 年 6 月获得博士学位后本来可以留校,但是他权衡利弊后最终选择了放弃。机缘巧合,他毕业前有一次到我办公室谈论文,顺便聊起工作去向问题,我就推荐他去了温州大学。后来我们一直保持联系,他常发来他的新作并请我提出修改意见,还邀请我去温州大学给研究生做学术报告。

我知道,叶建军在治学方面是一位非常严谨的学者,这些年来,他在近代汉语的研究中特别重视所写论文的质量。这本论著不但是作者主持的国家社科基金项目的研究成果,而且其中部分章节曾以单篇论文形式在《中国语文》《语言科学》《古汉语研究》《语文研究》等核心期刊发表过,其中的两篇学术论文还荣获第十八届中国社会科学院"吕叔湘语言学奖"二等奖。总之,这部《近代汉语句式糅合现象研究》是前后花了十多年时间,经过精心整合才最终修改定稿的。叶建军的第一部专著《〈祖堂集〉疑问句研究》是在中华书局出版的,这部《近代汉语句式糅合现象研究》又将在商务印书馆出版,实在可喜可贺。据我了解,在我国语言学界,无论是现代汉语研究还是近代汉语研究领域,如果谁能够在中国语言学方面最重要的这两家出版社出版独撰的学术专著,那无疑是很有学术影响且颇为荣耀的。

毋庸讳言,这本论著也有一些方面本来可以做得更好些的。比如,近代汉语句式糅合现象的动因,还可以再深入挖掘;近代汉语句式糅合不是封闭的而是开放的,专著研究的糅合句式,也还可以进一步拓展。这都有待于作者今后在更深入、全面调查的基础上做进一步的拓展研究,并借鉴与吸收相关的语言学理论,从而对近代汉语句式糅合现象做更全面的揭示。然而,就当前近代汉语糅合句式的研究而言，这部精心打磨的著作无疑是非常值得学界同仁关注，非常值得近代汉语语法研究生仔细研读的。在此，我郑重地向大家推荐这本专著。

张谊生

2020 年 3 月于上海师范大学

目 录

第一章 绪论 ··· 1
　1.1 句式糅合的界定与句式糅合的原则 ··························· 1
　1.2 汉语句式糅合现象研究现状 ······································ 9
　1.3 本书的研究对象、研究内容及主要观点 ··················· 18
　1.4 本书的研究目的与研究意义 ···································· 25

第二章 "X 胜似 Y"的来源、"胜似"的词汇化及相关问题 ····· 29
　2.1 引言 ··· 29
　2.2 "X 胜似 Y"的来源 ·· 32
　2.3 "胜似"的词汇化与语义演变 ··································· 42
　2.4 三个相关问题 ·· 52
　2.5 小结 ··· 62

第三章 "X 不如 Y 较 A"类差比句式的语义、形成与演变 ····· 63
　3.1 引言 ··· 63
　3.2 "X 不如 Y 较 A"类差比句式的类别 ························· 65
　3.3 "X 不如 Y 较 A"类差比句式的语义 ························· 68
　3.4 "X 不如 Y 较 A"类差比句式的形成 ························· 74
　3.5 "X 不如 Y 较 A"类差比句式的演变 ························· 85
　3.6 小结 ··· 93

第四章 "X如Y相似"类平比句式的类别、来源及相关问题……95

4.1 引言……………………………………………………95
4.2 "X如Y相似"类平比句式的类别………………………97
4.3 "X如Y相似"类平比句式的生成机制与动因…………120
4.4 从"XY相似"等的来源看"相似"等的词性……………135
4.5 小结……………………………………………………150

第五章 "被NP施VPNP受"的生成机制与动因……………152

5.1 引言……………………………………………………152
5.2 "被NP施VPNP受"的句法、语义特点…………………154
5.3 "被NP施VPNP受"的生成机制…………………………159
5.4 "被NP施VPNP受"的生成动因…………………………168
5.5 小结……………………………………………………177

第六章 "被NP施将/把NP受VP"的生成机制与动因………179

6.1 引言……………………………………………………179
6.2 "被NP施将/把NP受VP"的句法、语义特点……………180
6.3 "被NP施将/把NP受VP"的生成机制……………………186
6.4 "被NP施将/把NP受VP"的生成动因……………………192
6.5 小结……………………………………………………202

第七章 "S去X去"的来源及相关问题……………………204

7.1 引言……………………………………………………204
7.2 "S去X去"的生成机制…………………………………207

7.3 "S去X去"的生成动因 ·················· 218
7.4 "S去X去"的生成是否与语言接触有关? ·········· 230
7.5 反向位移句式"S来X来"的来源 ·············· 235
7.6 小结 ··························· 241

第八章 "非得X不Y"的形成、演变及相关问题 ········ 242
8.1 引言 ························· 242
8.2 "非得X不Y"与"非X不Y""得X"的出现与使用 ···· 244
8.3 "非得X不Y"的生成机制与动因 ············ 255
8.4 "非得X不Y"的演变及"非得"的副词化 ········ 261
8.5 相关句式"非要X不Y"的形成及其演变 ········· 269
8.6 小结 ························· 276

第九章 "除非X,不Y"与"除非X,才Y"的来源 ······· 278
9.1 引言 ························· 278
9.2 "除非X,不Y"的来源 ················ 280
9.3 "除非X,才Y"的来源 ················ 290
9.4 小结 ························· 302

第十章 "果不(其)然"的形成及其演变 ··········· 304
10.1 引言 ························ 304
10.2 "果不(其)然"的形成 ··············· 305
10.3 "果不(其)然"的演变 ··············· 323
10.4 小结 ························ 327

第十一章 "好不A"的来源及"好不"的词汇化 ········· 328

11.1 引言 ··· 328
11.2 感叹句式"好A"与反诘句式"岂不A" ··············· 331
11.3 肯定义句式"好不A"的生成机制 ······················ 336
11.4 肯定义句式"好不A"的生成动因 ······················ 347
11.5 "好不"的词汇化 ··· 352
11.6 小结 ·· 357

第十二章 "莫VPNeg"类疑问句式的类别与来源 ········· 359

12.1 引言 ·· 359
12.2 "莫VPNeg"类疑问句式的类别 ························ 360
12.3 "莫VPNeg"类疑问句式的生成机制 ··················· 371
12.4 "莫VPNeg"类疑问句式的生成动因 ··················· 378
12.5 小结 ·· 383

第十三章 "NP_1是NP_2是也"类判断句式的生成机制与动因及相关问题 ··· 386

13.1 引言 ·· 386
13.2 "NP_1是NP_2是也"类判断句式的生成机制 ········· 390
13.3 "NP_1是NP_2是也"类判断句式的生成动因 ········· 404
13.4 "NP_1是NP_2(的)便是"是不是语言接触的产物? ···· 409
13.5 小结 ·· 414

第十四章 "因X（的）上头"类原因句式的来源及其演变……417
- 14.1 引言……417
- 14.2 元代"因X（的）上头"类原因句式的普遍性……418
- 14.3 "因X（的）上头"类原因句式的来源……428
- 14.4 "因X（的）上头"类原因句式的演变……452
- 14.5 小结……477

第十五章 近代汉语句式糅合现象的类型与特点……480
- 15.1 糅合是句式的一种生成机制……480
- 15.2 同类句式糅合现象与异类句式糅合现象……483
- 15.3 句式糅合现象的普遍性、多样性与系统性……486
- 15.4 二次句式糅合现象……491
- 15.5 小结……501

第十六章 近代汉语句式糅合的动因与糅合句式的演变……502
- 16.1 言者的主观性与句式糅合……502
- 16.2 语言接触与句式糅合……505
- 16.3 动因的单一性与多样性……507
- 16.4 动因的必然性与或然性……509
- 16.5 糅合句式的淘汰与规约化……510
- 16.6 糅合句式与词汇化、语法化……513
- 16.7 小结……516

参考文献……518
后记……528

第一章 绪 论

1.1 句式糅合的界定与句式糅合的原则

1.1.1 句式糅合的界定

一提起"句式糅合",我们就会很自然地想到现代汉语中一种常见的语法失误,即"句式杂糅"。众所周知,句式杂糅一般被看作一种难以接受的不规范的语言现象。句式杂糅通常有两种情形,其一是将两个命题义相同的句式混杂在一起形成一个新的句式。同样一个意思,可以用多个句式来表达,如果言者既想用这个句式表达,又想用那个句式表达,那么就会造成这两个句式混杂在一起。这种句式杂糅的后果有可能是句法结构混乱,句式意义冗余等。句式杂糅的另一种情形是,两个紧邻的具有某种逻辑语义关系的句式因言者忽视其各自相对的独立性而黏合在一起,往往是把前一个句式的结尾用作后一个句式的开头,生硬地将两个语义不同的句式连成一个句式。这两种句式杂糅现象,一般来说具有消极性,是应该避免的。但是相对来说,第一种句式杂糅现象往往有一定的可接受性,甚至是完全可以接受的。试比较下面二例:

(1) 我们飞行队的人都慌了，<u>不知出了什么事</u>，问调度值班室，他们也不说。（王朔《空中小姐》）

(2) 接着他又像刚想起来似地笑说："刚才我过来，看到美萍一个人在门外抹眼泪，<u>不知出了什么事</u>？"（王朔《你不是一个俗人》）

上面二例出自同一作者的不同作品，形式完全相同。我们一般会认为例（2）也应该像例（1）一样使用陈述语气，但是却使用了疑问语气。很显然，这是陈述句式"不知出了什么事"与疑问句式"出了什么事"杂糅的结果。

这种陈述句式与疑问句式杂糅的现象并不少见。再如：

(3) "有一件事我可以替你帮忙，<u>不知道你愿意干不愿意</u>？"周少濂问。（老舍《赵子曰》）

(4) "一定！马来人是由上海来的，父亲看不起上海人，所以也讨厌马来。<u>不知道父亲为什么看不起上海人</u>？"小坡摇着头说。（老舍《小坡的生日》）

(5) 一别将十年，<u>他黄叶飘零也似的生命，不知还遗留在这秋风冷落的人间么</u>？（钟敬文《黄叶小谈》）

(6) 那位领导就说："有这句话就好办一半了。因为政策关系，地富子女上学的机会不多，大半没文化。<u>不知你对这方面挑剔不挑剔</u>？"（邓友梅《兰英——巴黎城内的山东大嫂》）

(7) 这里，又说到现在那些写"文革"的文艺作品，一写造反派就是"文革"打手，<u>不知这些作家那时是不是</u>

在娘怀里吃奶？（冯骥才《一百个人的十年》）

吕叔湘（1982：290）早就注意到了此类语言现象，列举了清代白话小说《红楼梦》中三个类似用例：

（8）<u>你说谁不好</u>？我替你打他。（《红楼梦》第二十回）

（9）你到林姑娘那里，<u>看他做什么呢</u>？（《红楼梦》第三十四回）

（10）大娘说有话说，<u>不知是什么话</u>？（《红楼梦》第二十四回）

吕叔湘（1982：290）认为，"有些问句，用'你说'、'不知'等开头"，"按形式说，是命令句或直陈句包含问句，可是就它们的作用而论，仍然是询问性质。一般的间接问句不能加疑问语气词，但这类句子可以照常加用。我们不妨仍然把它们算做直接问句，把'你说'、'不知'等算做发问词"。吕先生的看法是颇有道理的。叶建军（2010a：259—270）侧重考察了晚唐五代时期禅宗语录《祖堂集》中类似的语法现象，认为类似的句式可以看作糅合的疑问句式。值得注意的是，叶建军（2010a：259—270）使用的术语不是"杂糅"，而是"糅合"。

类似的将两个语义相同或相近的句式合并成一个新的句式的所谓"句式杂糅"现象，无论是在现代汉语中还是在汉语史上，都有一些具有极高的接受度，且往往具有普遍性。如"果不其然"与"果不然"，最早均出现于明末清初，均属于确认事实义句式。如果探本穷源，"果不（其）然"应是由肯定形式的确认事实义陈述句式或感叹句式"果（其）然"与否定形式的确认事实义反诘句式"不其然乎"类糅合而成的。"果不（其）然"逐渐丧失反诘语气，沿用了下来，成为确认事实义陈述句式或感叹句式（详见第十章）。我们认为，不宜将类似的语法现象称为不规范的"句式杂糅"现象。我们可以将这种现象称为句式糅合现象。"语言是随着社会的发展变化而发展变化的，所谓的'规范'或'不规范'是要受到时间、地域等条件的影响和制约的，具有相对性、人为性。一些语言现象即便真的是所谓的'不规范'，但是也可能'习非成是'"（叶建军，2010a：329）。我们应该以历史的发展的眼光客观、理性地看待这些奇特的语法现象，所以我们这里使用中性术语"句式糅合"，而不使用带有一定的贬义色彩的术语"句式杂糅"等。

要对"句式糅合"这一术语进行界定，有必要先对"句式"进行界定。学界对句式的理解不尽相同（可参看范晓，2010），一般认为，句式是根据句子的局部特点划分出来的句子类型。句式又可依据不同的标准分出一些次类，如以谓语部分的特殊结构为标记，可分为主谓谓语句式、双宾语句式、兼语句式、连谓句式等；以句式中出现的某个特殊词语（如介词、动词等）为标记，可分为"被"字句式、"把"字句式、"对"字句式、"连"字句式、"比"字句式、"是"字句式、"有"字句式等；以句式的特殊语义范畴为标记，可分为被动句式、处置句式、比较句式、存现句式、肯定句式、否定句式等（邵敬敏，2014a）。

关于句式的界定，范晓（2013）提出了新的看法，认为句式是"句子的语法结构格式"或"句子层面的语法构式","应该把句子语法结构格式和短语语法结构格式区别开来,前者称为'句式',把后者称为'语式'"。其实所谓的"语式"与"句式"没有本质的区别,因为二者都是句法上的结构式。根据我们的研究实际,这里没有必要将二者严格区别开来,所谓的"语式"也包括在"句式"中。

我们这里所说的句式是广义的,特指句法层面的结构式。这里所说的句式涵盖了一般所说的句式,它主要用作一个句子或分句,有时也充当句法成分。比如肯定义的"好不A",可以独立成句,如例(11);也可充当补语等,如例(12)。由于肯定义的"好不A"属于一个句法层面的结构式,因而我们将其看作句式。

(11)店主人遂将相见之事代张仪叙述一遍:"今欠账无还,又不能作归计,<u>好不愁闷</u>!"(《东周列国志》第九十回)

(12)行过几处房屋,又转过一条回廊,方是三间净室,收拾得<u>好不精雅</u>。(《醒世恒言》卷十五)

"汉语的句式系统是个开放的系统,其内涵可以因为实际需要有一定的弹性、宽容度、多元性,不必强求一致。事实上,最重要的一些句式大家的看法基本上是一致的。作为研究体系和教学体系,或者根据实际需求,句式的内涵完全可以有多有少。"(邵敬敏,2014a)所以对于句式的分类,我们还可以句式典型的语气等为标准,因而有陈述句式、疑问句式、祈使句式、感叹句式等说法也就不足为奇了。

我们这里不使用"构式"这一术语,因为构式语法理论对"构式"的定义极其宽泛,认为构式是语言中形式和意义的匹配体(Goldberg,2007:4),将构式与语言单位等同起来,将句法结构、词甚至是语素都看作构式。"构式"这一术语要比我们界定的句式包括的范围广得多。事实上,近些年来学界所探讨的所谓的汉语构式问题,基本上都是汉语句式问题,换言之,讨论的基本上是汉语句法层面的结构式。很显然,用定义极为宽泛的"构式"来指称汉语句法层面的结构式不是最好的选择。既然我们的汉语语法学已有一个为大家熟知的富有生命力的术语"句式",那么我们没有理由抛弃这个术语。

什么是句式糅合呢?宽泛地说,两个句式只要能合并成一个新的句式,就可以看作句式糅合。但是如果这样处理,那么很多较为特殊的句式都可看作句式糅合的结果,如兼语句式、紧缩句式等,因为这些句式都是由两个句式套叠、紧缩或合并而成的。显而易见,如此处理无助于我们深入研究汉语的特殊句式,因而我们有必要对"句式糅合"做出科学而明确的界定。我们这里所说的句式糅合,是特指两个语义相同或相近的句式A与B,因某种语用目的主要通过删略重叠成分合并成一个新的句式C的过程或现象。例如:

(13) 才下到法堂外,师姑问十三娘:"寻常道'我会禅',口如铃相似,今日为什摩大师问著总无语?"十三娘云:"苦哉!苦哉!具这个眼目,也道我行脚!脱取纳衣来

与十三娘著不得。"(《祖堂集》卷九)

"口如铃相似"就是由语义相同的句式"口如铃"与"口铃相似"糅合而成的(叶建军,2010a:324—325)。这类语言现象才属于我们所说的句式糅合现象。

需要指出的是,概念整合理论所用的术语"概念整合"与我们所说的"句式糅合"是极不一样的。"概念整合理论也叫概念融合理论(Conceptual Blending/Integration Theory),是第二代认知科学的新发展";"概念整合理论对意义的构建和理解具有普遍性的指导意义,整合理论的核心是多选输入模型结构的整合,认知模型的构建及通过整合产生新创意义;整合理论研究的是心智空间网络动态认知模型的合成原则或发话者参照表征物的合并、完善及深化,对类推、隐喻、双关语、幽默等许多语言现象都具有理性的阐释力"(王正元,2009:xvi-xvii)。概念整合理论的研究范畴远远大于句式糅合,概念整合理论更加关注的实际上是意义的整合,其虽然也涉及形式与形式的整合,但是并不特别关注两个语义相同或相近的句式的整合。

1.1.2 句式糅合的原则

句式糅合要完全遵循三个基本原则,即语义相近原则、时代先后原则和成分蕴含原则(或语义蕴含原则)。

首先,句式糅合要遵循语义相近原则,即源句式 A 与 B 在语义上必须相同或相近。遵循语义相近原则是句式糅合的语义前提,唯有如此,源句式 A 与 B 才有可能糅合生成句式 C。句式糅合类似于两个句式的紧缩，不过与一般的句式紧缩不同的是，源句式 A 与 B 在语义上必须相同或相近，这自然导致糅合句式 C 中出现羡余成分或羡余信息，因而句式糅合体现了语言的羡余性。但是另一方面，句式糅合又往往需要删略重叠成分或次要成分等，这又体现了语言的经济性。可见糅合句式是语言的羡余性与语言的经济性的矛盾统一体。

其次，句式糅合要遵循时代先后原则，即语义相同或相近的源句式 A 与 B 必须先于糅合句式 C 而存在，或与糅合句式 C 同时存在。在汉语史上，如果句式 A 与 B 有一个是或两个都是后于句式 C 而存在，却认为 C 是由 A 与 B 糅合而成的，那是不可思议的。当然，源句式 A、B 糅合为句式 C 以后，A、B、C 三者可以并行不悖。

最后，句式糅合要遵循成分蕴含原则，即糅合句式 C 必须蕴含源句式 A 与 B 的主要成分，甚至是全部成分。既然是糅合，那么糅合句式就会根据句法规则尽量保留源句式的所有成分，不过需要删略重叠成分等。糅合句式 C 既然蕴含了源句式 A 与 B 的主要成分，甚至是全部成分，那么在语义上必然蕴含源句式 A 与 B，所以成分蕴含原则也可称为语义蕴含原则。

句式糅合必须完全遵循语义相近原则、时代先后原则和成分蕴含原则或语义蕴含原则。如近代汉语中具有被动意义的所谓零被句"被 NP$_施$VPNP$_受$"，是由被动句式"(NP$_受$) 被 NP$_施$VP"与主动句式"NP$_施$VPNP$_受$"糅合而成的。这完全遵循句式糅合的三个基本原则。首先，"(NP$_受$) 被 NP$_施$VP"与"NP$_施$

VPNP受"中的NP施、VP、NP受均相同,它们所表达的命题义是一致的,遵循句式糅合的语义相近原则。其次,"(NP受)被NP施VP"最迟见于汉末,"NP施VPNP受"早在先秦就已存在,而"被NP施VPNP受"大概到了东晋初才有用例。也就是说,"(NP受)被NP施VP"与"NP施VPNP受"的始见时代要早于或不晚于"被NP施VPNP受",遵循句式糅合的时代先后原则。最后,"被NP施VPNP受"在句法上及语义上不仅蕴含了"(NP受)被NP施VP",而且蕴含了"NP施VPNP受",遵循句式糅合的成分蕴含原则或语义蕴含原则。因此,可以认为"被NP施VPNP受"是由被动句式"(NP受)被NP施VP"与主动句式"NP施VPNP受"糅合而成的(详见第五章)。

1.2 汉语句式糅合现象研究现状

汉语句式糅合现象其实早就引起了学界的关注,吕叔湘先生在20世纪40年代出版的专著《中国文法要略》及发表的论文中就有涉及,且均是使用"糅合"这一术语,而不是使用"杂糅"这一术语。不过吕先生仅仅是提及一些汉语句式糅合现象,并未进行更多的阐述。

吕叔湘(1982:37)在讨论被动句式时指出,"事实上,确也有把'把'和'被'两种句法糅合在一起的时候",并列举了二例:

(14) 我是被一起子听戏的爷们把我气着了。(《儿女英

雄传》第三十二回)

(15) 算来都不如蓝采和,<u>被这几文钱把这小儿瞒过</u>。(严忠济〔双调〕《寿阳曲》,《全元散曲》)

在近代汉语和现代汉语中均有大量的肯定义句式"好不A",如"好不热闹"就是"好热闹"的意思,其中的"不"是羡余的。对于肯定义"好不"和肯定义句式"好不A"的来源问题,吕叔湘(1982:313)提出了自己的看法:"有人说,'好不'连用,'好'字有打消'不'字的作用。这个解说有点说不过去,'好'字并非一个否定词。这'好不糊涂'大概是'好糊涂'和'岂不糊涂'两种说法糅合的结果。"关于肯定义句式"好不A"的来源,之后学界提出了"反语说""反问说"(详见第十一章),遗憾的是,均未对吕先生的卓见予以重视。

吕叔湘(1984a:118—119)认为,古汉语中的被动句式"R为A所见V"是由"R见V于A"与"R为A所V"糅合而成的。① 例如:

(16) 壶年九岁,<u>为先母弟表所见孤背</u>。十二,蒙亡母张所见覆育。(《晋书·卞壶传》)

(17) 孤以常才,<u>谬为尊先君所见称</u>,每自恐有累大人水镜之明。(《晋书·秃发傉檀》)

在吕先生看来,"此种句法不免叠床架屋之嫌,故不恒见"。王海棻(1991)注意到六朝以后汉语有一些句式糅合现象,

---

① R表示受事,A表示施事。

不过称之为"叠架现象",认为将两个意义相同或相类的句子格式"重合交叠起来使用","在语义上犹如叠床架屋。王先生列举了"被……见……""为……所见……"两种被动句式的糅合现象,也列举了"不……(以)不""莫……否"两种疑问句式的糅合现象,不过并未对这些句式糅合现象进行理论上的解释。值得注意的是,王先生对这些奇特的句式的看法非常谨慎:"这种现象应视为非规范仿古而形成的病句,还是视为一定时期内出现的新句型?笔者尚无定见。"

孙锡信(1992:358—360)发现汉语史上存在七种糅合的被动句式:(1)"为V于A";(2)"为A见V";(3)"见V于A";(4)"为A所V";(5)"为A之所V";(6)"为A所见V";(7)"为A之所见V"。孙先生称之为"合成式的被动句",认为其"是在'于'字句、'为'字句、'见'字句基础上,用交叉或重叠使用表示被动义的虚词和糅合不同的被动句式的方法衍化出来的"。值得注意的是,孙先生也使用了"糅合"这一术语。

孙锡信(1992:364)还发现近代汉语中有被动句式与处置句式糅合而成的句式。例如:

(18) 店家不肯当与,<u>被郭威抽所执佩刀,将酒保及店主两人杀死了</u>。(《新编五代史平话·周史平话》卷上)

孙锡信(1992:364)认为:"这种被动与处置结合运用的句式从逻辑上看是啰唆重复的,以'被郭威……'句为例,如果说成'郭威抽所执佩刀,将酒保及店主两人杀死了'是处置句;如果说成'酒保及店主两人被郭威抽所执佩刀杀死了'是'被'

字句。现将两式糅合,结果是缺了主语(受事主语因充当'将'的宾语,不能再在'被'前出现),又多了'被'字,造成句子既残缺,又赘余。"

汉语史上判断句式的糅合现象也引起了学界的关注。袁宾(1992:221)敏锐地观察到,元明时期的文献中出现了两种表示判断的糅合句式,即"主语+是+表语+便是"和"主语+乃+表语+是也",不过其称之为"混合句式"。袁先生认为这两种糅合句式是由判断句式"主语+是+表语""主语+乃+表语"分别与"主语+表语+是(是也、便是)"糅合而成的;并尝试着解释了这两种糅合句式在元明时期出现的原因:"上述第6种判断句式'主语+表语+是(是也,便是)'产生于唐代以前的汉译佛经文献,影响及于唐、宋、元时代的佛教文艺作品和一般文艺作品;随着时间的推进,元代以后,这种系词'是'置于表语之后的判断句式便逐渐消失;在第6种判断句式使用的晚期,即元、明时代,可能有部分人已经感觉到,使用这种句式,应在表语之前加上系词'是'或具有系词作用的'乃',方可使判断语气表达得更加明确,如此便产生了混合句式。"

江蓝生(2003)将元代白话文献中的糅合句式"主语+是+表语+便是"记作"S+是+N(的)+便是",试图从语言接触的视角对其产生的动因进行解释。江先生认为,元代白话文献中出现的介绍人物称谓的判断句式"S+是+N(的)+便是"是"汉语与蒙古语等阿尔泰语的判断句相融合而产生的叠加式,即:SVO+SOV→SVOV",语言接触是元明时期糅合句式"S+

是+N（的）+便是"产生的直接动因。

曹广顺（2004）也从语言接触的视角观察到了元代白话文献中的句式糅合现象，不过称之为"重叠"或"混合"。曹先生认为，"在汉语与其他语言发生语言接触的时候，汉语固有的与外来的两种意义相近的语法格式，常常会重叠使用，经过一段混用之后，实现归一。就目前所见，这种情况在元代的白话文献中比较多见"，如判断词重叠式、介词与格助词重叠式等。曹先生还注意到，汉语史中"VCOV格式是连动式和结果补语两者的混合"，反诘格式"难道S不成"是"难道S"与"S不成"重叠而成的。

汉语中存在较多的否定形式的句式与肯定形式的句式同义现象，如否定形式的句式"没VP之前"在语义上等同于肯定形式的句式"VP之前"。学界一般认为这种否定形式的句式中的否定词语是羡余的，但是对这种否定形式的句式的来源却一直未进行充分、合理的解释。鉴于此，江蓝生（2008）提出了基于概念叠加的构式整合说，并对否定形式的句式与肯定形式的句式的不对称现象进行了解释。江先生认为，"所谓概念叠加和构式整合，是在两个意义基本相同的概念之间发生的，意义相同的两个概念叠加后，通过删减其中的某些成分（主要是相同成分）的方法，整合为一个新的结构式。概念叠加与构式整合是发生在不同层面、前后相续的两个过程：概念叠加是意义层面的一种概念操作，发生在前；构式整合是语法层面的一种并合，出现在后。叠加现象的产生是基于词或概念的同一性，这种创新现象,既发生在构词层面,也发生在句法层面";"所谓句法层面的叠加,是指两个语义相同或相近的句式叠加后整合成新的构式"。江先生所说的句法层面的叠加,相当于我们所说的句式糅合。江先生联系汉语史用概念叠加和构式整合说对正反同义句式"差点儿VP"与"差点儿没VP"等的"生成及语用动机作了统一的解释"。对于汉语史上句式糅合现象,以往的研究侧重于静态描写,而江先生的研究则侧重于动态解释。这是非常可喜的一大变化。不过,江先生的解释主要是从宏观上着手的。

汉语史上疑问句式糅合现象也较为普遍。叶建军(2010a:259)在研究唐五代时期禅宗文献《祖堂集》疑问句时发现,其中存在大量的疑问句糅合现象,糅合式疑问句可以分为"祈使句与询问句糅合的疑问句、陈述句与询问句糅合的疑问句、测度问句与正反询问句糅合的疑问句、选择询问句与正反询问句糅合的疑问句等"。叶建军(2010a:321—329)发现《祖堂集》中除了疑问句式的糅合,还有比拟句式的糅合、判断句式的糅合、感叹句式的糅合等。叶建军(2010a:328)也尝试着对这些糅合句式的生成动因进行了解释,并认为"文献的口语化程度越高,句式的糅合现象越突出","句式糅合说具有较强的解释力,汉语史上很多'奇特'的句式唯有从句式的糅合这一视角才能得到合理而一致的解释"。

汉语史上存在诸多形式上是双重否定而语义上是一次否定的句式糅合现象,如"拒而不V单""拒不V单(O单)""拒O单不 V单（O单）""拒绝不 V单""拒不 V双"等。叶建军（2014）探讨了这些句式的来源，认为这些句式均是由两个语义相近的否定句式糅合而成的，糅合的动因是兼顾事件的客观性与行为的主观性。

现代汉语中的句式糅合现象，近些年来也逐渐引起学界的关注。沈家煊（2006）用糅合机制对"王冕死了父亲"这类句子的生成方式进行了解释，认为"从糅合的角度看，'王冕死了父亲'这句话是'王冕的父亲死了'和'王冕丢了某物'两个小句的糅合"：

a. 王冕的某物丢了　　b. 王冕丢了某物
x. 王冕的父亲死了　　y. ——　　←xb 王冕死了父亲

"y 项的产生正是 x 项和 b 项糅合的产物，b 项截取的是它的结构框架，x 项截取的是它的词项。我们把这种糅合叫作'类推糅合'：y 是在 x 的基础上按照 a 和 b 的关系特别是参照 b'类推'出来的"①。沈先生的研究范围基本上限于现代汉语，他所提出的"糅合"实质上是概念或意义的整合。沈先生并不关注两个语义相同或相近的句式在形式上的糅合。

车录彬（2010）在已有研究成果的基础上从内涵、分类等方面概述了现代汉语"糅合构式"的基本情况，部分内容涉及了现代汉语中的糅合句式。

---

① 针对沈家煊（2006）的观点，学界提出了不同的意见，可参看石毓智（2007）、刘晓林（2007）、帅志嵩（2008）等。

总的来看，汉语句式糅合现象尚未引起学界足够的重视，研究成果不多。学界一般认为句式糅合现象是一种偏离常规的语言现象。如汉语史上所谓的零被句"被NP_施VPNP_受"，在我们看来就是句式糅合现象，但是王力（1980：431）将这种句式视作"脱离常轨"的句式，孙锡信（1992：364）甚至将这种现象视作"一时的不规范的语言现象"。学界还没有充分认识到句式糅合现象的普遍性、多样性、系统性，还没有充分认识到糅合实际上也是句式的一种生成机制，因此汉语学界对句式糅合现象或避而不谈，或语焉不详。这就必然导致汉语句式糅合现象方面的研究成果不多，尤其是侧重理论解释的更为罕见。由此可见，汉语句式糅合现象的研究基础还相当薄弱，该领域有许多空白亟待我们去填补。

有必要指出的是，与句式糅合现象密切相关的一种现象是羡余现象。汉语的羡余现象出现的原因很多，其中之一就是句式糅合。如肯定义句式"好不A"中的"不"就是羡余的，而这种羡余否定是由句式糅合造成的（详见第十一章）。所以研究汉语句式糅合现象，必然会涉及羡余现象。

语言的羡余现象，一般是指某个语言单位中出现羡余的或不必要的表意成分的现象，主要体现在词汇、语法层面。汉语羡余现象早就开始引起了学界的关注，不过相关研究成果侧重对现代汉语中羡余现象进行描写或解释。如赵元任（1956）主要对汉语的词汇羡余现象进行了举例性的描写，伍铁平（1987）讨论了汉语及俄语、英语、德语、法语、意大利语等多种语言中的羡余现象，潘先军（2012）、邵洪亮（2015）从不同的视角对现代汉语中某些词汇、句法或语义层面的羡余现象进行了较为细致的描写和较为深入的解释。羡余否定是一种特殊的成分羡余现象，近些年来现代汉语中的羡余否定现象引起了学界较广泛的关注。如沈家煊（1999：43—57）对肯定与否定对立消失的现象进行了充分的解释；张谊生（2005）概括了羡余否定的类别，并探讨了其成因与功能；车录彬（2016）选取现代汉语中多种典型的羡余否定构式，分为凝固型、紧密型、杂糅型和并列型四个类别，考察了其句法、语义与语用特点，探讨了其产生动因等。

  关于汉语史上羡余现象的研究成果极少，且主要是描写性的，解释不够充分。如李申（1998）分类列举了晚唐以来数十个词语中的羡余现象，简要分析了几种羡余形式的成因、功用；韩陈其（2001）探讨了汉字、词汇与语法中的羡余现象，但是侧重于上古汉语，几乎不涉及中古、近代汉语，而且描写比较简略，缺乏理论解释；江蓝生（2008）涉及了羡余否定的来源问题，不过因论述的重点在宏观问题上，并未就个案进行深入、细致的历时探究。

  综上所述，现代汉语羡余现象研究成果相对丰硕，但是汉语史上的羡余现象研究基础特别薄弱，尤其是汉语句式方面的羡余现象，研究成果少之又少。即便是汉语句式方面的羡余现象，也不一定与句式糅合有关，因而毫不夸张地说，与汉语史上句式糅合现象相关的羡余现象研究，几乎是一片空白。这种研究状况亟待改变，我们应该加强对由句式糅合而导致的羡余现象的研究，或者说要加强对与羡余有关的句式糅合现象的研究。

1.3 本书的研究对象、研究内容及主要观点

1.3.1 本书的研究对象

虽然汉语句式糅合现象早已引起学界的关注，但是迄今为止，汉语句式糅合现象的研究基础还相当薄弱，尤其是汉语史上的句式糅合现象，尚未有人进行全面、系统、深入的研究。近代汉语是现代汉语的前身，口语化程度较高，出现了大量的句式糅合现象。近代汉语句式糅合现象具有普遍性、多样性和系统性，很多都延续到了现代汉语，只是由于发展、演变，有的已习焉不察。换言之，现代汉语中很多句式糅合现象可以追溯到近代汉语。如果要探究现代汉语句式糅合现象的来源及相关问题，仅仅从现代汉语层面入手，是不能从根本上解决问题的，甚至不能得出科学、合理的结论。现代汉语与近代汉语一脉相承，要深入、细致地探究现代汉语句式糅合现象，往往还必须联系近代汉语句式糅合现象；因此本书将近代汉语句式糅合现象作为研究对象，特别是近代汉语中具有普遍性、多样性、系统性且延续下来的句式糅合现象。

本书研究的近代汉语句式糅合现象涉及的句式丰富多样，

主要有差比句式、平比句式、主动句式、被动句式、处置句式、位移句式、否定句式、肯定句式、条件句式、陈述句式、感叹句式、反诘句式、疑问句式、判断句式、原因句式，等等。

需要指出的是，本书所说的近代汉语是指初唐至清末时期口语化程度较高的汉语。

1.3.2 本书的研究内容及主要观点

本书将微观研究与宏观研究结合起来，既有个案分析，又有理论概括。本书的研究内容及主要观点如下：

1."X 胜似 Y"的来源、"胜似"的词汇化及相关问题。"X 胜似 Y"最早见于宋代，是因递进的语用目的由差比句式"X 胜 Y"与平比句式"X 似 Y"糅合而成的。其中的"胜似"最迟在南宋末期已词汇化了。从元代汉语直至现代汉语"胜似"基本上表示差比，极少表示平比，差比义逐渐规约化了。伴随着"胜似"的词汇化，平比动词"似"语法化为引出差比对象的介词。由于类化机制的作用，糅合句式"X 胜如 Y"中的"胜如"也发生了词汇化，"如"也发生了语法化。

2."X 不如 Y 较 A"类差比句式的语义、形成与演变。"X 不如 Y 较 A"类差比句式从唐代便开始出现了，其语义与"X 不如 Y（A）"类差比句式一致，其中的程度副词"较"等是羡余的。"X 不如 Y 较 A"类差比句式是由"X 不如 Y（A）"类不及义差比句式与"Y 较 A"类胜过义差比句式糅合而成的，生成动因是言者从 X 与 Y 两个不同的视角将反面与正面结合起来，以便更加清晰、完整地表达一个差比事件。"X 不如 Y 较 A"类差比句式从清代中期开始出现了兼表胜过义与建议义的略式"不如 Y 较 A"类，最迟在民国时期至少出现了两种变式，即"与其 X，不如 Y 较 A"类取舍复句与"如果 X，不如 Y 较 A"类假设复句。

3. "X 如 Y 相似"类平比句式的类别、来源及相关问题。近代汉语中"X 如 Y 相似"类平比句式具有普遍性，且类别丰富，根据前一个平比动词的不同，可以分为若干次类。"X 如 Y 相似"类是由"X 如 Y"类平比句式与"XY 相似"类平比句式糅合而成的，生成动因是言者凸显新信息。"XY 相似"等句式末尾的"相似""似"仍是动词，"似的""也似"有助词化倾向，但仍然或多或少具有动词性。

4. "被 NP$_{施}$VPNP$_{受}$"的生成机制与动因。近代汉语中具有被动意义的所谓零被句"被 NP$_{施}$VPNP$_{受}$"往往表示消极义，其是由被动句式"(NP$_{受}$) 被 NP$_{施}$VP"与主动句式"NP$_{施}$VPNP$_{受}$"糅合而成的。如果言者大脑中先浮现"(NP$_{受}$) 被 NP$_{施}$VP"，后浮现、叠加"NP$_{施}$VPNP$_{受}$"，那么"被 NP$_{施}$VPNP$_{受}$"的生成动因是保证信息的完整性；反之，其生成动因是凸显言者的主观性，同时还有可能是保持话题的同一性。

5. "被 NP$_{施}$将/把 NP$_{受}$VP"的生成机制与动因。"被 NP$_{施}$将/把 NP$_{受}$VP"是近代汉语中出现的一种特殊句式，一般表示消极义，是由被动句式"(NP$_{受}$) 被 NP$_{施}$VP"与处置句式"NP$_{施}$将/把 NP$_{受}$VP"糅合而成的。如果言者大脑中先浮现"(NP$_{受}$)

被NP施VP",后浮现、叠加"NP施将/把NP受VP",那么"被NP施将/把NP受VP"的生成动因是强化言者的主观性;反之,其生成动因除了强化言者的主观性之外,还有可能是保持前后话题的同一性。

6. 位移句式"S去X去"的来源及相关问题。位移句式"S去X去"在近代汉语中就已出现,其生成机制是糅合,是由位移句式"S去X"与"SX去"糅合而成的。"S去X去"的生成动因是言者在客观地陈述一个位移事件时,又想凸显自己的主观性,强化重要的新信息。"S去X去"的生成与SOV语序的语言接触无关。反向位移句式"S来X来"的生成机制、生成动因与"S去X去"一致。

7. "非得X不Y"的形成、演变及相关问题。"非得X不Y"最早可能出现于清中叶,是由双重否定句式"非X不Y"与隐含结果"才Y"的肯定句式"得X"糅合而成的。"非得X不Y"的生成动因是凸显言者的主观性。"非得X不Y"从晚清开始衍生出了"非得X"与"非得X才Y"两种变式。"非得X"由"非得X不Y"省缩而来,而"非得X才Y"由"非得X"扩展而成。韵律词"非得"最迟在清末已副词化。在晚清出现的与"非得X不Y"相关的近义句式"非要X不Y"的生成机制也是糅合,生成动因也是凸显言者的主观性,其在晚清也出现了省缩式"非要X"及扩展式"非要X才Y"。韵律词"非要"最迟在清末也已副词化。

8. "除非X,不Y"与"除非X,才Y"的来源。"除非X,

不Y"最初出现于唐代,由"除X,不Y"与"非X不Y"糅合而成,其生成动因是凸显言者的主观性。"除非X,才Y"的前身是唐代出现的"除非X,方Y"。"除非X,方Y"是因言者想通过话题的转换从正面或肯定的一面来呈现隐含义而由"除非X,不Y"衍生出来的。"除非X,方Y"可能还有另一个或然性来源。大概从元明时期开始,同义词"才"替换了"除非X,方Y"中的"方"等,从而产生了"除非X,才Y"。

9."果不(其)然"的形成及其演变。"果不其然"与"果不然"最早均出现于明末清初,均属于确认事实义句式。"果不(其)然"是由肯定形式的确认事实义陈述句式或感叹句式"果(其)然"与否定形式的确认事实义反诘句式"不其然乎"类糅合而成的,糅合的动因是凸显交互主观性。"果不(其)然"逐渐丧失反诘语气,成为确认事实义陈述句式或感叹句式,其中的"不"成了一个羡余的否定成分。到了现代汉语,"果不然"有副词化倾向,不过其词汇化程度不高。

10.肯定义句式"好不A"的来源及"好不"的词汇化。肯定义句式"好不A"大概始见于元明时期,是由感叹句式"好A"与反诘句式"岂不A"糅合而成的。肯定义句式"好不A"的生成动因或是凸显言者与听者的交互主观性,或是凸显言者对程度之深的主观性。大约到了明末清初,肯定义句式"好不A"规约化了,仅具有感叹语气。特殊的跨层结构"好不"大概在明末清初词汇化了,相当于程度副词"好"。

11."莫VPNeg"类疑问句式的类别与来源。"莫VPNeg"

类疑问句式是近代汉语中出现的一类特殊疑问句式,具有一定的普遍性。根据测度疑问副词的不同,其可分为"莫 VPNeg""莫是 VPNeg""莫不 VPNeg""莫不是 VPNeg""莫非 VPNeg"等次类。"莫 VPNeg"类疑问句式的生成机制是糅合,其是由测度问句式"莫 VP"类与正反问句式"VPNeg"糅合而成的。如果发问者大脑中先浮现正反问句式"VPNeg",后浮现、叠加测度问句式"莫 VP"类,那么"莫 VPNeg"类疑问句式的生成动因是体现发问者的主观倾向性;反之,则是弱化发问者的主观倾向性。

12."NP_1 是 NP_2 是也"类判断句式的生成机制与动因及相关问题。"NP_1 是 NP_2 是也"类判断句式主要出现于元明时期汉语中,一般用于言者自我介绍。"NP_1 是 NP_2 是也"类的生成机制是糅合,其是由"NP_1 是 NP_2"与"NP_1,NP_2 是也"类糅合而成。"NP_1 是 NP_2 是也"类的生成动因是言者凸显新信息 NP_2。元代汉语中出现的判断句式"NP_1 是 NP_2(的)便是"并非同期的汉语与蒙古语等阿尔泰语接触的产物,而是汉语自身独立形成的糅合句式。

13."因 X(的)上头"类原因句式的来源及其演变。"因 X(的)上头"类原因句式最初出现于元代,在受到蒙古语影响的非纯汉语文献中具有普遍性。"因 X(的)上头"类是在蒙古语与汉语接触背景下由汉语前置词原因句式"因 X(上)"类与蒙古语后置词原因句式的直译式或复制式"X(的)上头"类糅合而成的。"因 X(的)上头"类到了明代开始衰微,清代已基本消亡。其中"因此上""以此上"在元代就开始了词汇化的历程，由表示原因的糅合句式词汇化为表示结果的连词。"因此上"在明代仍有一定的生命力，不过到了清代使用极少。"以此上"在明代非常罕见，到了清代几乎消失了。

14. 近代汉语句式糅合现象的类型与特点。糅合是句式的一种生成机制，句式糅合说具有极强的解释力。根据两个源句式的语义或语气范畴是否相同，近代汉语句式糅合现象可以分为同类句式糅合现象与异类句式糅合现象两种。近代汉语句式糅合现象具有普遍性、多样性和系统性。近代汉语中还存在二次句式糅合现象。

15. 近代汉语句式糅合的动因与糅合句式的演变。近代汉语句式糅合的动因几乎都与凸显言者的主观性有关，凸显交互主观性也可以是句式糅合的动因。元代汉语中一些句式糅合的动因是语言接触。近代汉语句式糅合的动因具有单一性或多样性，必然性或或然性。在历时发展、演变过程中，糅合句式或是被淘汰，或是规约化。近代汉语句式糅合现象与词汇化、语法化有密切的关系，表现在两个方面：一是糅合句式中某个结构或成分有可能发生词汇化或语法化，二是糅合句式本身也有可能发生词汇化。

1.4 本书的研究目的与研究意义

1.4.1 本书的研究目的

本书的研究目的是全面、系统、深入地探究近代汉语句式糅合现象，试图构建近代汉语句式糅合理论。

本书力图证明以下主要观点：

1. 糅合是句式的一种生成机制，句式糅合说具有极强的解释力。

2. 句式糅合要完全遵循语义相近原则、时代先后原则和成分蕴含原则或语义蕴含原则；句式糅合既体现了语言的羡余性，又体现了语言的经济性。

3. 近代汉语句式糅合现象可以分为同类句式糅合现象与异类句式糅合现象两种，具有普遍性、多样性和系统性；近代汉语中还存在二次句式糅合现象。

4. 近代汉语句式糅合的动因几乎都与凸显言者的主观性有关，语言接触也是句式糅合的一种动因；近代汉语句式糅合的动因具有单一性或多样性，必然性或或然性。

5. 在历时发展、演变过程中糅合句式或是被淘汰，或是规约化；糅合句式中某个结构或成分可能会发生词汇化或语法化，糅合句式本身也有可能发生词汇化。

1.4.2　本书的研究意义

本书对近代汉语句式糅合现象进行较为全面、系统、深入的研究，试图构建近代汉语句式糅合理论，意义是多方面的。

首先，近代汉语句式糅合现象迄今尚未引起学界足够的重视，无论是研究的广度还是研究的深度都还远远不够，研究基础还相当薄弱。学界一般认为汉语句式糅合现象是一种不规范的语言现象，不仅往往使用带有贬义色彩的术语"句式杂糅"称之，而且也往往对这样的现象视而不见。所以迄今为止学界尚未有人对汉语句式糅合现象进行全面、系统、深入的研究，这自然也包括近代汉语句式糅合现象。因此本书的研究将在一定程度上具有填补该领域研究空白的意义。

其次，本书立足汉语史，通过挖掘、分析大量的语言事实，证明了糅合是汉语某些奇特的句式的生成机制，句式糅合说具有极强的解释力。汉语史上很多奇特的句式，如果从句式糅合的视角来观察，其生成问题就能得到科学、合理的解释。如近代汉语中出现的"莫VPNeg"类疑问句式，学界一般认为属于是非问句式，句式末尾的Neg已语法化为疑问语气词。事实上，"莫VPNeg"类疑问句式是句式糅合的结果，句式末尾的Neg仍是否定词。句式糅合说能够合理而有力地解释近代汉语中类似的奇特句式的来源及相关问题。

第三，近代汉语句式糅合的动因具有单一性或多样性，必然性或或然性，本书深入探究了近代汉语句式糅合的动因，这些探究将有助于我们认识到近代汉语句式糅合现象存在的合理性。近代汉语句式历来是学界研究的重点，相关研究成果颇为丰硕，但是关于近代汉语句式糅合现象的研究几乎是一片空白，这一情形与近代汉语句式其他方面的研究相比，显得极不均衡，极不匹配。造成这一结果的根本原因，就是近代汉语句式糅合现象尚未引起学界的足够重视。但是通过对近代汉语句式糅合的动因的探究，我们将会看到近代汉语句式糅合现象存在的合理性、必然性，从而正视并深入研究近代汉语句式糅合现象，加强对汉语语法史研究中的薄弱环节的研究，从一个崭新的视角为近代汉语语法研究甚至是汉语历史语法研究做出贡献。

第四，本书研究了近代汉语句式糅合现象的发展、演变及相关问题，将近代汉语句式糅合现象研究与汉语词汇化研究、语法化研究结合了起来。如通过探究句式"X 胜似 Y"的来源、"胜似"的词汇化及相关问题，我们会看到，句式糅合不仅会致使某个结构发生词汇化，而且会引起此结构中某个词语发生语法化。又如通过探究句式"果不然"的形成及其演变，我们会看到糅合句式本身也可以发生词汇化。我们将近代汉语句式糅合现象研究与汉语词汇化研究、语法化研究有机地结合起来，可以对近代汉语中某些词汇化、语法化现象做出科学、合理的解释，开阔汉语词汇化、语法化研究的视野，在某种程度上丰富汉语词汇化、语法化理论。

第五，本书的研究对汉语与其他民族语言的接触研究具有一定的参考价值，为语言接触研究提供了一个崭新的视角。我们通过考察大量的语言事实,发现语言接触是近代汉语某些句式糅合现象出现的动因。但是我们在看到语言接触对汉语的影响的同时,又不应夸大语言接触这个外部动因的作用。语言接触有时会直接导致汉语句式糅合现象出现,是汉语句式糅合现象出现的直接的、根本的动因;但是有的句式糅合现象是汉语土生土长的,语言接触起到的只是催化剂的作用,仅仅是加速了句式糅合现象的出现。我们应该尊重汉语的历史,既要看到近代汉语句式糅合现象出现的内因,也要看到其出现的外因;既要看到其出现的主要动因,也要看到其出现的次要动因。

最后,本书的研究对现代汉语句式糅合现象的研究也具有重要的意义。其一,如果探本溯源,会发现现代汉语中很多句式糅合现象是在近代汉语中萌芽与发展起来的,因而只有联系近代汉语句式糅合现象,我们才能科学、合理地解释现代汉语中这些句式糅合现象。其二,现代汉语中也有一些新近出现的句式糅合现象,有的出现频率较高,接受度较高,如果联系近代汉语句式糅合现象的发展、演变的历史,我们也许不会简单地将这些现象看作"不规范"的"句式杂糅"现象,也许会采取更加包容的态度,以历史的发展的眼光客观、理性地看待。这是因为近代汉语句式糅合现象的发展、演变历史启发我们,所谓"不规范"的"句式杂糅"现象,其发展趋势不一定是走向消亡,其也有可能逐渐规约化,在未来继续出现,甚至是大行其道。

第二章 "X胜似Y"的来源、"胜似"的词汇化及相关问题

2.1 引言

凡收"胜似"的辞书一般将其解释为"胜过、超过",如《古今汉语词典》(2000:1285)、《汉语大词典》(2007:3947,以下简称《大词典》)、《现代汉语词典》(2016:1174—1175,以下简称《现汉》)等。《现汉》甚至标注了"胜似"的词性:"动胜过;超过:不是亲人,～亲人。"由此看来,"胜似"是用来比较人或事物X与Y在某方面的优劣的,表示主体X在某方面比客体Y要优越。"胜似"为及物动词,X与Y的比较点往往省略,所以典型的表示比较的"胜似"句式可以表示为"X胜似Y"。这种比较凸显的是X与Y的差异性,所以一般认为"X胜似Y"属于比较句式中的差比句式。下面是现代汉语中的用例:

(1) 开门七件事:柴米油盐酱醋茶。这说的是家庭主妇难当,实事儿俗事儿多。<u>而金府的杨妈,不是主人,胜似主人</u>,一大早儿,她要管的事情比这"七件事"多得多。(陈建功、赵大年《皇城根》)

(2) 地坛庙会始办于1985年,至今已成功举办了22

届,一届胜似一届,以较高的艺术品位和鲜明的民族特色享誉中外,其胜景被誉为现代的《清明上河图》和中国的狂欢节。(《春节做神马才最有"年味" 盘点各地风俗庙会》,人民网2011年1月7日)

以上二例"X胜似Y"均表示差比,X与Y均属于同一语义范畴。

但是我们发现,现代汉语中"X胜似Y"也可表示平比,凸显X与Y的相似性。[1]例如:

(3)我的女伴的脸,早已羞红得胜似桃花。她的确是位美丽的姑娘,那几个女"贴"者与之相比愈加显得俗不可耐。(梁晓声《京华闻见录》)

例(3)可以变换为同义句式"X胜似Y",即"我的女伴的脸胜似桃花"。其意并不是"我的女伴的脸"在"红"之程度上胜过或超过"桃花",因为"桃花"典型的颜色是粉红的,在"红"之程度上并不深,更谈不上极深。如果要单纯地表示"我的女伴的脸""红"之程度极深,完全可以用比"桃花"更红的其他事物来进行比较。恰恰相反,由于"脸"与"桃花"分别是"人体的部位""植物的花朵",属于不同类的事物、不同的语义范畴,因而我们更关注二者的相似性,而不是其差异性。

---

[1] 马建忠(1983:135)将古代汉语的比较范畴分为平比、差比和极比三类,他提出:"平比者,凡象静字以两端无轩轾而适相等者也。等之之字,为'如'、'若'、'犹'、'由'诸字,参诸所比两端以准其平。"平比句式与比拟句式既有联系又有区别,比拟句式可以看作平比句式中的一种,对此我们不严格区分。

桃花红中泛白，白里透红，娇嫩艳丽，故常用"面若桃花""面似桃花"等来形容女子的脸庞像桃花一样靓丽。例如：

（4）她今天穿了一件淡粉色的的确良褂子，加上<u>面若桃花</u>，鲜嫩、俏丽得仿佛一掐能出水。(张欣《梧桐梧桐》)

（5）那位鱼玄机身材高大，细腰丰臀，<u>面似桃花</u>，眼似秋水，虽然行为不端，长得真是好看。(王小波《寻找无双》)

正是因为"脸/面"与"桃花"属于不同的语义范畴，所以我们关注二者的相似性甚于关注二者的差异性。因此，例（3）说"我的女伴的脸"在"红"色上"胜似桃花"，意思是二者极其相似，"我的女伴的脸"酷似粉红的"桃花"，非常美丽、可爱，因而下文说"她的确是位美丽的姑娘"。可见例中的"胜似"与"酷似、更似、极像"大致相当。

下面一例最富有启发性：

（6）山下的景阳大峡谷迷雾千重，波涛诡谲，<u>胜似妖魔翻江倒海</u>，<u>更似仙帝腾云驾雾</u>，大有黑云压城城欲摧的紧张之势，让人寒噤若失。(《黄鹤桥赏雪》，人民网2011年2月15日）

例中"X胜似Y"与平比句式"X更似Y"连用，分别用虚拟的"妖魔翻江倒海""仙帝腾云驾雾"的景象来极力形容"山下的景阳大峡谷迷雾千重，波涛诡谲"的景象。X与Y均属于不同的语义范畴，我们关注的显然是X与Y的相似性而不是其差异性，可见"X胜似Y"与"X更似Y"毫无二致，也应是平比句式,"胜似"与"酷似、更似、极像"大致相当。

现代汉语中句式"X 胜似 Y"既可表示差比,又可表示平比;"胜似"既相当于"胜过、超过",又相当于"酷似、更似、极像",个中深层原因与"X 胜似 Y"的来源有关。我们拟立足汉语史探讨"X 胜似 Y"的来源,探究其生成机制与动因,并讨论"胜似"的词汇化与语义演变及三个相关的问题:1."似/如"表示差比的始见时代;2."似"的语法化;3."胜如/如"的类化。

2.2 "X 胜似 Y"的来源

2.2.1 "X 胜似 Y"的生成机制

"胜"繁体作"勝"。《说文解字·力部》:"勝,任也。从力,朕声。""胜"的本义为"能够承担、胜任"。《说文解字注》:"凡能举之,能克之,皆曰胜。""胜"由"胜任"引申为"胜利",进而又引申为"胜过、超过"。"胜过、超过"义的"胜"是用来比较人或事物 X 与 Y 在某方面的优劣的,表示主体 X 在某方面比客体 Y 优越。"胜"为及物动词,X 与 Y 的比较点往往省略,所以典型的表示比较的"胜"字句式可以表示为"X 胜 Y"。"X 胜 Y"凸显的是 X 与 Y 的差异性,属于比较句式中的差比句式,在上古汉语中就已出现,一直沿用至近代汉语。例如:

(7) 质胜文则野,文胜质则史。(《论语·雍也》)

(8) <u>右军胜林公</u>,林公在司州前亦贵彻。(《世说新语·品藻》)

(9) 脸如花,花不笑。<u>双脸胜花能笑</u>。(杜安世《更漏子》,《全宋词》)

差比句式"X 胜 Y"中 X 与 Y 往往属于同一语义范畴,如例(8)中的"右军"与"林公";也可以是不同的语义范畴,如例(9)中的"双脸"与"花"。

"似"的本义是"像、如同、类似"。《说文解字·人部》:"似,象也。从人,以声。"《说文解字注》:"似,像也。各本作象也,小徐作象肖也,皆非,今正。'像'下曰:'似也。'与此互训。""像、如同、类似"义的"似"用于平比,表示人或事物 X 与 Y 在某方面具有相似性。"似"为及物动词,X 与 Y 之间的平比点往往省略,所以典型的"似"字平比句式可以表示为"X 似 Y"。平比句式"X 似 Y"早在上古汉语中就已出现,并沿用了下来。例如:

(10) <u>鳣似蛇</u>,<u>蚕似蠋</u>。(《韩非子·说林下》)

(11) <u>去年春似今年春</u>,依旧野花愁杀人。(薛逢《醉春风》,《全唐诗》卷五四八)

(12) <u>童贯败军忙忙似丧家之狗</u>,急急如漏网之鱼,天晓脱得追兵,望济州来。(《水浒传》第七十七回)

(13) <u>晚霞似一把通天大火在斜垂的天幕上熊熊燃烧</u>,火光映红了大地。(王朔《看上去很美》)

平比句式"X 似 Y"中 X 与 Y 主要属于不同的语义范畴,

如例（10）中的"鱣"与"蛇"、"蚕"与"蠋"；也可以是同一语义范畴，如例（11）中的"去年春"与"今年春"。

"X胜似Y"这种句式是宋代才开始出现的。例如：

(14) 君知否，问如今绿野，<u>胜似青油</u>。（李曾伯《沁园春·代为亲庭寿》，《全宋词》）

(15) 秋潋滟，对年年、<u>人胜似花</u>。（吴文英《声声慢·赠藕花洲尼》，《全宋词》）

(16) 花心多怨，妾心多恨，<u>胜似莲心苦</u>。（陈允平《青玉案·采莲女》，《全宋词》）

我们认为，"X胜似Y"的生成机制是糅合。"X胜似Y"最初兼有差比义和平比义，是由差比句式"X胜Y"与平比句式"X似Y"通过删略重叠成分糅合而成的。这一生成过程可以表示为：

"X胜Y"+"X似Y"→"X胜似Y"

如例（14）"（绿野）胜似青油"是由差比句式"（绿野）胜青油"与平比句式"（绿野）似青油"糅合而成的，既有差比义，又有平比义。余可类推。

句式糅合要完全遵循三个基本原则，即语义相近原则、时代先后原则和成分蕴含原则或语义蕴含原则。差比句式"X胜Y"与平比句式"X似Y"糅合生成"X胜似Y"完全遵循句式糅合的三个基本原则。首先，差比句式"X胜Y"与平比句式"X似Y"均属于比较范畴，在语义上前者是基于后者而言的，二者语义相近（详见下文），这遵循句式糅合的语义相近原则。

其次，差比句式"X 胜 Y"与平比句式"X 似 Y"早在上古汉语中就已出现，并沿用至近代汉语甚至是现代汉语，而"X 胜似 Y"到了宋代才有用例，因而遵循句式糅合的时代先后原则。最后，"X 胜似 Y"蕴含了差比句式"X 胜 Y"与平比句式"X 似 Y"的全部句法成分，兼有差比义与平比义，因而遵循句式糅合的成分蕴含原则或语义蕴含原则。因此，我们认为，"X 胜似 Y"是由差比句式"X 胜 Y"与平比句式"X 似 Y"糅合而成的。

在汉语史上可以找到证明"X 胜似 Y"是由差比句式"X 胜 Y"与平比句式"X 似 Y"糅合而成的旁证。在明清小说中能见到"X 胜似 Y 一般"这样的句式。例如：

（17）所以两下亲密，语话投机，胜似同胞一般。(《二刻拍案惊奇》卷十六)

（18）自此二人行则并坐，坐则交膝，胜似夫妇一般。(《续欢喜冤家》第二十三回)

（19）今幸得拜床下，微忱胜似珍宝一般，随后常常请候门屏。(《九云记》第二回)

最迟从晚唐五代时期开始，平比句式"X 似 Y"的后面可加上"一般"，形成框式平比句式"X 似 Y 一般"。例如：

（20）凡因讲论，法师便似乐官一般，每事须有调置。(《敦煌变文校注·悉达太子修道因缘》)

（21）夫人道："我将几片木板，用秋千索缚住两头，隔一尺多缚一片板，收将起来只是一捆，撒将直来便似梯子一般。……"(《二刻拍案惊奇》卷三十四)

(22) 正待要回,只听得一阵雨下,<u>似石块一般</u>,打将下来。(《续欢喜冤家》第十五回)

"X 胜似 Y 一般"蕴含了框式平比句式"X 似 Y 一般","似"由于受到此框式平比句式的制约,其平比义非常明显。如例 (17)"(毛烈与陈祈)胜似同胞一般"中框式平比句式"似同胞一般"牢牢地固定了动词"似"的平比义,制约了"似"的语义发生演变,"似"仍是表示平比。也就是说,"(毛烈与陈祈)胜似同胞一般"既蕴含了差比句式"(毛烈与陈祈)胜同胞",有差比义;又蕴含了平比句式"(毛烈与陈祈)似同胞一般",有平比义,是一个糅合句式。余可类推。由此可见,"X 胜似 Y 一般"是由差比句式"X 胜 Y"与平比句式"X 似 Y 一般"通过删略重叠成分糅合而成的。这一生成过程可表示为:

"X 胜 Y" + "X 似 Y 一般" → "X 胜似 Y 一般"

汉语史上糅合句式"X 胜似 Y 一般"的存在充分说明,差比句式可以与平比句式糅合生成新的句式,"X 胜似 Y"当是由差比句式"X 胜 Y"与平比句式"X 似 Y"糅合而成的,原本既有差比义,又有平比义。

在汉语史上还出现了与"X 胜似 Y"平行的同义句式"X 胜如 Y""X 胜若 Y"[①],这是因为"如""若"都可用作"像似"义动词,表示平比,可以替换同义动词"似"。例如:

---

① "X 胜如 Y"始见于宋代,并沿用了下来。"X 胜若 Y"在明清时期有用例,后来消失了。

(23) 叹词章、过人华丽，<u>掷地胜如金玉</u>。(赵彦端《看花回》,《全宋词》)

(24) 人间易离易遇，<u>尽胜如、天上各云霄</u>。(张镃《木兰花慢·七夕》,《全宋词》)

(25) 今日幸大人拔救，<u>胜若再生父母</u>。(《包龙图判百家公案》卷十)

(26) 既承关切，实不敢瞒兄，弟总角之年，与林舍表妹见面，即如旧识重逢，共枕联床，<u>胜若同胞兄妹</u>。(《红楼梦补》第十回)

我们甚至还能找到与"X 胜似 Y 一般"平行的同义句式"X 胜如 Y 一般"[①]。例如：

(27) 真个是你贪我爱，如胶似漆，<u>胜如夫妇一般</u>。(《喻世明言》卷一)

(28) 黛玉听了，止不住心中伤感，掉下泪来。停会儿雪雁走进，叫他去告诉紫鹃："安心养着，别性急过来。<u>养他自己的病胜如养我的病一般</u>。"(《红楼梦补》第二回)

"X 胜如 Y""X 胜若 Y""X 胜如 Y 一般"均应是由差比句式"X 胜 Y"分别与平比句式"X 如 Y""X 若 Y""X 如 Y 一般"糅合而成的。这些平行的同义句式充分说明，差比句式可以与平比句式糅合生成新的句式，"X 胜似 Y"是由差比句式"X 胜 Y"与平比句式"X 似 Y"糅合而成的。

---

① "X 胜如 Y 一般"在明清时期有用例，后来消失了。

2.2.2 "X 胜似 Y"的生成动因

平比句式"X 似 Y"要凸显的是 X 与 Y 在某方面的相似性，而差比句式"X 胜 Y"要凸显的是 X 与 Y 在某方面的差异性，但是 X 与 Y 的差异性是基于 X 与 Y 的相似性而言的，换言之，差比句式"X 胜 Y"在语义上是基于平比句式"X 似 Y"而言的。不仅如此，差比句式"X 胜 Y"在语义上还要比平比句式"X 似 Y"更进一层。试比较：

(29) 昨与美人对尊酒，朱颜如花腰似柳。(白居易《劝酒》，《全唐诗》卷四六二)

(30) 谁怜颊似桃，孰知腰胜柳？(于濆《宫怨》，《全唐诗》卷五九九)

"柳"具有显著的语义特征[+纤细]、[+柔软]，可以看作典型的纤细、柔软的事物。例(29)中平比句式"腰似柳"凸显了"腰"与"柳"在纤细度、柔软度上的相似性，目的是形容"腰"之纤细、柔软，具有诗人的主观性。例(30)中差比句式"腰胜柳"凸显了"腰"与"柳"在纤细度、柔软度上的差异性，或者说凸显了"腰"在纤细度、柔软度上相对于"柳"的优越性，但是并未否定二者的相似性。差比句式"腰胜柳"具有诗人更强的主观性。诗人使用差比句式"腰胜柳"目的是极言"腰"之纤细、柔软，表示"腰"比"柳"更加纤细、柔软。差比句式"腰胜柳"在语义上不仅隐含了平比句式"腰似柳"，而且还要比平比句式"腰似柳"更进一层。

第二章 "X 胜似 Y"的来源、"胜似"的词汇化及相关问题 / 39

下面的用例更能说明差比句式"X 胜 Y"在语义上不仅是基于平比句式"X 似 Y"而言的,而且还要比平比句式"X 似 Y"更进一层。

(31)人言<u>似</u>明月,我道<u>胜</u>明月。明月非不明,一年十二缺。(白居易《以镜赠别》,《全唐诗》卷四三三)

例(31)中先用平比句式"(明镜)似明月"凸显"明镜"与"明月"的相似性,再用差比句式"(明镜)胜明月"凸显二者的差异性,或者说凸显"明镜"相对于"明月"的优越性。由下文"明月非不明"可以看出,凸显"明镜"与"明月"的差异性或"明镜"相对于"明月"的优越性,并不是否定二者的相似性,恰恰相反,这种差异性或优越性是基于二者的相似性而言的。也就是说,差比句式"(明镜)胜明月"在语义上是基于平比句式"(明镜)似明月"而言的。不仅如此,差比句式"(明镜)胜明月"在语义上还要比平比句式"(明镜)似明月"更进一层,诗人在平比句式的基础上用差比句式表达了语义的递进。

上文例(9)是宋词中的用例,词人先用平比句式"脸如花"凸显"脸"与"花"的相似性,然后在此基础上再用差比句式"双脸胜花"凸显二者的差异性,或者说凸显"脸"相对于"花"的优越性,从而表示语义的递进。此例同样表明差比句式在语义上不仅是基于平比句式而言的,而且还要比平比句式更进一层。

下面是现代汉语中的用例,说话人先用平比句式形容"夫妻间那一种颠鸾倒凤、蝶乱蜂狂情形",紧接着又用差比句式表示语义的递进。此例也表明差比句式在语义上不仅是基于平比句式而言的,而且还要比平比句式更进一层。

(32) 夫妻间那一种颠鸾倒凤、蝶乱蜂狂情形,宛若<u>新婚燕尔</u>,<u>胜过新婚燕尔</u>,那才真真叫是造爱!(梁晓声《激杀》)

说话人从记忆库中提取平比句式"X似Y",是为了凸显X与Y的相似性;说话人从记忆库中提取差比句式"X胜Y",是为了凸显X与Y的差异性或X相对于Y的优越性。差比句式"X胜Y"在语义上不仅是基于平比句式"X似Y"而言的,而且还要比平比句式"X似Y"更进一层,因此如果说话人在凸显X与Y的相似性的同时又想进一步凸显X与Y的差异性或X相对于Y的优越性,那么差比句式"X胜Y"与平比句式"X似Y"就会同时在大脑中浮现、叠加。为了遵循经济原则与句法规则,在外在的语言形式上"X胜Y"与"X似Y"这两种句式就通过删略重叠成分糅合而成新的句式"X胜似Y"。正是因为要表示语义的递进,所以在语序上是表示差比的"胜"置于表示平比的"似"前对其进行管控。如例(14),词人从记忆库中提取平比句式"(绿野)似青油",目的是凸显"绿野"与"青油"的相似性;词人从记忆库中提取差比句式"(绿野)胜青油",目的是凸显"绿野"与"青油"的差异性或"绿野"相对于"青油"的优越性;如果词人在凸显"绿野"与"青油"的相似性的同时又想进一步凸显"绿野"与"青油"的差异性或"绿野"相对于"青油"的优越性,那么差比句式"(绿野)胜青油"与平比句式"(绿野)似青油"就会同时浮现、叠加。为了遵循经济原则与句法规则,这两种句式就通过删略重叠成分糅合而成新的句式"(绿野)胜似青油"。由此可见,递进的语用目的是糅合句式"X胜似Y"的生成动因。

下例中说话人先用平比句式"犹如父母"来形容一代伟人对后代的"真切爱心",但又觉得程度不够深,于是紧接着干脆用糅合句式"胜似父母"来进一步形容这种"真切爱心",表示语义的递进,即这种"真切爱心"不仅"似父母",而且"胜父母"。

(33)由此我深深感受到一代伟人对后一代蕴含的那<u>犹如父母</u>、<u>胜似父母</u>的真切爱心。(《不尽的思念——回忆邓妈妈对我们晚辈的关怀》,人民网2004年2月3日)

下面的例子也是先用平比句式"X似/如Y"表示X与Y在某方面具有相似性,再用糅合句式"X胜似Y"表示语义的递进,进一步表示X在某方面不仅与Y相似,而且要胜过Y。

(34)走进那里,"家家有雕梁,户户有活水",<u>疑似水乡</u>,<u>胜似水乡</u>。(《十大最具人气景区投票开始啦》,《东南商报》2009年9月28日)

(35)侠义如酒浓于酒,男儿放饮情烈烈。<u>山寨如家胜似家</u>,挑灯把酒三军悦。(电视剧《水浒传》(新版)插曲《四海盟约》)

需要指出的是,虽然例(33)—(35)中的"胜似"已词汇化了,可以理解成"胜过、超过",但是由于受到对举的平比动词"犹如""似""如"的影响,其中的"似"的源义即平比义仍若隐若现,并未彻底丧失。

总之,糅合句式"X 胜似 Y"的生成动因是递进的语用目的,即说话人在凸显 X 与 Y 的相似性的同时又想进一步凸显 X 与 Y 的差异性或 X 相对于 Y 的优越性。

2.3 "胜似"的词汇化与语义演变

2.3.1 "胜似"的词汇化

"胜似"是在糅合句式"X 胜似 Y"中发生词汇化的。出于递进的语用目的,差比句式"X 胜 Y"与平比句式"X 似 Y"糅合生成了新的句式"X 胜似 Y",差比动词"胜"与平比动词"似"得以在线性顺序上紧邻,"胜似"具备了词汇化的句法条件。差比句式"X 胜 Y"在语义上是基于平比句式"X 似 Y"而言的,而且比平比句式"X 似 Y"更进一层,只不过平比句式"X 似 Y"凸显的是 X 与 Y 的相似性,差比句式"X 胜 Y"凸显的是 X 与 Y 的差异性。糅合句式"X 胜似 Y"则介于差比句式"X 胜 Y"与平比句式"X 似 Y"之间,在凸显 X 与 Y 的相似性的同时凸显 X 与 Y 的差异性。"语言的范畴是非离散的,边界是模糊的,语言成分不是绝对地属于或不属于某个范畴,而是在属于某个范畴的典型性程度上形成一个连续体"(沈家煊，1999：16）。差比句式"X 胜 Y"与平比句式"X 似 Y"均属于比较范畴，因此差比句式"X 胜 Y"、糅合句式"X 胜似 Y"、平比句式"X 似 Y"三者形成了一个渐变的连续体，而糅合句式"X 胜似 Y"则处于这个连续体的中间环节。当 X 与 Y 的差异性强化而相似性弱化时，"X 胜似 Y"就会偏重差比，偏向"X 胜 Y"；当 X 与 Y 的相似性强化而差异性弱化时，"X 胜似 Y"就会偏重平比，偏向"X 似 Y"。处于连续体中间环节的糅合句式"X 胜似 Y"正是"胜似"词汇化的句法环境。

  韵律制约是"胜似"词汇化的一个重要因素。从句法上看，糅合句式"X 胜似 Y"中的"胜"与"似"虽然在线性顺序上紧邻，但是并不在同一个层次上，"胜似"属于跨层结构。"X 胜似 Y"的结构层次应是：X+[胜 +（似 +Y）]，"胜"与"似"不是一对直接成分，"胜"与"似 Y"才是一对直接成分。语言中最小的能够自由运用的韵律单位是音步，汉语的两个音节构成一个标准音步，一个标准音步就是一个标准韵律词。在"X 胜似 Y"中主体 X 与客体 Y 均是一个完整的语义模块，由于韵律制约，原本不在同一句法层次上的紧邻成分"胜"与"似"便组合成一个标准音步，即一个标准韵律词。汉语中大量的复合词都是经过了"韵律词→固化韵律词→词汇韵律词"的过程发展而来（冯胜利，2000：88）。"如果音步由两个音节组成，而每一个音节都是一个相对独立的语素，那么音步的组合就等于语素的组合。因此音步的实现就不可避免地导致语素的组合。语素加语素是复合词产生的一般方式。因此音步的实现跟复合词的实现便'合二为一'"(冯胜利,1996)。韵律制约模糊了"胜"与"似"的句法分界,增强了跨层结构"胜似"的黏合度,保证了其结构上的凝固性,因而"胜似"有了词汇化的可能性。

糅合句式"X胜似Y"中X与Y语义范畴的变化是"胜似"词汇化的关键因素。当糅合句式"X胜似Y"中的X与Y属于不同语义范畴时,我们关注二者的相似性甚于关注二者的差异性。这是因为凸显不同类的X与Y的相似性往往是比较二者差异性的前提,只有凸显了X与Y的相似性,才能更好地将二者联系起来进一步比较其差异性,而没有相似性的不同类事物往往不具备可比性。因此当X与Y属于不同语义范畴时,我们会重新分析"X胜似Y",认为"X胜似Y"虽然有差比义,但是其平比义更为显著。因而韵律词"胜似"语义偏重"似","似"成为句式核心动词,而"胜"边缘化了,其差比义弱化乃至丧失,有语法化为"更、极"义程度副词的强烈倾向。

"胜过、超过"义动词可以语法化为程度副词。如动词"过",在先秦时期已有"超过"义,表示主体X在某方面比客体Y优越。例如:

(36) <u>由也好勇过我</u>,无所取材。(《论语·公冶长》)

当"过"的后接成分为具有[+程度性]的谓词时,句式语义重心便转移到此谓词上,此谓词便成为句式核心谓词,而"过"便由句式核心动词重新分析成状语,语法化为程度副词,相当于"过于、太、极"。这种用法大概在东汉时期已具备。例如:

(37) 前贤已再封，晏、商再易邑，业缘私横求，<u>恩已过厚</u>，求索自恣，不知餍足，甚伤尊尊之义，不可以示天下，为害痛矣！(《汉书·何武王嘉师丹传》)

同理，当"胜过、超过"义动词"胜"的后接成分是具有[+程度性]的动词"似"时，如果要凸显相似性，"似"便成为句式核心动词，而"胜"则退居状语位置并语法化为"更、极"义程度副词。因此，当 X 与 Y 属于不同语义范畴、"X 胜似 Y"的平比义更为显著时，"胜似"就易被重新分析为状中关系，相当于"酷似、更似、极像"。在《全宋词》中"X 胜似 Y"共 18 例，其中 X 与 Y 属于不同语义范畴的就有 13 例，如例（14）中的"绿野"与"青油"、例（15）中的"人"与"花"、例（16）中的"妾心"与"莲心"。这 13 例中的"胜似"都可以理解成"酷似、更似、极像"。但是这种语义上的理解是临时的，并不稳定，因为"X 胜似 Y"最初是以糅合句式的身份出现的，兼有差比义与平比义。

当糅合句式"X 胜似 Y"中的 X 与 Y 属于同一语义范畴时，二者的相似性不言而喻，我们关注二者的差异性甚于关注二者的相似性，"X 胜似 Y"的差比义更为显著。因而韵律词"胜似"语义偏重"胜"，"胜"成为句式核心动词，而"似"边缘化了，其平比义弱化乃至丧失，"胜似"相当于"胜过、超过"。但是这样的用例在《全宋词》中仅见 5 例。例如：

(38) 我有一张琴。随坐随行。<u>无弦胜似有弦声</u>。(宋先生《浪淘沙》,《全宋词》)

使用频率是语法化的一个重要因素,一种语言形式在话语中出现得越频繁,越容易语法化(Hopper & Traugott, 2001:103)。使用频率同样是词汇化的一个重要因素。在南宋时期 X 与 Y 属于同一语义范畴的"X 胜似 Y"的用例明显增多。"X 胜似 Y"在南宋儒家语录《朱子语类》中有 17 例,在南宋禅宗语录《虚堂和尚语录》中有 3 例,这 20 例中的 X 与 Y 无一例外均属于同一语义范畴,韵律词"胜似"在语义上均已发生了根本性的变化,相当于"胜过、超过",表示差比。例如:

(39)颜子问仁与仲弓问仁处,看来仲弓才质胜似颜子。(《朱子语类》卷四十二)

(40)观六爻,一爻胜似一爻,岂所据之位愈高,则所见愈大邪?(《朱子语类》卷七十)

(41)幸而天假之年,许多道理在这里,今年颇觉胜似去年,去年胜似前年。(《朱子语类》卷一百〇四)

(42)今年寒胜似去年寒,去年无冰;去年寒胜似今年寒,今年有雪。(《虚堂和尚语录》卷八)

例(39)中"仲弓"与"颜子",例(40)中"一爻"与"一爻",例(41)中"今年"与"去年"、"去年"与"前年",例(42)中"今年寒"与"去年寒"、"去年寒"与"今年寒",均属于同一语义范畴。当"X 胜似 Y"中 X 与 Y 属于同一语义范畴时,我们无须关注二者的相似性,我们更加关注的是二者的差异性,因而一方面"胜"的差比义得到了最大程度的凸显,处于绝对优势,另一方面"似"的平比义弱化乃至丧失,"胜似"

的语义偏重"胜",相当于"胜过、超过"。例(39)—(42)中韵律词"胜似"语义均偏重"胜",相当于"胜过、超过","似"的平比义已丧失殆尽,"似"已成为一个词内成分。《朱子语类》(140卷)是南宋度宗咸淳六年(1270)黎靖德编辑出版的,汇集了朱熹(1130—1200)卒后70年间所保存的语录,虽然有一定的文言成分,但是口语化程度较高,比较真实地反映了南宋时期汉语的实际面貌。《虚堂和尚语录》(10卷)是南宋禅僧虚堂智愚(1185—1269)所撰、妙源所编,于咸淳五年(1269)刊行,为临济宗的重要语录,口语化程度也较高,也能反映南宋时期汉语的实际面貌。因此我们认为,最迟在南宋末期"胜似"已词汇化了。

总之,在韵律制约、语义范畴变化、用频较高等多种因素共同作用下,糅合句式"X胜似Y"发生了重新分析,即:X+[胜+(似+Y)]→X+[(胜+似)+Y];跨层结构"胜似"在结构上固化了,在语义上也发生了变化,从而词汇化为一个表示差比的动词。

2.3.2 "胜似"的语义演变

最迟在南宋末期"胜似"已词汇化了,"胜似"表示差比,相当于"胜过、超过"。但是"胜似"的词汇化并不意味着其只能表示差比,而不能表示平比。复合词的语义演变一般是以其构成语素为基础的,糅合句式"X胜似Y"中的"胜似"词汇化后,"似"的平比义在X与Y属于不同语义范畴的情况下就会被激活并得到凸显,"胜似"可以理解成"酷似、更似、极像",此义也就成了"胜似"的另一个义项。事实上,"胜似"的这两种语义可以长期并存,只不过表示差比成了主流,处于强势。

到了元代,"X 胜似 Y"中 X 与 Y 主要属于同一语义范畴,"胜似"的语义主要偏重"胜",表示差比。到了明清时期,这种趋势更加明显,"胜似"几乎都是表示差比,极少表示平比。表 1 反映了元明清时期 15 种文献中"胜似"表示差比与表示平比两种语义比较情况。

表 1　元明清时期 15 种文献中"胜似"语义比较①

胜似	曲	剧	水	西	喻	警	醒	二	封	施	彭	歧	济	红	小	合计
表示差比	15	30	4	5	4	3	10	4	5	5	4	4	6	5	6	110
表示平比	9	6	0	0	0	0	0	1	1	0	0	0	0	1	0	18

下面是"胜似"表示差比的例子,"胜似"相当于"胜过、超过"。

(43) 儿嚛,你害的是甚的病?怎么这等憔悴了?<u>我则愿咱家一年胜似一年。</u>(乔吉《玉箫女两世姻缘》第二折,《全元杂剧》)

(44) 做官府家的陪嫁,胜似在我家十倍,我有什么不

---

① 表中文献使用简称。曲:《全元散曲》;剧:《全元杂剧》;水:《水浒传》;西:《西游记》;喻:《喻世明言》;警:《警世通言》;醒:《醒世恒言》;二:《二刻拍案惊奇》;封:《封神演义》;施:《施公案》;彭:《彭公案》;歧:《歧路灯》;济:《济公全传》;红:《红楼复梦》;小:《小五义》。

第二章 "X胜似Y"的来源、"胜似"的词汇化及相关问题 / 49

舍得？（《醒世恒言》卷一）

（45）四家好汉，都与施某会过面，<u>胜似同胞兄弟</u>。（《施公案》第三十五回）

（46）玉仙是个精明强悍之人，<u>烈性胜似男子</u>；金仙生得忠厚，不善言辞，是个没主意的人。（《小五义》第二百二十一回）

下面是"胜似"表示平比的用例，"胜似"相当于"酷似、更似、极像"。

（47）落在文人手，<u>胜似杀人刀</u>。（岳伯川《吕洞宾度铁拐李岳》第一折，《全元杂剧》）

（48）此时若肯雪中送炭，<u>真乃胜似锦上添花</u>。（《二刻拍案惊奇》卷十一）

（49）洪锦看城内兵来，纪律严整，又见左右归周豪杰，<u>一个个胜似虎狼</u>，那三山五岳门人，飘飘然俱有仙风道骨，两傍雁翅排开。（《封神演义》第六十六回）

到了现代汉语，"胜似"也基本上是表示差比。我们检索北京大学CCL语料库现代汉语部分，共发现262例"胜似"，其中242例表示差比，20例表示平比。表示差比的"胜似"约有1/3（79例）用于程式化的差比句式"(X)不是Y,（却）胜似

Y"。① 例如:

(50) 不是神话,胜似神话 | 不是生母,胜似生母 | 不是节日,胜似节日 | 他们夺得的不是金牌,胜似金牌 | 不是公园,胜似公园 | 不是特区,胜似特区 | 她,不是帝王却胜似帝王 | 不是战场,却胜似战场 | 不是亲生女儿,却胜似亲生女儿

程式化的差比句式"(X) 不是 Y,(却) 胜似 Y"在报刊、网络等中用频也较高。例如:

(51) 醒来后,看见车窗外满眼绿色,<u>不是江南胜似江南</u>。(《山西省长王君自豪谈感受:今日山西风景新》,《山西日报》2011 年 3 月 7 日)

(52) 在《纤笔一支谁与似,三千毛瑟精兵——读〈丁玲的故事〉》、《心未老,情不变——读韩笑的〈海誓山盟〉》、《我们这支队伍》等文论和报告文学中,她对罹难的朋友表现出了<u>不是战友胜似战友</u>,<u>不是亲人胜似亲人</u>的关爱与温暖。(《柯岩创作简论:辛勤笔耕一甲子》,《人民日报》2010 年 3 月 30 日)

有意思的是,我们搜检北京大学 CCL 语料库现代汉语部分,发现"(X) 不是 Y,胜似 Y"也可以说成"(X) 不似 Y,胜似

---

① 差比句式"(X) 不是 Y,(却) 胜似 Y"可能最早出现于民国时期。例如:
　　武宗仔细看这女子,果然是:皓腕金环,美妖且娇;头戴金钗,腰佩琅响;明珠交工,罗衣飘飘;轻裙随风,顾盼遗光;长啸若兰,容华耀日;金莲移动,舞姿飘逸。<u>不是飞燕,却胜似飞燕</u>。(《武宗逸史》第十二章)

Y",共有7例。"胜似"中的"似"由于受到前一个否定式中的平比动词"似"的影响,其平比义仍若隐若现。例如:

(53) 不似江南,胜似江南|不似西湖,胜似西湖|不似酒,胜似酒|不似春光,胜似春光|不似仙境,胜似仙境|不似军人,胜似军人

"(X)不似Y,胜似Y"这种程式化的差比句式在报刊、网络等中也有用例。例如:

(54) 那种亲密、亲近和熟络,不似亲人胜似亲人。(《历史和现实,早已把各民族紧紧地凝聚在一起》,《青海日报》2010年5月10日)

(55) 了解中国近代史、革命史,中共党史,新中国创立、巩固和发展的历史,毛著是最重要的历史史料和教科书,是历史画卷最全面、最权威、最精辟的解说词,不似《史记》胜似《史记》。(《李福祥:毛著与文化、历史及其他》,《前线》2011年3月11日)

从元代汉语直至现代汉语,"胜似"基本上表示差比,极少表示平比。尤其是现代汉语中出现了大量的程式化的差比句式"(X)不是Y,(却)胜似Y","胜似"的差比用法已成了主流,并逐渐规约化了,因而致使我们对其平比用法"视而不见"。如例(3)、(6)中表示平比的"胜似",如果不细加玩味,我们一般会认为其表示差比。无怪乎《现汉》《大词典》等辞书将"胜似"仅解释为"胜过、超过",而忽略了其"酷似、更似、极像"义。

2.4　三个相关问题

2.4.1　"似/如"表示差比的始见时代

太田辰夫（2003：166—167）、张赪（2010：69）等认为，唐诗中就已出现了差比句式"XA 似/如 Y"[①]。也就是说，"似/如"表示差比始见于唐代。但是事实上唐代文献中并没有可靠用例。

在上古、中古汉语中"XA 似/如 Y"都是平比句式，这应该是毫无异议的，如"猛如虎，很如羊，贪如狼"（《史记·项羽本纪》）。到了唐代，"XA 似/如 Y"仍是平比句式。在唐诗中不仅有平比句式"X 似/如 YA"，如"金印酬功如斗大"（韦应物《送孙徵赴云中》）；而且有语序不同的平比句式"XA 似/如 Y"，如"官仓老鼠大如斗"（曹邺《官仓鼠》）。在近体诗中为了满足声律等方面的要求，语序做适当的调整是常见的现象。太田辰夫（2003：166—167）列举的所谓"差比"句式的例证"新诗高似云"（姚合《赠供奉僧次融》）、"虽然诗胆大如斗"（陆龟蒙《早秋吴体寄袭美》）等，如果不考虑声律等，完全可以变换为同义的平比句式"新诗似云高""虽然诗胆如斗大"等。当"XA 似/如 Y"中的 X 与 Y 为不同的语义范畴时，我们关注的显然是二者之间的相似性而不是差异性，即便到了现代汉语也

[①] A 表示形容词。这里的 A 一般为单音节的性质形容词。

是如此。试比较：

(56) 在霜晨鸡鸣的荒村，在<u>冷得似铁</u>的破被中醒来，我可以幻想我身旁有这样那样的女人。(张贤亮《习惯死亡》)

(57) <u>棉絮冷似铁</u>，我浑身没有一点热气。(张贤亮《绿化树》)

例（56）、(57) 出自同一作家的不同作品，均是将所指相同的"破被""棉絮"与不属于同一语义范畴的"铁"比较，极力形容"破被""棉絮"之冷。例（56）"冷得似铁的破被"中"似"显然是表示平比。例（57）"棉絮冷似铁"似可看作差比句式"XA 似 Y"，但是"棉絮"与"铁"属于不同的语义范畴，我们更关注二者的相似性。与例（56）比较，我们认为例（57）应为平比句式，相当于"棉絮冷得似铁"或"棉絮似铁一样冷"。由此可见，当 X 与 Y 为不同的语义范畴时，我们关注的显然是二者之间的相似性，"XA 似 / 如 Y"中的"似 / 如"应理解为表示平比的动词。平比句式"X 似 / 如 Y"表示 X 与 Y 在某个比较点上具有相似性，这个比较点可以是事物，当然也可以是性质，只不过这个事物或性质省略罢了。所以当 X 与 Y 为不同的语义范畴时，"XA 似 / 如 Y"可以理解为表示 X 与 Y 在性质 A 这个比较点上具有相似性的平比句式"X 似 / 如 Y"的全式。"新诗"与"云"、"诗胆"与"斗"等均属于不同的语义范畴，因此"新诗高似云""虽然诗胆大如斗"等属于平比句式"XA 似 / 如 Y"，其中的"似 / 如"应是表示平比，而非表示差比。

在《全唐诗》中个别"XA 似/如 Y"之所以易被理解为差比句式,"是由上下文语境造成的,脱离了另一句差比句或是语境,它就没有了差比义"(张赪,2010:69)。

如果 X 与 Y 为同一语义范畴,且要凸显 X 在性质 A 上比 Y 优越,那么"XA 似/如 Y"才是典型的差比句式,"似/如"才表示差比。Peyraube(1989)、张赪(2010)调查了《敦煌变文校注》《坛经》《祖堂集》等,未发现一例表示差比的"似/如"。我们扩大了调查范围,检索了《全唐五代词》《唐五代笔记小说大观》《全唐文》等,也未发现一例可靠的表示差比的"似/如"。因此我们有理由认为,"似/如"表示差比要晚于唐五代。①

那么"似/如"表示差比到底始于什么时代? Peyraube(1989)调查了大量的语料,认为"XA 似/如 Y"表示差比始见于宋代。冯春田(2000:653)的看法相似:"大约自宋代开始,汉语出现了一种新的差比句式,即在古代汉语'(S) A 于 Y'式的基础上,由'如'或者'似'引进比较的对象。"魏培泉(2007)也认为,"似/如"字平比句式是宋代以后才发展为差比句式的。换言之,"似/如"表示差比始见于宋代。我们赞同此观点,认为最迟在南宋末期"似/如"已用于差比,相当于

---

① 上古汉语中有这样一例"如"字句式颇似差比句式:"人之困穷,甚如饥寒。"(《吕氏春秋·爱士》)其实此处"甚"不是"胜过、超过"义动词,而是"厉害"义形容词,此例当是平比句式"XA 如 Y","如"表示平比。魏培泉(2007)的看法类似,认为此例"应该是一种表示平比或比拟的句式(义为'其中极厉害的就像饥寒')"。

引出差比对象的介词"于"。

2.4.2 "似"的语法化

"似/如"最迟在南宋末期已由表示平比的动词语法化为表示差比的介词,相当于引出差比对象的介词"于"。例如:

(58) 徽宗朝作大晟乐,其声是<u>一声低似一声</u>,故其音缓散。(《朱子语类》卷三十九)

(59) 自此而下,虽<u>一节深如一节</u>,却易理会。(《朱子语类》卷六十一)

关于"似/如"由表示平比发展为表示差比的原因,学界的意见存在分歧。Peyraube(1989)认为,因为"于"字差比句式到了宋代退出了口语,差比句式出现了空格,所以原来的平比句式"X A 如 Y"可以填补这个空格,表示差比。Peyraube(1989)的看法可称为"填补说",有其一定的道理,但是"于"字差比句式的退出等因素仅仅是"如"由表示平比演化为表示差比的外因,只有"如"字句式本身的句法、语义等因素才是引起"如"演变的根本原因。

魏培泉(2007)认为,"似/如"字平比句式是宋代以后才发展为差比句式的,而这一变化是由动词"胜"用于"似/如"字句中而使句子表示差比开始的。这一看法是颇有见地的。那么"胜似/胜如"句式为什么会使"似/如"由表示平比演化为表示差比呢?魏培泉(2007)认为,古代汉语中就有"胜于/胜於"的说法,由于语音演变,"如"字读音与"于/於"同,就用"胜如"代替了"胜于/胜於";证据是现代汉语许多方言里"如"与"于/於"音同或音近。魏培泉(2007)的说法可称为"同音代替说",但是此说不成立。首先,依据《广韵》,在唐宋时期,"如"与"于/於"是不同音的。"如",人诸切,平声,鱼韵,日母;"于",羽俱切,平声,虞韵,云母;"於",央居切,平声,鱼韵,影母。其次,魏文的说法无法解释"胜"为什么也可以分别与表示平比的"似""若"紧邻并形成句式"X胜似Y""X胜若Y","似"为什么也演变成了表示差比的介词。最后,不顾汉语语音史而仅用现代汉语一些方言中的读音去推测某个汉字历史上的读音,结论不一定可靠。"语言/方言的共时状态可以反映其历时状态",但是"这种反映透过了漫长时间的过滤,有时是扭曲的;如果对共时材料分析不当,有可能造成对方言历史的误解"(麦耘,2011)。魏文认为,"现代有不少汉语方言'如'字读零声母,其中也有不少是读同'于'的",但是我们不能据此就推断出唐宋时期"'如'字读零声母,其中也有不少是读同'于'的"这一结论。事实上,正如魏文所说,"我们目前在唐宋的文献中还没有找到可以明确证明日母字有读为零声母的证据"。

"实词的虚化,要以意义为依据,以句法地位为途径。也就是说,一个词由实词转化为虚词,一般是由于它经常出现在一些适于表现某种语法关系的位置上,从而引起词义的逐渐虚化,并进而实现句法地位的固定,转化为虚词"(解惠全,2005)。"似/如"要由表示平比的动词语法化为表示差比的介词,其所在句式必须是"XV似/V如Y",且V必须是表示差比的"胜过、超过"义动词。从宋代开始,唯独"胜过、超过"义动词"胜"进入此句式,即"X胜似/胜如Y"。如前所述,"X胜似/胜如Y"是糅合句式,也就是说,糅合句式"X胜似/胜如Y"的出现是"似/如"语法化的根本原因。

如前所述,当X与Y属于同一语义范畴时,糅合句式"X胜似Y"中"胜"的差比义得到了最大程度的凸显,而"似"的平比义弱化乃至丧失,即语义漂白了,"胜似"在韵律制约等多种因素共同作用下词汇化了,因而"X胜似Y"便由一个兼表差比义与平比义的糅合句式演变为一个仅表差比义的句式,其在句法、语义上与差比句式"X胜于Y"是平行的。由于类推机制的作用,"X胜似Y"中的"似"在丧失平比义的同时获得了"于"(用于差比)义,即相当于引出差比对象的介词"于"。不过从根本上看,"似"的"于"(用于差比)义是从仅表差比义的句式"X胜似Y"中吸收而来的。"似"同时经历了语义漂白与语境吸收两个逆向变化过程,其意义由实变虚,发生了语法化。总之,"似"的语法化是伴随着糅合句式"X胜似Y"中"胜似"的词汇化而发生的,从根源上看,是糅合句式致使"似"发生了语法化。

"似"在语用中一旦获得"于"(用于差比)义,就会使之固化,成为一个新的义项。所以有的辞书将"于"(用于差比)义单独列出作为"似"的一个义项,甚至标注其词性。如《汉语大字典》(2010:160,以下简称《大字典》):"似:……⑤介词。……2.表示比较,相当于'于'、'过'。"有的辞书释义虽然不尽相同,但是也都认为"似"用于差比。如《大词典》(2007:517):"似:……5.用于比较。表示程度更甚。"《现汉》(2016:1242):"似:……③介用于比较,表示超过。"

伴随着"胜似"的词汇化,最迟在南宋末期"于"(用于差比)义已成为"似"的一个新的义项,并沿用至现代汉语,如例(58)。再如:

(60)若是就他地位说时,理会得一件,便是一件,庶几渐渐长进,<u>一日强似一日</u>,<u>一年强似一年</u>。①(《朱子语类》卷三十二)

(61)小夫人听得道:"却不作怪,你看我身上衣裳有缝,<u>一声高似一声</u>,你岂不理会得?他道我在你这里,故意说这话教你不留我。"(《警世通言》卷十六)

(62)林黛玉将手一摔道:"谁同你拉拉扯扯的。<u>一天大似一天的</u>,还这么涎皮赖脸的,连个道理也不知道。"(《红楼梦》第三十回)

(63)<u>外边的雷声一阵紧似一阵</u>,一个个的火球,在庙门外滚来滚去,空中似乎还有吱吱的龙叫声。(莫言《讲故事的人》)

---

① "强似"原本为跨层结构,但是在汉语史上用频较高,并沿用了下来,故《大词典》(2007:2203)将其作为词来处理,解释为"胜于;超过",所举最早例句为元代的。《现汉》(2016:1048)的解释类似:"动较胜于;超过。"

2.4.3 "胜如/如"的类化

在汉语史上有一种与"X胜似Y"平行的同义句式"X胜如Y"。这种句式最早出现于宋代,与"X胜似Y"几乎同时出现,如例(23)、(24)。"如"也可以表示平比,相当于"如同、好像",与"似"同义,可以替换"似"。如同"X胜似Y"一样,"X胜如Y"也当是糅合句式,也是因递进的语用目的由差比句式"X胜Y"与平比句式"X如Y"通过删略重叠成分糅合而成的。这一生成过程可以表示为:

"X胜Y"+"X如Y"→"X胜如Y"

类化是语法化或词汇化的重要机制之一。所谓"类化",是指"如果同一范畴的两个或多个词语或结构有着共同的语义基础、句法位置,且发生演化,那么它们一般会朝着同一方向发生相同或相近的演化"(叶建军,2007)。由于类化机制的作用,"X胜如Y"中的"胜如"如同"X胜似Y"中的"胜似"一样最迟在南宋末期也发生了词汇化。如同"X胜似Y"一样,当X与Y属于同一语义范畴时,"X胜如Y"的差比义更为显著,"胜如"表示差比,相当于"胜过、超过",如例(64);反之,当X与Y属于不同语义范畴时,"X胜如Y"的平比义更为显著,"胜如"表示平比,相当于"酷似、更似、极像",如例(65)。

(64)古之所谓庙者,其体面甚大,皆是门、堂、寝、室,胜如所居之宫,非如今人但以室为之。(《朱子语类》卷九十)

(65) 妖艳不数太真，<u>轻盈胜如飞燕</u>。(《喻世明言》卷六)

"胜如"沿用到了现代汉语，不过没有"胜似"的用频高。例如：

(66) 那情人叫拉查利诺·德·加萨廖特利，是城里大户人家的子弟，一个翩翩美少年，<u>菲莉芭爱他胜如爱自己的生命</u>。(《十日谈》)

(67) <u>自愿的贫困胜如不定的浮华</u>；穷奢极欲的人要是贪得无厌，比最贫困而知足的人更要不幸得多了。(《雅典的泰门》)

(68) <u>两人名为师徒，却胜如父子</u>，一住就是半年多。(《书法刻字大师帅立志的传奇》，人民网 2004 年 11 月 29 日)

(69) 她们置身大赛中丝毫没有胆怯，反而气定神闲，所做的动作如行云流水，<u>胜如天仙</u>，简直美不可言。(《中国小姑娘，很美很可爱！》，人民网 2008 年 8 月 14 日)

"胜似"的差比义到了现代汉语已规约化了，"胜如"也发生了类化，其差比义也规约化了。不过《现汉》未收"胜如"一词，这也许是出于其在现代汉语中用频较低这一考虑。但是，作为历时性汉语工具书是应收"胜如"一词的，遗憾的是，连迄今为止规模最大的历时性汉语工具书《汉语大词典》也未见收录。

由于类化机制的作用，"X 胜如 Y"中的"如"如同"X 胜似Y"中的"似"一样也发生了语法化,相当于引出差比对象的介词"于"。"如"在语用中一旦获得"于"(用于差比)义,就会使之固化,成为一个新的义项。所以有的辞书将"如"的这种用法单独列出作为一个义项,甚至标注词性。如《大字典》(2010:1099)将"如"解释为:"介词。表示比较,相当于'于'。"《现汉》(2016:1109)的释义类似:"介用于比较,表示超过:光景一年强~一年。"

伴随着"胜如"的词汇化,最迟在南宋末期"于"(用于差比)义已成为"如"的一个新的义项,如例(59)。下面是近代汉语中的用例:

(70)又有一相识言,先《左传》,次《国语》,《国语》较老如《左传》。(《朱子语类》卷八十三)

(71)饥时得一口,强如饱时得一斗。①(《原本老乞大》)

(72)你常选官,只是一步高如一步除将去。(《朴通事》)

(73)王爷看他所作文课,一篇强如一篇。(《警世通言》卷二十四)

(74)这个去处有趣,我就在这里过一生,纵然失了家也愿意,强如天天被父母师傅打呢!(《红楼梦》第五回)

不过,"如"做介词表示差比没有"似"普遍。到了现代汉

---

① "强如"与"强似"一样,原本为跨层结构,但是在汉语史上用频较高,并沿用了下来,故《大词典》(2007:2204)将其作为词来处理,解释为"胜过"。《现汉》(2016:1048)将"强如"做动词解释为"强似"。

语，用于差比的"如"一般只出现于差比句式"X 强如 Y"中。

2.5 小结

"X 胜似 Y"最早见于宋代，是因递进的语用目的由差比句式"X 胜 Y"与平比句式"X 似 Y"糅合而成的。在韵律制约、语义范畴变化、用频较高等多种因素共同作用下，糅合句式"X 胜似 Y"中的"胜似"最迟在南宋末期已词汇化了。从元代汉语直至现代汉语"胜似"基本上表示差比，极少表示平比，差比义逐渐规约化了。伴随着"胜似"的词汇化，平比动词"似"语法化为引出差比对象的介词。由于类化机制的作用，糅合句式"X 胜如 Y"中的"胜如"也发生了词汇化，"如"也发生了语法化。句式糅合不仅会致使某个结构发生词汇化，而且会引起此结构中某个词语发生语法化，使之产生新的义项。

通过探讨"X 胜似 Y"的来源、"胜似"的词汇化及相关问题，我们看到，句式糅合不仅会使某个结构发生词汇化，而且会使此结构中某个词语发生语法化。我们认为，将句式糅合现象研究与词汇化、语法化研究结合起来，既可推动汉语句式糅合现象研究深入进行，又可开阔汉语词汇化、语法化研究的视野；更为重要的是，这样做可以对汉语中某些词汇化、语法化现象做出科学、合理的解释。

第三章 "X不如Y较A"类差比句式的语义、形成与演变

3.1 引言

马建忠(1983：135—138)将古代汉语的比较范畴分为平比、差比与极比三类，"差比者，两端相较有差也"。汉语差比句式中有一类否定句式，句式义是人、事物或事件X主要在性质A上比不上人、事物或事件Y。吕叔湘(1982：359)认为这类句式表示"不及"义。在汉语史上，X、Y有时是略式或变式，X有时甚至可以省略；联系X与Y的否定项有"不如""不若"等；A可隐可现。这类句式可以表示为"X不如Y(A)"。"X不如Y(A)"类不及义差比句式早在上古汉语中就已出现。例如：

(1) 子曰："知之者不如好之者，好之者不如乐之者。"(《论语·雍也》)

(2) 旦日客从外来，与坐谈，问之客曰："吾与徐公孰美？"客曰："徐公不若君之美也。"(《战国策·齐一》)

到了近代汉语，A显现的"X不如Y A"类不及义差比句式有了新的发展，A前可以出现程度副词"较""更"等。例如：

(3) 东坡云："定之生慧，不如慧之生定较速。"此说得

也好。(《朱子语类》卷一百三十)

(4) 桧与王氏听了,心下悚焉。又问曰:"既是尔写来,缘何将'胆'字恁的放大写?"行者笑曰:"<u>我'胆'字大,又不如你胆更大</u>,上不怕天,下不怕地。"(《大宋中兴通俗演义》第七十回)

例(3)"定之生慧,不如慧之生定较速"若说成"定之生慧,不如慧之生定速",例(4)"我'胆'字大,又不如你胆更大"若说成"我'胆'字大,又不如你胆大",则更符合典型的不及义差比句式的句法特点。为了行文方便,我们将这类差比句式记作"X 不如 Y 较 A"。

"X 不如 Y 较 A"类差比句式在现代汉语中仍然使用。例如:

(5) 老同志叫费维恭,我们后来称之为"肺出恭",他来自二轻海绵厂,听说其父很有学问,旧社会做过私塾先生,其弟兄五人的名字便是按"温、廉、恭、俭、让"之顺序排列的,颇有儒者韵味。可是老费却人和名不符,<u>叫"维恭"不如叫"维俭"更为妥帖</u>,可能是上天抑或其父搞错了吧。他有辆破得不能再破的自行车,可以说除了车铃不响之外,浑身都响,可老费却把它当作宝贝。用老费的话说"骑到哪儿放心,没人偷"。(陆步轩《屠夫看世界》)

(6) 李自成早就饥肠辘辘,狼吞虎咽地吃下去一个窝窝头,然后端起稀饭碗喝了几口。名为稀饭,其实碗里边不见小米,在灯亮下照见人影,<u>不如说是清水煮干野菜倒</u>

较恰切。(姚雪垠《李自成》)

近代汉语中"X 不如 Y 较 A"类差比句式使用较为普遍，类别丰富多样，但是迄今尚未引起学界的关注。该类句式与"X 不如 Y（A）"类差比句式在语义上是否有差异？该类句式是怎样形成的？其生成机制与生成动因是什么？该类句式又是怎样演变的？我们拟立足汉语史就这些问题进行探究。

3.2 "X 不如 Y 较 A"类差比句式的类别

"X 不如 Y 较 A"类差比句式从唐代便开始出现了，其中的比较主体 X 与比较客体 Y 可以是表示人或事物的 NP，也可以是表示事件的 VP。联系 X 与 Y 的否定项除了"不如"，还有"不似""不若""不及"等。比较点 A 一般是表示积极义的形容词，其前的程度副词除了"较"外，也可以是"更""尤"等，甚至可以是极性程度副词"最"。"X 不如 Y 较 A"类差比句式在近代汉语中类别丰富多样，根据否定项的不同，可分为"X 不如 Y 较 A""X 不似 Y 较 A""X 不若 Y 较 A""X 不及 Y 较 A"等次类。

根据 A 前程度副词的不同，"X 不如 Y 较 A"次类又可分为"X 不如 Y 较 A"（始见于宋代）、"X 不如 Y 更 A"（始见于唐代）、"X 不如 Y 尤 A"（始见于宋代）、"X 不如 Y 最 A"（始见于唐代）等小类。例如：

(7)《易》中取象，不如卦德上命字较亲切。(《朱子语

类》卷六十六)

(8) 犹觉醉吟多放逸,<u>不如禅定更清虚</u>。(白居易《改业》,《全唐诗》卷四五八)

(9) 或问:"李白:'清水出芙蓉,天然去雕饰。'前辈多称此语,如何?"曰:"自然之好,<u>又不如'芙蓉露下落,杨柳月中疏'则尤佳</u>。"(《朱子语类》卷一百四十)

(10) 三种消石,黄者为上,青者为中,白者为下。用之杀虫,<u>皆不如黄者最良</u>。黄消石立杀人身中横虫,去虫至速,除大风大强药。(《千金翼方》卷二十一)

根据 A 前程度副词的不同,"X 不似 Y 较 A"次类又可分为"X 不似 Y 较 A"(始见于宋代)、"X 不似 Y 更 A"(始见于宋代)、"X 不似 Y 尤 A"(始见于宋代)、"X 不似 Y 最 A"(始见于唐代)等小类。例如:

(11) 北辰中央一星甚小,谢氏谓"天之机",亦略有意,<u>但不似"天之枢"较切</u>。(《朱子语类》卷二)

(12) 孔子告颜子以"克己复礼",语虽切,看见<u>不似告樊迟"居处恭,执事敬,与人忠"更详细</u>。(《朱子语类》卷四十一)

(13) 若孟子于此等,也有学得底,也有不曾学得底,然亦自有一副当,<u>但不似圣人学来尤密耳</u>。(《朱子语类》卷三十四)

(14) 老来处处游行遍,<u>不似苏州柳最多</u>。(白居易《苏州柳》,《全唐诗》卷四四七)

第三章 "X不如Y较A"类差比句式的语义、形成与演变 / 67

根据A前程度副词的不同,"X不若Y较A"次类可分为"X不若Y较A""X不若Y更A""X不若Y最A"(均始见于宋代)等小类。例如:

(15) 只是说揲著求卦,更推不去,说做造化之理息也得。<u>不若前说较平</u>。(《朱子语类》卷七十五)

(16) 又曰:"五峰曰:'诚者,命之道乎!中者,性之道乎!仁者,心之道乎!'此语分得轻重虚实处却好。某以为<u>'道'字不若改做'德'字更亲切</u>,'道'字又较疏。"(《朱子语类》卷六)

(17) 太原邸吏薛志勤曰:"崔公镇河中,<u>不若光德刘公于我公最善</u>。"(《新唐书·刘政会传》)

根据A前程度副词的不同,"X不及Y较A"次类可分为"X不及Y较A"(始见于宋代)、"X不及Y更A"(始见于清代)、"X不及Y最A"(始见于清代)等小类。例如:

(18) 《前汉历志》说道理处少,<u>不及《东汉志》较详</u>。(《朱子语类》卷二)

(19) 湘云笑道:"这山上赏月虽好,<u>终不及近水赏月更妙</u>。……"(《红楼梦》第七十六回)

(20) 所以各宗教家的书总<u>不及儒家的《易经》为最精妙</u>。(《老残游记》第十一回)

3.3 "X 不如 Y 较 A"类差比句式的语义

3.3.1 "X 不如 Y（A）"类的语义

将 X 与 Y 进行比较，表示 X 在性质 A 上不及 Y，有两种典型的表达式，一是性质 A 隐含的不及义差比句式"X 不如 Y"类，包括"X 不如 / 不似 / 不若 / 不及 Y"等。例如：

（21）天时不如地利，地利不如人和。（《孟子·公孙丑下》）

（22）汝今无复小腰身，不似江陵时好女。（元稹《和乐天示杨琼》，《全唐诗》卷四二二）

（23）桀纣不以其无天下之士邪？杀其身而丧天下。故曰：归国宝不若献贤而进士。（《墨子·亲士》）

（24）斯曰："此五者皆不及蒙恬，而君责之何深也？"（《史记·李斯列传》）

另一种典型的表达式是性质 A 显现的不及义差比句式"X 不如 Y A"类，包括"X 不如 / 不似 / 不若 / 不及 YA"等。例如：

（25）文王之心，已自不如伏羲宽阔，急要说出来。孔子之心，不如文王之心宽大，又急要说出道理来。（《朱子语类》卷六十六）

（26）龙潭千尺水，不似别情深。（唐彦谦《留别》，《全唐诗》卷六七一）

(27) 计天之威德,孰与曹参、汲黯?而谓天与王政,随而谴告之,是谓天德不若曹参厚,而威不若汲黯重也。(《论衡·自然篇》)

(28) 方伯谟诗不及其父钱监公豪壮。(《朱子语类》卷一百四十)

我们说 X 不及 Y,一般是表示在性质 A 上 X 不及 Y。从句法上看,这个 A 可隐可现,因而这类差比句式可表示为"X 不如 Y (A)"。如果从语义上看,"X 不如 Y (A)"类差比句式可表示如下两种意义:

甲义:在性质 A 方面 X 不及 Y,XA,Y 更 A;

乙义:在性质 A 方面 X 不及 Y,X 不 A,YA。

甲义与乙义的不同在于 X 是否具有 A。如例(26)"龙潭千尺水,不似别情深"属于"X 不如 Y (A)"类差比句式,表示甲义,即在性质"深"方面,龙潭千尺水不及别情,龙潭深,别情更深。下面二例也属于"X 不如 Y (A)"类差比句式(X 承前省略),也是表示甲义。

(29) 又云:"庄子文章只信口流出,煞高。"蔡云:"列子亦好。"曰:"列子固好,但说得困弱,不如庄子。"(《朱子语类》卷一百二十五)

(30) 李纨道:"我这里虽好,又不如芦雪广好。我已经打发人笼地炕去了,咱们大家拥炉作诗。老太太想来未必高兴,况且咱们小顽意儿,单给凤丫头个信儿就是了。你

们每人一两银子就够了,送到我这里来。"(《红楼梦》第四十九回)

例(31)"今改本恐不如旧注好"也属于"X不如Y(A)"类差比句式,但是表示乙义,即在性质"好"方面,今改本不及旧注,今改本不好,旧注好。例(32)亦然。

(31)问:"'诚意'章'自欺'注,<u>今改本恐不如旧注好</u>。"曰:"何也?"曰:"今注云:'心之所发,阳善阴恶,则其好善恶恶皆为自欺,而意不诚矣。'恐读书者不晓。又此句,《或问》中已言之,却不如旧注云:'人莫不知善之当为,然知之不切,则其心之所发,必有阴在于恶而阳为善以自欺者。故欲诚其意者无他,亦曰禁止乎此而已矣。'此言明白而易晓。"(《朱子语类》卷十六)

(32)<u>仲舒读书不如衡子细</u>,疏略甚多,然其人纯正开阔,衡不及也。(《朱子语类》卷一百一十六)

"X不如Y(A)"类差比句式到底是表示甲义还是表示乙义,要依赖具体的语境而定,如例(29)至例(32)。如果掺入了言者强烈的主观性,那么明确表示甲义的"X不如Y(A)"类甚至也可以理解成乙义。如例(26)"龙潭千尺水,不似别情深",客观地说,"龙潭千尺水"是极深的,但是深与不深具有相对性、主观性,如果言者要凸显、衬托别情深,那么龙潭纵有"千尺水",在言者看来也可能不深。

甲义与乙义并不是"X不如Y(A)"类差比句式固定不变

的句式义，这两种语义是语境赋予的，具有临时性。换言之，"X不如Y（A）"类中X并不必然具有性质A，或者说并不存在"XA"这样的预设。事实上，X是否具有性质A并不是言者的关注点，"X不如Y（A）"类差比句式所要明确传递的信息包括两点：

1. 在性质A方面X不如Y；
2. 相对于X而言，Y较A。

如表示甲义的例（29）"（列子）不如庄子"，句式所要明确传递的信息包含：1. 在性质"好"方面，列子不如庄子；2. 相对于列子而言，庄子较好。再如表示乙义的例（31）"今改本恐不如旧注好"，句式所要明确传递的信息包含：1. 在性质"好"方面，今改本恐不如旧注；2. 相对于今改本而言，旧注恐较好。又如例（26）"龙潭千尺水，不似别情深"，无论是理解成甲义还是理解成乙义，句式所要明确传递的信息都包含：1. 在性质"深"方面，龙潭千尺水不如别情；2. 相对于龙潭千尺水而言，别情较深。

综上所述，"X不如Y（A）"类差比句式固定不变的句式义应该是：在性质A方面，X不及Y，Y较A。

3.3.2 "X不如Y较A"类的语义

"X不如Y较A"类差比句式与"X不如Y（A）"类差比句式比较，在句法上显现出独特性，即A前多出了一个"较"类程度副词，但是二者的语义却是一致的。也就是说，"X不如Y

较 A"类也可以表示这样两种语义：

甲义：在性质 A 方面 X 不及 Y，XA，Y 更 A；

乙义：在性质 A 方面 X 不及 Y，X 不 A，YA。

如例（19）"（这山上赏月）终不及近水赏月更妙"表示甲义，即在性质"妙"方面，山上赏月终不及近水赏月，山上赏月妙，近水赏月更妙。再如例（9）"（'清水出芙蓉，天然去雕饰'）又不如'芙蓉露下落，杨柳月中疏'则尤佳"也是表示甲义，即在性质"佳"方面，"清水出芙蓉，天然去雕饰"不及"芙蓉露下落，杨柳月中疏""清水出芙蓉，天然去雕饰"佳，"芙蓉露下落，杨柳月中疏"更佳。例（18）"（《前汉历志》说道理处）不及《东汉志》较详"表示乙义，即在性质"详"方面，《前汉历志》说道理处不及《东汉志》，《前汉历志》说道理处不详，《东汉志》详。该句式并不是表示在性质"详"方面《前汉历志》说道理处详，《东汉志》更详，这从上文"《前汉历志》说道理处少"一句即可看出。例（16）"'道'字不若改做'德'字更亲切"也表示乙义：在性质"亲切"方面，"道"字不及"德"字，"道"字不亲切，"德"字亲切。该句式的语义并非是在性质"亲切"方面"道"字亲切，"德"字更亲切，这从下文"'道'字又较疏"即可发现。

与"X 不如 Y（A）"类一样，"X 不如 Y 较 A"类或表示甲义，或表示乙义，这两种语义均是由具体语境决定的，具有临时性。如果语境不能提供足量的背景信息，那么"X 不如

Y较A"类可能有歧义,既可理解成甲义,又可理解成乙义。例如:

(33) 今来学者一般是专要作文字用,一般是要说得新奇,<u>人说得不如我说得较好</u>,此学者之大病。譬如听人说话一般,且从他说尽,不可剿断他说,便以己意见抄说。若如此,全不见得他说是非,只说得自家底,终不济事。(《朱子语类》卷十一)

由此可见,X是否具有性质A并不是"X不如Y较A"类差比句式所要明确传递的信息。事实上,如同"X不如Y(A)"类一样,"X不如Y较A"类所要明确传递的信息包括两点:

1. 在性质A方面X不如Y;
2. 相对于X而言,Y较A。

与"X不如Y(A)"类一样,"X不如Y较A"类差比句式固定的句式义也是:在性质A方面X不及Y,Y较A。如表示甲义的例(9),所要明确传递的信息包含:1.在性质"佳"方面,"清水出芙蓉,天然去雕饰"不及"芙蓉露下落,杨柳月中疏";2.相对于"清水出芙蓉,天然去雕饰"而言,"芙蓉露下落,杨柳月中疏"更佳。再如表示乙义的例(16),所要明确传递的信息包含:1.在性质"亲切"方面,"道"字不若改作"德"字;2.相对于"道"字而言,改作"德"字更亲切。

3.4 "X 不如 Y 较 A"类差比句式的形成

3.4.1 "X 不如 Y 较 A"类的生成机制

3.4.1.1 从句式糅合的三个基本原则来看

"X 不如 Y 较 A"类差比句式虽然与"X 不如 Y（A）"类差比句式的语义一致，但是在句法上却有一个羡余的"较"类程度副词。"X 不如 Y 较 A"类表示 X 与 Y 在性质 A 上进行比较，并非表示 X 与 Y 在"较 A"上进行比较，如前所述，其句式义是：在性质 A 方面 X 不及 Y，Y 较 A。从所表示的语义可以看出，该类句式蕴含了两个句式："X 不如 Y（A）"类句式与"Y 较 A"类句式。该类句式中出现了一个羡余的"较"类程度副词，这并非是一个简单的表层的词语添加问题，而是一个深层的句式生成问题。"X 不如 Y 较 A"类差比句式是一类特殊的句式，其生成机制是糅合，其当是由"X 不如 Y（A）"类不及义差比句式与隐含着比较项 X 的"Y 较 A"类胜过义差比句式糅合而成的。这一生成过程可以表示为：

"X 不如 Y（A）"类＋"Y 较 A"类→"X 不如 Y 较 A"类

"X 不如 Y（A）"类与"Y 较 A"类糅合生成"X 不如 Y 较 A"类，完全遵循句式糅合的三个基本原则，即语义相近原则、时代先后原则和成分蕴含原则或语义蕴含原则。

首先,"X 不如 Y（A）"类与"Y 较 A"类糅合生成"X 不如 Y 较 A"类遵循句式糅合的语义相近原则。在语义上,"Y 较 A"类与"X 不如 Y（A）"类是一致的。"Y 较 A"类隐含着比较项 X,表示在性质 A 方面 Y 胜过 X,属于胜过义差比句式,其语义如同"X 不如 Y（A）"类不及义差比句式一样也可细分为两种：

甲义：在性质 A 方面 Y 胜过 X,XA,Y 更 A；

乙义：在性质 A 方面 Y 胜过 X,X 不 A,YA。

联系语境,可知下例中的"Y 较 A"类句式均表示甲义：

（34）画牛、虎皆画毛,惟马不画。余尝以问画工,工言："马毛细,不可画。"余难之曰："鼠毛更细,何故却画？"工不能对。(《梦溪笔谈·书画》)

（35）曰："只是这个道理,有说得开朗底,有说得细密底。'复礼'之'礼',说得较细密。'博文、约礼','知崇、礼卑','礼'字都说得细密。知崇是见得开朗,礼卑是要确守得底。"(《朱子语类》卷四十一)

联系语境,可知下面的"Y 较 A"类句式均表示乙义：

（36）敬之问诚意、正心、修身。曰："若论浅深意思,则诚意工夫较深,正心工夫较浅；若以小大看,则诚意较紧细,而正心、修身地位又较大,又较施展。"(《朱子语类》卷十五)

（37）曰："圣人固无两心,乌有心如此而所行相反者！

且如尧之末年，水土之害如此，得舜承当了，天下遂极治。纣之时，天下大乱，得武王仗仁义，诛残贼，天下遂大治。以二圣人之功业论之，皆可谓尽美矣。然其美之实有尽、未尽者，只是<u>舜较细</u>，<u>武王较粗些</u>。然亦非圣人实要如此，只是所遇之时不同耳。"（《朱子语类》卷二十五）

(38) 曰："这个亦只是认教熟，熟了便不如此。今日一念才生，有以制之；明日一念生，又有以制之，久后便无此理。只是<u>这边较少</u>，<u>那边较多</u>，便被他胜了。……"（《朱子语类》卷一百二十）

与"X不如Y（A）"类一样，"Y较A"类是表示甲义还是表示乙义，是由具体语境决定的。但是无论是表示甲义还是表示乙义，"Y较A"类都具有固定不变的句式义：在性质A方面Y胜过X，Y较A。"Y胜过X"也就意味着"X不及Y"，而"X不如Y（A）"类固定的句式义是：在性质A方面X不及Y，Y较A，因而"Y较A"类与"X不如Y（A）"类在语义上是一致的。"Y较A"类与"X不如Y（A）"类的差异表现在：前者是肯定式，将Y视作比较主体，将X视作比较客体（X是隐含的）；而后者是否定式，将X视作比较主体，将Y视作比较客体（X、Y均是显现的，不过X可以省略）。总之，"X不如Y（A）"类与"Y较A"类语义相近，二者糅合成"X不如Y较A"类遵循句式糅合的语义相近原则。

其次，"X不如Y（A）"类与"Y较A"类的始见时代均早于或不晚于"X不如Y较A"类，二者糅合生成"X不如Y较

第三章 "X不如Y较A"类差比句式的语义、形成与演变

A"类遵循句式糅合的时代先后原则。

"X不如Y（A）"早在上古汉语中就已出现，如例（1）。再如：

（39）甘罗见张唐曰："卿之功，孰与武安君？"唐曰："武安君战胜攻取，不知其数；攻城堕邑，不知其数。臣之功不如武安君也。"甘罗曰："卿明知功之不如武安君欤？"曰："知之。""应侯之用秦也，孰与文信侯专？"曰："应侯不如文信侯专。"曰："卿明知为不如文信侯专欤？"曰："知之。"（《战国策·秦五》）

"X不似Y（A）"最迟在唐代已出现，如例（22）。再如：

（40）为报故人憔悴尽，如今不似洛阳时。（王维《齐州送祖二》，《全唐诗》卷一二八）

（41）茶能散闷为功浅，萱纵忘忧得力迟。不似杜康神用速，十分一盏便开眉。（白居易《镜换杯》，《全唐诗》卷四四九）

"X不若Y（A）"早在上古汉语中就已出现，如例（2）。再如：

（42）赵盾顾曰："君之獒不若臣之獒也！"（《春秋公羊传·宣公六年》）

（43）彭阳见王果曰："夫子何不谭我于王？"王果曰："我不若公阅休。"（《庄子·则阳》）

"X不及Y（A）"也早在上古汉语中就已出现。例如：

（44）蒲衣子曰："而乃今知之乎？有虞氏不及泰氏。有

虞氏，其犹藏仁以要人；亦得人矣，而未始出于非人。泰氏，其卧徐徐，其觉于于；一以己为马，一以己为牛；其知情信，其德甚真，而未始入于非人。"（《庄子·应帝王》）

(45) 汗明曰："不然，臣请为君终言之。君之贤实不如尧，臣之能不及舜。夫以贤舜事圣尧，三年而后乃相知也。今君一时而知臣，是君圣于尧而臣贤于舜也。"（《战国策·楚四》）

"Y 较 A"最迟到了唐代已出现。例如：

(46) 风痹宜和暖，春来脚较轻。（白居易《春暖》，《全唐诗》卷四五八）

(47) 冰雪莺难至，春寒花较迟。（杜甫《人日两篇》，《全唐诗》卷二三二）

"Y 更 A"大概在唐代已出现。例如：

(48) 山深云更好，赏弄终日夕。（李白《日夕山中忽然有怀》，《全唐诗》卷一八二）

(49) 近海江弥阔，迎秋夜更长。（白居易《夜泊旅望》，《全唐诗》卷四四三）

"Y 尤 A"最迟在汉代已出现。例如：

(50) 其后京师师四出，诛夷狄者数十年，而伐胡尤甚。（《史记·天官书》）

(51) 始大臣诛吕氏时，朱虚侯功尤大，许尽以赵地王朱虚侯，尽以梁地王东牟侯。（《史记·齐悼惠王世家》）

"Y 最 A"早在上古汉语中就已出现。例如：

(52) 食贱则农贫，钱重则商富；末事不禁，则技巧之人利，而游食者众之谓也。故农之用力最苦，而赢利少，不如商贾、技巧之人。(《商君书·外内》)

总而言之，"X 不如 / 不似 / 不若 / 不及 Y (A)"与"Y 较 / 更 / 尤 / 最 A"均出现于唐代或唐代以前，有的甚至早在上古汉语中就已出现；①而"X 不如 Y 较 / 更 / 尤 / 最 A""X 不似 Y 较 / 更 / 尤 / 最 A""X 不若 Y 较 / 更 / 最 A""X 不及 Y 较 / 更 / 最 A"均在唐代或唐代以后才开始出现，因此"X 不如 Y (A)"类与"Y 较 A"类糅合生成"X 不如 Y 较 A"类，遵循句式糅合的时代先后原则。

最后，"X 不如 Y (A)"类与"Y 较 A"类糅合生成"X 不如 Y 较 A"类遵循句式糅合的成分蕴含原则或语义蕴含原则。在句法成分或语义上，"X 不如 Y 较 A"类既蕴含了"X 不如 Y (A)"类，又蕴含了"Y 较 A"类。如例 (7)"《易》中取象，不如卦德上命字较亲切"，在句法成分或语义上既蕴含了"《易》中取象，不如卦德上命字亲切"，又蕴含了"卦德上命字较亲切"。再如例 (14)"(老来处处游行遍,) 不似苏州柳最多"，在句法成分或语义上不仅蕴含了"(老来处处游行遍,) 不似苏州柳多"，而且蕴含了"(老来处处游行遍,) 苏州柳最多"。

综上所述，我们从句式糅合的三个基本原则可以看出，"X 不如 Y 较 A"类差比句式的生成机制是糅合，其应当是由"X

---

① 这些句式在近代汉语中仍然普遍使用。例不赘举。

不如 Y（A）"类不及义差比句式与"Y 较 A"类胜过义差比句式糅合而成的。

3.4.1.2 从同义句式的共现来看

"X 不如 Y（A）"类、"Y 较 A"类与"X 不如 Y 较 A"类差比句式表示相同的命题义，可以看作同义句式。我们从这些同义句式的共现能够看出，"X 不如 Y 较 A"类差比句式的生成机制是糅合。

表示同一命题义的同义句式"Y 较 A"类与"X 不如 Y 较 A"类有时共现于同一部文献中。例如：

(53) 曰："后山雅健强似山谷，然气力不似山谷较大，但却无山谷许多轻浮底意思。然若论叙事，又却不及山谷。山谷善叙事情，叙得尽，后山叙得较有疏处。若散文，则山谷大不及后山。"淳录云："后山诗雅健胜山谷，无山谷潇洒轻扬之态。然山谷气力又较大，叙事咏物，颇尽事情。其散文又不及后山。"（《朱子语类》卷一百四十）

上例中"气力不似山谷较大"实际上表示"后山气力不似山谷气力较大"，属于"X 不如 Y 较 A"类差比句式；"山谷气力又较大"属于"Y 较 A"类差比句式，其隐含着比较项 X，即"后山气力"。"（后山）气力不似山谷较大"与"山谷气力又较大"语义一致，为同义句式。通过比较可以看出，这里"（后山）气力不似山谷较大"很显然蕴含"（后山）气力不似山谷（大）"和"山谷气力较大"两个差比句式。换言之，"（后山）

气力不似山谷较大"是由"（后山）气力不似山谷（大）"与"山谷气力较大"糅合而成的。由此可见，"X不如Y较A"类句式是由"X不如Y（A）"类不及义差比句式与"Y较A"类胜过义差比句式糅合而成的。

表示同一命题义的同义句式"X不如Y（A）"类与"Y较A"类不仅可以共现，甚至可以组合成复句"X不如Y，Y较A"类。例如：

（54）问："孟子比颜子如何？"曰："<u>孟子不如颜子，颜子较细</u>。"（《朱子语类》卷五十二）

上例中"孟子不如颜子，颜子较细"是一个复句，即"X不如Y（A），Y较A"，其由"X不如Y（A）"类不及义差比句式"孟子不如颜子"与"Y较A"类胜过义差比句式"颜子较细"这两个同义句式组合而成。如果将该复句中的两个同义分句叠加、糅合在一起，省略重叠成分，便生成了"X不如Y较A"类句式"孟子不如颜子较细"。"X不如Y较A"类句式"孟子不如颜子较细"的语义与复句"孟子不如颜子，颜子较细"的语义完全一致，并未发生任何变化，其在句法成分或语义上既蕴含了"X不如Y（A）"类不及义差比句式"孟子不如颜子"，又蕴含了"Y较A"类胜过义差比句式"颜子较细"。由此我们看到，"X不如Y较A"类当是由"X不如Y（A）"类与"Y较A"类糅合而成的。

下例中"（奕訢）功课又不如奕䜣好，奕䜣功课比较好"也属于复句"X不如Y（A），Y较A"类，由"X不如Y（A）"

类不及义差比句式"(奕訢)功课又不如奕䜣(功课)好"与"Y较A"类胜过义差比句式"奕䜣功课比较好"这两个同义句式组合而成。如果将该复句中的两个同义分句叠加、糅合在一起,省略重叠成分,便生成了"X不如Y较A"类句式"(奕訢)功课又不如奕䜣(功课)比较好"[①]。由此例同样可以看出,"X不如Y较A"类应该是由"X不如Y(A)"类与"Y较A"类糅合而成的。

(55)奕訢和奕䜣因为只差一岁,都在上书房读书,小时候骑马的时候摔了,把腿摔折了,经过这御医骨科把腿治好了,但是落了一个残疾,所以奕訢是个瘸子,奕訢还得过天花,脸上还有麻子,<u>功课又不如奕䜣好,奕䜣功课比较好</u>,骑射刀枪功夫都好,能文能武,道光怎么选择?(阎崇年《清十二帝疑案》)

3.4.2 "X不如Y较A"类的生成动因

虽然"X不如Y(A)"类与"Y较A"类语义一致,但是二者的比较主体或视角不同。"X不如Y(A)"类是以低程度的X为主体或视角,按照从低程度到高程度的显性顺序来表示不及义,从否定的一面或反面来表示"Y在性质A方面胜过X"这样的语义。相反,"Y较A"类是以高程度的Y为主体或视

[①] 不过这样处理后,后续句"骑射刀枪功夫都好,能文能武"的话题"奕䜣"便模糊了,易被误解成"奕訢"。

角,按照从高程度到低程度的隐性顺序来表示胜过义(低程度的 X 隐含),从肯定的一面或正面来表示"Y 在性质 A 方面胜过 X"这样的语义。一个含有比较体 X 与 Y 的表示差比义的事件,如果以 X 为主体或视角,是 X 不及 Y;如果以 Y 为主体或视角,则是 Y 胜过 X,Y 较 A。也就是说,一个含有比较体 X 与 Y 的差比事件,既可用否定式"X 不如 Y(A)"类来表示不及义,也可用肯定式"Y 较 A"类来表示胜过义。若先用否定式"X 不如 Y(A)"类表示,然后再用肯定式"Y 较 A"类表示,从 X 与 Y 两个不同的视角将反面与正面结合起来,那么该差比事件所要传递的信息就更加清晰、完整。任何事物都存在着正反两面,我们一般习惯于从肯定的一面或正面去直接认知事物,了解它的面貌或特点。如果我们仅仅从否定的一面或反面去认知事物,那么我们往往会觉得认知是不够清晰、完整的,所以当我们从否定的一面或反面去比较两个事物时,还希望从肯定的一面或正面去比较两个事物。因此当言者使用否定式"X 不如 Y(A)"类来表示差比事件时,为了使差比事件所要传递的信息更加清晰、完整,言者还想使用肯定式"Y 较 A"类。如果语言的经济原则发挥作用,那么这两种句式便糅合成新的句式"X 不如 Y 较 A"类。

如例(54)"孟子不如颜子,颜子较细"为复句,由语义一致的"X 不如 Y(A)"类不及义差比句式"孟子不如颜子"与"Y 较 A"类胜过义差比句式"颜子较细"组合而成。"孟子不如颜子"是以"孟子"为主体或视角,用否定式表示不及义;

而"颜子较细"则相反,是以"颜子"为主体或视角,用肯定式表示胜过义。之所以先使用否定式,后又使用同义的肯定式,是因为这样可以从一反一正两个方面把一个差比事件表达得更加清晰、完整。如果语言的经济原则发挥作用,那么否定式"孟子不如颜子"与肯定式"颜子较细"便可叠加在一起,通过省略相同的句法成分"颜子"糅合生成"X 不如 Y 较 A"类差比句式"孟子不如颜子较细"。

又如例（55）"（奕訐）功课又不如奕䜣好,奕䜣功课比较好"也是复句,由语义一致的"X 不如 Y（A）"类不及义差比句式"（奕訐）功课又不如奕䜣（功课）好"与"Y 较 A"类胜过义差比句式"奕䜣功课比较好"组合而成。言者先从否定的一面或反面表示不及义,使用了否定式"（奕訐）功课又不如奕䜣（功课）好";然后从肯定的一面或正面表示胜过义,使用了肯定式"奕䜣功课比较好",从反与正两个方面将一个差比事件表达得更加清晰、完整。如果遵循语言的经济原则,那么这两个句式便可以通过删略重叠成分"奕䜣"糅合成"X 不如 Y 较 A"类差比句式"（奕訐）功课又不如奕䜣（功课）比较好"。

总而言之,当言者想以 X 为主体或视角从否定的一面表示不及义,就会在大脑中浮现"X 不如 Y（A）"类不及义差比句式;当言者想以 Y 为主体或视角从肯定的一面表示胜过义,就会在大脑中浮现"Y 较 A"类胜过义差比句式;如果言者既想以 X 为主体或视角从否定的一面表示,又想进一步以 Y 为主体或视角从肯定的一面表示,从而使一个差比事件的信息表达得更加清晰、完整,那么这两种表达式便先后在言者大脑中浮现。在外在的语言形式上,由于语言的经济原则的驱动,二者叠加在一起,通过删略重叠成分糅合成了新的句式"X 不如 Y 较 A"类。换言之,"X 不如 Y 较 A"类糅合句式的生成动因是:言者从 X 与 Y 两个不同的视角将反面与正面结合起来,以便更加清晰、完整地表达一个差比事件,在结合过程中受到了语言的经济原则的驱动。

需要指出的是,两个源句式浮现、叠加的顺序可以相反,如果言者大脑中先浮现胜过义差比句式"Y 较 A"类,后浮现、叠加不及义差比句式"X 不如 Y(A)"类,那么"X 不如 Y 较 A"类糅合句式的生成动因不变。

3.5 "X 不如 Y 较 A"类差比句式的演变

"X 不如 Y 较 A"类差比句式的演变主要表现在两个方面:一是从清代中期开始出现了兼表胜过义与建议义的略式"不如 Y 较 A"类;二是最迟在民国时期至少出现了两种变式,即"与其 X,不如 Y 较 A"类取舍复句与"如果 X,不如 Y 较 A"类假设复句。

3.5.1 略式"不如 Y 较 A"类

"X 不如 Y 较 A"类差比句式常承前省略 X,形成"不如 Y 较 A"类。X、Y 除了可以是表示人或事物的 NP,也可以是表示事件的VP。最迟从清代中期开始,其中的X、Y是VP的"不如Y较A"类句式的语义发生了变化,其包含两层意思:一是胜过义,即"Y较A";二是建议义,即言者希望"最好Y"。例如:

(56) 因请见玉麟,有信道:"白兄在东庄,已着人前去,须明日才来。"素臣急起问道:"弟等方来,怎已着人前去?东庄离此,谅不甚远,白兄既有事在彼,如何敢劳他往返?<u>不如借一健仆同弟前去较便</u>。"(《野叟曝言》第七十二回)

(57) 孤欲奉兄遗命,往迎什翼犍,独屈有心自立,故意迁延,各部酋互相私议,谓:"国家不可无君,什翼犍在赵为质,来否尚未可定,就使得来恐为屈所拒,未必得位。屈刚暴多诈,难为人主,<u>不如杀屈立孤较为妥当</u>。"(《两晋演义》第四十四回)

(58) 慕容麟奔至邺城,与范阳王慕容德相见,便向德献议道:"魏兵既克中山,必来攻邺。邺中虽有蓄积,但城大难固,且人心恇惧,恐难坚守,<u>不如南赴滑台较为万全</u>。"(《两晋演义》第八十一回)

从形式来看,例(56)中糅合句式"不如借一健仆同弟前去较便"承前省略了比较主体"他往返",但是联系语境可知,在语用中省略的"他往返"已背景化,"借一健仆同弟前去"得到了凸显,成为前景或主体。该句式所要传递的意思有二:一是胜过义,即"借一健仆同弟前去较便";二是建议义,即"最好借一健仆同弟前去"。例（57）、（58）亦然。

这种语义发生变化的"不如 Y 较 A"类逐渐程式化、规约化，其前甚至还可以出现施事主语 S[①]，即"S 不如 Y 较 A"类，意思是"Y 较 A，S 最好 Y"。例如：

（59）王莽一想："皇帝小小年纪，竟要怨我，将来长成，还当了得！况汉室江山，已在掌握，所碍唯一女儿，他时亦好改嫁。我不如先发制人较为得计！"（《前汉演义》第一百回）

这种语义发生变化的"不如 Y 较 A"类沿用到了现代汉语。例如：

（60）海萍你就忍一忍，再忍一忍。你还不如把这些钱寄回去给儿子买奶粉吃更实惠些。（六六《蜗居》）

"不如 Y 较 A"类为什么能表示建议义呢？从理论上看，可能有三个方面的原因。其一，信息的传递一般是由旧及新，在信息链上右边的往往比左边的重要。正如张伯江、方梅（1996：73）所言："由于句子的信息编排往往是遵循从旧到新的原则，越靠近句末信息内容就越新。""不如 Y 较 A"类最初是糅合句式，蕴含着"(X) 不如 Y (A)"类与"Y 较 A"类两个源句式，而"Y 较 A"类处于句式末尾，因而其传递的信息比"(X) 不如 Y (A)"类更为重要。其二，旧信息 X 虽然是前景信息，但是由于在语用中经常省略，其主体地位便逐渐削弱乃至丧失，

---

① 施事主语 S 不仅可以是听者，也可以是言者。

逐渐背景化。其三，在语用中表示事件的 X、Y 往往是需要听者或言者做出选择的，比较 X 与 Y 的高下、优劣等的目的往往就是建议选取并实施 X 或 Y，而 Y 一般是积极的未然事件，是言者希望看到的最佳选择，因而 Y 逐渐得到凸显。正是由于以上三个因素综合作用，"不如 Y 较 A"类便衍生出了建议义。

不过，这种可表建议义的"不如 Y 较 A"类也有可能是由隐含比较主体 X 而语义重心转移到 Y 上的建议义句式"不如 Y"类与隐含比较客体 X 的胜过义句式"Y 较 A"类糅合而成的。① 隐含比较主体 X 而语义重心转移到 Y 上的句式"不如 Y"类往往表示建议义，即"最好 Y"。这种语义的"不如 Y"类早在上古汉语中就有用例。例如：

(61) 卫侯使孙良夫、石稷、宁相、向禽将侵齐，与齐师遇。石子欲还。孙子曰："不可。以师伐人，遇其师而还，将谓君何？若知不能，则如无出。今既遇矣，<u>不如战也</u>。"（《左传·成公二年》）

(62) 赵同、赵括欲战，请于武子，武子将许之。知庄子、范文子、韩献子谏曰："不可。吾来救郑，楚师去我，吾遂至于此，是迁戮也。戮而不已，又怒楚师，战必不克。虽克，不令。成师以出，而败楚之二县，何荣之有焉？若不能败，为辱已甚，<u>不如还也</u>。"乃遂还。（《左传·成公六年》）

---

① 句式中的 Y 与隐含的 X 均应是表示事件的 VP，而非表示人或事物的 NP。

第三章 "X 不如 Y 较 A"类差比句式的语义、形成与演变 / 89

表建议义的"不如 Y"类在近代汉语中用例颇多,其前甚至还可以出现施事主语 S。例如:

(63)贾诩劝张绣曰:"操兵势大,不可与敌,<u>不如举众投降</u>。"张绣从之,使贾诩至操寨通款。(《三国演义》第十六回)

(64)巡检乃言:"谢红莲寺长老指路来寻,不想却好遇你,<u>不如共你逃走了罢</u>。"(《喻世明言》卷二十)

(65)渐渐三餐不进,精神减少,口里只说道:"我如今顷刻也捱不过了!你们何苦留我在这里!<u>不如放我去罢</u>!"(《醒世恒言》卷二十六)

(66)道长道:"要我王看见不难。"这几句话不至紧,把个王明吓得毛骨悚然,心里想道:"怎么这个道士认得我哩?敢是这个草今日不灵么?<u>我不如趁早些走了罢</u>!"(《三宝太监西洋记》第五十四回)

"不如 Y"类中隐含的旧信息 X 虽然是前景信息,但是经常省略,因而导致其主体地位逐渐动摇乃至丧失;而 Y 一般是言者希望发生的积极事件,是言者希望看到的最佳选择,成了言者的关注点,所以逐渐变成前景或主体,"不如 Y"类便开始表示建议义,即"最好 Y"。建议义的"不如 Y"类有"Y 较 A"这样一种预设,其与胜过义的"Y 较 A"类的语义相近。"Y 较 A"类也可以看作"不如 Y"类衍生建议义"最好 Y"的原因,如果言者想使用句式"不如 Y"类表示建议义,且又想对建议的原因进行解释,那么大脑中便又会浮现语义相近的胜过义句式"Y 较 A"类。由于语言经济原则的驱动,在外在的语言形式上,二者便通过删略重叠成分糅合生成了能表建议义的"不如 Y 较 A"类句式。

3.5.2 变式"与其 X,不如 Y 较 A"类与"如果 X,不如 Y 较 A"类

其中的 X、Y 均是 VP 的"X 不如 Y 较 A"类句式最迟在民国时期出现了若干变式,如"与其 X,不如 Y 较 A"类取舍复句。①例如:

(67) 所以在下的推想,与其说河之为言荷也,不如说河之为言何也较为妥当。(《上古秘史》第五十二回)

(68) 萧何见责却不慌不忙地奏道:"臣正为天下未定,不得不把宫室造得略事堂皇,藉壮观瞻。若是因陋就简,后世子孙仍要改造。与其多费一番周折,倒不如一劳永逸较为得宜。"(《汉代宫廷艳史》第十五回)

(69) 自古藩镇,鲜有不生变者。撤亦反,不撤亦反;与其迟撤而养祸益深,不若早撤而除患较易。(《清史演义》第二十二回)

---

① 在清代出现了"与其 X,不如 YA 得多了"这样的复句,可看作"与其 X,不如 Y 较 A"类的前身。例如:

(1) 与其死在恶人手里,倒不如死于法师面前好得多了。(《八仙得道》第二十一回)

(2) 左右仍是一死,与其受饥挨饿、遭厄历险,死在途路之上,还不如死在大仙身边好得多了。(《八仙得道》第二十九回)

第三章 "X不如Y较A"类差比句式的语义、形成与演变

下面是现代汉语中"与其X,不如Y较A"类用例:

(70)蓝小山换了一副玳瑁边的赭色眼镜,因为蓝眼镜好像不吉祥似的。<u>别的事,与其说我们不知道,还不如说我们不明白蓝小山的玄妙较为妥当</u>。(老舍《老张的哲学》)

(71)陈文雄说:"是倒是。这一点我能够理解。可是<u>与其弄得社会上一般人哇哇叫,倒不如将就着点儿更好</u>。"(欧阳山《三家巷》)

"与其X,不如Y较A"类可能有两个来源。其一,"与其X,不如Y较A"类是"与其X,不如Y"类取舍复句与省略X的糅合句式"不如Y较A"类再次糅合而成的。

"与其X,不如Y"类表示取Y舍X,早在先秦就已出现。例如:

(72)<u>与其为善于乡也,不如为善于里;与其为善于里也,不如为善于家</u>。(《国语·齐语》)

(73)<u>与其誉尧而非桀也,不如两忘而化其道</u>。(《庄子·大宗师》)

"与其X,不如Y"类与"不如Y较A"类的语义基本一致。"与其X,不如Y"类的语义重心是Y,Y往往是积极的未然事件,言者认为与X比较应该选取Y,因而"与其X,不如Y"类往往有建议义。"与其X,不如Y"类的关注点是Y,也隐含着"Y较A"这样的胜过义。如前所述,"不如Y较A"类的语义后来发生了演变,兼表胜过义与建议义,其关注点也是Y,可见"与其X,不如Y"类与"不如Y较A"类的语义相

近。如果言者一方面想使用"与其X,不如Y"类表示取舍义、建议义,另一方面又想进一步使用"不如Y较A"类表示胜过义、建议义,那么在语言的经济原则的驱动下,二者便可以糅合成新的句式"与其X,不如Y较A"类。

其二,"与其X,不如Y较A"类也有可能是由"与其X,不如Y"类取舍复句与"Y较A"类胜过义句式直接糅合而成的。如前所述,"与其X,不如Y"类隐含着"Y较A"类,其与"Y较A"类语义相近,同时"Y较A"类也可看成"与其X,不如Y"类表示取舍的原因。当言者既想用"与其X,不如Y"类表示应选取Y这样的意义,又想用"Y较A"类进一步解释应选取Y的原因,那么在语言的经济原则的驱动下二者便可以糅合成新的句式"与其X,不如Y较A"类。

"X不如Y较A"类中X可以是未然的、虚拟的事件,其出现只是一种假设。这种隐含的逻辑语义关系也可用关联标记显现出来,因而"X不如Y较A"类便衍生出了变式"如果X,不如Y较A"类,原来的糅合句式便演变成了假设关系的复句。这种复句中前一分句"如果X"类是偏句,而后一分句"不如Y较A"类为正句,很显然该复句所要表示的主要语义是"Y较好,最好Y"。这种句式最迟在民国时期已出现。例如:

(74) 公婆对她说:"我们两人都风烛残年,早晚不能自保,怎么能把两个孩子养育成人?<u>如果一定要以死为痛快,不如我们两个人早点死更痛快</u>!"(《古今情海》卷二)

这种句式沿用到了现代汉语,只是不多见。例如:

(75)《敌后武工队》如果说是我写的，倒不如说是我记录下来的更恰当。不管怎样，眼下它终于和读者见了面。（冯志《敌后武工队·写在前面》）

不过"如果 X，不如 Y 较 A"类也有可能是由"如果 X，不如 Y"类与"Y 较 A"类糅合而成的。

在上古汉语中已有假设关系的复句"若 X，不如 Y"等。例如：

(76) 若从君而走患，则不如违君以避难。(《国语·鲁语下》)

后来假设连词由"若"等扩大到"如果"等，便出现了"如果 X，不如 Y"类句式。"如果 X，不如 Y"类表示在与 X 比较的情况下应选取 Y，语义重心是 Y，其蕴含着"Y 较 A"这样的预设，其语义与"Y 较 A"类相近。"Y 较 A"类也是选取 Y 的原因，如果言者一方面想使用假设复句"如果 X，不如 Y"类表示应选取 Y 这样的意义，另一方面又想使用"Y 较 A"类进一步解释应选取 Y 的原因，那么在语言的经济原则的驱动下，二者便可糅合生成新的句式"如果 X，不如 Y 较 A"类。

3.6 小结

"X 不如 Y 较 A"类差比句式从唐代便开始出现了，在近代汉语中类别丰富多样。根据否定项的不同，"X 不如 Y 较 A"类差比句式可以分为"X 不如 Y 较 A""X 不似 Y 较 A""X 不若 Y 较 A""X 不及 Y 较 A"等次类。"X 不如 Y 较 A"类的语义与"X 不如 Y（A）"类一致，其中的程度副词"较"等是羡余的。

从句式糅合的三个基本原则及同义句式的共现可以看出，"X 不如 Y 较 A"类差比句式的生成机制是糅合，其当是由"X 不如 Y（A）"类不及义差比句式与隐含比较项 X 的"Y 较 A"类胜过义差比句式糅合而成的。"X 不如 Y 较 A"类差比句式的生成动因是：言者从 X 与 Y 两个不同的视角将反面与正面结合起来，以便更加清晰、完整地表达一个差比事件，在结合过程中受到了语言的经济原则的驱动。

"X 不如 Y 较 A"类差比句式最迟从清代中期开始出现了兼表胜过义与建议义的略式"不如 Y 较 A"类；最迟在民国时期至少出现了两种变式，即"与其 X，不如 Y 较 A"类取舍复句与"如果 X，不如 Y 较 A"类假设复句。

"X 不如 Y 较 A"类差比句式沿用到了现代汉语，可是我们习焉不察，并不觉得其原本是糅合句式。由此可见，虽然糅合句式具有羡余性，但是汉语史上出现的某种糅合句式并不一定会因此消失，它也有可能习用化、规约化，成为一个颇有生命力的句式。这样的句式的来源及其演变等问题，颇值得我们进行深入、细致的研究。

第四章 "X 如 Y 相似"类平比句式的类别、来源及相关问题

4.1 引言

近代汉语中出现了极多的特殊的平比句式"X 如 Y 相似""X 似 Y 相似""X 像 Y 相似""X 如 Y 相仿"等。例如:

(1) 师姑问十三娘:"寻常道'我会禅',<u>口如铃相似</u>,今日为什摩大师问着总无语?"(《祖堂集》卷九)

(2) 又曰:"人须扩而充之。人谁无恻隐,只是不能常如此。能常如此,便似孟子说'火之始然,泉之始达,苟能充之,足以保四海'。若不能常如此,<u>恰似火相似</u>,自去打灭了;水相似,自去淤塞了;<u>如草木之萌芽相似</u>,自去踏折了,便死了,更无生意。"(《朱子语类》卷五十三)

(3) 上堂:"一拳拳倒黄鹤楼,一趯趯翻鹦鹉洲。有意气时添意气,不风流处也风流。俊哉俊哉!快活快活!<u>一似十七八岁状元相似</u>,谁管你天,谁管你地。心王不妄动,六国一时通。罢拈三尺剑,休弄一张弓。自在自在!快活快活!<u>恰似七八十老人作宰相相似</u>,风以时,雨以时,五谷植,万民安。"(《五灯会元》卷十八)

(4) 那回子平日是晓得些把势的人,谁知触怒了凶神,

甚么把势还待使得起来，叫他就像驱羊遣狗相似。(《醒世姻缘传》第六十七回）

(5) 刘伟之此时已如死人相仿，浑身无一处完肤，听得许敬宗宣明圣旨，不禁两眼圆睁，高声骂道："汝等这班误国的狗头，诬奏朝廷，害我刘某。本学士在九泉之下，待汝对质。"(《狄公案》第五十三回）

这些句式中的客体 Y 前有平比动词"如""似""像"等，Y 后又有平比动词"相似""相仿"等。如果从现代汉语视角来看，后一个平比动词"相似""相仿"等是羡余的。如例（1）"口如铃相似"，若说成"口如铃"，是符合语言的经济原则的。如果从汉语史视角来看，我们也可以认为前一个平比动词"如""似"等是羡余的。如例（2），若将"恰似火相似""如草木之萌芽相似"与"水相似"进行比较，也可以认为前一个"似""如"是羡余的。需要指出的是，这类句式中的主体 X 与客体 Y 可能属于不同的语义范畴，如例（1）、（2）、（4），我们通常将这样的句式称作比拟句式；主体 X 与客体 Y 也可能是同一语义范畴，如例（3）、（5），我们通常将这样的句式称作平比句式。但是比拟句式与平比句式均是将 X 与 Y 进行比较，表示 X 与 Y 具有相似性，二者并无实质性的区别，因而我们这里没有必要严格地将二者区分开来，我们将比拟句式也归入平比句式。为了行文方便，我们将这类特殊的平比句式记作"X 如 Y 相似"。

江蓝生（1999）、钟兆华（2011）、杨永龙（2014）等对"X

如 Y 相似"类平比句式的来源或相关问题进行过探讨，但是意见不一。那么在近代汉语中"X 如 Y 相似"类平比句式有哪些类别呢？它是怎样产生的呢？其生成机制与生成动因是什么？这些问题都有必要进行探讨或重新思考。我们首先分析"X 如 Y 相似"类平比句式的类别，然后探究其生成机制与生成动因，最后探讨相关的问题。

4.2 "X 如 Y 相似"类平比句式的类别

近代汉语中"X 如 Y 相似"类平比句式具有普遍性，且类别丰富。根据前一个平比动词的不同，"X 如 Y 相似"类可以分为"X 如 Y 相似""X 似 Y 相似""X 像 Y 相似""X 有若 Y 相似""X 仿佛 Y 相似"等次类。

4.2.1 "X 如 Y 相似"次类

"X 如 Y 相似"次类包括"X 如 Y 相似""X 如 Y 也似/也似的""X 如 Y 相仿""X 犹如 Y 相似""X 犹如 Y 似的""X 犹如 Y 相仿""X 如同 Y 相似""X 如同 Y 似的""X 如同 Y 相仿""X 譬如 Y 相似"等。

4.2.1.1 "X 如 Y 相似"

"X 如 Y 相似"最早可能见于北朝时期的汉译佛经。例如：

(6) 彼处骨身，如雪相似。（元魏·瞿昙般若流支译

《正法念处经》卷十二。转引自杨永龙,2014)

(7) 热炎铁杵,是恶业作。筑令碎末,<u>如沙相似</u>。(元魏·瞿昙般若流支译《正法念处经》卷八。转引自杨永龙,2014)

(8) 五道差别,各各化现,佛塔壁中,<u>如镜相似</u>。(元魏·瞿昙般若流支译《正法念处经》卷四十七。转引自杨永龙,2014)

"X如Y相似"在近代汉语中使用极为普遍。下面是唐宋时期"X如Y相似"用例:

(9) 有坚牢树神,走至殿前唱喏,<u>状如豹(暴)雷相似</u>。一头三面,眼如悬镜,手中执一等身铁棒,言云:"是某乙当直。"(《敦煌变文校注·庐山远公话》)

(10) 师曰:"他各各气宇如王相似。"(《祖堂集》卷六)

(11) 师指庭前牡丹华云:"大夫,<u>时人见此一株华如梦相似</u>。"(《景德传灯录》卷八)

(12) 上堂:"<u>此事如一片田地相似</u>,一任诸人耕种,无有不承此恩力者。"(《五灯会元》卷七)

(13) "<u>理如一把线相似</u>,有条理,<u>如这竹篮子相似</u>。"指其上行篾曰:"一条子恁地去。"又别指一条曰:"一条恁地去。<u>又如竹木之文理相似</u>,直是一般理,横是一般理。有心,便存得许多理。"(《朱子语类》卷六)

下面是元明清时期"X如Y相似"用例:

(14) (生云)<u>老大人谈吐如劈竹相似</u>,数节之后,迎

刃而解。(史九散人《老庄周一枕胡蝶梦》第二折,《全元曲》)

(15) 四将交战,便如转灯相似。(《全相平话五种·秦并六国平话》卷上)

(16) 众皆恳求上苍,务要拜求报应是夜三更时候,只听得天上一声响,如裂帛相似,正是西北乾方天门上。(《水浒传》第七十一回)

(17) 他就把那葫芦都倾出来,就都吃了,如吃炒豆相似。(《西游记》第五回)

(18) 当时两手舞动猴拳,上下翻腾,如雪舞梨花相似,紧对万全上身没命打来,把个马荣与乔泰倒吓得不敢上前,不知他有多大本领。(《狄公案》第十八回)

"X如Y相似"中的"如Y相似"一般充当谓语,如以上用例;在明清时期,还可以充当补语,例如:

(19) 自此之后,焦氏将着丈夫百般殷勤趋奉。况兼正在妙龄,打扮得如花朵相似,枕席之间,曲意取媚。(《醒世恒言》卷二十七)

(20) 幸值众人力劝,黄在兹方得脱身,已是眼青额破,衣服扯得就像蓑衣相似。(《珍珠舶》第十六回)

(21) 怎奈那人枪法精通,只见他上下盘旋,把杆枪舞得如雪舞梨花相似,力敌两将,全无惧怯。(《施公案》第三百八十六回)

有时候是整个"X如Y相似"充当补语。例如:

(22) 小玉走到里面，取出包袱，打开是一套缎子衣服，两根金头簪儿，一枝金花。把吴银儿哭的泪如雨点相似，说道："我早知他老人家不好，也来伏侍两日儿。"(《金瓶梅》第六十三回)①

(23) 忽见前边火势大发，烧得那大殿如火云楼相似，霞光万道，紫气千重。(《野叟曝言》第四十六回)

"X如Y相似"中的"如Y相似"还可以做状语。例如：

(24) 两旁随行的人见刘蕴拉住轿杠，很吃了一惊，一拥上前，大喝道："你这疯子该死，敢冲大人的道，又擅呼大人名字，应当何罪？还不滚掉了！"那藤棍皮鞭如雨点相似打下。(《绘芳录》第三十五回)

(25) 见打船旁呼隆一声，有人由水中蹿出来，如水獭相似把住船沿，把沈中元拦腰一抱，说："咱们两个人，水里说去吧。"(《小五义》第一百一十三回)

"X如Y相似"还出现了变式"X如Y₁如Y₂相似"。例如：

(26) 心虽亲受，苦乐不干于怀。粗食接命，补衣御寒暑，兀兀如愚如聋相似，稍有亲分，于生死中广学知解。(《景德传灯录》卷六)

---

① 在《金瓶梅词话》中此例作"泪人也相似"，使用的是平比句式"XY相似"：
　那小玉走到里面，取出包袱，内包着一套缎子衣服，两根金头簪儿，一件金花儿。把吴银儿哭的泪人也相似，说道："我早知他老人家不好，也来伏侍两日儿！"(《金瓶梅词话》第六十三回)

4.2.1.2 "X 如 Y 也似 / 也似的"

"X 如 Y 相似"在元代还出现了变式"X 如 Y 也似 / 也似的"。"也"为语气词,在句法上附着于"X 如 Y"。"X 如 Y 也似"中的"如 Y 也似"可以充当谓语、状语等。例如:

(27)有一等人常常的做歹勾当,却来人面前说道俺做的勾当好,<u>便如掩著那耳朵了去偷那铃的也似</u>。(《直说大学要略》)

(28)众人绞上竹笋来,齐发声喊,看那水手时,当初下去红红白白的一个人,如今绞上来看时,<u>一个脸便如蜡皮也似黄的</u>,手脚却板僵,死在笋里了。(《三遂平妖传》第七回)

(29)只见左黜哈哈大笑,喝声:"疾!"把自己身上和王则身上的索子,<u>就如烂葱也似都断了</u>,枷也开了。(《三遂平妖传》第三十三回)

(30)钟守净道:"小僧和林澹然相处非止一日,他的头颅,岂不相认?他脑后有一块三台骨,<u>就如三个鸡子也似凸出来</u>,常时戴僧帽,刚刚顶着帽口。如今这头脑后却是平平的无一毫脑骨,岂不是个假的?"(《禅真逸史》第十二回)

"X 如 Y 也似的"中的"如 Y 也似的"通常充当状语,其中的"的"应为结构助词。例如:

(31)(贾仁同卜儿上,云)……自从与那一分人家打墙,刨出一石槽金银来,那主人也不知道,都被我悄悄的搬运家来,盖起这房廊、屋舍、解典库、粉房、磨房、油房、酒房,<u>做的生意都如水也似的长将起来</u>。……(郑廷玉《看钱奴买冤家债主》第一折,《全元曲》)

(32)二人又酣战了十余合,正在性赌命换之际,只见又一个少年,手舞双铜,骑一匹黄马,<u>如飞也似的赶来</u>,大喝道:"那里来的野蛮子,敢这般无礼!"(《荡寇志》第七十七回)

(33)待去舀水,<u>那遗姑如杀人也似的哭将起来</u>,那里肯坐,只得又抱起来。(《警寤钟》第十二回)

(34)杨二吓得浑发战,<u>脸上就如蜡纸也似的黄</u>,连声叫道:"不好也,我的虚心病发了。"(《警寤钟》第十五回)①

(35)正在责备徐寿,只见方才的少年同了两个汉子,<u>在后面大路上如飞也似的赶来</u>,大叫:"还我活雕,放你们过去!"(《七剑十三侠》第四十五回)

4.2.1.3 "X 如 Y 相仿"

"X 如 Y 相似"在清代还出现了变式"X 如 Y 相仿"。例如:

(36)用擀面杖擀匀,拿干面一撒,用刀吧吧的一切,提起两下一拉,<u>真是条条如帘子棍相仿</u>。(《大八义》第

---

① 将此例与例(28)"一个脸便如蜡皮也似黄的"进行比较,可以断定"也似的"中"的"为用于修饰语与被修饰语之间的结构助词。

三十八回)

(37)这日胡世经见探马报来,说贼兵已离城不远,赶即登城遥望。但见对面如乌云盖地相仿,无限的兵马,向城下而来。(《狄公案》第五十六回)

(38)安天寿蹿房越脊,如履平地相仿,探来探去,来到前厅。(《济公全传》第二百三十八回)

(39)话说那蔾道人说道:"炼成了宝剑,然后再学搓剑成丸之法,将那三尺龙泉搓得成丸,如一粒弹子相仿。……"(《七剑十三侠》第二回)

(40)张桂兰便将身从窗外穿到屋内,如燕子相仿,走到施公身旁,将大人胸前的金链子割断,把那块"如朕亲临"御赐金牌拿在手内,回身便走。(《施公案》第一百八十七回)

4.2.1.4 "X犹如Y相似"

"X犹如Y相似"可能最早出现于晚唐五代时期。例如:

(41)师答曰:"汝先歇诸缘,休息万事。善与不善,世间一切诸法,并皆放却,莫记忆,莫缘念,放舍身心,令其自在。心如木石,口无所辩,心无所行,心地若空,慧日自现,犹如云开日出相似。……"(《祖堂集》卷十四)

(42)舜子是孝顺之男,上界帝释知委。化一老人,便往下界来至。方便与舜,犹如不打相似。(《敦煌变文校注·舜子变》)

下面是宋代至清代"X犹如Y相似"用例:

(43) 师云:"……瞎屡生。你向枯骨上觅什么汁?有一般不识好恶,向教中取,意度商量,成于句义。如把屎块子向口里含了,吐过与别人。<u>犹如俗人打传口令相似</u>,一生虚过也。……"(《古尊宿语录》卷四)

(44) 共大小八面镜子,交付与磨镜者叟,教他磨。当下绊在坐架上,使了水银,那消顿饭之间,睁磨的耀眼争光。妇人拏在手内,对照花容,<u>犹如一汪秋水相似</u>。(《金瓶梅词话》第五十八回)

(45) 此时忽听外面一阵大乱,<u>犹如山崩地裂相似</u>。(《小五义》第一百五十一回)

(46) 更有一等可恶者,寻刀觅剪,明说大卖,<u>就犹如明火执仗的强盗相似</u>。(《七侠五义》第二十九回)

(47) 常公爷先前犹可,今见人都上屋揭瓦乱打,<u>犹如雨点相似</u>,常大爷此时越觉有兴,迈开大步一直飞跑前去。(《五美缘》第三十七回)

"X犹如Y相似"中的"犹如Y相似"一般充当谓语,如以上各例;也可充当补语,例如:

(48) 高元帅只得发令王侯四大将军紧闭四方城门,元帅军师复请太祖登上城楼一观,果见城外重重叠叠,雄兵猛将,<u>围困得犹如铁桶相似</u>,真乃令人可怖也。(《赵太祖三下南唐》第三回)

(49) 刘云说道:"老寨主,晚生不才,愿在老大人跟前现丑。"语毕,将大衣脱下,由腰中拉出十三节亮银鞭。一抖十三节亮银鞭,真似笔管直,拉开架式,吞吐撒放,玉蟒翻身,将鞭舞的犹如一条银蛇相似。(《三侠剑》第四回)

4.2.1.5 "X 犹如 Y 似的"

"X 犹如 Y 相似"在清代出现了变式"X 犹如 Y 似的",其中的"犹如 Y 似的"可做定语、谓语、状语等。例如:

(50) 谁知到了屋内一看,见床上坐着一位花枝招展、犹如月殿嫦娥、瑶池仙女似的一位姑娘。(《七侠五义》第九十一回)

(51) 贾婆高高兴兴,提起草厂张家,少爷名叫张锷,学业怎么好,人品怎么好,又夸他房产怎么多,陈设怎么阔绰,说得津津有味,犹如非洲土人游过一趟巴黎,回家开谤似的,自以为话里透话,打动德氏心意。(《春阿氏谋夫案》第十一回)

(52) 黄道台此时犹如打了一个闷雷似的咕呼一声,往椅子上就坐下了。(《官场现形记》第三回)

(53) 人坐在上面,丝纹儿不动,犹如端着一碗水似的,把个孙老六看得目瞪口呆。(《负曝闲谈》第十回)

4.2.1.6 "X 犹如 Y 相仿"

"X 犹如 Y 相似"在清代出现了变式"X 犹如 Y 相仿",其中的"犹如 Y 相仿"一般做谓语。例如:

(54) 正值黑夜,看不太清楚,只见水面随着于恒前进的方向起来一溜拳头大的水泡儿,随生随灭,<u>犹如一串珍珠相仿</u>,其快无比。(《济公全传》第二百一十四回)

(55) 众人出去一刻工夫,<u>犹如众星捧月相仿</u>,从外边迎进一个人来,就见东方亮与那人携手揽腕在前边行走,群贼俱都跟于后面。(《小五义》第二百〇二回)

(56) 只见对面上总镇大人是酱巾摺袖打扮,面赛乌金纸,手中一柄水磨竹节钢鞭有鸭蛋粗细,迎门一站,虎势昂昂,<u>犹如半截黑塔相仿</u>。(《小五义》第一百五十一回)

(57) 而且薛氏早晚两次上供既毕,顺便和鸣乾讲讲闲话,<u>犹如一家人相仿</u>。(《歇浦潮》第七十一回)

4.2.1.7 "X 如同 Y 相似"

"X 如同 Y 相似"可能最早见于元代,并沿用至清代,其中的"如同 Y 相似"一般充当谓语。例如:

(58) (燕二云)兄弟,休要大惊小怪的,则他便是杨衙内,是个有权有势的人,<u>打死人如同那房檐上揭一块瓦相似</u>。你和他打了这一操,他如今不来寻你,就是你的造化了。(李文蔚《同乐院燕青博鱼》第一折,《全元曲》)

(59) 移时黑暗,却见正北有明处,遂往明处行,约十余步,见白玉拄杖一条,用手去拿,却是一门缝,用肩推开洞门,<u>如同白日相似</u>。(《全相平话五种·三国志平话》卷上)

(60) 曾有才被他逼得无法，只得将头低着，照他所教的话说了一遍。堂下这片笑声，如同翻潮相似。(《狄公案》第三十六回)

(61) 话犹未了，就听正北上一声大吼，如同半空中打了一个巨雷相似。刹时，正北上人噗咚噗咚躺下了一大片，内中冲出一人，身高一丈开外，黄衣襟黄帽子黄脸，如同半截金塔相似。蒋平、南侠早就看见，原来是君山金铛无敌大将军于奢。(《小五义》第二百一十六回)

4.2.1.8 "X如同Y似的"

"X如同Y相似"大概在晚清出现了变式"X如同Y似的"，其中的"如同Y似的"可以做状语、谓语、定语等。例如：

(62) 王乡绅下车，爷儿三个连忙打躬作揖，如同捧凤凰似的捧了进来，在上首第一位坐下。(《官场现形记》第一回)

(63) 此时天光已然平西，飞天鼠秦尤叫道："总辖寨主韩贤弟，莲花湖的英雄，至勇莫过于林大哥，胜老英雄能战之人，莫如孟金龙，这就如同两根台柱子碰在一块似的，林寨主的衣襟湿透，若叫猛汉给抓倒下，莲花湖可就栽筋斗啦！……"(《三侠剑》第三回)

(64) 银龙一进上宾馆，清香扑鼻，红油漆架子的花盆，摆定四时不谢之花，八节长春之草。当中养鱼缸，四犄角设有如同大水缸似的大瓷盆，里面有醉仙桃，醉仙桃有一

围粗。(《三侠剑》第六回)

4.2.1.9 "X如同Y相仿"

"X如同Y相似"到了清代出现了变式"X如同Y相仿",其中的"如同Y相仿"一般充当谓语。例如:

(65) 将往里走,忽听后面叫了一声,如同打了个霹雳相仿。(《小五义》第一百七十五回)

(66) 话犹未了,就听正北上一声大吼,如同半空中打了一个巨雷相似。刹时,正北上人噗咚噗咚躺下了一大片,内中孤零丁单见一人如同半截金塔相仿。见那人身高一丈开外,黄衣襟黄帽子黄脸。蒋平、南侠早就看见,原来是君山金铠无敌大将军于奢。(《续小五义》第九十二回)①

(67) 侠良姑放火将大厅点着,凡火接引神火,少时烈焰腾空,如同火焰山相仿。(《彭公案》第一百四十五回)

(68) 陈亮刚要摆刀过去帮着雷鸣,净江太岁周殴明一摆钢刀过来敌住陈亮,四个人如同走马灯相仿。(《济公全传》第一百九十三回)

(69) 老王爷一见,心中暗喜。看此猛英雄,如同半截黑塔相仿。(《大八义》第十四回)

---

① 此例在《小五义》中使用平比句式"X如同Y相似"表达,见例(61)。

4.2.1.10 "X譬如Y相似"

"X譬如Y相似"可能最早见于南宋时期,其中的"譬如Y相似"一般充当谓语。例如:

(70) 曰:"性是实,诚是虚;性是理底名,诚是好处底名。<u>性,譬如这扇子相似</u>;诚,譬则这扇子做得好。"(《朱子语类》卷六)

(71) 凡学须要先明得一个心,然后方可学。<u>譬如烧火相似</u>,必先吹发了火,然后加薪,则火明矣。若先加薪而后吹火,则火灭矣。(《朱子语类》卷十二)

(72) 叔器问游气一段。曰:"游气是里面底,<u>譬如一个扇相似</u>,扇便是立天地之大义底,扇出风来便是生人物底。"(《朱子语类》卷九十八)

(73) 尝说道,<u>看《易》底不去理会道理,却只去理会这般底,譬如读《诗》者不去理会那四字句押韵底,却去理会十五《国风》次序相似</u>。(《朱子语类》卷七十四)

4.2.2 "X似Y相似"次类

"X似Y相似"次类包括"X似Y相似""X似Y也似/也似的""X似Y相仿"等。

4.2.2.1 "X 似 Y 相似"

"X 似 Y 相似"可能最早出现于晚唐五代时期，在近代汉语中使用较为普遍，其中的"似 Y 相似"一般充当谓语。"似"前可加上副词"恰""一""正""好"等。① 例如：

（74）宗和尚喝云："什摩念经！<u>恰似唱曲唱歌相似</u>，得与摩不解念经。"（《祖堂集》卷十八）

（75）师曰："明兄俊哉！<u>一似个衲僧相似</u>。"（《五灯会元》卷十五）

（76）又曰："如今为学甚难，缘小学无人习得。如今却是从头起。古人于小学小事中，便皆存个大学大事底道理在。大学，只是推将开阔去。向来小时做底道理存其中，<u>正似一个坯素相似</u>。"（《朱子语类》卷八）

（77）众役一齐下手，<u>好似鹞鹰搏兔相似</u>，把周、成二人一并儿拿到。（《醋葫芦》第九回）

（78）再望脸上一瞧，面如古月，目如朗星，双眉似箭，二目神光足满，三山得配，四方口，<u>一部白胡须好似银线相似</u>。（《康熙侠义传》第一百一十二回）

4.2.2.2 "X 似 Y 也似 / 也似的"

"X 似 Y 相似"在元代还出现了变式"X 似 Y 也似 / 也似

---

① 韵律词"恰似""一似""好似"等在近代汉语中已词汇化为平比动词。

的",其中的"似Y也似/也似的"可做谓语、状语。例如:

(79)这几件的道理须索用自己心一件件体验过,依著行呵,便有益;若不用心体验,便似一场闲话也似,这般说过去了便无益。(《直说大学要略》)

(80)(带云)我虽无现在的,(唱)我这里或是典或是卖。尽着他言,由着他责。你则似那水也似流,风也似摆。……(高茂卿《翠红乡儿女两团圆》第二折,《元曲选》)

(81)(旦儿云)你这破房子,东边刮过风来,风边刮过雪来,恰似漏星堂也似的,亏你怎么住!(无名氏《朱太守风雪渔樵记》第二折,《全元曲》)

(82)正说之间,只见那弹子滚在亭子地上,托托地跳了几跳,一似捻线儿也似团团地转,转了千百遭。(《三遂平妖传》第十一回)

(83)此时,前面一位英雄,头上胖顶六楞罗帽,耳旁一个大红绒球,浑身紧装扎缚,足登薄底骁靴,手中舞动两根镔铁李公拐,似风卷也似的追来。(《七剑十三侠》第二十五回)

"似Y也似"与"似Y也似的"均可充当VP的状语,如例(80)、(82)、(83),其中的"的"可有可无,很显然是用于修饰语与被修饰语之间的结构助词。

4.2.2.3 "X 似 Y 相仿"

"X 似 Y 相似"在清代还出现了变式"X 似 Y 相仿",其中的"似 Y 相仿"一般充当谓语。例如:

(84) 焉想到金眼雕把这一股水存在口内,照定石铸面门一张嘴,<u>白亮亮似水箭相仿</u>,正打在他面门之上,石铸翻身倒地。(《彭公案》第一百二十二回)

(85) 二人睁眼一看,只见由树林子出来一个显大神,身高丈六,头如麦斗,头上戴着风翅盔,五色的脸膛,五色的衣裳,<u>两只眼似两盏灯相仿</u>,一张嘴,由嘴内喷出一股黑烟起在半悬空,这股烟不散。(《济公全传》第一百八十三回)

(86) 又遇着这三个,都是定作的结实家伙,个个飞纵蹦跳,力大如牛,香炉足式,把世杰围定,<u>又似走马灯相仿</u>,那里有丝毫放松。(《施公案》第一百四十一回)

(87) 倒是那边的毒蛇洞、仙人洞,<u>好似两个城门相仿</u>,又干燥,又平坦。(《七剑十三侠》第二十一回)

4.2.3 "X 像 Y 相似"次类

"X 像 Y 相似"次类包括"X 像 Y 相似""X 像 Y 也似的""X 像 Y 似的""X 像 Y 相仿""X 好像 Y 相似""X 好像 Y

似的""X 好像 Y 相仿"等。①

4.2.3.1 "X 像 Y 相似"

"X 像 Y 相似"大概在明代已出现,其中的"像 Y 相似"可充当谓语、状语等。例如:

(88) 韦固求婚之念甚切,<u>就像猪八戒要做女婿相似</u>,好不性急,到处求亲。(《西湖二集》卷十六)

(89) <u>整夜就像炼魔演猢狲相似</u>,弄得他眼也不合,这也算是极苦。(《醒世姻缘传》第九十一回)

(90) 一手揭开门帘,只见狄希陈蓬头垢面,<u>真象个活囚相似坐在地下</u>。(《醒世姻缘传》第六十三回)

(91) 金钟儿听了,将粉项一低,<u>那眼中的泪,就像断线珍珠相似扑簌簌乱滚下来</u>。(《绿野仙踪》第五十一回)

4.2.3.2 "X 像 Y 也似的"

"X 像 Y 也似的"大概出现于元代,元明清时期用例极少,其中的"像 Y 也似的"可做谓语、状语。例如:

(92)(旦儿云)丕!<u>那眼脑恰像个贼也似的</u>。(张国宾《相国寺公孙合汗衫》第一折,《全元曲》)

(93) 贾琏听说,心胆俱碎,站在门口低下头去,<u>那眼泪像水也似的直掉下来</u>,向里叫道:"凤姐,凤姐,我们特

---

① "像""好像"有时分别写作"象""好象"。

来瞧你。"(《红楼复梦》第三回)

(94)张姑娘将说到这里,安太太说:"亏是有个对证在跟前儿,不然叫你这一瓣文儿,<u>倒像我这里照着说评书也似的</u>,现抓了这么句话造谣言呢!"(《儿女英雄传》第四十回)

4.2.3.3 "X像Y似的"

"X像Y似的"大概到了清代才有用例,其中的"像Y似的"一般充当谓语。例如:

(95)贾母听了,喜欢道:"……月里出阁我原想过来吃杯喜酒的,不料我家闹出这样事来,<u>我的心就像在热锅里熬的似的</u>,那里能够再到你们家去。……"(《红楼梦》第一百〇六回)

(96)跑堂儿的听见,想了想,才笑呵呵的道:"是啊,孔雀啊!<u>他那毛儿就像戴的翎子似的</u>,我早起说的就是他,我是把两样东西的名儿记拧了!"(《儿女英雄传》第三十八回)

(97)还有姨太太、小姐,<u>一个个都打扮着像花蝴蝶似的</u>,一同陪着瞧戏。(《官场现形记》第四回)

4.2.3.4 "X像Y相仿"

"X像Y相仿"在清代有用例,但极为罕见,其中的"像Y相仿"充当谓语。例如:

(98) 姚猛过去,仍是不先动手打人,双手举着长把铁锤,净等人家兵器到他才还手。吴源瞅见姚猛,<u>就象半截黑塔相仿</u>。(《小五义》第一百一十回)

4.2.3.5 "X 好像 Y 相似"

"X 好像 Y 相似"最初可能出现于明代,明清时期用例不多,其中的"好像 Y 相似"一般充当谓语。例如:

(99) 成珪见他殷勤相待,只得坐下,却才把个豚尖掂得一掂,<u>好像椅上有块针毡相似</u>,好生不安,总也为着家中线香之故。(《醋葫芦》第一回)

(100) 阎罗拍案而起,二目圆睁,大喝一声,<u>好像霹雳相似</u>,震的殿堂皆动,口中喷出火来。(《金屋梦》第九回)

(101) 后自昼夜不离,轮番上下戏弄,<u>好像男女相似</u>。(《金屋梦》第三十九回)

(102) 我再垫着脚尖朝外面一望,只万头钻动,<u>好像一片汪洋的海水上扎了一排人头筏子相似</u>。(《冷眼观》第七回)

4.2.3.6 "X 好像 Y 似的"

"X 好像 Y 似的"在明代已出现,其中的"好像 Y 似的"一般充当谓语。下面是明清时期用例:

(103) 这时秋风刚起,霜露未下,天上的星斗交相辉映,水光与天色浑为一体,不时听到摘菱或采莲女子所唱的歌曲,此起彼伏,<u>就好像在水中陆地之间对歌似的</u>。(《剪灯新话》卷四)

(104) 说完,又把眼光注射三人,<u>那神情好象法师画符念咒似的</u>,喝一声:"举左手!"(《孽海花》第九回)

(105) 吴赞善不听则已,听了之时,一骨碌忙从床上跳下,大衣也不及穿,抢过来打开一看,果然只有二两银子。<u>心内好像失落掉一件东西似的</u>,面色登时改变起来。(《官场现形记》第二回)

(106) 老者此时再躲,那就来不及啦,当下如同铁门坎,休想躲开。可是自己也得躲上面的右掌,连忙双手按地,双腿扬起,<u>好像蝎子爬似的</u>。(《大八义》第三十四回)

4.2.3.7 "X 好像 Y 相仿"

"X 好像 Y 相仿"出现于清代,但是极其罕见,其中的"好像 Y 相仿"充当谓语。例如:

(107) 他练完了,就是厉蓝兴练,第三个便是石锦龙,一对对把鞭在当中一练,借灯光一照,<u>好像两条白蛇相仿</u>,上下翻飞。(《大八义》第十九回)

4.2.4 "X 有若 Y 相似"次类

"X 有若 Y 相似"次类包括"X 有若 Y 相似""X 犹若 Y 相似""X 类若 Y 相似""X 类若 Y 相仿"等。

4.2.4.1 "X 有若 Y 相似"

"X 有若 Y 相似"在宋代有用例，近代汉语中用例极少，其中的"有若 Y 相似"一般充当谓语。例如：

（108）上堂："山僧二十余年，挑囊负钵，向寰海之内，参善知识十数余人，自家并无个见处，<u>有若顽石相似</u>。……"(《五灯会元》卷十九)

（109）然后一个道士向殿角头砆碌碌摇动法鼓，<u>有若春雷相似</u>。(《金瓶梅词话》第三十九回)

4.2.4.2 "X 犹若 Y 相似"

"X 犹若 Y 相似"始见于明代，其中的"犹若 Y 相似"一般充当谓语。例如：

（110）那秋千飞在半空中，<u>犹若飞仙相似</u>。(《金瓶梅词话》第二十五回)

（111）举腰展力，那一阵掀腾鼓捣，<u>其声犹若数尺竹泥淖中相似</u>，连声响亮。(《金瓶梅词话》第七十八回)

4.2.4.3 "X 类若 Y 相似"

"X 类若 Y 相似"在清代有用例，其中的"类若 Y 相似"一般充当谓语。例如：

（112）正走之间，忽然见前面水中生出两座大山，<u>当中类若一个山口相似</u>。(《小五义》第一百〇七回)

(113) 邓飞熊吓了个胆落魄飞，再看那柄钩，<u>类若宝剑相似</u>，只得把右手那柄钩往上一递。(《小五义》第一百六十六回)

(114) 先前时节一手一势，后来一件快似一件，<u>类若一片剑山相似</u>。(《小五义》第一百四十四回)

4.2.4.4 "X 类若 Y 相仿"

"X 类若 Y 相仿"在清代有用例，其中的"类若 Y 相仿"一般充当谓语。例如：

(115) 过滚龙挡，又到两个岛的三道山口，<u>类若一个大桡相仿</u>，三个瓮洞，桡上边就是中平寨。(《小五义》第二百三十四回)

(116) 蒋、展二人一看总镇大人，<u>类若半截黑塔相仿</u>，心中暗暗夸奖。(《小五义》第一百四十八回)

(117) 熊威将那板子，二人搭将过来，往下一放，那边搭在台阶，这边搭在实地，<u>类若浮桥相仿</u>，就挡在翻板之上。(《小五义》第二百〇三回)

4.2.5 "X 仿佛 Y 相似"次类

"X 仿佛 Y 相似"次类包括"X 仿佛 Y 相似""X 仿佛 Y 似的"等。

4.2.5.1 "X 仿佛 Y 相似"

"X 仿佛 Y 相似"大概出现于清代,其中的"仿佛 Y 相似"一般充当谓语。例如:

(118)为首有一个贼人,身高一丈,膀乍腰圆,脑袋小,长的不四称,面似青粉,两道细眉,一双小眼睛;手拿一对古丁八宝镀金锤,锤头如同西瓜大小,<u>锤把仿佛核桃相似</u>,穿着一身青衣服,在那里大喊说:"好小辈别走!快留下买路金银,有毛寨主在此!"(《永庆升平前传》第六十八回)

(119)起初盆内潮润,继而攒聚露珠,犹如哈气一般。后来渐渐大了,只见滴溜溜满盆乱转,<u>仿佛滚盘珠相似</u>,左旋右转,皆流入阴阳孔内,便不动了。(《七侠五义》第十六回)

(120)包公接来一看,上面注明尺寸,<u>仿佛大熨斗相似</u>,却不是平面,上面皆是垂珠圆头钉儿,用铁打就。(《七侠五义》第十九回)

4.2.5.2 "X 仿佛 Y 似的"

"X 仿佛 Y 似的"到了清代开始有用例,其中的"仿佛 Y 似的"一般充当谓语。例如:

(121)出了柴扉,此时精神百倍,快乐非常。原是屡试不第,<u>如今仿佛金榜标了名似的</u>,连乏带饿全忘了,两脚

如飞,竟奔开封府而来。(《七侠五义》第八回)

(122) 徐三爷往外一蹿,嗖的一声,三爷出来,双手扶船脚冲天,仿佛是拿了一个大顶似的。(《小五义》第十九回)

(123) 到了十二点半钟,看那台上,从后台帘子里面出来一个男人:穿了一件蓝布长衫,长长的脸儿,一脸疙瘩,仿佛风干福橘皮似的,甚为丑陋,但觉得那人气味到还沉静。(《老残游记》第二回)

4.3 "X如Y相似"类平比句式的生成机制与动因

4.3.1 "X如Y相似"类的生成机制

我们认为,"X如Y相似"类平比句式的生成机制是糅合,其是由"X如Y"类平比句式与"XY相似"类平比句式糅合而成的。① 这一生成过程可以表示为:

"X如Y"类 + "XY相似"类 → "X如Y相似"类

句式糅合要遵循三个基本原则,首先要遵循语义相近原则,

---

① "X如Y"类平比句式是指平比动词"如"等出现于Y前的一类平比句式,包括"X如Y""X似Y""X像Y""X有若Y""X仿佛Y"等;"XY相似"类平比句式是指平比动词"相似"等出现于Y后的一类平比句式,包括"XY相似""XY似的""XY相仿"等。句式末尾的"似的"等并未彻底助词化,仍然或多或少具有动词性(详见下文)。

即两个源句式的语义要相同或相近。"X 如 Y"类平比句式与"XY 相似"类平比句式的语义相近,都是表示 X 与 Y 具有相似性。例如:

(124) 宋绍兴年间,有一个官人,乃是台州司法,姓叶名荐。有妻方氏,天性残妒,<u>犹如虎狼</u>。(《二刻拍案惊奇》卷十)

上例中"(方氏)犹如虎狼"也可以说成"(方氏)虎狼相似",二者语义相同。因而"X 如 Y"类平比句式与"XY 相似"类平比句式发生糅合遵循句式糅合的语义相近原则。

其次,句式糅合要遵循时代先后原则,即两个源句式的始见时代要早于或不迟于糅合句式。源句式"X 如 Y"类平比句式与"XY 相似"类平比句式的始见时代均早于或不迟于相应的"X 如 Y 相似"类平比句式。

1. "X 如 Y"的始见时代

"X 如 Y"早在先秦就已有用例。例如:

(125) 孟子告齐宣王曰:"<u>君之视臣如手足</u>,<u>则臣视君如腹心</u>;<u>君之视臣如犬马</u>,<u>则臣视君如国人</u>;<u>君之视臣如土芥</u>,<u>则臣视君如寇雠</u>。"(《孟子·离娄下》)

(126) 谒者入通。盗跖闻之大怒,<u>目如明星</u>,发上指冠。(《庄子·盗跖》)

(127) <u>其爱之如父母</u>,<u>而归之如流水</u>。(《左传·昭公三年》)

2. "X 犹如 Y" 的始见时代

"X 犹如 Y" 最迟在西汉已出现。下面是两汉时期用例：

（128）圣帝在上，德流天下，诸侯宾服，威振四夷，连四海之外以为席，安于覆盂，天下平均，合为一家，动发举事，<u>犹如运之掌中</u>。(《史记·滑稽列传》)

（129）为君计者，莫若以黄屋朱伦迎范阳令，使驰骛于燕赵之郊，则边城皆将相告曰"范阳令先下而身富贵"，必相率而降，<u>犹如阪上走丸</u>也。(《汉书·蒯通列传》)

3. "X 如同 Y" 的始见时代

"X 如同 Y" 最迟在唐代已出现。例如：

（130）<u>醉卧如同死虾蟆</u>，来往人看拍手笑。(《敦煌变文校注·佛说阿弥陀经讲经文（二）》)

（131）一愿郎君千岁，二愿妾身长健。三愿<u>如同梁上燕</u>，岁岁长相见。(冯延巳《薄命妾》,《全唐诗》卷八九八)

（132）凡为嬉戏，必表殊常，已至十岁，精勤好学；属词咏志，即见凌云；剖义谈玄，<u>如同照镜</u>。(《祖堂集》卷二十)

4. "X 譬如 Y" 的始见时代

"X 譬如 Y" 早在先秦时期就有用例。例如：

（133）子曰："为政以德，<u>譬如北辰居其所而众星共之</u>。"(《论语·为政》)

（134）<u>故人心譬如槃水</u>，正错而勿动，则湛浊在下，

而清明在上，则足以见须眉而察理矣。(《荀子·解蔽》)

5. "X 似 Y" 的始见时代

"X 似 Y" 早在上古汉语中就已出现。例如：

(135) 子綦曰："夫大块噫气，其名为风。是唯无作，作则万窍怒呺。而独不闻之翏翏乎？<u>山林之畏佳，大木百围之窍穴，似鼻，似口，似耳，似枅，似圈，似臼，似洼者，似污者</u>；激者，謞者，叱者，吸者，叫者，譹者，宎者，咬者。前者唱于而随者唱喁。泠风则小和，飘风则大和，厉风济则众窍为虚。而独不见之调调之刁刁乎？"(《庄子·齐物论》)

在唐代 "X 似 Y" 中 "似" 前有时出现副词 "恰" "一" "正" "好" 等。例如：

(136) 遥看汉水鸭头绿，<u>恰似葡萄初酦醅</u>。(李白《杂歌谣辞·襄阳歌》,《全唐诗》卷二九)

(137) 子胥乃布兵列阵，<u>一似鱼鳞</u>，跋罗回吼唤三声，大鼓扬名即发。(《敦煌变文校注·伍子胥变文》)

(138) 佳节虽逢菊，<u>浮生正似萍</u>。(钱珝《江行无题一百首》,《全唐诗》卷七一二)

(139) 倚桡静听曲中意，<u>好似云山韶濩音</u>。(元结《欸乃曲》,《全唐诗》卷八九〇)

6. "X 像 Y" 的始见时代

"X 像 Y" 在先秦就已出现。下面是先秦西汉时期 "X 像 Y" 用例：

(140) 且上者下之师也，夫下之和上，譬之犹响之应声，<u>影之像形也</u>。(《荀子·强国》)

(141) 天子悼之，发属国玄甲军，陈自长安至茂陵，<u>为冢像祁连山</u>。(《史记·卫将军骠骑列传》)

(142) 其北治大池，渐台高二十余丈，名曰泰液池，中有蓬莱、方丈、瀛洲、壶梁，<u>象海中神山龟鱼之属</u>。(《史记·孝武本纪》)

7. "X 好像 Y" 的始见时代

"X 好像 Y" 最早可能在元代就已有用例。例如：

(143)（丑）刘伯伯，多时不见，吃得这般脸儿红丢丢的，<u>好像个老猴孙屁股</u>。(刘唐卿《白兔记》第二折，《全元曲》)

(144)（正旦做见科，云）这一个走的，<u>好像俺哥哥张林</u>。(李行甫《包待制智赚灰栏记》第三折，《全元曲》)

8. "X 有若 Y" 的始见时代

"有若"意思是"如同、好像"，"X 有若 Y"最早可能出现于东汉时期。例如：

(145) 和熹邓皇后尝梦扪天体，荡荡正青，滑如磄磈，<u>有若钟乳</u>，后仰嗽之。(《东观汉记·和熹邓皇后传》)

9. "X 犹若 Y" 的始见时代

"犹若"意思是"犹如、如同"，"X 犹若 Y"在先秦就已出现。例如：

(146) 既曰若法，未知所以行之术，<u>则事犹若未成</u>，

是以必为置三本。(《墨子·尚贤中》)

(147) 故交相爱，交相恭，<u>犹若相利也</u>。(《墨子·鲁问》)

10."X 类若 Y"的始见时代

"X 类若 Y"可能在三国时期就已出现。例如：

(148) 提瓶行汲，道逢年少，遮要调曰："……颜状丑黑，鼻正匾，身体缭戾，面皱唇哆，言语謇吃，两目又青，<u>状类若鬼</u>，举身无好，孰不恶憎，尔为室家，将无愧厌乎？"(吴·康僧会译《六度集经》卷二)

11."X 仿佛 Y"的始见时代

"X 仿佛 Y"最迟在唐代已出现。例如：

(149) 礼成神既醉，<u>仿佛猴山鹤</u>。(裴度《享惠昭太子庙乐章》，《全唐诗》卷三三五)

(150) 依稀来鹤态，<u>仿佛列仙群</u>。(无名氏《华山庆云见》，《全唐诗》卷七八七)

(151) 氤氲龙麝交青琐，<u>仿佛锡銮下蕊珠</u>。(张昭《汉宗庙乐舞辞》，《全唐诗》卷七六三)

12."XY 相似"的始见时代

"XY 相似"在北朝时期汉译佛经中就已出现。例如：

(152) 彼地狱处，有热焰石，<u>金刚相似</u>，触甚坚鞭。(元魏·瞿昙般若流支译《正法念处经》卷十五。转引自杨永龙，2014)

(153) 既得脱已，于二千世，生饿鬼中，在宾荼处，

彼身为块,肉块相似,不见不闻,不嗅不尝,不能言语。(元魏·瞿昙般若流支译《正法念处经》卷十四。转引自杨永龙,2014)

13. "XY也似"的始见时代

钟兆华(2011:397)认为"'也似'的最早用例见于宋人词作中",不过"Y也似"常做定语,也可做状语。例如:

(154)祝寿祝寿,筵开锦绣。拈起香来玉也似手。拈起盏来金也似酒。祝寿祝寿。(史浩《祝寿》,《全宋词》。转引自钟兆华,2011:397)

(155)后来毕竟做官蹭蹬不起,把锦片也似一段前程等闲放过去了。(《错斩崔宁》)

(156)殿直从里面叫出二十岁花枝也似浑家出来,道:"你且看这件物事!"(《简帖和尚》)

(157)钱大王差下百十名军校,教捉笊篱的做眼,飞也似跑到禁魂张员外家。(《宋四公大闹禁魂张》)

"XY也似"最迟在南宋时期就已出现。下面是宋元时期用例:

(158)皇甫殿直拿起箭帘子竹,去妮子腿上便摔,摔得妮子杀猪也似叫,又问又打。(《简帖和尚》)

(159)寒斋静,瑞雪多,冻吟诗起来孤坐。芦花絮衾江纸也似薄,问袁安怎生高卧?(张可久《落梅风·寒夜》,《全元散曲》)

(160)其家奴再覆:"这马非俗,浑身上下血点也似鲜

红，鬃尾如火，名为赤兔马。……"(《全相平话五种·三国志平话》卷上)

14. "XY 似的"的始见时代

"XY 似的"可能在明代开始出现。例如：

(161) 杨姑娘道："姐姐，你今后让他官人一句儿罢。常言：'一夜夫妻百日恩。'相随百步，也有个徘徊之意。<u>二个热突突人儿，指头儿似的少了一个</u>，如何不想不疼不惦念的！"(《金瓶梅词话》第七十三回)

(162) 妇人道："我不信你这撇溜子，人也死了一百日来，还守什么灵！在那屋里也不是守灵。属米仓的，上半夜摇铃，<u>下半夜丫头似的</u>，听好柳声！"(《金瓶梅词话》第七十二回)

(163) 那玉筲倒吃相的脸飞红，便道："怪小淫妇儿，<u>如何狗㧅了脸似的</u>，人家不请你，怎的和俺每使性儿？"(《金瓶梅词话》第四十六回)

15. "XY 也似的"的始见时代

"XY 也似的"可能始见于元代，其中的"Y 也似的"常做定语，也可做谓语。例如：

(164) 你看举头日远长安近，则把这读过的经书自温。当今天子重贤臣，<u>大开着海也似的贤门</u>。(无名氏《孟德耀举案齐眉》第二折,《全元曲》)

(165)（做打店小二科，云）我打你这个弟子孩儿。你见我打了你几下，<u>拿这么冰也似的冷酒与我吃</u>，把我牙都

冰了，吃下去，肚里就似割得疼的。你还立着哩，快酾热酒来。（武汉臣《包待制智赚生金阁》第三折，《全元曲》）

（166）（梢公云）我说不载，不载，您强要上这船来，还不开的半里，早起风了。你看泼天也似的大浪，可不苦也！（郑廷玉《楚昭王疏者下船》第三折，《全元曲》）

（167）（令史喝云）嗏声！老弟子说词因，两片嘴必溜不剌泻马屁眼也似的，俺这令史有七脚八手？你慢慢的说！（王仲文《救孝子贤母不认尸》第二折，《全元曲》）

16."XY 相仿"的始见时代

明代出现了平比句式"X 与 Y 相仿"。例如：

（168）先生见他聪秀，与己子支德年齿相仿，遂令同桌而坐。（《警世通言》卷二十五）

（169）却说刘方与刘奇年貌相仿，情投契合，各把生平患难细说。（《醒世恒言》卷十）

平比句式"XY 相仿"可看作"X 与 Y 相仿"的省略式，在清代开始出现。例如：

（170）这作贼的两只眼睛鸾铃相仿，早已瞧见范天保叫人追赶。（《小五义》第一百〇五回）

（171）等到香烟浓了，再把仙鹤嘴对准了窗棂纸的窟窿，手把仙鹤的尾巴来回一拉，那烟一条线相仿，直奔了花氏。（《小五义》第一百一十八回）

（172）乜家弟兄两条十三节鞭哗啷一抖，两条怪蛇相仿。（《小五义》第二百三十二回）

(173) 最奇者，这么多的男男女女立站后面，<u>都泥塑木雕的相仿</u>，没有一人言笑，也无一人左右顾盼。(《老残游记续集》第七回)

"X如Y相似"类平比句式至少包括28种句式，这些句式的生成过程可以表示如下：

1. "X如Y"（先秦）+ "XY相似"（北朝）→ "X如Y相似"（北朝）

2. "X如Y"（先秦）+ "XY也似"（宋）→ "X如Y也似"（元）

3. "X如Y"（先秦）+ "XY也似的"（元）→ "X如Y也似的"（元）

4. "X如Y"（先秦）+ "XY相仿"（清）→ "X如Y相仿"（清）

5. "X犹如Y"（西汉）+ "XY相似"（北朝）→ "X犹如Y相似"（晚唐五代）

6. "X犹如Y"（西汉）+ "XY似的"（明）→ "X犹如Y似的"（清）

7. "X犹如Y"（西汉）+ "XY相仿"（清）→ "X犹如Y相仿"（清）

8. "X如同Y"（唐）+ "XY相似"（北朝）→ "X如同Y相似"（元）

9. "X如同Y"（唐）+ "XY似的"（明）→ "X如同Y似的"（清）

10."X如同Y"(唐)+"XY相仿"(清)→"X如同Y相仿"(清)

11."X譬如Y"(先秦)+"XY相似"(北朝)→"X譬如Y相似"(南宋)

12."X似Y"(先秦)+"XY相似"(北朝)→"X似Y相似"(晚唐五代)

13."X似Y"(先秦)+"XY也似"(宋)→"X似Y也似"(元)

14."X似Y"(先秦)+"XY也似的"(元)→"X似Y也似的"(元)

15."X似Y"(先秦)+"XY相仿"(清)→"X似Y相仿"(清)

16."X像Y"(先秦)+"XY相似"(北朝)→"X像Y相似"(明)

17."X像Y"(先秦)+"XY也似的"(元)→"X像Y也似的"(元)

18."X像Y"(先秦)+"XY似的"(明)→"X像Y似的"(清)

19."X像Y"(先秦)+"XY相仿"(清)→"X像Y相仿"(清)

20."X好像Y"(元)+"XY相似"(北朝)→"X好像Y相似"(明)

21."X好像Y"(元)+"XY似的"(明)→"X好像

Y 似的"(明)

22."X 好像 Y"(元)+"XY 相仿"(清)→"X 好像 Y 相仿"(清)

23."X 有若 Y"(东汉)+"XY 相似"(北朝)→"X 有若 Y 相似"(宋)

24."X 犹若 Y"(先秦)+"XY 相似"(北朝)→"X 犹若 Y 相似"(明)

25."X 类若 Y"(三国)+"XY 相似"(北朝)→"X 类若 Y 相似"(清)

26."X 类若 Y"(三国)+"XY 相仿"(清)→"X 类若 Y 相仿"(清)

27."X 仿佛 Y"(唐)+"XY 相似"(北朝)→"X 仿佛 Y 相似"(清)

28."X 仿佛 Y"(唐)+"XY 似的"(明)→"X 仿佛 Y 似的"(清)

我们不厌其详地逐一列出这 28 种糅合句式生成过程的表达式,并在括号内注明源句式与相应的糅合句式的始见时代,可以清楚地看出两个源句式的始见时代均要早于或不晚于相应的糅合句式的始见时代。如源句式"X 犹如 Y""XY 相似"的始见时代分别是西汉、北朝,要早于晚唐五代时期才出现的相应的糅合句式"X 犹如 Y 相似"。因此"X 如 Y"类与"XY 相似"类糅合生成"X 如 Y 相似"类遵循句式糅合的时代先后原则。

最后,句式糅合要遵循成分蕴含原则或语义蕴含原则,即糅合句式在句法上及语义上要蕴含两个源句式。"X 如 Y 相似"类在句法上及语义上均蕴含了相应的源句式"X 如 Y"类与"XY 相似"类,如糅合句式"X 犹如 Y 相似"在句法上及语义上均蕴含了源句式"X 犹如 Y"与"XY 相似",因而"X 如 Y"类与"XY 相似"类糅合生成"X 如 Y 相似"类遵循句式糅合的成分蕴含原则或语义蕴含原则。

总而言之,从句式糅合的三个基本原则来看,我们认为"X 如 Y 相似"类平比句式的生成机制是糅合。

4.3.2 "X 如 Y 相似"类的生成动因

我们认为,"X 如 Y 相似"类平比句式的生成动因是言者凸显新信息。

一个用来传递信息的句子,所包含的信息可分为旧信息和新信息。"根据话语传递连续信息的功能格局,大部分句子可以在语用平面划分为主题(topic)和述题(comment)两个部分。主题一般位于述题之前,是句子述说的话题或对象,代表旧信息;述题一般在主题之后,是对主题进行述说的部分,即对主题做出说明或评论,代表新信息。"(范晓、张豫峰等,2003:293)新信息一般处于述题末尾,或者说处于句子末尾,是句子的自然焦点或常规焦点。"一个句子的焦点是句子语义的重心所在。由于句子的信息编排往往是遵循从旧到新的原则,越靠近句末信息内容越新。句末成分通常被称作句末焦点,我们把这种焦点成分称为常规焦点"(张伯江、方梅,1996:73)。"X 如

Y"类平比句式中 X 是主题,是旧信息;"如 Y"等是述题,处于末尾的 Y 是新信息,是自然焦点或常规焦点。"X 如 Y"类平比句式按照先旧信息、后新信息的顺序客观地陈述一个平比事件,句式末尾的 Y 是句式的语义重心。

"XY 相似"类与"X 如 Y"类的语序不同,Y 位于"相似"等之前。"XY 相似"类中的 X 是主题,是已知信息或旧信息;"Y 相似"等是述题,其中的新信息不是句式末尾的"相似"等,而是"相似"等前的 Y,Y 是句式的语义重心。也就是说,"XY 相似"类与"X 如 Y"类虽然语序不同,但是二者所要传递的新信息是一致的,均是 Y。试比较下面二例:

(174)师问:"师兄见大虫似个什摩?"归宗云:"<u>相似苗(猫)儿</u>。"师云:"与王老师犹较一线道。"归宗却问:"师第(弟)见大虫似个什摩?"师云:"<u>相似大虫</u>。"(《祖堂集》卷十六。转引自叶建军,2010a:325)

(175)师上堂云:"此事似个什摩?<u>闪电相似</u>,<u>石火相似</u>,<u>火焰相似</u>,<u>霹雳相似</u>。是你诸人着力,须得趁着始得;若不趁着,丧身失命。"(《祖堂集》卷十一。转引自叶建军,2010a:325)

联系上文"师兄见大虫似个什摩",可知例(174)"相似苗(猫)儿""相似大虫"中的新信息是述语"相似"后的宾语"苗(猫)儿""大虫",它们均处于句式末尾,属于自然焦点或常规焦点。联系上文"此事似个什摩",同时与例(174)进行比较,可知例(175)"闪电相似,石火相似,火焰相似,霹雳相似"中的新信息是"相似"前的"闪电""石火""火焰""霹雳",它们可以看作述语"相似"的逻辑宾语。可见"XY相似"与"X相似Y"虽然语序不同,但是二者所要传递的新信息均是Y。因此,我们有理由认为,"XY相似"类与"X如Y"类一样,所要传递的新信息也是Y。但是,"XY相似"类与"X如Y"类也有不同之处,其具有言者的主观性,具有凸显新信息Y的语用功能。众所周知,在言语交际中,由于要凸显某个新信息,或急于传递某个新信息,言者往往先把这个新信息说出来,因而这个本该处于句式末尾自然焦点或常规焦点位置上的新信息或者处于后面的新信息就会前移,形成句法成分的移位,如谓语移位至主语前、宾语移位至述语前等。正是因为言者要凸显新信息Y,所以使用"XY相似"类平比句式,让Y处于"相似"等前。如例(175),"闪电""石火""火焰""霹雳"这些新信息之所以不是处于句式末尾自然焦点或常规焦点位置,而是移位至述语"相似"前,就是因为言者要凸显这些新信息,急于传递这些新信息。

学界一般认为,汉语属于SVO语序类型的语言,"X如Y"类平比句式遵循SVO语序,按照先旧信息、后新信息的顺序客观地陈述一个平比事件,因而当言者想客观表达X与Y具有相似性这一命题义时,一般会从记忆库中提取"X如Y"类平比句式。当言者又想进一步体现自己的主观性,凸显新信息Y时,那么能凸显新信息Y的"XY相似"类平比句式就会被激活,于是这两类句式就会先后在言者大脑中浮现、叠加。为了遵循经济原则与句法规则,在外在的语言形式上,这两类句式就通过删略重叠成分糅合成了新的句式"X 如 Y 相似"类。一言以蔽之,言者凸显新信息 Y 是"X 如 Y 相似"类平比句式的生成动因。

4.4 从"XY 相似"等的来源看"相似"等的词性

4.4.1 从"XY 相似"的来源看"相似"的词性

"XY 相似"的来源与"X 与 Y 相似"有关。杨永龙(2014)认为"XY 相似"是"X 与 Y 相似"省略前置词"与"的结果。我们赞同这一观点。

"X 与 Y 相似"在上古汉语中就已出现,并沿用了下来。下面是上古汉语与中古汉语中"X 与 Y 相似"用例:

(176)<u>与天地相似</u>,故不违;知周乎万物,而道济天下,故不过;旁行而不流,乐天知命,故不忧;安土敦乎仁,故能爱。(《周易·系辞上》)

(177)逢丑父者,顷公之车右也,<u>面目与顷公相似</u>,<u>衣服与顷公相似</u>,代顷公当左。(《春秋公羊传·成公二年》)

(178)立居职公廉,<u>治行略与野王相似</u>,而多知有恩贷,好为条教。(《汉书·冯奉世传》)

(179)<u>风俗言音与于阗相似</u>,文字与波罗门同。(《洛阳伽蓝记·城北》)

(180) 虽生人中，于五百世，非是正人，<u>与鬼相似</u>。（元魏·瞿昙般若流支译《正法念处经》卷十五）

"XY相似"最早可能见于北朝时期汉译佛经，如例（152）"金刚相似"。汉译佛经句子一般是四字格，由于四字格的制约，我们猜测汉译佛经中用例"金刚相似"可能是"与金刚相似"的省略式。例（180）"与鬼相似"同样是汉译佛经的用例，却采用句式"X与Y相似"而不采用句式"XY相似"，恐怕就是因为这里只有采用句式"X与Y相似"才符合四字格。①

同样，由于固定字数（五言或七言）等因素的制约，省略式"XY相似"在唐诗中有较多用例。例如：

(181) <u>柳色烟相似</u>，梨花雪不如。（令狐楚《杂曲歌辞·宫中乐》，《全唐诗》卷二八）

(182) <u>满空乱雪花相似</u>，何事居然无赏心。（裴度《雪中讶诸公不相访》，《全唐诗》卷三三五）

(183) 红颜旧来花不胜，<u>白发如今雪相似</u>。（王諲《后庭怨》，《全唐诗》卷一四五）

(184) 不见黄鹤楼，<u>寒沙雪相似</u>。（刘禹锡《出鄂州界怀表臣二首》，《全唐诗》卷三六四）

(185) 如何鬓发霜相似，更出深山定是非。（蔡京《责商山四皓》，《全唐诗》卷四七二）

(186) <u>双鬓雪相似</u>，是谁年最高。（贯休《四皓图》，

---

① X承前省略了。

《全唐诗》卷八二九)

下面三例均出自唐诗,平比客体都是"云",通过比较,我们可以看出"XY相似"应是"X与Y相似"的省略式。

(187) 静将鹤为伴,<u>闲与云相似</u>。(白居易《和裴侍中南园静兴见示》,《全唐诗》卷四五三)

(188) 此外皆长物,<u>于我云相似</u>。(白居易《把酒》,《全唐诗》卷四五二)

(189) <u>浮生聚散云相似</u>,往事冥微梦一般。(张继《重经巴丘》,《全唐诗》卷二四二)

下面二例均是宋词中的用例,平比客体都是"花",通过比较,我们能确信"XY相似"是"X与Y相似"的省略式。

(190) 绿裙红袂,<u>与花相似</u>,撑入花深处。(陈允平《青玉案·采莲女》,《全宋词》)

(191) <u>薄情夫婿花相似</u>,一片西飞一片东。(陈克《鹧鸪天》,《全宋词》)

毫无疑问,"X与Y相似"中的"相似"是句式的核心动词,因而"X与Y相似"的省略式"XY相似"中的"相似"同样是句式的核心动词,而非比拟助词。

如果要对"X与Y相似"进行句法分析,那么介宾短语"与Y"可分析为动词"相似"的状语。那么所谓的省略式"XY相似"中的Y该怎样分析呢?我们认为,言者在言语交际中为了凸显SVO中的新信息O,可以使用移位句式SOV;由于受到这种移位句式的影响,言者或接受者一般会将省略式"XY相似"重新分析为 SOV 句式,将 Y 解读为述语"相似"的前置宾语。如例(175),联系问句"此事似个什摩",同时与例(174)进行比较,我们完全可以将"闪电相似,石火相似,火焰相似,霹雳相似"重新分析为 SOV 语序的句式。

"XY 相似"最初主要用于韵文中,后来使用范围扩大到了散文中,如例(175)。再如:

(192)有俗官问黄蘖供养主:"<u>黄蘖和尚驴马相似</u>,上座作供养主作什摩?"僧无对。(《祖堂集》卷十一)

在《祖堂集》中不仅有平比句式"XY 相似",而且还有语序不同的平比句式"X 相似 Y",显而易见,其中的"相似"性质应该一致,都是及物动词。李思明(1998)、江蓝生(1999)等认为"XY 相似"中的"相似"为比拟助词,这是不符合汉语事实的。

"相似"直到宋元明时期还用作及物动词。例如:

(193)诸友入侍,坐定,先生目淳申前说,曰:"若把这些子道理只管守定在这里,<u>则相似山林苦行一般</u>,便都无事可做了,所谓'潜心大业'者何有哉?"(《朱子语类》卷一百一十七)

(194)那太宰见了,害怕道:"爷爷呀!<u>这都相似妖头怪脑之类</u>!"(《西游记》第七十九回)

(195)<u>那雪下相似三件物事</u>:似盐,似柳絮,似梨花。(《喻世明言》卷三十三)

(196)真君随符使一路而行,忽见有一样物件,不长

不短，<u>圆圆的相似个擂槌模样</u>。(《警世通言》卷四十)

事实上，直至现代汉语"相似"仍然是平比动词，并未语法化为虚词，只是"相似"为不及物动词，其后不再带宾语。下面是现代汉语中"相似"的用例：

(197) 郑板桥是兴化人，我的家乡是高邮，<u>风气相似</u>。(汪曾祺《故乡的食物》)

(198) <u>闻鼻烟跟打哈欠相似</u>，也有传染性，那里一闻，这边就鼻子难受。(邓友梅《烟壶》)

"相似"由及物动词演变为不及物动词，这与"相"的用法有关。"相"在汉语史上既可表示动作、行为的双向性或交互性，又可表示动作行为的单向性。吕叔湘（1984b：103）将这两种用法分别称作"互指"和"偏指"。因而汉语史上"相似"有两种用法：其一，表示 X 与 Y 相像，具有双向性或交互性、不及物性；其二，表示 X 像 Y，具有单向性、及物性。后来，"相似"的用法单一化，仅保留了前一种用法，即仅具有双向性或交互性、不及物性，演变成了一个不及物动词。

综上所述，我们认为"XY 相似"与"X 相似 Y"中的"相似"一样也是平比动词。

糅合句式"X 如 Y 相似"等的源句式之一是"XY 相似"，[①]而"XY 相似"末尾的"相似"是平比动词，所以糅合句式"X

---

① 这里的糅合句式"X 如 Y 相似"等限于句式末尾是"相似"的"X 如 Y 似"类。

如 Y 相似"等末尾的"相似"也是平比动词。

需要指出的是,《现汉》(2016:1429)认为"相似"的词性为形容词,相当于"相像"。①这可能是看到现在汉语中"相似"与形容词的句法功能很相似,如不能带宾语,可以受程度副词修饰等。②但是如果联系汉语史,我们认为,"相似"的动词性还是极明显的。

4.4.2 从"XY 似"的来源看"似"的词性

江蓝生(1992)认为比拟助词"似"始见于金元戏曲作品中。钟兆华(2011:393)考察后认为,比拟助词"似"最早可能出现于晚唐五代时期的敦煌变文,也就是说平比句式"XY 似"最早可能在唐代就已出现。例如:

(199)生杖鱼鳞似云集,千年之罪未可知,七孔之中流血汁。(《敦煌变文集·大目乾连冥间救母变文》。转引自钟兆华,2011:393)

上例"生杖鱼鳞似云集"中平比主体是"生杖",客体是"鱼鳞"。钟兆华(2011)将"似"看作比拟助词,认为"鱼鳞似"做状语。这里的例句属于七言韵文唱词。在五言或七言韵

---

① 《现汉》(2016:1242)将表示平比的"似"解释为动词,意思是"像;如同"。"相似"原是由副词"相"与平比动词"似"构成的状中结构,其核心是平比动词"似",从理论上说,词汇化后仍然表示平比的"相似"的词性应该与平比动词"似"一致,至少还具有较强的动词性。

② 众所周知,这些语法特点并不是形容词所独有的,有的动词同样具有这些语法特点。

文中为了满足声律等方面的要求，句式语序会做适当的调整。事实上，在敦煌变文中不仅存在"X鱼鳞似"这样的句式，还存在"X似鱼鳞"这样的句式，如例（137）"子胥乃布兵列阵，一似鱼鳞"。再如：

（200）阵云铺于四面，遍野声满平原；铁骑磊落已（以）争奔，勇夫生宁而竞透。飞腾千里，恰似鱼鳞；万卒行行，犹如雁翅。（《敦煌变文校注·伍子胥变文》）

"X鱼鳞似"与"X似鱼鳞"中的两个"似"并无区别，如果我们把"X似鱼鳞"中的"似"看作平比动词，那么就不得不承认"X鱼鳞似"中的"似"也是平比动词。因此我们认为，"XY似"中的"似"仍然是平比动词，我们不能因为"似"处于Y后或"Y似"充当状语就认为"似"是比拟助词。

"XY似"这种句式在宋词中用例开始增多，其中的"似"均是平比动词。例如：

（201）等闲富贵浮云似。须存留、几分清论，护持元气。（魏了翁《贺新郎·管待杨伯昌子谟劝酒》词）

（202）人生聚散浮云似，回首明年。何处尊前。怅望星河共一天。（贺铸《罗敷歌·采桑子（五之二）》词）

（203）而今柳阴满院。知花空雪似，人隔春远。（张辑《杏梁燕·寓解连环》词）

（204）年时忔折海棠红。来比芳容。如今玉减香销似，怕轻寒、懒出房栊。尘满谢娘吟卷，从教飞絮蒙蒙。（万俟绍之《风入松》词）

(205) 记得曾游,短棹红云里。聊相拟。一盆池水。<u>十里西湖似</u>。(王十朋《点绛唇·清香莲》词)

我们可以通过与平比句式"XY 相似"进行比较来看"XY 似"中"似"的词性。"XY 似"在晚唐五代时期已出现,"似"的用法与"相似"平行,既然"XY 相似"中的"相似"是平比动词,那么"XY 似"中的"似"也应是平比动词。只不过"相似"是双音节,"似"是单音节。

"XY 似"的使用范围后来逐渐扩大,在金代的《董解元西厢记》、《刘知远诸宫调》、元杂剧、明清小说等中,均有"XY 似"用例。在宋金时期,"Y 似"主要充当谓语,不过有的开始充当 X 的定语、VP 的状语,Y 都是名物;到了元明以后,随着"Y 似"的使用频率、使用范围的扩大,Y 不仅是名物,也可以是主谓短语等(钟兆华,2011:395—397)。元明以后,"Y 似"已大量用于 VP 前充当状语,"XY 似 VP"大量涌现。该句式的核心是 VP,"Y 似"处于修饰语位置,但是"似"的动词性质仍未发生变化。

在宋词中甚至出现了"X 如 Y 似"这样的平比句式。例如:

(206) 儿童寿酒邀翁醉。笑欣欣相戏。休画老人星,白发苍鬐,<u>怎解如翁似</u>。(王之望《醉花阴·生日》词)

正如"X 如 Y 相似"是糅合的平比句式一样,"X 如 Y 似"也是一种糅合的平比句式,当是由"X 如 Y"与"XY 似"糅合而成的。既然糅合句式"X 如 Y 相似"末尾的"相似"是平比动词,那么平行的糅合句式"X 如 Y 似"末尾的"似"也当是平比动词。

4.4.3 从"XY 似的 / 也似 / 也似的"的来源看"似的 / 也似"的词性

江蓝生(1992)认为比拟助词"似的""最早出现在明代万历刻本《金瓶梅词话》里,但十分少见;'似的'的普遍使用是在《红楼梦》等清代白话小说里,在此之前跟'似的'有关的形式是'也似'与'似'";认为比拟助词"也似""似"始见于金元戏曲作品中,"'也似'和'似'的出现,很可能是受到阿尔泰语(主要是蒙古语)语法的影响所致(阿尔泰语在我国还包括达斡尔、土族、东乡、保安、裕固等族的语言)","元代文献里用作比拟助词的'似'是生搬蒙古语比拟表达的语序而产生的新的语法成分。至于'也似'的'也',在蒙古语中没有与之相当的东西,无法从蒙古语角度进行解释。我们推测这种用法的'也'是汉语在借用蒙语的比拟后置词时自己加进去的语助词,目的是便于把比拟助词'似'跟动词'似'从形式上区分开来";"比拟助词'也似'后面加上结构助词'的',在时代可靠的资料中以《金瓶梅词话》的例子为最早,不过很少见";"'也似的'省去前助词'也'就成了'似的',而且也始见于《金瓶梅词话》,例子很少";"'似的'为双音节,比三音节的'也似的'稳定,所以后来能够站住脚。'似的'也可以看作是单用的比拟助词'似'后加'的'构成的,但是由于这种单用的助词'似'比较少见,远不如'也似'盛行,特别到了明代

用得更少,所以我们宁可认为它是'也似的'省去'也'构成的"。我们可以把江蓝生(1992)的观点概括如下:①

"Y似"(金元时期搬用蒙古语)→"Y也似"(金元时期加语助词"也")→"Y也似的"(明代加上结构助词"的")→"Y似的"(明代省去助词"也")

《现汉》(2016:1193)对"似的"的释义是:"助用在名词、代词或动词后面,表示跟某种事物或情况相似:像雪～那么白丨乐得什么～丨仿佛睡着了～。也作是的。"

《现代汉语八百词》(1999:503—504,以下简称《八百词》)对"似的"的解释更为具体:

"〔助〕用在名词、代词、动词后面,表示比喻或说明情况相似。书面语。有时写成'是的'。前面常用'像、仿佛、好像'等词。

a) 名+似的。……

b) 代+似的。一般表示相似,不表示比喻。虚指疑问代词'什么'加'似的'有比喻义,一般作补语。除疑问代词外,前面要用'像'。……

c) 动/形+似的。主要表示情况相似,好像这样,实际上并不是这样或不一定这样。……

注意 如果'似的'附在一个单音节词(前面没用'像')后面,当中一般要加'也'字。"

---

① 我们用 Y 表示平比客体,平比主体 X 略去。

《现汉》和《八百词》都将"似的"看作比拟助词。在某些句式中,如出现平比动词"像、仿佛、好像"的句式中,"似的"可有可无,似乎是羡余的,如果删去并不影响句式句法上的完整性,也不改变句式义。所以处于句式末尾的"似的"似乎可以被理解为比拟助词。

钟兆华(2011:397)认为,"到宋、金以后,适应汉语双音节的趋势,以'似'为词根,先后产生了'也似'、'似的'等极富生命力的比拟助词。这是比拟助词'似'在构成上的一次变化。也许正是由于双音节词的出现,又反过来抑制了'似'使用。到了清代,能见到的用例已经不多了";"比拟助词'也似',是元、明时期使用得非常普遍的一个词。它是由'也'+'似'构成的。'也'在这个构成中不具有词汇意义,只具有构词上的辅助作用。也就是说,它在'也似'中,犹如前缀,在于足音,使'似'形成双音节词。从现在掌握的资料看,'也似'的最早用例见于宋人词作中"。钟兆华(2011:401)认为,"'似的'与'也似的'两个形体""出现的历史条件是,'的'经过宋、元音变,入声韵尾脱落,读如[ti],与助词'底'音读相同,与'地'音读相近。在这样的语言历史背景下,宋初已经开始作格助词使用之'的',因音读的关系,与助词'底'、'地'混同使用。因此,在'似'、'也似'修饰名词、修饰动词与用于句末的前提下,分别吸纳'的'(注意:不用'底'和'地')作为比拟短语的辅助成分,似乎不难理解。或许宋元音变'的'成为舒声字之后,与'似'和'也似'构成的比拟短语结合在一起,还要有个时间过程。因此,'似的'、'也似的'不见于元人史料。然而,《元曲选》里看到的一些用例,实有可疑之处"。钟兆华(2011)认为《元曲选》中用例均出现于宾白,怀疑"也似的"出自明人之手。

我们赞同钟兆华(2011)的意见,认为"XY似的/也似/也似的"均是"XY似"的变体,均是在"XY似"的基础上添加语气词"也"或结构助词"的"而形成的。

下面几例平比句式均出自同一种文献,试比较:

(207) 尹庆转过身去,电转星飞似的往北逃命。(《彭公案》第一百九十一回)

(208) 孟小平飞也似出了庄门,走至七圣祠山门里,听见山门那里呕了一声,吓了孟小平一跳。(《彭公案》第八十九回)

(209) 刘芳抬头一看,见正南上来了三匹马,飞也似的前来。(《彭公案》第九十回)

(210) 尹亮飞也相似来至这里,他抡刀就砍。(《彭公案》第九十回)

如果认为"XY(也)相似"末尾的"相似"是平比动词,那么我们就应该承认平行的句式"XY似的/也似/也似的"末尾的"似的/也似"也是平比动词,并未彻底助词化。① 至于

---

① "似的"最初是平比动词"似"加上结构助词"的"形成的结构,属于一个标准的韵律词,在高频使用下逐渐词汇化了。"也似"最初是后附于Y的语气词"也"与平比动词"似"构成的一个标准韵律词,在高频使用下也逐渐词汇化了。

"也似的",只不过是平比动词"也似"后附上结构助词"的"而形成的结构,或者是后附于Y的语气词"也"后加上平比动词"似的"而形成的结构。由于受到大量出现的双音节平比动词"似的""也似"的制约,三音节的结构"也似的"并未词汇化。

随着糅合句式"X如Y相似""X似Y相似"等逐渐衰微,元明清时期开始出现了平行的同义糅合句式"X如Y也似""X犹如Y似的"等。我们对语言的要求是更加精炼、严密,因而会觉得"X如Y也似""X犹如Y似的"等末尾的"也似""似的"是羡余的,与前一个"如""犹如"等重复。另一方面,"Y也似""Y似的"的句法功能有所扩展,经常做定语、状语、补语(钟兆华,2011:401—402)。因此在高频使用下,我们可能会认为韵律词"也似""似的"是比拟助词。这是有一定道理的。但是即使将"也似""似的"看作比拟助词,我们也应看到"也似""似的"或多或少还具有动词性。

下面几例属于"X如Y相似"类糅合句式,表达相同或相近的命题义,试比较:

(211) 两脚在下面一垫,<u>如飞相似</u>,早就穿过护河。(《武则天四大奇案》第四十回)

(212) <u>如飞似的</u>向东而去。(《武则天四大奇案》第四十六回)

(213) <u>如飞也似</u>向水龙窝抬来。(《施公案》第二百四十八回)

（214）李逢见他去了，略略站定，把上身衣服卸去，脱得赤条条的，提起两柄板斧，如飞也似的赶上去。(《荡寇志》第一百二十四回)

例（211）属于句式"X 如 Y 相似"，末尾的"相似"的平比动词的性质仍然很明显。例（212）—（214）属于句式"X 如 Y 似的/也似/也似的"，末尾的"似的/也似"与"X 如 Y 相似"末尾的动词"相似"的用法是平行的，因而或多或少仍然保留着动词的性质。

"似的"沿用到了现代汉语，其动词性并未彻底丧失。尤其是"X 和/跟 Y 似的"中的"似的"，其动词性极为明显。"X 和/跟 Y 似的"中的"和/跟"为介词，引进平比的对象，共同充当"似的"的状语，很显然，"似的"为动词。

"X 和 Y 似的"最迟在清代已出现，下面是清代、民国时期用例：

（215）贾母听说，便答道："我如今老了，那里还巧什么！当日我像凤哥儿这么大年纪，比他还来得呢！他如今虽说不如我们，也就算好了，比你姨娘强远了。你姨娘可怜见的，不大说话，和木头似的，在公婆跟前就不大显好。凤儿嘴乖，怎么怨得人疼他。"(《红楼梦》第三十五回)

（216）儿子见了他，就和一根木头似的，挺着腰站着，除了一个"是"字，没有回他老子的话。(《二十年目睹之怪现状》第二十六回)

（217）王化贞和丧家狗似的，只领得三十余骑逃进关

中。(《明代宫闱史》第九十一回)

(218) 正热闹的时候,忽见一个孩儿斜刺里从人堆里挤进来,对着干木儿耳边低低地说了几句。<u>把个干木儿气得两眼和铜铃似的</u>,<u>胡须和刺猬似的</u>,大喝一声,箭也似地直向大门外跑去。(《清代宫廷艳史》第二回)

"X和Y似的"沿用到了现代汉语。例如:

(219) 那原来肿得像茄子的指头,现在更大了,<u>已经和一个小冬瓜似的了</u>。而且连手掌也无限度地胖了起来,<u>胖得和张大簸箕似的</u>。她多少年来,就嫌自己太瘦,她总说,太瘦的人没有福分。尤其是瘦手瘦脚的,一看就不带福相。<u>尤其是精瘦的两只手,一伸出来和鸡爪似的</u>,真是轻薄的样子。(萧红《呼兰河传》)

(220) 杨民高书记精神一振,从睡椅上翻坐起来,<u>眼睛瞪得和两只二十五瓦的电灯泡似的</u>。(古华《芙蓉镇》)

(221) 我一边轰羊,一边喊他:"喂,你回去吧!""回去吧?""我叫你吃饭去哩!""吃饭去?"真没办法!<u>他所有的话都和回声似的</u>,你说什么,他说什么。(张贤亮《男人的一半是女人》)

"X跟Y似的"大概到了民国时期才有用例。例如:

(222) 两位大师兄一看,喝!<u>把嘴撇的跟烂柿子似的</u>:"你找谁呀?"(《雍正剑侠图》第二回)

(223) 他们爷儿五个走的是正街,来到东村口,路旁有个大石碑,上有六个字:桃源县杨家庄。进了街一看,

来往的人跟流水似的。(《雍正剑侠图》第十四回)

(224) 小白猿王环,这么一瞧:喝!自己长这么大,也没住过这样的房子,真跟金銮殿似的,陈设不俗啊!(《雍正剑侠图》第六十八回)

"X 跟 Y 似的"也沿用到了现代汉语。例如:

(225) 外头跟个八哥似的,回家见我就没词儿,跟你多说一句话就烦。(王朔《顽主》)

(226) "哎,你们快来瞧,这小丫头长得多好看,跟小洋人似的。……"(王朔《你不是一个俗人》)

(227) 特别是现在,老爷子的口气,跟开庭审讯似的。(陈建功、赵大年《皇城根》)

(228) 王喜感到羞愧,懊悔,软了下来:"大立,你甭挖苦我了。我心里跟一团乱麻似的,几句话说不清楚……"(陈建功、赵大年《皇城根》)

上面"X 和/跟 Y 似的"中的"似的"均是句式中的核心动词,我们已很难将其与比拟助词联系起来。

4.5 小结

近代汉语中"X 如 Y 相似"类平比句式具有普遍性,且类别丰富。根据前一个平比动词的不同,"X 如 Y 相似"类可以分为"X 如 Y 相似""X 似 Y 相似""X 像 Y 相似""X 有若 Y 相似""X 仿佛 Y 相似"等次类,每个次类又包括若干小类。

"X如Y相似"类平比句式的生成机制是糅合,此类句式是由"X如Y"类平比句式与"XY相似"类平比句式糅合而成的。"X如Y"类与"XY相似"类发生糅合,完全遵循句式糅合的语义相近原则、时代先后原则和成分蕴含原则或语义蕴含原则。"X如Y相似"类平比句式的生成动因是言者凸显新信息。当言者想客观表达X与Y具有相似性这一命题义时,可以从记忆库中提取"X如Y"类平比句式;当言者又想进一步体现自己的主观性,凸显新信息Y时,那么能凸显新信息Y的"XY相似"类平比句式就会被激活,于是这两种句式就先后在言者大脑中浮现、叠加,糅合成了"X如Y相似"类平比句式。

从"XY相似"等平比句式的来源可以看出,句式末尾的"相似""似"仍是动词,并未语法化为助词;句式末尾的"似的""也似"虽然有助词化倾向,但是仍然或多或少具有动词性。

第五章 "被NP_施VPNP_受"的生成机制与动因

5.1 引言

"被"字被动句式是汉语常见句式之一,大约萌芽于战国末期,到了汉末有了发展,"被"字可以引出施事(王力,1980:423—424)。施事、受事一般是名词性成分,因而典型的"被"字被动句式可以表示为"NP_受被NP_施VP"。到了近代汉语,出现了较多的"表示不幸的脱离常轨"的"被"字句式,"施事者在动词前,受事者在动词后,和一般'主动宾'的结构相似,但是'被'字放在主语的前面"(王力,1980:431)。例如:

(1) 伟王在秀容田地里与刘知远会战,被刘知远杀了伟王。(《新编五代史平话·晋史平话》卷下)

(2) 正话间,有纣兵来赶姬昌,与西兵大战,被祁宏共逢文建杀退纣兵。(《全相平话五种·武王伐纣平话》卷中)

俞光中、植田均(1999:53)认为这种句式中"'被'字前无被动受体,且非省略",因而称之为"零被句"。卢烈红(2005:240)认为这种句式"没有主语、且补不出或不需要主语",因而称之为无主语"被"字句。这种零被句或无主语"被"

字句又可分为两类：一类有被动意义，另一类没有被动意义（王力，1980：431—432）。我们这里要讨论的就是其中具有被动意义的一类。为了叙述方便，我们仍以零被句称之，并表示为"被NP施VNP受"。

具有被动意义的零被句"被NP施VPNP受"早就开始引起了学界的关注，并取得了一些研究成果。如王力（1980：431）、唐钰明（1987）、袁宾（1989；1992：243）、孙锡信（1992：363—364）等注意到了"被NP施VPNP受"在句法上的独特之处，俞光中、植田均（1999：53—75）从句型类别、语义特征、语用特征及其形成历史等方面对"被NP施VPNP受"进行了详细的考察，蒋绍愚（2005：240—245）从语义的表达与语句的连贯两个方面对"被NP施VPNP受"不用主动句式或典型的被动句式来表达的原因进行了解释，卢烈红（2005：240—251）对"被NP施VPNP受"的历时发展进行了详细的考察。但是这些研究尚未明确揭示"被NP施VPNP受"的生成机制，即使谈及此问题，也是语焉不详，并未做出充分、合理的解释。我们拟立足汉语史，先简要分析"被NP施VPNP受"的句法、语义特点，然后再着重探究其生成机制与生成动因。

5.2 "被 NP_施 VPNP_受"的句法、语义特点

5.2.1 "被 NP_施 VPNP_受"的句法特点

"被 NP_施 VPNP_受"在近代汉语中有较多用例,其在句法上较为奇特。一方面,我们可以认为表示被动关系的介词"被"是羡余的,其后的 NP_施 与"VPNP_受"是一对直接成分,二者之间是主谓关系,其中的 VP 与 NP_受 之间是动宾关系。换言之,"NP_施 VPNP_受"是一个主动宾结构。另一方面,我们又可以认为表示被动关系的介词"被"介引出 NP_施,组合成介宾短语"被 NP_施",充当 VP 的状语,而不是"VPNP_受"的状语,因为典型的被动句式中的 NP_受 处于主语位置而不是宾语位置;但是这里的 VP 同时又与 NP_受 构成了动宾关系。如例(1)"被刘知远杀了伟王",可以认为"被"是羡余的,"刘知远杀了伟王"是一个主动宾结构;当然也可以认为介宾短语"被刘知远"是"杀"的状语,同时"杀"与"伟王"又有动宾关系。再如:

(3) 是俺失所算,谩摧挫,<u>被这个积世的老虔婆瞒过我</u>。(《古本董解元西厢记》卷三)

(4) 纣王闻奏大怒,又宣左将虾吼、右将佶留留,领兵三千,五将同征飞虎。两阵决战,不到数合,<u>被飞虎杀退纣兵</u>。(《全相平话五种·武王伐纣平话》卷中)

(5) 徐郎不许去,<u>被徐升、徐变擒住伯父徐郎</u>,献了洛阳与殷交。(《全相平话五种·武王伐纣平话》卷下)

第五章 "被NP_施VPNP_受"的生成机制与动因 / 155

(6) 侯成盗马至于下邳西门，见健将杨奉言侯成盗其马，<u>被侯成杀了杨奉</u>，夺了门，浮水而过。(《全相平话五种·三国志平话》卷上)

(7) 雷横便道："教授不知，这厮夜来赤条条地睡在灵官庙里，<u>被我们拿了这厮</u>，带到晁保正庄上。……"(《水浒传》第十四回)

有的"被NP_施VPNP_受"在句法上复杂化了，如"VPNP_受"后又出现VP，即"VP₁NP_受VP₂"，形成兼语结构、连动结构等，但是"NP_施VP₁NP_受"的主动宾关系没有改变。例如：

(8) 是时远公由(犹)未了，<u>遂被会下诸[众]并及相公再请远公重升高座</u>。(《敦煌变文校注·庐山远公话》)

(9) 项燕大怒，横刀来取先生，<u>却被独孤角活抱项燕归齐阵</u>。(《全相平话五种·七国春秋平话》卷下)

(10) 李逵道："……叵耐这鸟主人不肯借与我，却待要和那厮放对，打得他家粉碎，<u>却被大哥叫了我上来</u>。"(《水浒传》第三十八回)

"被NP_施VPNP_受"中"NP_施VP"中间还可插入"解释性词语，交代被动行为的经过、手段、原因等，解释性词语有的很长，且中间出现的动词均非被动义"(俞光中、植田均，1999：58)，NP_受后也可出现补语等，但是NP_施、VP、NP_受的语序没有改变，仍然是主动宾关系。例如：

(11) 臣已遣部将穆令均前途迎战，在上党地面屯驻，<u>被贼将张元徽阳败，诱杀穆令均</u>。(《新编五代史平话·周

史平话》卷上）

（12）胡雷后赶至近，<u>被南宫适暗取铜弓铁箭，背后射胡雷一箭</u>。(《全相平话五种·武王伐纣平话》卷下)

为了叙述方便，我们仍将这些复杂句式记作"被NP_施VPNP_受"①。

5.2.2 "被NP_施VPNP_受"的语义特点

"被NP_施VPNP_受"中NP_施一般具有[＋生命性]，可以是名词、代词或名词性成分，如例（1）中的"刘知远"、例（7）中的"我们"、例（2）中的"祁宏共逢文建"。当然也有极少数NP_施具有[－生命性]。例如：

（13）妾身思成一病，虽是不疼不痒，却又不茶不饭，<u>则被这相思病害杀我也</u>。(乔吉《玉箫女两世姻缘》第二折，《全元曲》)

NP_受一般也具有[＋生命性]，可以是名词、代词或名词性

---

① "被NP_施VPNP_受"是零被句中主要的一种。俞光中、植田均（1999：53—75）概括的几种类型几乎都可以归入"被NP_施VPNP_受"。其中的"被NP_施VP₁得NP_受VP₂"，宽泛地说，也可以归入"被NP_施VPNP_受"。这是因为，虽然NP_施、VP₁、NP_受之间的主动宾关系有所变化，但是三者的语序没有变化，仍然遵循时间顺序原则（详见下文），此类别的生成机制、动因与"被NP_施VPNP_受"是一致的。不过有一类与我们所讨论的"被NP_施VPNP_受"有较大的差异，即蕴含处置句式的"被NP_施将/把NP_受VP"，不但NP_施、VP、NP_受之间的句法关系发生了变化，而且三者的语序也发生了变化，并不遵循时间顺序原则。"被NP_施将/把NP_受VP"与"被NP_施VPNP_受"的生成机制是一致的，但是二者的生成动因有所不同。关于"被NP_施将/把NP_受VP"的生成机制与动因，详见第六章。

成分。绝大多数"被NP施VPNP受"前有始发分句(一个或多个),NP受通常在始发分句中出现过,即使没有出现同形成分,一般也有所指相同的对应成分。如例(1)中的"伟王"、例(2)中的"纣兵"均在上文出现过,例(3)中的"我"在上文没有出现,但是有所指相同的对应成分"俺"。再如下例中的NP受是第三人称代词"伊"或"之",在上文没有出现同形成分,但是有所指相同的对应成分。换言之,"伊"或"之"均指代上文出现的人物。

(14) 若是下人出来著衣,更胜阿郎,奈何缘<u>被人识得伊</u>。(《祖堂集》卷八)

(15) 一桂见父不允,忧闷无聊,至夜静后又往季兰家,行到猪门边,<u>被萧升突出拔刀杀之</u>,并无人见。(《包龙图判百家公案》卷十)

(16) 公主不知此宝,躲不及,一塔正打中顶上,跌下马来,<u>被众仙杀之</u>。(《封神演义》第八十三回)

(17) 赵茄心慌手慢,<u>被司马梗一刀斩之</u>,乱杀赵兵。(《东周列国志》第九十八回)

当然,也有极少"被NP施VPNP受"是作为独立的句子存在的,或者是作为始发分句出现的,不过其中的NP受往往是言者自己。例如:

(18) 师拈棒,僧云:"老和尚莫掣猱,夺棒打老和尚去在。"师云:"今日<u>被这瞎汉钝置煞我</u>。"(《古尊宿语录》卷七)

极少数 NP_受 具有 [－生命性]，且往往是代词，如"之"等，指代上文出现的事物。例如：

(19) 南宫适翻身又射，箭箭相冲，连发三十支铁箭，<u>被乌文画左右手接之</u>，三十只箭不贴身。(《全相平话五种·武王伐纣平话》卷下)

"被 NP_施 VPNP_受"中 VP 一般为具有 [＋自主性] 的及物动词或及物的动词性成分，通常表示具体的动作、行为，有时带有结果补语等，如例(1)中的"杀"、例(2)中的"杀退"。

"被 NP_施 VPNP_受"具有被动义，这是因为其中的"被"为介引施事的介词，"被 NP_施 VPNP_受"在语义上蕴含了被动句式"(NP_受) 被 NP_施 VP"。如例(7)"被我们拿了这厮"中的"被"就是一个介引施事"我们"的介词，"被我们拿了这厮"在语义上蕴含了被动句式"(这厮) 被我们拿了"，有被动义。所以"被 NP_施 VPNP_受"可看作一种特殊的被动句式。

"被 NP_施 VPNP_受"往往表示消极义。王力(1980：431)认为，"被 NP_施 VPNP_受"是"表示不幸的脱离常轨的句子"。据我们考察，近代汉语中"被 NP_施 VPNP_受"基本上表示 NP_受 遭受 NP_施 施加了消极(不幸或不愉快)的 VP，如例(1)—(7)等。不过也有极少数"被 NP_施 VPNP_受"表示 NP_受 遭受 NP_施 施加了出乎意料的 VP，如例(19)，表示在言者看来乌文画左右手接住三十支铁箭是出乎意料的。另外，还有个别"被 NP_施 VPNP_受"表示 NP_受 蒙受 NP_施 施加了积极的 VP，如例(8)，在言者看来"再请"对受事"远公"来说是有幸的。

5.3 "被NP_施VPNP_受"的生成机制

5.3.1 从句式糅合的基本原则来看

零被句"被NP_施VPNP_受"与省略受事主语的被动句式"(NP_受)被NP_施VP"、主动句式"NP_施VPNP_受"有同也有异。"被NP_施VPNP_受"与"(NP_受)被NP_施VP"的相同之处是均表示被动义,不同之处是前者NP_受处于宾语位置,后者NP_受处于主语位置(已省略)。"被NP_施VPNP_受"与"NP_施VPNP_受"的相同之处是NP_施、VP、NP_受的语序一致,不同之处是前者句首比后者多出了一个表示被动关系的介词"被"。我们认为,"被NP_施VPNP_受"是因某种语用目的由命题义相同的省略受事主语的被动句式"(NP_受)被NP_施VP"与主动句式"NP_施VPNP_受"通过删略重叠成分"NP_施VP"糅合而成的。这一生成过程可以表示为:

"(NP_受)被NP_施VP"+"NP_施VPNP_受"→"被NP_施VPNP_受"

如例(4)"被飞虎杀退纣兵",当是由命题义相同的省略受事主语的被动句式"(纣兵)被飞虎杀退"与主动句式"飞虎杀退纣兵"糅合而成的。这一生成过程可以表示为:

"(纣兵)被飞虎杀退"+"飞虎杀退纣兵"→"被飞虎杀退纣兵"

两个句式糅合时"飞虎杀退"发生了重叠,为了遵循经济原则与句法规则，重叠成分删略了。受事"纣兵"在宾语位置上已出现，如果再在主语位置上出现，就会成为羡余成分，因而省略的受事主语"纣兵"就蜕变成了隐含的受事主语。余可类推。也就是说，"被NP施VPNP受"是句式糅合的结果，糅合是其生成机制。

被动句式"（NP受）被NP施VP"与主动句式"NP施VPNP受"糅合生成"被NP施VPNP受"完全遵循句式糅合的三个基本原则。

首先，"（NP受）被NP施VP"与"NP施VPNP受"中的NP施、VP、NP受均相同，它们所表达的命题义是一致的，符合句式糅合的语义相近原则。如被动句式"（纣兵）被飞虎杀退"与主动句式"飞虎杀退纣兵"，虽然语序不同，但是所表达的命题义是完全相同的。

其次，"（NP受）被NP施VP"与"NP施VPNP受"早于或不晚于"被NP施VPNP受"而存在，遵循句式糅合的时代先后原则。"（NP受）被NP施VP"出现较早，最迟见于汉末（王力，1980：423—424）。学界普遍认为，汉语从语序类型来看属于SVO型语言，主动句式"NP施VPNP受"就是典型的SVO语序，其早在先秦就已存在，这一点自不待言。而"被NP施VPNP受"出现较晚，其最早用例可能见于东晋初。例如：

(20) 今之医家，每合好药好膏，皆不欲令鸡犬小儿妇人见之。若被诸物犯之，用便无验。（《抱朴子·金丹》）

最后，"被NP施VPNP受"不仅蕴含了"（NP受）被NP施VP"的全部成分，而且蕴含了"NP施VPNP受"的全部成分，遵循句式糅合的成分蕴含原则。如例（4）"被飞虎杀退纣兵"，既蕴含了被动句式"（纣兵）被飞虎杀退"的所有成分，又蕴含了主动句式"飞虎杀退纣兵"的所有成分。

因此，从句式糅合的三个基本原则来看，我们有理由认为，"被NP施VPNP受"是由被动句式"（NP受）被NP施VP"与主动句式"NP施VPNP受"糅合而成的，其生成机制是糅合。

5.3.2 从同义句式的比较来看

在近代汉语中表示相同的命题义，有时使用不同的句式：或者使用被动句式"NP受被NP施VP"或"（NP受）被NP施VP"，或者使用主动句式"NP施VPNP受"，或者使用零被句"被NP施VPNP受"。这些句式有时同现于一种文献中。例如：

（21）贫姑李氏，乃张珪的浑家，被鲁斋郎夺了我去，可早十五年光景。一双儿女，不知去向，连张珪也不知有无。<u>鲁斋郎被包待制斩了</u>，我就舍俗出家。（关汉卿《包待制智斩鲁斋郎》第四折，《全元曲》）

（22）俺姐姐被鲁斋郎强夺为妻，<u>幸得爷爷智斩鲁斋郎</u>。（关汉卿《包待制智斩鲁斋郎》第四折，《全元曲》）

（23）圣人见了，道："苦害良民，犯人鲁斋郎，合该斩首。"<u>被老夫智斩了鲁斋郎</u>，与民除害。（关汉卿《包待制智斩鲁斋郎》第四折，《全元曲》）

以上三例均出自同一种元杂剧中的同一折，虽然用词略有不同，但是命题义相同，均是表示"包待制智斩了鲁斋郎"，所以是同义句式。不过这三例所用句式有别：例（21）属于被动句式"NP受被NP施VP"，例（22）属于主动句式"NP施VPNP受"，而例（23）却属于零被句"被NP施VP NP受"。通过比较可以看出，例（23）既蕴含了被动句式"（鲁斋郎）被老夫智斩了"，又蕴含了主动句式"老夫智斩了鲁斋郎"，是由二者糅合而成的。也就是说，"被NP施VPNP受"应是由"（NP受）被NP施VP"与"NP施VPNP受"糅合而成的。

下面三例也均出自同一种文献，试比较：

（24）当晚林冲仰天长叹道："不想我今日被高俅那贼陷害，流落到此，直如此命蹇时乖！"（《水浒传》第十一回）

（25）差拨见了，看着林冲笑道："林教头，我也闻你的好名字，端的是个好男子。想是高太尉陷害你了。……"（《水浒传》第九回）

（26）（林冲）蓦然想起："以先在京师做教头，禁军中每日六街三市游玩吃酒，谁想今日被高俅这贼坑陷了我这一场，文了面，直断送到这里。……"（《水浒传》第十一回）

以上三例虽然用词略有差异，但是命题义一致，均表示"高俅陷害了林冲"，可以看作同义句式。不过所用句式不同：例（24）属于被动句式"NP受被NP施VP"，例（25）属于主动句式"NP施VPNP受"，而例（26）却属于零被句"被NP施VPNP受"。很显然，例（26）既蕴含了被动句式"（我）今日被高俅这贼坑陷了这一场"，又蕴含了主动句式"今日高俅这贼坑陷了我这一场"，当是由二者糅合而成的。也就是说，"被NP施VPNP受"当是由"（NP受）被NP施VP"与"NP施VPNP受"糅合而成的。

下面三例也是出自同一种文献，试比较：

（27）迷欺忠年老，挺枪出战。斗不三合，<u>被忠一刀斩于马下</u>。（《三国演义》第八十三回）

（28）谭遣大将汪昭出战，操遣徐晃迎敌。二将战不数合，<u>徐晃一刀斩汪昭于马下</u>。（《三国演义》第三十二回）

（29）朱桓横刀飞马而出，直取常雕。战不三合，<u>被桓一刀斩常雕于马下</u>。（《三国演义》第八十五回）

以上三例虽然具体的施事、受事不同，但是所要表达的命题义均是"NP施一刀斩NP受于马下"，因而也可看作同义句式。此三例句式有别：例（27）可以表示为"（NP受）被NP施一刀斩于马下"，属于承前省略了受事主语的被动句式"（NP受）被NP施VP"；例（28）可以表示为"NP施一刀斩NP受于马下"，属于主动句式"NP施VPNP受"；例（29）可以表示为"被NP施一刀斩NP受于马下"，属于零被句"被NP施VPNP受"。通过比较可以看出，例（29）既蕴含了"（NP受）被NP施一刀斩于马下"，即"（常雕）被桓一刀斩于马下"；又蕴含了"NP施一刀斩NP受于马下"，即"桓一刀斩常雕于马下"，当是由二者糅合而成的。换言之，"被NP施VPNP受"应是由"（NP受）被NP施VP"与"NP施VPNP受"糅合而成的。

表示相同意思的不同句式"（NP受）被NP施VP""NP施VPNP受"与"被NP施VPNP受"有时见于不同时代的文献中。例如：

(30) 老妪道:"吾子本是白帝子,化为一蛇,挡着道路。如今却被赤帝子斩了!所以伤心痛哭。"(《秦朝野史》第十九回)

(31) 妪曰:"吾子,白帝子也,化为蛇当道,今者赤帝子斩之,故哭。"(《汉书·高帝纪》)

(32) 夜有一白衣老妪哭而言曰:"吾子,西方白帝子也,化为蛇当道,今被赤帝子斩之。"(《全相平话五种·秦并六国平话》卷下)

上面三例中的NP施、VP、NP受完全相同,句式义一致,属于同义句式。不过三个句式类别不同:例(30)为被动句式"(NP受)被NP施VP",例(31)为主动句式"NP施VPNP受",例(32)为零被句"被NP施VPNP受"。通过比较,我们能清晰地看出,例(32)既蕴含了例(30),又蕴含了例(31),当是由二者糅合而成的。① 换言之,"被NP施VPNP受"应当是由"(NP受)被NP施VP"与"NP施VPNP受"糅合而成的。

---

① 需要指出的是,两个源句式糅合生成一个新的句式,应当完全遵循句式糅合的三个基本原则。例(30)、(31)、(32)分别为民国时期、汉代、元代用例,例(30)晚于例(32)出现,与例(31)糅合生成例(32)似乎不遵循句式糅合的时代先后原则,其实不然。这是因为我们所说的句式糅合是指抽象的句法构式的糅合,而不是具体的句子的糅合。例(30)所属的被动句式"(NP受)被NP施VP"早在汉末就已出现,例(31)所属的主动句式早在先秦就已出现,而例(32)所属的零被句"被NP施VPNP受"出现较晚,最早可能见于东晋初,因而并不违背句式糅合的时代先后原则。我们这里只是从语义的角度通过比较具体的句子来说明零被句"被NP施VPNP受"是由"(NP受)被NP施VP"与"NP施VPNP受"糅合而成的。

综上所述，我们从同义句式的比较可以看出，"被NP_施VPNP_受"的生成机制是糅合，其应当是由被动句式"（NP_受）被NP_施VP"与主动句式"NP_施VPNP_受"糅合而成的。

5.3.3 从主语羡余句式"NP_受被NP_施VPNP_受"的生成来看

在元明时期的汉语中，出现了少数"NP_受被NP_施VPNP_受"这样特殊的被动句式，其中NP_受重复出现在主语位置与宾语位置。① 例如：

（33）（正末云）我被那厮赶我这一路，多时不曾看我这东西，我剔的这灯，我是看咱。（无名氏《朱砂担滴水浮沤记》第二折,《全元曲》）

（34）呼延灼道："我被那厮的陷马捉了我到寨里，却有原跟我的头目，暗地盗这匹马与我骑，就跟我来了。"（《水浒传》第五十八回）

（35）张尤答道："我被父亲叫先生在席上出对考我，甚

---

① "NP_受被NP_施VPNP_受"往往是复杂形式，如宾语NP_受后可以出现补语等，我们仍用"NP_受被NP_施VPNP_受"概之。"NP_受被NP_施VPNP_受"在现代汉语中也偶见用例。例如："你要是真去做了，那你就要被我们的后世子孙骂你万世万代。"（引自李临定，1980）学界一般认为零被句"被NP_施VPNP_受"不能再补出受事主语，事实上，由"NP_受被NP_施VPNP_受"的用例可以看到，在汉语史上零被句"被NP_施VPNP_受"的主语位置上隐含着一个羡余的NP_受，只是出于语言的经济原则省略了。所以零被句可表示为"（NP_受）被NP_施VPNP_受"。不过考虑到零被句的说法已为学界接受，行文时我们使用表达式"被NP_施VPNP_受"。

是难对，故此不悦。"(《包龙图判百家公案》卷一）

（36）万秀娘说："一言难尽，<u>我被陶铁僧领他们劫我在这里</u>。……"(《警世通言》卷三十七）

相对于零被句"被NP_施VPNP_受"而言，可以认为"NP_受被NP_施VPNP_受"中的主语NP_受是羡余的。这种主语羡余句式当是由被动句式"NP_受被NP_施VP"与主动句式"NP_施VPNP_受"糅合而成的，因为这完全遵循句式糅合的三个基本原则。首先，"NP_受被NP_施VP"与"NP_施VPNP_受"中的NP_施、VP、NP_受均相同，二者的命题义一致，因而遵循句式糅合的语义相近原则。其次，如前所述，"NP_受被NP_施VP"在汉代就已出现，"NP_施VPNP_受"在先秦就已存在，而"NP_受被NP_施VPNP_受"到了元明时期才出现，因而遵循句式糅合的时代先后原则。最后，"NP_受被NP_施VPNP_受"既蕴含了"NP_受被NP_施VP"的所有成分，又蕴含了"NP_施VPNP_受"的所有成分，因而遵循句式糅合的成分蕴含原则。所以可以认为"NP_受被NP_施VPNP_受"的生成机制是糅合，其是由"NP_受被NP_施VP"与"NP_施VPNP_受"通过删略重叠成分"NP_施VP"糅合而成的。这一糅合过程可以表示为：

"NP_受被NP_施VP" + "NP_施VPNP_受" → "NP_受被NP_施VPNP_受"

值得注意的是，"NP_受被NP_施VP"与"NP_施VPNP_受"糅合时并未删略重复成分NP_受。NP_受既出现于主语位置，又出现于宾语位置，因而造成了羡余。但是成分或信息的羡余性恰恰是句式糅合的特性的体现。如例（33）"我被那厮赶我这一路"，当是由被动句式"我被那厮赶这一路"与主动句式"那厮赶我这一路"通过删略重叠成分"那厮赶""这一路"糅合而成的。其中NP受"我"既出现于宾语位置,又重复出现于主语位置,造成了羡余。例(34)—(36)亦然。

糅合句式是语言的羡余性与语言的经济性的矛盾统一体,如果要进一步贯彻语言的经济原则,糅合句式"NP受被NP施VPNP受"就需要删略羡余的NP受。这就会产生两种结果:一是通过删略宾语位置上的NP受回归到典型的被动句式"NP受被NP施VP",这就不存在糅合之说;二是通过删略主语位置上的NP受形成零被句"被NP施VPNP受"。第二种结果的产生过程可以完整地表示为:

"NP受被NP施VP" + "NP施VPNP受" → "NP受被NP施VPNP受" → "被NP施VPNP受"

由此可见,"被NP施VPNP受"也可以看成糅合句式"NP受被NP施VPNP受"为了进一步贯彻语言的经济原则而删略羡余主语NP受的结果。既然"NP受被NP施VPNP受"是糅合句式,那么"被NP施VPNP受"也同样是糅合句式,其生成机制也是糅合。

不过当存在两种可能的生成路径时,"被NP施VPNP受"实际上所选择的往往是其中最便捷的。被动句式"NP受被NP施VP"的主语NP受在语境中往往省略(一般是承前),即"(NP受)被NP施VP",其与主动句式"NP施VPNP受"只需通过删略重叠成分"NP施VP"便可糅合生成"被NP施VPNP受"。所以零被句

"被NP施VPNP受"完全可以看作是直接由省略受事主语的被动句式"(NP受) 被NP施VP"与主动句式"NP施VPNP受"糅合而成的。①

5.4 "被NP施VPNP受"的生成动因

5.4.1 动因之一:保证信息的完整性

源句式"(NP受) 被NP施VP""NP施VPNP受"浮现、叠加的次序可以不同,如果次序不同,那么糅合句式即零被句"被NP施VPNP受"的生成动因也不同。如果言者大脑中先浮现省略受事主语的被动句式"(NP受) 被NP施VP",后叠加主动句式"NP施VPNP受",那么"被NP施VPNP受"的生成动因是保证信息的完整性。

如果言者想使用省略受事主语的被动句式"(NP受) 被NP施VP",那么"NP施VP"后便出现了一个潜在的可以填补受事宾语的空位。VP是一个及物的动词或动词性成分,其最常见的甚至是必需的论元是施事和受事。当VP前出现施事主语时,VP

---

① 我们注意到,出现羡余的受事主语的"NP受被NP施VPNP受"一般是作为始发句出现的,而未出现羡余的受事主语的"被NP施VPNP受"一般是作为后续句出现的。一个句子若是始发句,其主语一般不省略;若是后续句,其主语往往承前省略。因而"被NP施VPNP受"完全可以看作是直接由省略受事主语的被动句式"(NP受) 被NP施VP"与主动句式"NP施VPNP受"糅合而成的。

后通常需出现一个受事宾语来表达一个完整的事件。尤其是当VP为单音节及物动词时，如例（1）与例（6）中的"杀"、例（7）中的"拿"，其对受事宾语具有更强的吸附力。因此言者会忽略典型的被动句式应有的句法制约，主观上认为需要在"NP$_{施}$VP"后的句法空位上填补上NP$_{受}$，提供足够的信息量，以保证句式信息的完整性。言者的这种认知心理可以用时间顺序原则来解释。

"每种语言的句法，借助约定俗成的规则，都具有合乎逻辑的象似性"，即语言结构直接映照人的概念结构，而不仅仅是一般的体现概念结构（沈家煊，1993）。时间顺序原则就是一种象似性原则。汉语在极大程度上遵循时间顺序原则，即"两个句法单位的相对次序决定于它们所表示的概念领域里的状态的时间顺序"，时间顺序原则"管辖着汉语中大多数可以定出的句法范畴的语序表现"（戴浩一，1988）。主动句式"NP$_{施}$VPNP$_{受}$"遵循时间顺序原则。一个事件如果要涉及施事、动作、受事，那么在时间顺序上总是先有施事，再发出动作，然后施于受事，映射到句法结构上就是"施事—动作—受事"，即主动句式"NP$_{施}$VPNP$_{受}$"。由于时间顺序原则强烈地支配着言者的表达习惯，言者在大脑中浮现省略受事主语的被动句式"(NP$_{受}$) 被NP$_{施}$VP"的同时，又叠加使用了能够完整地表达一个含有施事、动作、受事的事件的主动句式"NP$_{施}$VPNP$_{受}$"，以保证句式信息的完整性。为了遵循语言的经济原则，叠加的这两个句式删略了重叠成分"NP$_{施}$VP"，生成了"被NP$_{施}$VPNP$_{受}$"。如例（7），言者如果想使用承前省略受事主语的被动句式"被我们拿了",那么"我们拿了"后便出现了一个潜在的可以填补受事宾语"这厮"的空位。由于表达习惯受到了符合时间顺序原则的主动句式"NP施VPNP受"的强烈影响、支配,言者主观上会认为句式"被我们拿了"信息量不足,表意有不完整之感。因而为了保证句式信息的完整性,言者在从记忆库中提取省略受事主语的被动句式"被我们拿了"的同时,又从记忆库中提取主动句式"我们拿了这厮",二者便叠加在一起,通过删略重叠成分生成了零被句"被我们拿了这厮"。总之,保证信息的完整性是"被NP施VPNP受"的生成动因之一。

5.4.2 动因之二:凸显言者的主观性

如果言者大脑中先浮现"NP施VPNP受",后叠加"(NP受)被NP施VP",那么"被NP施VPNP受"的生成动因是凸显言者的主观性。

如前所述,一个事件如果要涉及施事、动作、受事,那么在时间顺序上总是先有施事,再发出动作,然后施于受事,映射到句法结构上就形成主动句式"NP施VPNP受"。主动句式"NP施VPNP受"按照时间顺序原则客观地叙述一个事件,因而其语用功能是呈现事件的客观性。而被动句式"(NP受)被NP施VP"并不遵循时间顺序原则,在语序上本该处于句末宾语位置的NP受反而处于句首主语位置(已省略)。这种语序发生变化的被动句式"(NP受)被NP施VP"在语用功能上有别于主动句式

"NP_施VPNP_受",其具有言者的主观性。

正如王力(1980:431—432)所言,"(NP_受)被NP_施VP"在语义上"基本上是表示不幸或者不愉快的事情",或者说基本上是表示NP_受遭受了NP_施施加的消极的VP。"实词虚化为语法成分以后,多少还保持原来实词的一些特点"(沈家煊,1994),表示被动关系的介词"被"由"蒙受""遭受"义动词"被"语法化而来(王力,1980:428),而"蒙受"或"遭受"的行为(有时伴随结果)VP往往具有[+消极性],因而"(NP_受)被NP_施VP"基本上表示消极义。李临定(1980)指出,"过去一般认为,被字句所叙述的,对主语而言,是不如意的或不企望的事,如受祸,受欺骗,受损害,或引起不利的结果等等。这种说法有道理,但不够全面";有的被字句虽然表示了不如意的感情或不企望的事情,"但这都不是针对主语的,也不是针对句子里的其他成分的,而是对说话的人(未进入句子)说来是这样的"。李临定(1980)已注意到表达消极义的"(NP_受)被NP_施VP"有的体现了言者的主观性。从历时视角来看,汉语的"被"字被动句式正是言者"移情"过程的产物(张洪明,2005)。言者移情于一个事件,"将自己认同于……他用句子所描写的事件或状态中的一个参与者"(Kuno,1987:26)。被动句式"(NP_受)被NP_施VP"表示的某个事件在客观上对受事来说不是消极的,之所以认为这个事件是消极的,那是因为是从言者的立场、态度和感情来看的,体现了言者的主观性。不过言者的主观性往往是基于事件的客观性的,在客观上对受事来说是消极的事件，在言者看来一般也是消极的。所以如果"(NP受)被NP施VP"表达消极义，那么其表示言者主观上认为NP施施加的VP对NP受是消极的，NP受是受损者；或者表示言者主观上认为整个事件对言者来说是消极的。也就是说，表达消极义的"(NP受)被NP施VP"的语用功能是体现言者的主观性，即体现言者的立场、态度和感情。

蒋绍愚（2005：242）指出，少数"(NP受)被NP施VP"对NP受来讲无所谓幸与不幸，所要表达的是说话人不期望发生的或没有料到的事情。不期望发生或没有料到是从言者的视角来看的，是言者的一种主观认识，因而这样的"(NP受)被NP施VP"同样体现了言者的主观性。例如：

(37) 高廉寻思："我数年学得术法，<u>不想今日被他破了</u>，似此如之奈何？"(《水浒传》第五十四回)

上例中的"不想今日被他破了"，表达的是言者高廉没有料到的也是其不希望发生的事情，是从言者的视角来看的，体现了言者的主观性。

还有极少数"(NP受)被NP施VP"甚至可以表示积极义，但是这也是从言者视角来看的，言者主观上认为NP受蒙受NP施施加了积极的VP，NP受是受益者（客观上也往往如此），所以这样的"(NP受)被NP施VP"也同样体现了言者的主观性。例如：

(38) 陵子悟，美风仪，博涉经史，文咏可观。周大象中，<u>颇被宣帝任遇</u>，位至内史下大夫、汉阳公。(《北史·唐

永列传》)

上例中的"颇被宣帝任遇",表示言者主观认为陵子悟蒙受"宣帝任遇"是有幸的,是受益者(当然客观上也是如此),体现了言者的溢美之情。这是从言者的视角来看的,同样体现了言者的主观性。此被动句式若改成主动句式,则仅仅是呈现事件的客观性。在汉语史上,表达积极义常使用"蒙"字被动句式(袁宾,2005),就是因为"蒙"字被动句式能更好地体现言者对积极事件的主观性。

消极义与积极义是相对的。还有极少数"(NP受)被 NP施 VP"对受事来说表示消极义,即 NP受遭受了 NP施施加的消极的 VP,但是其实际上要表达的却是积极义,这是因为言者主观上认为这个消极义对 NP受、NP施之外的言者自己或其他第三方而言却是积极义。言者移情于事件,将自己看作事件的参与者,希望 NP受受损,认为 NP受受损就意味着言者自己或其他第三方受益。因此这样的"(NP受)被 NP施 VP"同样能体现言者的主观性。如例(21)"鲁斋郎被包待制斩了",对受事鲁斋郎而言是不幸的,但是对言者即被鲁斋郎强夺为妻的张珪的浑家李氏来说却是值得庆幸的。言者之所以使用被动句式而不使用主动句式,就是因为被动句式体现了言者的立场、态度和感情。

总之,"(NP受)被 NP施 VP"无论是否表示消极义,其语用功能都是体现言者的主观性。

主动句式"NP施 VPNP受"与被动句式"(NP受)被 NP施 VP"的命题义一致,但是二者的语用功能有差异:一个事件如果用主动句式"NP施VPNP受"来表达,那么呈现的是事件的客观性;如果用被动句式"(NP受)被NP施VP"来表达,那么体现的则是言者的主观性。如果言者在呈现事件的客观性的同时又想凸显自己的主观性,那么命题义相同的主动句式"NP施VPNP受"与被动句式"(NP受)被NP施VP"就会在大脑中浮现、叠加。为了遵循经济原则与句法规则,在外在的语言形式上这两种句式就通过删略重叠成分糅合生成零被句"被NP施VPNP受"。如例(26),如果言者林冲想呈现事件的客观性,可以使用主动句式"今日高俅这贼坑陷了我这一场";如果言者林冲想体现自己的主观性(表达内心的仇恨),就会使用被动句式"(我)今日被高俅这贼坑陷了这一场";正是因为言者林冲在呈现事件的客观性的同时又想凸显自己的主观性,所以这两种句式便在大脑中浮现、叠加,通过删略重叠成分糅合生成了零被句"今日被高俅这贼坑陷了我这一场"。由此可见,凸显言者的主观性也是"被NP施VPNP受"的生成动因。①

5.4.3　动因之三:保持话题的同一性

如果言者大脑中先浮现"NP施VPNP受",后叠加"(NP受)

---

① "被NP施VPNP受"在近代汉语中有较高的用频,尤其是在元代汉语中。NP受通常在上文出现(包括所指相同的对应成分),但是如果经常距离"被NP施VPNP受"较远,被语串隔断,甚至不在上文出现,那么"被NP施VPNP受"就有可能规约化,用来体现言者的主观性(且往往表达消极义),如下文例(41)中的"被NP施VPNP受"规约化程度就较高。

被NP_施VP",那么"被NP_施VPNP_受"的生成动因除了凸显言者的主观性之外,还有可能是保持话题的同一性。

糅合句式的生成一般是出于某种语用目的,换言之,某种语用目的一般就是糅合句式的生成动因。蒋绍愚(2005:242—244)认为,采用"被NP_施VPNP_受"而不采用主动句式或常规的被动句式的原因是"有助于语句的连贯",可以"保持话题的连续性"。蒋绍愚(2005)正确地指出了"被NP_施VPNP_受"的一种辅助性的语用功能。我们认为,在"被NP_施VPNP_受"生成之前,保持话题的同一性也可以看作一种语用目的,而这个语用目的恰恰就是零被句"被NP_施VPNP_受"的一个或然性生成动因。据我们考察,在近代汉语中"被NP_施VPNP_受"基本上是作为一个复句的后续分句出现的,其或然性生成动因往往是变更话题以保持前后话题的同一性。如例(9)"却被独孤角活抱项燕归齐阵",充当"项燕大怒,横刀来取先生"的后续分句。如果言者使用主动句式"独孤角活抱项燕归齐阵",那么前后分句的话题就成了两个:"项燕"与"独孤角"。一个复句的多个分句往往尽量围绕一个话题集中展开,尽量避免话题的跳跃变换,以保持语义的连贯性。因而言者有时需要变更后续分句的话题,使其紧承始发分句(一个或多个)的话题,以保持前后分句话题的同一性。所以言者在大脑中浮现主动句式"独孤角活抱项燕归齐阵"的同时又叠加了省略受事主语的被动句式"(项燕)却被独孤角活抱归齐阵",通过删略重叠成分糅合生成了"却被独孤角活抱项燕归齐阵",使"项燕"成为前后分句共同的话题。

不过后续分句即零被句的话题"项燕"省略或隐含了。例（1）、（2）等亦然。

下例中的两个零被句"被NP施VPNP受"的生成除了凸显言者的主观性这个动因之外，也还有保持话题的同一性这个动因，不过零被句的话题均省略或隐含了。

（39）有彭矫见劈了彭举死了，心中大怒，纵马与殷交斗敌，不到三合，被殷交又劈了彭矫。又有彭执，见杀二兄，大怒，又与殷交战，被殷交又劈了彭执。（《全相平话五种·武王伐纣平话》卷下）

下例中零被句"被一人抱住刘知远"的生成动因亦然，前后分句的话题均是"刘知远"，不过均在语境中省略或隐含了。

（40）恰才撞到牛栏圈，待朵闪应难朵闪，被一人抱住刘知远。（《刘知远诸宫调·知远别三娘太原投事第二》）

值得注意的是，极少数"被NP施VPNP受"作为后续分句恰恰导致前后话题一分为二，即其省略或隐含的话题与前面分句的话题不同。相反，如果改用主动句式"NP施VPNP受"，倒是保持了前后话题的同一性。例如：

（41）卢俊义诉说："马灵术法利害，被他打伤了雷横、郑天寿、杨雄、石秀、焦挺、邹渊、邹润、龚旺、丁得孙、石勇数员将佐。卢某正在束手无策，却得二位先生到此。"（《水浒传》第九十九回）

言者卢俊义之所以使用零被句"被NP施VPNP受"，而不使用主动句式"NP施VPNP受"，是因为其要凸显自己对消极事件的主观性，表达自己的惋惜、无奈等情感。由此可以看出，凸显言者的主观性是零被句"被NP施VPNP受"一个重要的生成动因，而保持话题的同一性却是一个或然性生成动因。

5.5 小结

近代汉语中具有被动意义的所谓零被句"被NP施VPNP受"往往表示消极义。从句式糅合的基本原则、同义句式的比较、主语羡余句式"NP受被NP施VPNP受"的生成三个视角可以看出，"被NP施VPNP受"的生成机制是糅合，其是由命题义相同的省略受事主语的被动句式"(NP受) 被NP施VP"与主动句式"NP施VPNP受"通过删略重叠成分糅合而成的。源句式"(NP受) 被NP施VP""NP施VPNP受"浮现、叠加的次序可以不同，如果次序不同，那么"被NP施VPNP受"的生成动因也不同。如果言者大脑中先浮现"(NP受) 被NP施VP"，后叠加"NP施VPNP受"，那么"被NP施VPNP受"的生成动因是保证信息的完整性；如果言者大脑中先浮现"NP施VPNP受"，后叠加"(NP受) 被NP施VP"，那么"被NP施VPNP受"的生成动因是凸显言者的主观性，同时还有可能是保持话题的同一性。

所谓的零被句"被NP施VPNP受"往往被视作"脱离常轨的句子"（王力，1980：431），甚至被视作"一时的不规范的语言现象"（孙锡信，1992：364）。也许正是因为有这样的认识，学界对其生成问题避而不谈，或语焉不详。可是"所谓的'规范'或'不规范'是要受到时间、地域等条件的影响和制约的,具有相对性、人为性。一些语言现象即便真的是所谓的'不规范',但是也可能'习非成是'"(叶建军,2010a:329),而且"被NP施VPNP受"在近代汉语中具有一定的普遍性,甚至沿用到了现代汉语。例如:

(42) <u>被他这一句话害死了两条人命</u>。(引自吕叔湘,1984c:201)

(43) 不料使他最感头痛的娟子却出现了,而且<u>被他碰上了淑花</u>。(引自李临定,1980)

因此我们不仅有必要探讨"被NP施VPNP受"的历时演变等问题,更有必要探究其生成问题。我们认为,句式糅合说具有极强的解释力,如果从句式糅合的视角来观察,类似的奇特句式的生成问题就能得到科学、合理的解释。

第六章 "被NP施将/把NP受VP"的生成机制与动因

6.1 引言

"被"字被动句式与"将/把"字处置句式均是汉语常见句式,通常均包含施事、受事与及物的动词性成分。介词"被"引出的是施事,介词"将/把"引出的是受事,而施事、受事一般是名词性成分,所以典型的"被"字被动句式、"将/把"字处置句式可以分别表示为"NP受被NP施VP""NP施将/把NP受VP"。在近代汉语中出现了一种"被"字被动句式与"将/把"字处置句式结合使用的特殊句式"被NP施将/把NP受VP"。例如:

(1)且说那朱温出涧,取登州路去。方入城,<u>被一人向前将朱温扯住</u>,喝道:"你怎在此?"唬得朱温股栗惊颤。(《新编五代史平话·梁史平话》卷上)

(2)当初雷鸣、陈亮、杨明奉济公禅师之命,给马家湖去送信,陈亮蹲着出恭,宋八仙冒充圣手白猿陈亮,打劫人,<u>被陈亮将他拿住</u>。(《济公全传》第二百一十三回)

(3)(刘员外云)我走到半路,<u>被那巡更的歹弟子孩儿把我拦住</u>,道我是犯夜的,拿我巡铺里去,整整吊了一夜,

我委实不曾去。(无名氏《玉清庵错送鸳鸯被》第二折,《全元曲》)

(4) 那个少年从桌子底下出来,跪于就地说:"小人姓武名杰,乃徐州沛县武家庄人氏,先父故去,家有寡母在堂。我在学房读书,<u>被本庄的拐子把我拐骗出来</u>,我也不知他把我卖在戏班之内。……"(《彭公案》第六十回)

例(1)—(4)属于特殊句式"被NP施将/把NP受VP",语义自足,均完整地表达了一个含有施事、动作与受事的事件。袁宾(1992:252)、孙锡信(1992:364)、向熹(2010:775)等注意到了汉语史上这类处置句式与被动句式结合使用的句式,俞光中、植田均(1999:53)将其看成"'被'字前无被动受体,且非省略"的"零被句"中的一个类别。那么"被NP施将/把NP受VP"这类特殊句式的来源是怎样的呢?我们拟立足汉语史,先分析"被NP施将/把NP受VP"的句法及语义特点,然后探讨"被NP施将/把NP受VP"的生成机制与生成动因。

6.2 "被NP施将/把NP受VP"的句法、语义特点

6.2.1 "被NP施将/把NP受VP"的句法特点

"被NP施将/把NP受VP"在句法上具有特殊性,兼有被动句式与处置句式的特点,既有引出施事的介宾结构"被NP施",又有引出受事的介宾结构"将/把NP受"。"被NP施"与"将/

第六章 "被NP_施将/把NP_受VP"的生成机制与动因

把NP_受"虽然在线性顺序上紧邻,但是没有直接的句法关系,二者实际上均与VP发生直接的关系,充当其状语。如例(3)"被那巡更的歹弟子孩儿把我拦住",兼有被动句式与处置句式的特点,其中"被那巡更的歹弟子孩儿"为引出施事的介宾结构,充当"拦住"的状语;"把我"为引出受事的介宾结构,也充当"拦住"的状语。

"被NP_施将/把NP_受VP"中VP通常是一个谓词性结构,主要是述补结构,如例(1)—(4)。再如:

(5)郑天寿说:"不错,是我小人做的。我夜晚去窃盗,他瞧见一嚷,<u>被我将他杀死</u>。"(《济公全传》第一百八十五回)

(6)妇人道:"我耳中听得人声嘈杂,看时见有许多人入来,<u>被一人将大主母抱出去了</u>。"(《绿野仙踪》第二十三回)

(7)姚广寿说:"……我们奉大人谕,前来哨探,<u>被赛方朔将我二人拿住</u>。姑娘,你要把我二人放回去,我等拿住周百灵时,决不连累你们,我必感念你这份好处。"(《彭公案》第二百一十二回)

(8)胜爷道:"……在那正月十五有一逛灯的女子回家,后半夜这冤家拨门撬户,暗进那女子卧室,逼奸不允,<u>被小冤家高双青将那女子杀死</u>。……"(《三侠剑》第一回)

"被NP_施将/把NP_受VP"中VP也可以是连动结构。例如:

(9)庞涓大喜曰:"我固知齐军怯,入我境,士卒亡者

过半矣。"竟被孙子将那庞涓赚到马陵山下诛了,连他公子申也被掳了。(高文秀《须贾大夫谇范叔》第一折,《全元曲》)

(10)(李逵)答道:"我是客人,昨夜和娘过岭来。因我娘要水吃,我去岭下取水,被那大虫把我娘拖去吃了。……"(《水浒传》第四十三回)

"被NP_施将/把NP_受VP"中VP还可以是状中结构。例如:

(11)武松答道:"……后因嫂嫂不仁,与西门庆通奸,药死了我先兄武大,被武松把两个都杀了,自首告到本县,转发东平府。……"(《水浒传》第三十二回)

"被NP_施将/把NP_受VP"中VP也有少数是光杆动词。例如:

(12)关将军但相持,无一个敢欺敌。素衣匹马单刀会,觑敌军如儿戏,不若土和泥。杀曹仁十万军,刺颜良万丈威。今日被坏人将你算,畅则为你大胆上落便宜。(关汉卿《关张双赴西蜀梦》第一折,《全元曲》)

"被NP_施将/把NP_受VP"中"将/把NP_受VP"前有时可以出现状语,如例(1)。再如:

(13)燕王亲持大兵,出城来迎。两马相交,不上二十余合,被王贲用箭将燕王射翻落马。(《周朝秘史》第一百一十四回)

(14)雷横看了道:"好怪,好怪!知县相公忒神明。原来这东溪村真个有贼。"大喝一声,那汉却待要挣挫,被

二十个士兵一齐向前把那汉子一条索子绑了,押出庙门,投一个保正庄上来。(《水浒传》第十三回)

"被NP施"与"将/把NP受VP"中间甚至还可以插入动词性成分,表示NP施的行为。例如:

(15) 那汉道:"……昨夜路上多吃了一杯酒,不敢来见阿舅,权去庙里睡得醒了,却来寻阿舅。不想被他们不问事由,将我拿了,却不曾做贼。"(《水浒传》第十四回)

(16) 番将天山勇见刺了宝密圣,横枪便出。宋江阵里,徐宁挺钩镰枪直迎将来。二马相交,斗不到二十来合,被徐宁手起一枪,把天山勇搠于马下。(《水浒传》第八十四回)

(17) 俺这妮子,一心待嫁他,那厮也要娶我女儿;中间被我不肯,把他撺出去了。(关汉卿《杜蕊娘智赏金线池》第一折,《全元曲》)

"被NP施将/把NP受VP"后来出现了两种变式,一种是"将/把NP受被NP施VP",也就是说"被NP施"与"将/把NP受"互换了位置。例如:

(18) 老鼋道:"……那妖邪乃九年前海啸波翻,他赶潮头,来于此处,仗逞凶顽,与我争斗,被他伤了我许多儿女,夺了我许多眷族。我斗他不过,将巢穴白白的被他占了。……"(《西游记》第四十九回)

(19) 四健将道:"今早帅众将与天王交战,把七十二洞妖王与独角鬼王,尽被众神捉了,我等逃生,故此该哭。

这见大圣得胜回来，未曾伤损，故此该笑。"(《西游记》第五回)

(20) 周成骂道："你这该死的狗头！尔等何怠忽至此，把粮草被贼人劫去？"(《薛刚反唐》第七十四回)

(21) 众人道："……自我们这位本府太爷到任以来，弄的风不调，雨不顺，把平凉一府的地皮，都被他刮去。……"(《绿野仙踪》第三十九回)

"被NP$_{施}$将/把NP$_{受}$VP"的另一种变式是"吃NP$_{施}$将/把NP$_{受}$VP"。近代汉语中"吃"(也写作"喫"或"乞")也可表示被动(江蓝生，1989)，其替换"被"，便出现了同义句式"吃NP$_{施}$将/把NP$_{受}$VP"。例如：

(22) 却说李成分付索超道："你却难比别人，周谨是你徒弟，先自输了。你若有些疏失，吃他把大名府军官都看得轻了。……"(《水浒传》第十三回)

"吃NP$_{施}$将/把NP$_{受}$VP"中"吃NP$_{施}$"与"将/把NP$_{受}$"的顺序也可互换，即"将/把NP$_{受}$吃NP$_{施}$VP"。例如：

(23) 见雪娥在房里，对月娘、李娇儿说他怎的霸拦汉子，背里无所不为，"……当初在家把亲汉子用毒药摆死了，跟了来，如今把俺们也吃他活埋了。……"(《金瓶梅词话》第十一回)

(24) 这金莲不听便罢，听了气的在外两只胳膊都软了，半日移脚不动，说道："若教这奴才淫妇在里面，把俺每都吃他撑下去了。"(《金瓶梅词话》第二十三回)

6.2.2 "被NP_施将/把NP_受VP"的语义特点

"被NP_施将/把NP_受VP"中NP_施一般都具有[+生命性]语义特征,一般是表人的名词或名词性成分,如例(2)中的"陈亮"、例(1)中的"一人";也可以是人称代词,如例(5)中的"我"。NP_施有时也可以具有[-生命性]语义特征,如例(25)中的"利欲",例(26)中的"这风雨""这霜雪"。

(25) 然人莫不有此心,多是但知有利欲,<u>被利欲将这个心包了</u>。(《朱子语类》卷十八)

(26) 待荣华,则<u>被这风雨把你来摧</u>;强打挣,又<u>被这霜雪把你欺</u>。(李寿卿《月明和尚度柳翠》第三折,《全元曲》)

"被NP_施将/把NP_受VP"中NP_受一般也具有[+生命性]语义特征,可以是表人的名词或名词性成分,如例(1)中的"朱温"、例(6)中的"大主母";也可以是代词,如例(2)中的"他"、例(3)中的"我"。NP_受也可具有[-生命性]语义特征,如例(25)中的"这个心"。

VP一般为具有[+自主性]语义特征的及物动词或及物的动词性成分,如例(12)中的"算"、例(3)中的"拦住"。

"被NP_施将/把NP_受VP"在语义上兼有被动义与处置义。一方面,"被NP_施将/把NP_受VP"中的"被"为引出施事的介词,因而该句式有被动义。如例(3)有被动义,在语义上蕴含了被动句式"我被那巡更的歹弟子孩儿拦住"。另一方面,"被

NP₍施₎将/把 NP₍受₎VP"中的"将/把"为引出受事的介词,因而该句式又有处置义。如例(3)也有处置义,在语义上蕴含了处置句式"那巡更的歹弟子孩儿把我拦住"。

"被 NP₍施₎将/把 NP₍受₎VP"往往表示消极义(不幸或不愉快),一般表示 NP₍施₎对 NP₍受₎施加了消极的 VP。如例(3),表示"那巡更的歹弟子孩儿"对"我"施加了不愉快的行为"拦住"。例(1)、(2)等也均是表示消极义。

6.3 "被 NP₍施₎将/把 NP₍受₎VP"的生成机制

6.3.1 从句式糅合的基本原则来看

"被 NP₍施₎将/把 NP₍受₎VP"是近代汉语中出现的特殊句式,我们认为,其生成机制是糅合,即由命题义相同的省略受事主语的被动句式"(NP₍受₎)被 NP₍施₎VP"与处置句式"NP₍施₎将/把 NP₍受₎VP"通过删略重叠或重复的 NP₍施₎、VP 糅合而成。这一生成过程可表示为:

"(NP₍受₎)被 NP₍施₎VP" + "NP₍施₎将/把 NP₍受₎VP" → "被 NP₍施₎将/把 NP₍受₎VP"

如例(5)"被我将他杀死",实际上是由省略受事主语的被动句式"(他)被我杀死"与处置句式"我将他杀死"通过删略重叠或重复成分"我""杀死"糅合而成的。

句式糅合要遵循三个基本原则,即语义相近原则、时代先

第六章 "被NP施将/把NP受VP"的生成机制与动因

后原则和成分蕴含原则或语义蕴含原则。省略受事主语的被动句式"(NP受)被NP施VP"与处置句式"NP施将/把NP受VP"糅合生成"被NP施将/把NP受VP",完全遵循句式糅合的三个基本原则。

首先,句式糅合要遵循语义相近原则,即源句式A与B在语义上必须相同或相近。"(NP受)被NP施VP"与"NP施将/把NP受VP"中的施事、动词性成分、受事均相同,二者所表达的命题义是一致的,二者可以互相变换而不改变命题义。如被动句式"(宋八仙/他)被陈亮拿住"与处置句式"陈亮将他拿住",二者命题义相同,符合句式糅合的语义相近原则。

其次,句式糅合要遵循时代先后原则,即语义相同或相近的源句式A与B必须先于糅合句式C而存在,或与糅合句式C同时存在。"(NP受)被NP施VP"与"NP施将/把NP受VP"的始见时代要早于"被NP施将/把NP受VP"。"被"字被动句式"(NP受)被NP施VP"早在汉末就已出现(王力,1980:423—424)。处置句式"NP施将NP受VP"始见于魏晋六朝时期,"NP施把NP受VP"见于入唐以后的文献(蒋绍愚、曹广顺,2005:357、359)。而"被NP施将/把NP受VP"的出现与兴盛是近代汉语中的事情。"被NP施将NP受VP"的最早用例可能见于唐五代时期的敦煌曲子词中。例如:

(27)被父母将儿匹配,便认多生宿姻眷。(《敦煌曲子词集·云谣集杂曲子·倾杯乐》)

"被NP_施把NP_受VP"直到宋代才开始出现。例如:

(28) 对景还销瘦。被个人、把人调戏，我也心儿有。(黄庭坚《归田乐引》，《全宋词》)

由此可见，"(NP_受)被NP_施VP"与"NP_施将/把NP_受VP"糅合生成"被NP_施将/把NP_受VP"遵循句式糅合的时代先后原则。

最后，句式糅合要遵循成分蕴含原则或语义蕴含原则，即糅合句式在句法上及语义上要蕴含两个源句式。"(NP_受)被NP_施VP"与"NP_施将/把NP_受VP"糅合生成"被NP_施将/把NP_受VP"也遵循句式糅合的成分蕴含原则或语义蕴含原则。"被NP_施将/把NP_受VP"不仅蕴含了"(NP_受)被NP_施VP"的全部成分，而且蕴含了"NP_施将/把NP_受VP"的全部成分；或者说既蕴含了被动句式义，又蕴含了处置句式义。如例(4)"被本庄的拐子把我拐骗出来"，既蕴含了被动句式"(我)被本庄的拐子拐骗出来"的所有成分，又蕴含了处置句式"本庄的拐子把我拐骗出来"的所有成分；或者说在语义上既蕴含了被动句式义，又蕴含了处置句式义。

综上所述，从句式糅合的三个基本原则来看，"被NP_施将/把NP_受VP"的生成机制是糅合，其是由省略受事主语的被动句式"(NP_受)被NP_施VP"与处置句式"NP_施将/把NP_受VP"糅合生成的。

6.3.2 从主语羡余句式"NP受被NP施将/把NP受VP"的生成来看

我们还可以从近代汉语中主语羡余句式"NP受被NP施将/把NP受VP"来看"被NP施将/把NP受VP"的生成机制。

在明清时期的汉语中有少量特殊句式"NP受被NP施将/把NP受VP",其与"被NP施将/把NP受VP"的区别在于,NP受既出现在主语位置,又出现在宾语位置。① 相对于"被NP施将/把NP受VP"而言,"NP受被NP施将/把NP受VP"中主语NP受是羡余的。例如:

(29) 广武便附着他妻子耳畔,低低说道:"你道我表兄同来的那人是什么人?原来就是宁王。只因<u>他被王守仁带兵将他打败</u>,现在正德皇帝又御驾亲征,他南昌基业全行败坏,现在与雷大春逃在我处。……"(《七剑十三侠》第一百七十五回)

(30) 老妖道:"是一个和尚,乃东土唐僧取经的徒弟,

---

① "NP受被NP施将/把NP受VP"的用例表明,在汉语史上所谓零被句"被NP施将/把NP受VP"并非是无法补出受事主语,而是因语言的经济原则的驱动省略了羡余的受事主语。事实上,"NP受被NP施将/把NP受VP"沿用到了现代汉语。不过两个NP受在形式上往往不同,句首的NP受一般是名词性成分,而介词"将/把"后的NP受一般是代词性成分,因而避免了字面的重复。例如:

(1) <u>老李被群众把他包围住了</u>,走不了啦!(引自李临定,2011:297)

(2) 这一年,<u>有翼早被他爹把他从学校叫回来了</u>,灵芝在暑假毕业以后也没有再到别处升学去,两个人都在村里当了扫盲教员,所以谈话的机会比以前多得多。(赵树理《三里湾》)

名唤猪八戒。<u>我被他一顿钉耙把我筑得败下阵来</u>。好恼啊！……"（《西游记》第八十五回）

（31）邓九公道："……<u>我是被一起子听戏的爷们把我气着了</u>！……"（《儿女英雄传》第三十二回）

（32）往西穿过一片果木园子，徐良往正北上一指，说："<u>我就在这个院子里被两个丫头把我拿住了</u>。"（《小五义》第二百〇三回）

（33）山东马在那里喝着酒，说："<u>我被白大将军把我给轰出来了</u>，我怎么有脸在此处了？……"（《康熙侠义传》第二十七回）

"NP受被NP施将/把NP受VP"中主语位置上的NP受与介词"将/把"后的NP受形义一般是完全相同的，如例（29）—（33）。不过"NP受被NP施将/把NP受VP"中前后两个NP受有时在形式上略有差异，但所指是完全相同的。例如：

（34）蔡文增一拍公案，说道："你们这四个小辈，<u>被会总爷将你等拿住</u>，你等要归降天地会，还可饶尔不死。……"（《康熙侠义传》第一百八十一回）

（35）法慧仍然犹疑，恶道说道："……<u>莲花峪林士佩的山寨，被胜英一夜之间将山寨扫平</u>；建宁府的双龙山犹如铜墙铁壁一般，都被胜英等所破。……"（《三侠剑》第六回）

我们认为，主语羡余的"NP受被NP施将/把NP受VP"是由被动句式"NP受被NP施VP"与处置句式"NP施将/把NP受VP"

糅合而成的，因为这完全遵循句式糅合的三个基本原则。

首先，"NP受被NP施VP"与"NP施将/把NP受VP"中的施事、动词性成分、受事均相同，二者所要表达的命题义是一致的，可以互相变换而不改变句式义，因而遵循句式糅合的语义相近原则。如"我被他一顿钉耙筑得败下阵来"与"他一顿钉耙把我筑得败下阵来"，命题义完全一致。

其次，如前所述，被动句式"NP受被NP施VP"早在汉末就已出现，处置句式"NP施将NP受VP"在魏晋六朝时期已出现，处置句式"NP施把NP受VP"在唐代也已出现，而"NP受被NP施将/把NP受VP"直到明代才开始出现，因而"NP受被NP施VP"与"NP施将/把NP受VP"糅合生成"NP受被NP施将/把NP受VP"遵循句式糅合的时代先后原则。

最后，"NP受被NP施将/把NP受VP"既蕴含了被动句式"NP受被NP施VP"的所有成分，有被动句式义；又蕴含了处置句式"NP施将/把NP受VP"的所有成分，有处置句式义，因而遵循句式糅合的成分蕴含原则或语义蕴含原则。如例（31），不但蕴含了被动句式"我是被一起子听戏的爷们气着了"的所有成分，有被动句式义；而且蕴含了处置句式"一起子听戏的爷们把我气着了"的所有成分，有处置句式义。

被动句式"NP受被NP施VP"与处置句式"NP施将/把NP受VP"糅合生成"NP受被NP施将/把NP受VP"的过程可表示为：

"NP受被NP施VP"+"NP施将/把NP受VP"→"NP受被NP施将/把NP受VP"

值得注意的是，两个源句式"NP受被NP施VP"与"NP施将/把NP受VP"糅合时删略了重叠或重复成分NP施、VP，但是未删略重复成分NP受，NP受既出现于介词"将/把"后充当宾语，又出现于句首充当主语。糅合句式是语言的羡余性与语言的经济性的矛盾统一体，假如要完全遵循语言的经济原则，那么"NP受被NP施将/把NP受VP"就必须删略羡余成分NP受。这样便会出现两种结果：一是删略处置介词"将/把"后的宾语NP受，并因此删略悬空的黏着性介词"将/把"，从而回归到典型的被动句式"NP受被NP施VP"。这便不存在糅合之说。二是删略句首主语位置上的NP受，形成语义自足的所谓零被句"被NP施将/把NP受VP"。由此可见，"被NP施将/把NP受VP"也可视作糅合句式"NP受被NP施将/把NP受VP"为了彻底贯彻语言的经济原则而删略羡余主语NP受的结果。① 因此"被NP施将/把NP受VP"同样是糅合句式，其生成机制同样是糅合。

6.4 "被NP施将/把NP受VP"的生成动因

在糅合句式C生成之前，言者大脑中会瞬间浮现两个源句式A与B，并发生叠加。如果两个源句式A、B在言者大脑中

---

① 当有两种可能的生成路径时，"被NP施将/把NP受VP"所选择的路径往往是最便捷的。也就是说，"被NP施将/把NP受VP"完全可视作是直接由省略受事主语的被动句式"(NP受)被NP施VP"与处置句式"NP施将/把NP受VP"糅合而成的。

浮现、叠加的先后顺序不同，那么糅合句式 C 的生成动因也往往不同。被动句式"(NP受) 被 NP施 VP"与处置句式"NP施 将/把 NP受 VP"在言者大脑中浮现、叠加生成"被 NP施 将/把 NP受 VP"，可以有两种相反的顺序：一是言者大脑中先浮现"(NP受) 被 NP施 VP"，后浮现、叠加"NP施 将/把 NP受 VP"；二是言者大脑中先浮现"NP施 将/把 NP受 VP"，后浮现、叠加"(NP受) 被 NP施 VP"。假若是第一种浮现、叠加顺序，那么"被 NP施 将/把 NP受 VP"的生成动因是强化言者的主观性；假若是第二种浮现、叠加顺序，那么"被 NP施 将/把 NP受 VP"的生成动因除了强化言者的主观性之外，还有可能是保持前后话题的同一性。

6.4.1 动因之一：强化言者的主观性

被动句式"(NP受) 被 NP施 VP"的语义正如王力（1980：431—432）所说，"基本上是表示不幸或者不愉快的事情"。不过"(NP受) 被 NP施 VP"的这种消极义具有言者的主观性。"'主观性'（subjectivity）是指语言的这样一种特性，即在话语中多多少少总是含有说话人'自我'的表现成分。也就是说，说话人在说出一段话的同时表明自己对这段话的立场、态度和感情，从而在话语中留下自我的印记"（沈家煊，2001）。我们说"(NP受) 被 NP施 VP"往往表达消极义，那是从言者视角来看的，其表示言者主观上认为 NP施 施加的 VP 对 NP受 是消极的，NP受 是受损者；或者表示言者主观上认为整个事件对言者来说是消极的。换言之，表示消极义的"(NP受) 被 NP施 VP"的语用功能是体现言者的主观性。"(NP受)被NP施VP"有时也可以表示积极义,但是这也是从言者视角来看的,言者主观上认为NP受蒙受NP施施加的积极的VP,NP受是受益者(客观上也往往如此),所以这样的"(NP受)被NP施VP"也同样体现了言者的主观性。总而言之,"(NP受)被NP施VP"无论是否表示消极义,其语用功能都是体现言者的主观性。"(NP受)被NP施VP"的话题是NP受(已省略),因而也可以说,"(NP受)被NP施VP"的语用功能是以受事为话题体现言者的主观性。

王力(1980：408)认为,处置句式"NP施将/把NP受VP""就意义上说,它的主要作用在于表示一种有目的的行为,一种处置"。但是对于处置句式"NP施将/把NP受VP"是否都表示处置,学界存在分歧。沈家煊(2002)通过"把"字句与一般动宾句的比较,认为"NP施将/把NP受VP"的语法意义是表达主观处置,即言者主观认定主语对宾语做了某种处置。沈家煊(2002)认为,"NP施将/把NP受VP"的主观性在言者的情感、视角、认识这三个方面都有体现。我们赞同沈家煊(2002)的观点。在近代汉语中,"NP施将/把NP受VP"是以施事为话题,表示言者主观认定施事对受事作某种处置,施加某种行为(有时伴随结果等),不过这种行为对受事而言往往是消极的。例如：

(36)(正旦云)并不干三个孩儿事。当时是皇亲葛彪先打死妾身夫主,妾身疼忍不过,一时乘忿争斗,<u>将他打死</u>。委的是妾身来！(关汉卿《包待制三勘蝴蝶梦》第二

折,《全元曲》)

(37) 李逵笑道:"量这个鸟庄,何须哥哥费力!只兄弟自带了三二百个孩儿们杀将去,把这个鸟庄上人都砍了,何须要人先去打听!"(《水浒传》第四十七回)

例 (36) 中 "(妾身) 将他打死",是以施事 "妾身"(承前省略) 为话题,表示言者主观认定施事 "妾身"(也是言者) 对受事 "他"(葛彪) 进行了处置,施加了 "打死" 这一消极行为。上文 "皇亲葛彪先打死妾身夫主" 也含有 "打死" 这一消极行为,不过言者却使用主动句式 "NP施VPNP受",这是因为言者只想呈现事件的客观性,而主动句式 "NP施VPNP受" 按照时间顺序原则客观地叙述一个事件,其语用功能是呈现事件的客观性。通过比较,可以看出在语用功能上处置句式 "NP施将/把NP受VP" 与主动句式 "NP施VPNP受" 有明显的差异,体现了言者的主观性。例 (37) 同样体现了言者的主观性,表示言者李逵主观认定施事 "兄弟" 与 "三二百个孩儿们" 对受事 "这个鸟庄上人" 进行处置,施加 "砍" 这一消极的行为。

少数处置句式 "NP施将/把NP受VP" 对受事而言无所谓消极不消极,但是仍然是表示言者主观上认定施事对受事进行某种处置,仍然属于主观处置,因而同样具有言者的主观性。例如:

(38) (郭华云) 你不要管我,只把上好的拿来,我还要拣哩。(无名氏《王月英元夜留鞋记》楔子,《全元曲》)

总之,正如被动句式 "(NP受) 被NP施VP" 一样,处置句式"NP_施将/把NP_受VP"无论是否表示消极义，其语用功能都是体现言者的主观性。

就体现言者的主观性这一点而言，被动句式"(NP_受）被NP_施VP"与处置句式"NP_施将/把NP_受VP"是相同的，不过"(NP_受）被NP_施VP"是以受事（在语境中省略了）为话题，表示言者主观上认为受事遭受了施事施加的某种行为（往往是消极的）；而"NP_施将/把NP_受VP"则是以施事为话题，表示言者主观上认为施事对受事进行了某种处置（往往是消极的）。如果言者想以受事为话题表示主观上认为受事遭受了施事施加的某种行为，那么就会使用被动句式"(NP_受）被NP_施VP"；如果言者想以施事为话题表示主观上认为施事对受事进行了某种处置，那么就会使用处置句式"NP_施将/把NP_受VP"。如果这两个句式先后在言者大脑中浮现、叠加：或者先浮现"(NP_受）被NP_施VP"，后浮现、叠加"NP_施将/把NP_受VP"；或者先浮现"NP_施将/把NP_受VP"，后浮现、叠加"(NP_受）被NP_施VP"，那么言者的语用目的很显然是兼顾两种不同的主观表达，以强化言者的主观性。换言之，强化言者的主观性是"被NP_施将/把NP_受VP"的生成动因。正是因为"(NP_受）被NP_施VP"与"NP_施将/把NP_受VP"的语用功能都是体现言者的主观性，所以无论二者以怎样的顺序浮现、叠加，糅合句式"被NP_施将/把NP_受VP"的生成动因都是强化言者的主观性。例如：

(39) 南宫适不知详细，也往幡下来，只见马到幡前，早已连人带马跌倒。南宫适不省人事，<u>被左右守幡军士将</u>

第六章 "被NP$_{施}$将／把NP$_{受}$VP"的生成机制与动因 / 197

南宫适绳缠索绑,拿出幡来。(《封神演义》第八十四回)

例(39)中"被左右守幡军士将南宫适绳缠索绑",是由被动句式"(南宫适)被左右守幡军士绳缠索绑"与处置句式"左右守幡军士将南宫适绳缠索绑"糅合而成的。被动句式"(南宫适)被左右守幡军士绳缠索绑"是以受事"南宫适"为话题,所表达的是言者主观认为受事"南宫适"遭受了施事"左右守幡军士"施加的消极行为"绳缠索绑"。处置句式"左右守幡军士将南宫适绳缠索绑"是以施事"左右守幡军士"为话题,所表达的是言者主观认为施事"左右守幡军士"对受事"南宫适"进行了消极的处置,即"绳缠索绑"。这两个句式命题义相同,均体现了言者的主观性,只是一个以受事为话题,一个以施事为话题。当言者既想以受事"南宫适"为话题来表达主观性,又想以施事"左右守幡军士"为话题来表达主观性,以便达到强化言者的主观性的语用目的,那么这两个句式便在言者大脑中先后浮现、叠加:或者先浮现被动句式"(南宫适)被左右守幡军士绳缠索绑",后浮现、叠加处置句式"左右守幡军士将南宫适绳缠索绑";或者相反。也就是说,无论被动句式"(南宫适)被左右守幡军士绳缠索绑"与处置句式"左右守幡军士将南宫适绳缠索绑"浮现、叠加的顺序如何,糅合句式"被左右守幡军士将南宫适绳缠索绑"的生成动因都是强化言者的主观性。

下面的用例颇有启发性:

(40)(净云)小人不曾杀人。我的浑家被一个先生引

到这里,小人寻见了,教他跟我回去,被那先生把我浑家杀了。不干小人事。(谷子敬《吕洞宾三度城南柳》第三折,《全元曲》)

上例中言者先使用典型的被动句式"我的浑家被一个先生引到这里",后使用糅合句式"被那先生把我浑家杀了"。后一句式也完全可以使用典型的被动句式"(我的浑家)被那先生杀了",以受事"我的浑家"为话题,表示言者主观认为受事"我的浑家"遭受了施事"那先生"施加的消极行为"杀",体现言者的主观性。但是"杀"在言者看来不是一般的消极行为,而是不幸的行为,因而言者又想以施事"那先生"为话题,表示主观认为施事"那先生"对受事"我的浑家"进行了不幸的处置,强化自己的主观性,所以又想使用处置句式"那先生把我浑家杀了"。于是这两个句式便先后浮现、叠加在一起,糅合生成了"被那先生把我浑家杀了"。需要指出的是,如果言者大脑中先浮现处置句式"那先生把我浑家杀了",后浮现、叠加被动句式"(我浑家)被那先生杀了",那么强化言者的主观性仍然是糅合句式"被那先生把我浑家杀了"的生成动因,这是因为处置句式与被动句式具有相同的语用功能,即均是体现言者的主观性。

6.4.2 动因之二:保持话题的同一性

如果言者大脑中先浮现处置句式"NP$_{施}$将/把NP$_{受}$VP",后浮现、叠加被动句式"(NP$_{受}$)被NP$_{施}$VP",那么"被NP$_{施}$将/

把 NP$_{受}$VP"的生成动因除了强化言者的主观性之外，还有可能是保持前后话题的同一性。换言之，保持前后话题的同一性是"被 NP$_{施}$将／把 NP$_{受}$VP"的一个或然性生成动因。

在近代汉语中糅合句式"被 NP$_{施}$将／把 NP$_{受}$VP"往往不是作为始发句出现的，而是作为复句的一个后续分句出现的，与前一分句（或多个分句）有语义上的关联性。例如：

(41) 周琏照前痴呆的样子，上床去与他相偎相抱的说道："我适才去出大恭，<u>被许多人将我围住</u>，我就回来了。"
（《绿野仙踪》第八十九回）

上例中"被许多人将我围住"是个糅合句式，由被动句式"（我）被许多人围住"与处置句式"许多人将我围住"糅合而成，其是作为复句的一个后续分句出现的，紧承另一个分句"我适才去出大恭"，二者有时间上的顺承关系。如果言者使用处置句式"许多人将我围住"，那么就会造成前后两个分句的话题不一致：一个是"我"，一个是"许多人"。一个复句的多个分句往往尽量围绕一个话题集中展开，尽量避免话题的跳跃变换，以保持语义的连贯性。因而言者有时需要变更后续分句的话题，使之紧承始发分句（一个或多个）的话题，以保持前后分句话题的同一性。所以言者为了保持语义的连贯，保持话题的同一，需要紧承上一分句，仍以"我"为话题。因此言者大脑中浮现处置句式"许多人将我围住"之时，又浮现、叠加了省略受事主语的被动句式"（我）被许多人围住"，在外在的语言形式上二者就通过删略重叠或重复成分糅合成新的句式"被许多人将我围住"。

下面的例子亦然，保持前后话题的同一性也是糅合句式"被我两个姑姑把我叫住"的生成动因之一。

（42）小爷说："我跟着爷爷往这里来，<u>被我两个姑姑把我叫住</u>，问我什么事情。我说什么楼拿住什么人了，我姑姑打发我来看看，拿住是什么人。"（《小五义》第二百〇五回）

例（42）中"被我两个姑姑把我叫住"是个糅合句式，由被动句式"（我）被我两个姑姑叫住"与处置句式"我两个姑姑把我叫住"糅合而成，其也是作为后续分句出现的。如果言者使用处置句式"我两个姑姑把我叫住"，那么前后分句的话题不同：一个是"我"，一个是"我两个姑姑"。为了使前后分句表意连贯，保持相同的话题，后一分句就要以"我"为话题，使用被动句式"（我）被我两个姑姑叫住"。于是言者大脑中浮现处置句式"我两个姑姑把我叫住"之时，又浮现、叠加了省略受事主语的被动句式"（我）被我两个姑姑叫住"，在外在的语言形式上两个句式就通过删略重叠或重复成分糅合成新的句式"被我两个姑姑把我叫住"。

下面三例中的糅合句式的生成动因之一也是保持前后话题的同一性。

（43）姚广寿说："我叫姚广寿，我原本跟彭大人效力当差，来拿周百灵，<u>被蛮子将我拿住</u>。……"（《彭公案》第二百一十二回）

(44) 老者说道："贾明你好大胆子，你打銀安殿上掉下来，<u>被人家将你拿住</u>，你为什么将黄三太他们都招出来呢？"(《三侠剑》第二回)

(45) 徐芳见周营大势人马进关，只得纵马摇枪前来抵当，<u>被周营大小众将把徐芳围困在当中</u>，彼此混战。(《封神演义》第八十一回)

我们认为，保持前后话题的同一性是"被NP_施将／把NP_受VP"的一个或然性生成动因。理由有二：其一，如果言者大脑中先浮现被动句式"(NP_受)被NP_施VP"，后浮现、叠加处置句式"NP_施将／把NP_受VP"，那么糅合句式"被NP_施将／把NP_受VP"的话题与先浮现的"(NP_受)被NP_施VP"一致，[①]并未发生改变，因而"被NP_施将／把NP_受VP"的生成动因与保持话题的同一性无关。其二，如果言者大脑中先浮现"NP_施将／把NP_受VP"，后浮现、叠加"(NP_受)被NP_施VP"，那么糅合句式"被NP_施将／把NP_受VP"的话题与先浮现的"NP_施将／把NP_受VP"不同，而与后浮现、叠加的"(NP_受)被NP_施VP"相同，但是有时这个糅合句式的话题却与前面分句的话题不一致。换言之，有时生成的糅合句式反倒破坏了前后话题的同一性。例如：

(46) 忽一声炮响，四万大兵齐起，魏王落荒而走。至

---

① 如前所述，从汉语史上"NP_受被NP_施将／把NP_受VP"的用例可以看到，"被NP_施将／把NP_受VP"是因语言的经济原则的驱动而省略了羨余的受事主语，换言之，"被NP_施将／把NP_受VP"隐含着一个羨余的受事主语，所以我们说其话题与被动句式"(NP_受)被NP_施VP"一致。

天明，只见王贲领军截住去路，正欲回走，后军赶来，只得拼死杀进。王贲当先迎战二十余合，<u>被王贲把魏王拖下马来</u>。(《周朝秘史》第一百一十三回)

上例中"被王贲把魏王拖下马来"属于糅合句式"被NP施把NP受VP"，由被动句式"(魏王)被王贲拖下马来"与处置句式"王贲把魏王拖下马来"糅合而成，充当复句的后续分句。始发分句"王贲当先迎战二十余合"的话题是"王贲"，处置句式"王贲把魏王拖下马来"的话题与之一致，而被动句式"(魏王)被王贲拖下马来"的话题却是"魏王"。言者大脑中假若先浮现"王贲把魏王拖下马来"，后浮现、叠加"(魏王)被王贲拖下马来"，那么生成的糅合句式"被王贲把魏王拖下马来"的话题（即"魏王"）反倒与始发分句的话题不一致。由此可见，保持前后话题的同一性是"被NP施将/把NP受VP"的一个或然性生成动因。

6.5 小结

"被NP施将/把NP受VP"是近代汉语中出现的一种特殊句式，其所表示的语义往往是消极的。从句式糅合的三个基本原则、主语羡余句式"NP受被NP施将/把NP受VP"的生成两个视角可以看出，"被NP施将/把NP受VP"的生成机制是糅合，其是由省略受事主语的被动句式"(NP受)被NP施VP"与处置句式"NP施将/把NP受VP"通过删略重叠或重复成分糅合而成的。

如果言者大脑中先浮现"(NP受) 被NP施VP",后浮现、叠加"NP施将／把NP受VP",那么"被NP施将／把NP受VP"的生成动因是强化言者的主观性;如果言者大脑中先浮现"NP施将／把NP受VP",后浮现、叠加"(NP受) 被NP施VP",那么"被NP施将／把NP受VP"的生成动因除了强化言者的主观性之外,还有可能是保持前后话题的同一性。换言之,强化言者的主观性是"被NP施将／把NP受VP"的必然性生成动因,而保持前后话题的同一性是其或然性生成动因。

第七章 "S去X去"的来源及相关问题

7.1 引言

现代汉语中有一种特殊的表示位移事件的句式"S去X去"。例如：

(1) 他说："娘，咱上不起学不上了，<u>我去当兵去</u>！"
（李晓明、韩安庆《平原枪声》）

这种句式中施事主语S有时省略。为了行文方便，我们将这种句式简称作位移句式。①我们一般会认为，从语言的经济原则来看，位移句式"S去X去"中两个"去"有一个是羡余的，这种句式说成"S去X"或"SX去"即可。如上例"我去当兵去"，若省略成"我去当兵"或"我当兵去"，命题义并未发生变化。

位移句式"S去X去"早在近代汉语中就已出现，主要为文献中人物的语言，具有口语性，既可以表示未然事件，也可以表示已然事件。"去"为及物动词，一般表示某人离开言者前

---

① 需要指出的是，之所以将这种句式称作位移句式，是因为其中含有位移动词"去"，且最初表示位移事件。不过由于这种句式使用范围的扩大，有的句式的位移义弱化了。

往某处;X可以是NP,也可以是VP。根据X的构成,"S去X去"可分为三类:"S去NP去""S去VP去""S去NPVP去"。

"S去NP去"中"去"是位移动词,NP是位移的终极方所。这种句式表示施事离开言者这个参照点前往某个方所。① "S去NP去"最迟在南宋时期已有用例。例如:

(2) 问曰:"狭路相逢时如何?"明曰:"你且躲避,<u>我要去那里去</u>。"(《五灯会元》卷十九。转引自杨永龙,2012)

(3) 道家说仙人尸解,极怪异。将死时,用一剑,一圆药,安于睡处。少间,剑化作自己,药又化作甚么物,<u>自家却自去别处去</u>。(《朱子语类》卷一百二十五)

"S去VP去"中"去"也是位移动词,VP基本上表示具体行为。"S去VP去"表示施事先发生位移,然后实施某个行为。由于句式中第一个"去"后省略了位移的终极方所,"去"与VP紧邻,VP又可理解成"去"的目的,因而这种位移句式也可理解成目的句式。但是句式中"去"的位移义并未消失,其仍然是一个位移动词。"S去VP去"最迟可能在北宋时期已出现。例如:

(4) 师曰:"<u>去般水浆茶堂里用去</u>。"(《景德传灯录》卷二十一)

"S去NPVP去"中"去"是位移动词,NP是位移的终极

---

① 施事可以是言者,也可以是其他人。

方所，VP是施事位移后实施的行为，因而"S去NPVP去"也属于位移句式。这种句式早在晚唐五代时期就有用例。例如：

(5) 师云："我不可著汝这般底，<u>向后去别处打风颠去也</u>。"(《祖堂集》卷十五。转引自杨永龙，2012)

汉语学界对"S去VP去"关注较多，讨论的焦点主要是这种句式中两个"去"的性质、意义或作用。吕叔湘(1982：230—231)认为，"S去VP去"中后一个"去""是纯然表动相的了"。丁声树等(1961：113)则认为现代汉语中"S去VP去"是连动式，前后两个"去"都是位移动词。朱德熙(1982：165)认为，"去"可以"充任连谓结构的前一个直接成分表示目的"，"也可以挪到后头充任连谓结构的后一个直接成分"，后置的表示目的的"去""是一种虚化了的动词"。陆俭明(1985)指出，现代汉语中"S去VP去""这种句式里的后一个'去'在任何时候、任何情况下都不能换成'来'而使意思保持不变；可是前面那个'去'有时可用'来'替换而意思基本不变"。韩荔华(1994)认为现代汉语中"S去VP去"是一种"重复句式"，后一个"去"是前一个"去"的重复，"这种重复的作用主要在于表示强化，强化动作的目的"。黑维强(2003a)探讨了近代汉语中"S去VP去"的结构类型、产生时代及其发展，以及"去"的词性及意义。杨永龙(2012)认为近代汉语中的"S去VP去"是语言接触过程中SVO与SOV这两种语序类型的目的构式混合的结果。学界对句式"S去NP去"关注较少。黑维强(2003b)从结构类型、使用时代及消失的原因、产生的地域、在现代方言的保留及"去"的意义等方面对近代汉语中的"S 去 NP 去"进行了讨论。

以上研究成果从不同角度对现代汉语或近代汉语中的"S 去 X 去"进行了分析、探讨，但是关于这种句式的生成机制与生成动因等问题学界关注不够，有必要进行深入、细致的探究。我们立足汉语史，先探究"S 去 X 去"的生成机制，然后探究其生成动因，最后讨论两个相关问题：一是"S 去 X 去"的生成是否与语言接触有关，二是反向位移句式"S 来 X 来"的来源等。

7.2 "S 去 X 去"的生成机制

我们认为，位移句式"S 去 X 去"的生成机制是糅合，其是由位移句式"S 去 X"与"SX 去"糅合而成的。"S 去 X 去"可以分为"S 去 NP 去""S 去 VP 去"和"S 去 NPVP 去"三类，这三类句式的生成过程可以分别表示为：

    1. "S 去 NP" + "SNP 去" → "S 去 NP 去"

    2. "S 去 VP" + "SVP 去" → "S 去 VP 去"

    3. "S 去 NPVP" + "SNPVP 去" → "S 去 NPVP 去"

7.2.1 "S 去 NP 去"的生成机制

7.2.1.1 "S 去 NP"的出现与使用

《说文解字·去部》:"去,人相违也。"《说文解字注》:"违,离也。人离故从大,大者人也。""去"的本义是"离开",表示人离开某地。例如:

(6) 孟子去齐,宿于昼。(《孟子·公孙丑下》)

"去"具有[+位移]这一语义特征。位移行为总是始于甲地,终于乙地,对甲地而言是"离开",对乙地而言就是"前往",因而通过转喻机制,"去"引申出"前往"义。大概到了西晋时期,"去"已有"前往"义。例如:

(7) 余人复见言:"共去取清净粳米。"(西晋·法立共法炬译《大楼炭经》卷六)

下例出自东晋时期的汉译佛经,其中的"去"也是"前往"义位移动词:

(8) 王善方便欲解喻其意:"汝去阁上,令比丘在下。汝便自投其上,杀彼比丘,以报父仇。"(东晋·佛陀跋陀罗共法显译《摩诃僧祇律》卷二十九)

"汝去阁上"属于位移句式"S 去 NP",表示 S 前往 NP。也就是说,位移句式"S 去 NP"最迟在东晋时期已出现。

"S 去 NP"在近代汉语中用例颇多,NP 表示"去"的终极方所。下面是唐宋时期"S 去 NP"用例:

（9）后阿娘亦（一）见舜子，五毒嗔心便起："自从<u>夫去辽阳</u>，遣妾勾当家事。……"（《敦煌变文校注·舜子变》）

（10）问："<u>学人去南方</u>，忽然雪峰问赵州意，作摩生祇对？"师云："遇冬则寒，遇夏则热。"（《祖堂集》卷十八）

（11）颜鲁公只是有忠义而无意智底人。<u>当时去那里</u>，见使者来，不知是贼，便下两拜。(《朱子语类》卷一百三十六）

元明清时期"S 去 NP"用例不赘举。

7.2.1.2 "SNP 去"的出现与使用

位移句式"SNP 去"中 NP 为"去"的终极方所，但是却出现于位移动词"去"前，可以理解为"去"的状语。"SNP 去"最迟在东晋时期就有用例。例如：

（12）若不受者，<u>应余处去</u>。（东晋·佛陀跋陀罗共法显译《摩诃僧祇律》卷三十四）

近代汉语中"SNP 去"使用广泛。例如：

（13）峰云："<u>什摩处去</u>？"对云："<u>湖南去</u>。"（《祖堂集》卷七）

（14）有僧辞。"<u>什摩处去</u>？"对云："<u>南方去</u>。"（《祖堂集》卷十八）

（15）（净）亚公，待我说：它又未上任，又未归乡，又未入朝，只是<u>湖州去</u>。（《张协状元》第三十九出）

（16）（外）我小娘子和蔡相公都去了。（丑）<u>那里去</u>？

（外）家里去了。(《元本琵琶记》第三十九出）

为了凸显 NP 的终极性,"SNP 去"中 NP 的前面还可以加介词"向""往"等,形成句式"S 向/往 NP 去"等。例如:

(17) 是时猕猴两手抱鳖,作是念言:"谁当为我脱此苦难? 猕猴曾知仙人住处,彼当救我。"便抱此鳖,向彼处去。(东晋·佛陀跋陀罗共法显译《摩诃僧祇律》卷五）

(18) 尔时世尊于崩伽聚落随所乐住已,向舍卫国去。(刘宋·求那跋陀罗译《杂阿含经》卷三十）

(19) 德薛禅问说:"也速该亲家,你往那里去?"也速该说:"我往这儿子母舅斡勒忽讷氏索女子去。"(《蒙古秘史》卷一）

(20) 到次日,西门庆往外边去了。(《金瓶梅词话》第二十八回）

下例中问语"何处去"属于句式"SNP 去",而答语"向未来中去"属于句式"S 向 NP 去",NP 前添加了介引终极方所的介词"向"。

(21) "何处去?"答言:"向未来中去。"(东晋·佛陀跋陀罗共法显译《摩诃僧祇律》卷十四）

当然,从共时层面来看,由于语言的经济原则优先发挥作用,我们习惯于将同一命题的简单表达式看作复杂表达式的省略式,而忽视这两种形式始见时代的先后,所以也可以认为"SNP 去"是"S 向 NP 去"的省略式。

7.2.1.3 "S 去 NP 去"的生成机制：糅合

根据句式糅合的三个基本原则，即语义相近原则、时代先后原则与成分蕴含原则或语义蕴含原则，我们认为，位移句式"S 去 NP 去"是由"S 去 NP"与"SNP 去"糅合而成的。

首先，句式糅合要遵循语义相近原则，即两个源句式的语义必须相同或相近。"S 去 NP"与"SNP 去"语义相同，均是表示 S 向 NP 进行位移。如例（10）"学人去南方"，若说成"学人南方去"，命题义并未发生变化，二者均是表示学人向南方进行位移。因而"S 去 NP"与"SNP 去"糅合生成"S 去 NP 去"遵循句式糅合的语义相近原则。

其次，句式糅合要遵循时代先后原则，即两个源句式的始见时代要早于或不晚于糅合句式的始见时代。位移句式"S 去 NP""SNP 去"最迟在东晋时期已出现，而位移句式"S 去 NP 去"大概到南宋时期才出现，也就是说"S 去 NP"与"SNP 去"的始见时代均早于"S 去 NP 去"，因而"S 去 NP"与"SNP 去"糅合生成"S 去 NP 去"遵循句式糅合的时代先后原则。

最后，句式糅合要遵循成分蕴含原则或语义蕴含原则，即糅合句式在句法上必须蕴含源句式的所有成分或主要成分，在语义上必须蕴含源句式。"S 去 NP 去"既蕴含了"S 去 NP"的所有成分，又蕴含了"SNP 去"的所有成分；既蕴含了"S 去 NP"的语义，又蕴含了"SNP 去"的语义。如例（3）"自家却自去别处去"，既蕴含了"自家却自去别处"的所有成分及语义，又蕴含了"自家却自别处去"的所有成分及语义。所以"S去NP"与"SNP去"糅合生成"S去NP去"遵循句式糅合的成分蕴含原则或语义蕴含原则。

综上所述,从句式糅合的三个基本原则可以看出,"S去NP去"是由"S去NP"与"SNP去"糅合而成的,其生成机制是糅合。

7.2.2 "S去VP去"的生成机制

7.2.2.1 "S去VP"的出现与使用

位移句式"S去VP"中动词"去"后实际上省略了终极方所,句式义是S前往某个方所实施行为VP。这种句式最迟在西晋时期就已出现,如例(7)"共去取清净粳米"。

近代汉语中"S去VP"使用非常频繁。例如:

(22)师曰:"<u>沩山古佛子速去礼拜忏悔</u>。"(《景德传灯录》卷十六)

(23)(丑唾)丫头儿胎发怎地长,你没我屋中,自饿杀了你!(旦)<u>我去说与你爹娘</u>。(《张协状元》第十二出)

(24)金莲使来安儿:"<u>你去叫韩嫂儿</u>,等俺每问他个端的。"(《金瓶梅词话》第二十四回)

(25)高文明道:"即如此说,<u>我去请他起来</u>,你可整理些酒饭相待。"(《二刻拍案惊奇》卷二十六)

7.2.2.2 "SVP 去"的出现与使用

位移句式"SVP 去"与"S 去 VP"的语序不同,"去"出现于 VP 后。这种句式最迟在东晋时期就有用例。例如:

(26)时有外道弟子,见已作是念:"我等当共扰沙门优婆塞去。"(东晋·佛陀跋陀罗共法显译《摩诃僧祇律》卷三十一)

近代汉语中"SVP 去"有较多用例。例如:

(27)净能奏曰:"臣与陛下摇(遥)采仙药去。"(《敦煌变文校注·叶净能诗》)

(28)师问:"汝向什摩处去?"对曰:"住庵去。"(《祖堂集》卷四)

(29)上堂:"有一人在千人万人中,不背一人,不向一人,你道此人具何面目?"云居出曰:"某甲参堂去。"(《五灯会元》卷十三)

(30)童奶奶着了忙,走到前头,说道:"姑娘,拿钥匙来给我!丫头象有话说了,我们看看去。"(《醒世姻缘传》第八十回)

7.2.2.3 "S 去 VP 去"的生成机制:糅合

位移句式"S 去 VP 去"应是由位移句式"S 去 VP"与"SVP 去"糅合而成的,其生成机制也是糅合。这也完全遵循句式糅合的三个基本原则。

首先,"S去VP"与"SVP去"语义一致。如例(22)"汹山古佛子速去礼拜忏悔"可以变换为"汹山古佛子速礼拜忏悔去",变换前后的命题义不变。所以"S去VP"与"SVP去"糅合生成"S去VP去"遵循句式糅合的语义相近原则。

其次,"S去VP"最迟在西晋时期已出现,"SVP去"最迟在东晋时期就有用例,而"S去VP去"直到北宋才有用例,因而"S去VP"与"SVP去"糅合生成"S去VP去"遵循句式糅合的时代先后原则。

最后,"S去VP去"不仅蕴含"S去VP"的所有成分及语义,而且蕴含"SVP去"的所有成分及语义。例如:

(31) 八戒道:"那猴子不禁跌,一跌就跌化了。兄弟,莫管他死活,<u>我和你且去寻师父去</u>。"(《西游记》第四十九回)

上例"我和你且去寻师父去",既蕴含了"我和你且去寻师父"的所有成分及语义,又蕴含了"我和你且寻师父去"的所有成分及语义。所以"S去VP"与"SVP去"糅合生成"S去VP去"遵循句式糅合的成分蕴含原则或语义蕴含原则。

总之,从句式糅合的三个基本原则可以看到,"S去VP去"的生成机制也当是糅合,其是由"S去VP"与"SVP去"糅合而成的。

7.2.3 "S 去 NPVP 去"的生成机制

7.2.3.1 "S 去 NPVP"的出现与使用

位移句式"S 去 NPVP"表示 S 先位移至方所 NP，然后实施行为 VP。这种句式最迟在晚唐五代时期已出现。例如：

（32）问僧："什摩处去？"对云："<u>去娥媚礼拜普贤</u>。"（《祖堂集》卷十九）

近代汉语中"S 去 NPVP"用例颇多。例如：

（33）（旦）解元，<u>你去西廊胡乱吃些子饭了</u>，睡休。（《张协状元》第十二出）

（34）（末）如今那里去？（净）将着诏书，<u>去陈留旌表孝子门闾</u>。（《元本琵琶记》第四十一出）

（35）便叫煮下干肉，做起蒸饼，各把料袋装了，拴在身边，离了刘太公庄上。<u>先去正北上寻</u>。（《水浒传》第七十三回）

（36）春儿道："<u>你去邻家借把锄头来用用</u>。"（《警世通言》卷三十一）

7.2.3.2 "SNPVP 去"的出现与使用

位移句式"SNPVP 去"与"S 去 NPVP"的语序不同，位移动词"去"不是出现于 NP 前，而是出现于句式末尾。这种句

式最迟在晚唐五代时期就已出现。例如:

(37)有僧辞,师问:"什摩处去?"僧曰:"浙中礼拜径山去。"(《祖堂集》卷七)

近代汉语中"SNPVP 去"使用非常普遍。例如:

(38)问:"和尚百年后,向甚么处去?"师曰:"山下李家使牛去。"(《五灯会元》卷十三)

(39)(卒子云)那里取去?(张士贵云)东库里寻去。(无名氏《摩利支飞刀对箭》第二折,《全元曲》)

(40)(孔目同搽旦上,云)小生郑嵩,自到大姐家住许多时,难得大姐赤心相待。争奈我那浑家害的重了,我家中看一看去。(杨显之《郑孔目风雪酷寒亭》第一折,《全元曲》)

(41)权奶奶道:"……你那借花献佛虚撮脚儿的营生,我不知道么?你北京城打听去!权家的丫头都伶俐,不叫人哄呀!"(《醒世姻缘传》第八十七回)

"SNPVP 去"中表示终极方所的 NP 前往往可以出现介词"向""往"等,构成新的句式"S 向/往 NPVP 去"等。下面是"S 向 NPVP 去"用例:

(42)因侍者辞,师问:"汝去何处?"对曰:"向诸方学佛法去。"(《祖堂集》卷三)

(43)三个学生席未完时,都放下箸儿,春宇道:"你们既不吃,可向后边吃茶去。"(《歧路灯》第三回)

下面是"S 往 NPVP 去"用例:

(44)(末云)庄先生,咱往书房中看去。(史九散人《老庄周一枕胡蝶梦》第二折,《全元曲》)

(45)两个顽了一回,妇人道:"咱往葡萄架那里投壶耍子儿去。"(《金瓶梅》第二十七回)

(46)那和尚说:"再也不敢。小僧从今日准备箬笠、瓦钵,往深山里忏悔去。"(《朴通事谚解》)

不过也可以认为"SNPVP去"是"S向/往NPVP去"的省略式。

7.2.3.3 "S去NPVP去"的生成机制:糅合

位移句式"S去NPVP去"应该是由位移句式"S去NPVP"与"SNPVP去"糅合而成的。如例(5)"向后去别处打风颠去也",应是由"向后去别处打风颠也"与"向后别处打风颠去也"糅合而成的。"S去NPVP"与"SNPVP去"糅合生成"S去NPVP去",完全遵循句式糅合的三个基本原则。

首先,"S去NPVP"与"SNPVP去"语义一致。在同一种文献中,相同或相近的命题义可以用"S去NPVP"和"SNPVP去"两种句式表达。例如:

(47)a.师临迁化时,示众曰:"老僧死后,去山下作一头水牯牛,胁上书两行字云:'沩山僧某专甲。'与摩时,唤作水牯牛,唤作沩山僧某专甲?若唤作沩山僧,又是一头水牯牛。若唤作水牯牛,又是沩山僧某专甲。汝诸人作摩生?"(《祖堂集》卷十六)

b. 问："古人道：'山下檀越家作一头水牯牛去。'未审此理如何？"师云："阇梨何不被毛载角去？"(《祖堂集》卷十二)

由此可见"S 去 NPVP"与"SNPVP 去"二者语义是一致的，遵循句式糅合的语义相近原则。

其次，"S 去 NPVP"与"SNPVP 去"最迟在晚唐五代时期就已出现，"S 去 NPVP 去"最早大概也出现于晚唐五代时期，前者的始见时代不晚于后者。因此"S 去 NPVP"与"SNPVP 去"糅合生成"S 去 NPVP 去"遵循句式糅合的时代先后原则。

最后，"S 去 NPVP 去"既蕴含了"S 去 NPVP"的所有成分及语义，又蕴含了"SNPVP 去"的所有成分及语义，因而遵循句式糅合的成分蕴含原则或语义蕴含原则。

综上所述，从句式糅合的三个基本原则来看，"S 去 NPVP 去"的生成机制应是糅合，其应是由"S 去 NPVP"与"SNPVP 去"糅合而成的。

7.3 "S 去 X 去"的生成动因

7.3.1 "S 去 NP 去"的生成动因

时间顺序原则"管辖着汉语中大多数可以定出的句法范畴的语序表现"；所谓时间顺序原则是指"两个句法单位的相对次序决定于它们所表示的概念领域里的状态的时间顺序"(戴浩一，

1988)。位移句式"S 去 NP"遵循时间顺序原则,表示施事 S 先发生位移行为"去",后到达终极方所 NP,句法单位的先后顺序与"它们所表示的概念领域里的状态的时间顺序"一致。"S 去 NP"的焦点是句式末尾的 NP,属于自然焦点或常规焦点。例如:

(48) 南泉教僧:"<u>你去鲁祖处</u>。到彼中,便有来由。"其僧辞南泉,<u>便去鲁祖处</u>。(《祖堂集》卷十四)

例(48)"你去鲁祖处"的语序符合时间顺序原则,"鲁祖处"是自然焦点或常规焦点,表示位移行为"去"的终极处所。例中"(其僧)便去鲁祖处"亦然。遵循时间顺序原则的位移句式"S 去 NP"按照先旧信息、后新信息的顺序组织语言单位,与客观的位移事件中施事、位移行为、终极方所的出现顺序一致,不带有说话人的主观性,因而"S 去 NP"只是客观地陈述一个位移事件。

而位移句式"SNP 去"中句法单位的顺序与时间顺序原则不一致,本该处于"去"后的位移的终极方所 NP 却移位到了动词"去"之前。不过"SNP 去"的语序是符合言者认知心理的。言者在传递新信息 NP 时,认为 NP 是"去"之前首先应该明确的终极方所,否则"去"成了"漫无目的"的位移行为。由于急于要传递 NP 这个重要的新信息,言者于是将本该处于"去"后面的 NP 移位至"去"前先说出。也就是说,不遵循时间顺序原则的"SNP 去"强化的是"去"的终极方所 NP,具有言者的主观性。例如:

(49)有僧辞，师问："<u>什摩处去</u>？"对云："<u>江西去</u>。"（《祖堂集》卷十七）

例（49）"什摩处去""江西去"属于句式"SNP 去"，焦点或重要的新信息分别是处于"去"前的终极处所"什摩处""江西"，体现了言者的主观性。

如果言者想客观地陈述一个包含施事 S、位移行为"去"及终极方所 NP 的位移事件，那么言者可以使用遵循时间顺序原则的句式"S 去 NP"。如果言者想强化位移行为"去"的终极方所 NP，体现自己的主观性，那么言者可以使用违背时间顺序原则的句式"SNP 去"。如果言者在客观地陈述一个包含施事 S、位移行为"去"及终极方所 NP 的位移事件时，又想凸显位移行为"去"的终极方所 NP，体现言者的主观性，那么"S 去 NP"与"SNP 去"这两种命题义一致的句式就会先后在言者大脑中浮现、叠加。为了遵循语言的经济原则，在外在的语言形式上二者就通过删略重叠成分糅合成了新的句式"S 去 NP 去"。如例（3）"自家却自去别处去"，如果言者想客观地陈述一个包含施事"自家"、位移行为"去"及终极处所"别处"的位移事件，可以使用句式"自家却自去别处"；如果言者想强化"去"的终极处所，体现自己的主观性，可以使用句式"自家却自别处去"；如果言者在客观地陈述一个包含施事"自家"、位移行为"去"及终极处所"别处"的位移事件时，又想凸显位移行为"去"的终极处所，体现自己的主观性，那么这两个命题义一致的句式就会先后在言者的大脑中浮现、叠加。为了遵循语言的经济原则，在外在的形式上这两个句式就通过删略重叠成分糅合生成了"自家却自去别处去"。

总之，"S去NP去"的生成动因是，言者在客观地陈述一个位移事件时，又想体现自己的主观性，强化位移的终极方所这个重要的新信息。

7.3.2 "S去VP去"的生成动因

据我们考察，近代汉语位移句式"S去VP去"中的VP基本上是表示具体的行为，第一个"去"后实际上隐含着一个终极方所NP，即"S去NPVP去"。这个隐含的NP可能是非常明确的，也可能是比较模糊、宽泛的。例如：

（50）只见兄弟糕儿急急忙忙走将来道："母亲害起急心疼来，一时晕去。我要到街上去取药，<u>姐姐可快去看母亲去</u>！"桂娘听得，疾忙抽身便走了出房，减妆也不及收，房门也不及锁，竟到孺人那里去了。（《二刻拍案惊奇》卷三）

根据上下文可知，例（50）"姐姐可快去看母亲去"中省略了位移的终极处所，完整的表达应该是"姐姐可快去母亲那里看母亲去"。只是由于句子的焦点或重要的新信息是"看母亲"，而"母亲那里"是次要信息，且是模糊的、宽泛的位移的终极处所，实际上并没有提供有用的准确的新信息，因为"看母亲"自然要去"母亲那里"，因此"母亲那里"这个次要信息便省略了。也就是说，糅合句式"S去VP去"中的第一个"去"后省略了位移的终极方所NP。

既然糅合句式"S去VP去"可以看作省略了位移的终极方所的句式"S去NPVP去"的省略式,那么源句式"S去VP"同样也可以看作省略了位移的终极方所的句式"S去NPVP"的省略式。"S去VP"遵循时间顺序原则,"去"与VP之间是连动或顺承关系,句式的焦点是末尾的VP。"S去VP"只是客观地陈述一个包含了两个有时间上的先后关系的行为的位移事件。例如:

(51)邬波难陀问曰:"欲何处去?"难陀答曰:"<u>我今且去求觅商旅</u>。"(唐·义净译《根本说一切有部毗奈耶》卷四)

由问句"欲何处去"可知"我今且去求觅商旅"中"去"的后面省略了位移的终极处所,但是由于前往某处后紧接着发生的行为"求觅商旅"在言者看来更为重要,因而位移的终极处所这个次要信息就省略了。该句式末尾的重要信息"求觅商旅"是自然焦点。"我今且去求觅商旅"遵循时间顺序原则,只是客观地陈述一个包含了两个有时间上的先后关系的行为"去"和"求觅商旅"的位移事件。

"SVP去"的语用功能实际上是强化VP。"SVP去"不遵循时间顺序原则,将后发生的行为VP移位至先发生的行为"去"前,很显然带有言者的主观性,言者是为了急于强化重要的新信息VP而将VP提前说出。不过此时VP往往是作为位移行为的目的被强化的。在言者看来,先实施位移行为"去",后实施行为VP,二者在时间上有先后关系,但是在逻辑上"去"是

VP 实施的前提，VP 是"去"后达到的目的。也就是说，"SVP去"强化的是位移后的行为或目的，具有言者的主观性。

在禅宗语录《祖堂集》中针对问句"(S)什摩处去"，言者可以使用三种回答方式：或告知位移的终极处所；或既告知位移的终极处所，又告知位移后的行为或目的；或仅仅告知位移后的行为或目的。例如：

(52) 峰云："<u>什摩处去</u>？"对云："<u>湖南去</u>。"(《祖堂集》卷七)

(53) 师曰："<u>什摩处去</u>？"对曰："<u>江陵受戒去</u>。"(《祖堂集》卷四)

(54) 师问云居："<u>什摩处去来</u>？"对曰："<u>踏山去来</u>。"[①](《祖堂集》卷六)

"(S)什摩处去(来)"属于句式"SNP去"，焦点或重要的新信息是"去"的终极处所，即疑问词语"什摩处"。答语或顺应问句使用句式"SNP去"，强化"去"的终极处所，如例(52)；或使用"SNPVP去"，既强化"去"的终极方所，又凸显"去"后的行为或目的，如例(53)；或使用"SVP去"，仅强化"去"后的行为或目的，这是因为言者认为位移后的行为或目的相对于位移的终极处所来说更为重要，如例(54)。由此可见，"SVP去"是强化位移后的行为或目的 VP 的，具有言者

---

① 这里的"来"是事态助词，用在句式末尾，"指明某一事件、过程是曾经发生过的，是过去完成了的。在句子里使用它，是给句子所陈述的事件、过程加上了一个'曾经'的标志"(曹广顺，1995：98)。

的主观性。

在《祖堂集》中"S吃茶去"有10例。例如：

(55) 报慈拈问师："忽然放下扫帚时作摩生道？"师云："大家吃茶去。"(《祖堂集》卷十二)

例(55)之所以没有按照时间顺序原则使用"大家去吃茶"这一句式，是因为这一句式只是一个客观的陈述而已。要求施事实施"去"与"吃茶"这两种行为，很显然，"吃茶"是表意重点，是更重要的新信息。"吃茶"需要先实施位移行为"去"，或者说蕴含"去"，使用"大家吃茶去"这一句式强化了位移后的行为或目的"吃茶"，具有言者的主观性。因此，可以说"SVP去"的语用功能是强化位移后的行为或目的，凸显言者的主观性。

当言者只想客观地陈述一个包含了两个有时间上的先后关系的行为"去"和VP的位移事件，就会从记忆库中提取句式"S去VP"；当言者想强化位移后的行为或目的，凸显自己的主观性，就会从记忆库中提取句式"SVP去"。如果言者在客观地陈述一个包含了两个有时间上的先后关系的行为"去"和VP的位移事件时，又想凸显自己的主观性，强化位移后的行为或目的，那么"S去VP"与"SVP去"这两种句式就会先后在言者大脑中浮现、叠加。为了遵循语言的经济原则，在外在的语言形式上这两种句式就通过删略重叠成分糅合生成了"S去VP去"。如例(50)"姐姐可快去看母亲去"，如果言者想客观地陈述一个包含"去"与"看母亲"这两个时间上有先后关系的行为的位移事件,就会从记忆库中提取句式"姐姐可快去看母亲";如果言者又想进一步凸显自己的主观性,强化施事"姐姐"实施位移行为"去"后的行为或目的,那么就又会从记忆库中提取句式"姐姐可快看母亲去"。也就是说,"姐姐可快去看母亲"与"姐姐可快看母亲去"这两个语义一致的句式就会先后在言者大脑中浮现、叠加。为了遵循经济原则,在外在的语言形式上这两个句式就通过删略重叠成分糅合生成了"姐姐可快去看母亲去"。

总而言之,"S 去 VP 去"的生成动因是,言者在客观地陈述一个包含了两个有时间上的先后关系的行为的位移事件时,又想凸显自己的主观性,强化位移后的行为或目的这个重要的新信息。

7.3.3 "S 去 NPVP 去"的生成动因

"S 去 NPVP 去"是由"S 去 NPVP"与"SNPVP 去"糅合而成的,源句式"S 去 NPVP"遵循时间顺序原则,可以看作连动结构,表示施事 S 先实施位移行为"去 NP",然后实施另一种行为 VP,很显然,句式的语义重心或重要的新信息是末尾的 VP。换言之,"S 去 NPVP"只是客观地陈述一个包含了两个有时间上的先后关系的行为"去 NP"与 VP 的位移事件,句式末尾的 VP 是语义重心,是自然焦点。例如:

(56) 师曰:"吃饭也未?"对曰:"未吃饭。"师曰:"<u>去库头觅吃饭</u>。"其僧应喏,便去库头。(《祖堂集》卷十四)

例（56）属于位移句式"S 去 NPVP"，语义重心是句式末尾的"觅吃饭"。该句式包含了两个有时间上先后关系的行为：一是位移行为"去库头"，二是位移后的行为或目的"觅吃饭"。"去库头觅吃饭"遵循时间顺序原则，只是客观地陈述一个包含了两个有时间上先后关系的行为的位移事件。

源句式"SNPVP 去"并不遵循时间顺序原则，按照时间顺序原则，应该说成"S 去 NPVP"。位移的终极方所与位移后的行为或目的这些新信息比先发生的位移行为重要，言者急于要把这些重要的新信息传递给听者，因而将 NPVP 移位至"去"前，形成了句式"SNPVP 去"。换言之，不遵循时间顺序原则的"SNPVP 去"强化的是位移的终极方所与位移后的行为或目的这些重要的新信息，具有言者的主观性。例如：

（57）普曰："去作什摩？"师云："<u>十字路头卓庵去</u>。"（《祖堂集》卷十九）

例（57）中答语"十字路头卓庵去"并未顺应问句"去作什摩"使用遵循时间顺序原则的句式"S 去 NPVP"，而是使用违背时间顺序原则的句式"SNPVP 去"，将分别表示位移的终极处所与位移后的行为或目的的重要的新信息"十字路头""卓庵"置于次要信息"去"前，既强化了位移的终极方所，又强化了位移后的行为或目的，具有言者的主观性。

如果言者想客观地陈述一个包含了两个有时间上的先后关系的行为"去 NP"与 VP 的位移事件，那么就会从记忆库中提取句式"S 去 NPVP"；如果言者想要强化位移的终极方所与位移后的行为或目的，凸显自己的主观性，那么就会从记忆库中提取句式"SNPVP 去"。如果言者在客观地陈述一个包含了两个有时间上的先后关系的行为"去 NP"与 VP 的位移事件时，又想强化位移的终极方所与位移后的行为或目的，凸显自己的主观性，那么"S 去 NPVP"与"SNPVP 去"这两种句式就会先后在言者大脑中浮现、叠加。为了遵循语言的经济原则，在外在的语言形式上，二者就通过删略重叠成分糅合生成了"S 去 NPVP 去"，如例（5）"向后去别处打风颠去也"。如果言者只想客观地陈述一个包含了两个有时间上的先后关系的行为"向后去别处"与"打风颠"的位移事件，可以从记忆库中提取句式"向后去别处打风颠"；如果言者想凸显自己的主观性，强化位移的终极处所与位移后的行为或目的，可以从记忆库中提取句式"向后别处打风颠去也"；如果言者在客观地陈述一个包含了两个有时间上的先后关系的行为的位移事件时，又想凸显自己的主观性，强化位移的终极处所与位移后的行为或目的，那么这两个句式就会先后在言者大脑中浮现、叠加。为了遵循语言的经济原则，在外在的语言形式上这两个命题义一致的句式便通过删略重叠成分糅合生成了"向后去别处打风颠去也"。

综上所述，"S 去 NPVP 去"的生成动因是，言者在客观地陈述一个包含了两个有时间上的先后关系的行为"去 NP"与 VP 的位移事件时，又想凸显自己的主观性，强化位移的终极方所与位移后的行为或目的这些比位移行为"去"更重要的新信息。

生成糅合句式"S去NP去""S去VP去""S去NPVP去"的源句式A分别是"S去NP""S去VP""S去NPVP",它们的共性是遵循时间顺序原则,客观地陈述一个位移事件。生成糅合句式"S去NP去""S去VP去""S去NPVP去"的源句式B分别是"SNP去""SVP去""SNPVP去",这些句式也有共性,均打破了时间顺序原则,强化位移的终极方所或位移后的行为或目的这些更重要的新信息,凸显了言者的主观性。因此,我们可以将"S去X去"的生成动因概括为:言者在客观地陈述一个位移事件时又想凸显自己的主观性,强化重要的新信息。

需要指出的是,糅合句式"S去X去"中的两个"去"原来均是位移动词。由于出现了位移的终极方所NP,所以在汉语史上"S去NP去""S去NPVP去"中前后两个"去"的位移动词的性质始终没有改变。那么没有出现位移的终极方所的"S去VP去"中的两个"去"的性质是否发生了变化呢?我们认为,在汉语史上"S去VP去"基本上仍然是位移句式,其中的两个"去"仍是位移动词。据我们考察,近代汉语里"S去VP去"中VP基本上是需要发生位移才能实施的行为,因而句式中第一个"去"后基本上可以补出一个位移的终极方所NP。不过由于语义重心转移到VP上,NP的地位削弱了,不再是言者或听者关注的重点,因而这个可以补出的NP有时是模糊的、宽泛的。即使到了现代汉语,句式"S去VP去"中的第一个"去"后基本上还是可以补出一个方所NP,虽然有时是模糊的、宽泛的。同一个句式中的第二个"去"与第一个"去"没有本质上的区别。因此,我们认为,现代汉语中"我去买菜去"这样的"S 去 VP 去"仍然是一个位移句式,其中两个"去"的动词的性质并没有改变,只不过可能会在表意功能等方面有一些细微的差异。即便认为到了现代汉语有的"S 去 VP 去"中的"去"的位移义逐渐弱化乃至消失,那也只是 VP 扩展到与位移行为"去"无多大关系甚至是无关的范围而导致的结果,从来源上看,两个"去"的位移动词的性质并没有改变。现代汉语还有一种与"S 去 VP 去"对称的反向位移句式"S 来 VP 来"(详见下文),这也能证明"S 去 VP 去"中两个"去"的位移动词的性质并没有发生根本性的改变。由于研究问题的视角、方法及掌握的材料等不同,不同的学者对现代汉语中"S 去 VP 去"的句式义及其中两个"去"的性质等的认识有分歧是在所难免的。正如杨永龙(2012)所说:"从源头上看前后的'去'是同一个'去'在那里叠床架屋,但叠床架屋之后要么会逐渐淘汰,要么必须与汉语的总体语法格局相适应。最简单的适应办法是按照既有的语法格局进行调整,使得二者有轻重程度之别或者表意功能之别。这种调整当然不是语言自己可以完成的,必须通过语言使用者加以重新识解,使得混合的结构可以按照既有语法格局重新分析"。而语言使用者对语言现象的重新识解自然会因视角、方法等不同而带有较强的个人主观性,因此,关于"S 去 VP 去"中两个"去"的性质等问题,不同的学者往往有不同的观点,或大同小异,或大相径庭。我们认为,如果立足汉语史,联系"S 去 X 去"的生成机制与生成动因,就会对现代汉语里"S 去 VP 去"中两个"去"的性质等有更加深入、全面的认识。

7.4 "S 去 X 去"的生成是否与语言接触有关?

杨永龙(2012)发现"VP 去"最早见于汉译佛经,认为其"在汉语中的产生和繁荣都应该与 SOV 语序的语言之影响有关"。杨永龙(2012)还发现,早在六朝译经中既有"VP 去",也有"NP 去"①,并认为即使"NP 去""与先秦汉语的疑问代词宾语前置一脉相承,也只能说它与 SOV 语序有联系,而且后来在用法上的扩展显然与译经和阿尔泰语言的影响有关"。因此,杨永龙(2012)得出结论:"去 VP 去""去 NP 去"是 SVO 与 SOV 两种语序类型的目的构式混合的结果。杨永龙(2012)从语言接触这一新的视角来探究汉语史上某些句式的来源,开阔了汉语历史语法研究的视野,这是非常可取的。我们赞同"去 VP 去""去 NP 去"是两种目的构式混合的结果这一看法,只不过我们使用的是"句式糅合"这一术语。

要判定"S 去 NP 去""S 去 VP 去"是不是 SVO 与 SOV 两种语序类型的目的句式糅合的结果,关键要看源句式"SNP 去""SVP 去"是不是汉语自身存在的句式。如果"SNP 去""SVP 去"是汉语自身早就存在的句式,那么我们就很难说

---

① NP 限于位移终点或目的地,杨永龙(2012)用 D 表示。

糅合句式"S去NP去""S去VP去"是SVO与SOV两种语序类型的目的句式糅合的结果。

事实上,位移句式"SNP去"早在上古汉语中就已存在,与语言接触无关。学界一般认为汉语基本上是SVO语序,不过也有少数SOV语序。在上古汉语中,SVO语序的句式大量存在,当然SOV语序的句式也有用例,O在某种特殊情况下可以置于V前,如疑问代词做宾语需要置于V前等。汉语中这些SOV语序的句式很显然与语言接触无关,它们只是汉语使用者根据某种表达需要而进行的有条件的语序调整的结果。也就是说,汉语SOV语序的句式不一定就是语言接触的产物。所以位移句式"SNP去"即便理解成SOV语序的句式,也不一定与语言接触有关。何况我们更倾向于认为,位移句式"SNP去"属于汉语中"主语+状语+谓语中心"这种常见句式,其中的NP理解成位移动词"去"的方所状语更为准确。从上古汉语开始就存在位移句式"SNPVP",表示方所的NP可以不需要介词的介引而直接用于具有[+位移]语义特征的VP前充当状语。例如:

(58) 居未期年,<u>灵王南游</u>,群臣从而劫之,灵王饿而死乾溪之上。(《韩非子·十过》)

(59) <u>秦始皇东南游</u>,升会稽山,李斯刻石,纪颂帝德。(《论衡·须颂篇》)

(60) 月明星稀,<u>乌鹊南飞</u>。(曹操《短歌行》)

从中古开始位移句式"SNPVP"中的NP前可以使用介引

终极方所的介词"向"。例如：

(61) 旅雁向南飞，浮云复如盖。(陆厥《南郡歌》)

(62) 差池高复下，欲向龙门飞。(刘孝绰《赋得始归雁诗》)

(63) 欲避新枝滑，还向故巢飞。(武陵王萧纪《咏鹊》)

"SNP 去"中 NP 置于"去"前，只是为了明确"去"的终极方所。有时为了凸显 NP 的终极性，还可以在 NP 前加上介引终极方所的介词"向"等。在汉译佛经中"SNP 去"与"S 向 NP 去"共现。如例(21)，将问句"何处去"与答句"向未来中去"比较，可以看出"何处去"隐含了一个介引终极方所的介词"向"。因而我们可以认为，下例中"何处去""未来世中去"前也均隐含了一个介引方所的介词"向"。

(64) 如僧祇十四问云："汝从何来？"答云："过去中来。""何处去？"答："未来世中去。"(唐·定宾撰《四分比丘戒本疏》卷下)

在同一种文献中表达相同或相近的位移事件，"S 向 NP 去"与"SNP 去"可以共现。例如：

(65) a. 师问："汝向什摩处去？"对曰："住庵去。"(《祖堂集》卷四)

b. 有僧辞，师问："什摩处去？"僧曰："浙中礼拜径山去。"(《祖堂集》卷七)

在《祖堂集》中"S 向什摩处去"有 11 例，而"S 什摩处去"多达 35 例。之所以出现较多的无介词"向"的省略式，是因为在口语中尽量遵循语言的经济原则,而省略介词"向"并不影响命题义。

在四种不同版本的《老乞大》中表达同样的位移事件,可以使用"SNP 去"与"S 往 NP 去"(介引终极方所的介词均为"往",没有"向")这两种句式。例如:

(66) a."俺沿路相合著,做伴当<u>大都去</u>。你这店里草料都有那没?"(《原本老乞大》)

b."我沿路相合著,做火伴<u>北京去</u>。你这店里草料都有阿没?"(《老乞大谚解》)

c."这是我沿路上做火伴一同<u>往北京去</u>的。你这店里草料都有没有?"(《老乞大新释》)

d."这是我沿路上做火伴一同<u>往北京去</u>的。你这店里草料都有没有?"(《重刊老乞大谚解》)

我们注意到,表达同样的位移事件,在四种版本的答语中"S 往 NP 去"反而比"SNP 去"多。通过比较,可以认为"SNP 去"是"S 往 NP 去"的省略式。

"SNP 去"可以看作"S 向/往 NP 去"的省略式,其中的 NP 理解为"去"的方所状语更为准确,因而"SNP 去"与 SOV 语序的语言无关。不过如果从历时视角来看,"SNP 去"的出现不晚于"S 向/往 NP 去",因为上古汉语就已存在不需要介词介引的位移句式"SNPVP"。①无论对"SNP 去"与"S 向/往 NP 去"的源流关系做何种理解,有一点是肯定的:"SNP 去"是汉语自身产生的位移句式,与 SOV 语序的语言无关。

不仅"SNP 去"是汉语自身产生的句式,而且"SVP 去"也是汉语自身产生的句式。"SVP 去"中"去"与 VP 并非是述宾关系,"SVP 去"与 SOV 语序的语言无关联性。我们认为,"SVP 去"是汉语使用者出于某种语用目的而调整语序后形成的一种位移句式。汉语中"S 去 VP"遵循时间顺序原则,信息按照先旧后新的顺序进行传递,VP 是句式中重要的新信息,是句式的自然焦点或常规焦点。为了凸显重要的新信息 VP,并且将其作为"去"的目的进行强化,言者对语序进行了调整,让 VP 前置,形成了句式"SVP 去"。在口语化程度较高的对话语体中,言者常常需要强化某个重要的新信息而进行语序调整,因而"SVP 去"这种语序调整的句式经常出现在口语化程度较高的对话语体中。我们调查发现,"SVP 去"这种句式在中古时期绝大多数出现于汉译佛经中,而极少出现在中土文献中,就是因为中古时期保存下来的口语化程度较高的中土文献较少,且对话体更少,而口语化程度较高的汉译佛经却数量庞大,且对

---

① 严格地说,如果从始见时代的先后来看,"SNP 去"应该属于原式,而"S 向/往 NP 去"属于添加介词"向/往"后形成的变式。但是如前所述,由于语言的经济原则优先发挥作用,我们习惯于将同一命题的简单表达式看作复杂表达式的省略式,因而如果从共时层面来看,认为"SNP 去"是"S 向/往 NP 去"的省略式也未尝不可。

话体较多。因此,"SVP 去"虽然最早可能见于中古时期的汉译佛经,但是并不意味着其与 SOV 语序的语言接触有关。

正是因为源句式"S 去 NP""S 去 VP"是汉语常见的典型的位移句式,而源句式"SNP 去""SVP 去"是汉语使用者为了某种语用目的而进行语序调整后形成的位移句式,所以糅合句式"S 去 NP 去""S 去 VP 去"当是汉语自身发展的结果,而与 SOV 语序的语言接触无关。

7.5　反向位移句式"S 来 X 来"的来源

在现代汉语中有一种与"S 去 X 去"对称的反向位移句式"S 来 X 来"。与"S 去 X 去"一样,根据 X 的构成,"S 来 X 来"也可分为三类:"S 来 NP 来""S 来 VP 来""S 来 NPVP 来"。其中,"S 来 VP 来"使用最为频繁。

7.5.1　"S 来 VP 来"的来源

下面是现代汉语中"S 来 VP 来"用例:

（67）你是来说理来了呀,是来顶村长来了?（引自丁声树等,1961：113）

（68）他来帮我修电视来了。（引自朱德熙,1982：166）

朱德熙（1982：166）认为,"S 来 VP 来"中的两个"来"如同"S 去 VP 去"中的两个"去"一样,"仍旧保留着运动趋向的意义"。

"S来VP来"最迟在明代已出现。下面是明清时期"S来VP来"用例:

(69) 正说着,只见玉箫自后边矗地走来,便道:"三娘还在这里?我来接你来了。"(《金瓶梅词话》第二十回)

(70) 紫鹃听了一听,笑道:"这是宝玉的声音,想必是来赔不是来了。"(《红楼梦》第三十回)

(71) 和尚说:"我来找你们的老道来了,叫他出来我瞧瞧。"(《济公全传》第一百〇一回)

位移动词"来"与"去"互为反义词,二者有同有异:相同的是均具有[+施事]、[+位移]、[+源点]、[+终点]、[+言者参照点]等语义特征;不同的是"去"具有[+远离言者]语义特征,而"来"具有[-远离言者]或[+靠近言者]语义特征。正是由于施事的位移已靠近言者,并已到达终点,所以"S来VP来"末尾一般加上语气助词"了"。① "S来VP来"与"S去VP去"的句法结构是完全一致的,其不同仅表现在位移的方向相反,因而我们可以将"S来VP来"与"S去VP去"看作对称的反向位移句式。

"S来VP来"与"S去VP去"属于平行的同构句式,二者虽然是反向位移句式,但是生成机制应是一致的,即"S来VP

---

① 施事可能是言者,也可能是其他人。如果施事是言者,那么准确地说,施事位移的参照点是到达终点后的言者,但是实质上还是以言者为参照点。

来"的生成机制也应是糅合,其是由"S 来 VP"与"SVP 来"糅合而成的。"S 来 VP"与"SVP 来"糅合生成"S 来 VP 来"完全遵循句式糅合的三个基本原则。

首先,源句式"S 来 VP"与"SVP 来"均是表示位移事件的句式,二者命题义相同,遵循句式糅合的语义相近原则。

其次,源句式"S 来 VP"与"SVP 来"先于或不晚于"S 来 VP 来"出现。义为"由别处到言者所在之处"的"来"早在上古汉语中就已出现,可以构成位移句式"S 来 VP"。例如:

(72) 二十五年春,<u>陈女叔来聘</u>,始结陈好也。(《左传·庄公二十五年》)

源句式"SVP 来"最迟在晚唐五代时期已有用例。例如:

(73) 目连言讫,大王便唤上殿,乃见地藏菩萨,便即礼拜:"<u>汝觅阿娘来</u>?"目连启言:"<u>是觅阿娘来</u>。"(《敦煌变文校注·大目乾连冥间救母变文》)

而糅合句式"S 来 VP 来"最早用例可能见于明代,如例(69)。由此可见,"S 来 VP"与"SVP 来"糅合生成"S 来 VP 来"遵循句式糅合的时代先后原则。

最后,"S 来 VP 来"蕴含了"S 来 VP"与"SVP 来"的所有成分及语义,也就是说"S 来 VP"与"SVP 来"糅合生成"S 来 VP 来"遵循句式糅合的成分蕴含原则或语义蕴含原则。

因此,从句式糅合的三个基本原则来看,"S 来 VP 来"应是由"S 来 VP"与"SVP 来"糅合而成的。

我们还可以从表达同一个命题义的句式"S 来 VP 来""S

来 VP"与"SVP 来"的同现来看"S 来 VP 来"的生成机制。例如：

(74) 走向前，一把手拉住轿扛子，说道："<u>小的来接娘来了</u>。"金莲就叫平安儿问道："你爹在家？是你爹使<u>你来接我</u>？谁使你来？"平安道："是爹使我来？倒少倒少！是姐使了<u>小的接娘来了</u>。"①（《金瓶梅词话》第三十四回）

由于话轮转换，"小的来接娘来了""你来接我"与"小的接娘来了"中的施事、受事有的使用了不同的词语，但是所指是相同的，所以这三个句式是同义句式。通过比较，可以看出"小的来接娘来了"在句法及语义上既蕴含了"小的来接娘了"，又蕴含了"小的接娘来了"。很显然，"小的来接娘来了"是由"小的来接娘了"与"小的接娘来了"糅合而成的。也就是说，"S 来 VP 来"是由"S 来 VP"与"SVP 来"糅合而成的。

正如"S 去 VP"一样，"S 来 VP"遵循时间顺序原则，其语用功能也是客观地陈述一个包含了两个有时间上的先后关系的行为"来"与 VP 的位移事件。正如"SVP 去"一样，"SVP 来"不遵循时间顺序原则，其语用功能也是强化位移后的行为或目的 VP，具有言者的主观性。因此"S 来 VP 来"的生成动因与"S 去 VP 去"一致，也是言者在客观地陈述一个包含了两

---

① "是你爹使你来接我"与"是姐使了小的接娘来了"从整个句式来看属于通常所说的兼语句式。不过我们所说的句式是广义的，指句法层面的结构式，其主要用作句子，有时也可充当句法成分，所以二者中蕴含的"你来接我""小的接娘来了"也是句式。

个有时间上的先后关系的行为的位移事件时，又想凸显自己的主观性，强化位移后的行为或目的这个重要的新信息。

7.5.2 "S 来 NP 来"与"S 来 NPVP 来"的来源

大概在明清时期出现了与"S 去 NP 去"对称的反向位移句式"S 来 NP 来"。例如：

（75）妇人灯下看见，唬了一跳，一手揝不过来，紫巍巍，沉甸甸，约有虎二，便睨瞅了西门庆一眼，说道："……你在谁人根前试了新，这回剩了些残军败将，才来我屋这里来了。……"(《金瓶梅词话》第五十一回)

（76）昨日那厮来我家里来了，我特故里把酒灌的他烂醉了，眼花的不变东西，不省人事，倒在床上打鼾睡，把他的小刀子拔了，又将笔来面皮上花了。(《朴通事谚解》)

"S 来 NP 来"的生成机制与"S 去 NP 去"一样也应是糅合，其应是由"S 来 NP"与"SNP 来"糅合而成的。"S 来 NP"与"SNP 来"最迟在元代已出现。例如：

（77）（做入见科，云）母亲，您孩儿来家了也。（卜儿云）孩儿，你来家也，可得了个甚么官那？（尚仲贤《洞庭湖柳毅传书》第四折，《全元曲》）

（78）（开门科。孛老儿云）我开开这门。老员外，家里来。有甚么事，这早晚到俺这里？（关汉卿《钱大尹智勘绯衣梦》第二折，《全元曲》）

"S 来 NP"和"SNP 来"语义一致，二者的始见时代要早于"S来NP来","S来NP来"在句法及语义上既蕴含了"S来NP",又蕴含了"SNP来"。因此从句式糅合的三个基本原则来看,"S来NP来"应是由"S来NP"与"SNP来"糅合而成的。

"S来NP来"的生成动因与"S去NP去"也应是一致的,即言者在客观地陈述一个位移事件时又想凸显自己的主观性,强化位移的终极方所这个重要的新信息。

在近代汉语中也出现了少量与"S去NPVP去"对称的反向位移句式"S来NPVP来"。例如:

(79) 原来宋御史将各项伺候人马都令散了,只用几队蓝旗清道,官吏跟随,与蔡御史坐两顶大轿,打著双檐伞,同往西门庆家来。当时哄动了东平府,抬起了清河县,都说:"巡按老爷也认的西门大官人,<u>来他家吃酒来了</u>。"(《金瓶梅词话》第四十九回)

"S来NPVP来"的生成机制应该与"S去NPVP去"一样也是糅合,是由"S来NPVP"与"SNPVP来"糅合而成的;其生成动因也应该与"S去NPVP去"一样,是言者在客观地陈述一个包含两个有时间上的先后关系的行为"来NP"与VP的位移事件时,又想凸显自己的主观性,强化位移的终极方所与位移后的行为或目的这些比位移行为"来"更重要的新信息。此不赘述。

表示某种语义的糅合句式往往不是个别的,而是一系列的,具有系统性,处于一个系统中的同义糅合句式的生成动因往往是相同的或相近的。从上文的探究，我们看到，对称的反向位移句式也可以形成一个糅合句式系统，对称的反向位移句式的生成动因也往往是相同的。

7.6 小结

位移句式"S 去 X 去"早在近代汉语中就已出现，主要为文献中人物的语言，具有口语性。从句式糅合的三个基本原则可以看出，"S 去 X 去"的生成机制是糅合，其是由位移句式"S 去 X"与"SX 去"糅合而成的。"S 去 X 去"的生成动因是言者在客观地陈述一个位移事件时又想凸显自己的主观性，强化重要的新信息。

"S 去 X 去"的生成与 SOV 语序的语言接触无关，其是汉语自身发展的结果。我们并不否认语言接触对汉语的影响，但是如果汉语史上出现某种新的语言现象，那么我们首先应该从汉语内部探寻这种新的语言现象产生的根本原因，然后再考虑语言接触的影响，因为语言接触毕竟属于外因。

反向位移句式"S 来 X 来"的生成机制、生成动因与"S 去 X 去"一致，其应是由"S 来 X"与"SX 来"糅合而成的，生成动因是言者在客观地陈述一个位移事件时又想凸显自己的主观性，强化重要的新信息。对称的反向位移句式也可以形成一个糅合句式系统。

第八章 "非得X不Y"的形成、演变及相关问题

8.1 引言

在现代汉语中有一种常见句式"S非得X不Y",其中主语S可省略,我们将这种句式简化为"非得X不Y"。该句式大致相当于"非X不Y",强调X是Y实现的必要条件。例如:

(1) 我也真想再看一会,但是揪耳朵的滋味不想再尝了,我坚决地说:"妖妖,<u>我非得回家不可了</u>。"(王小波《绿毛水怪》)

(2) 他出门推车慢慢地走着,心里就又捉摸起来了。他想:<u>这药是非得到平民大药房去买不行了</u>。(刘流《烈火金刚》)

"非得X不Y"是由否定式"非得X"与"不Y"构成的双重否定句式,X一般为VP,Y均为VP(单音节助动词"可"等常见),如例(1)、(2)。X也可以是表示数量或含有数量的NP。例如:

(3) 林子冲回到县党部时,又知道孙舞阳并没哄他。<u>李克的伤,非得十天不能复原</u>。(矛盾《蚀》)

在现代汉语中有一种与"非得X不Y"相关的同义句式"非

得X才Y",意思是必须具备X,才能实现Y,也是强调X是Y实现的必要条件。例如:

(4)"太值得,你多伟大呀!永远谁夸也夸不够,<u>非得自夸才过瘾</u>!"马锐瞪父亲一眼。(王朔《我是你爸爸》)

"非得X不Y"与"非得X才Y"的不同之处是,前者中的后项为否定式"不Y",后者中的后项为肯定式Y,但是二者的句式义却相同。这是汉语中的一种不对称现象。

在现代汉语中甚至还有一种与"非得X不Y"相关的句式"非得X",句式义是必须X,强调X的必要性。例如:

(5)"不行。"戈玲道,"我们不愿意让人家当傻瓜耍,<u>这事非得搞得水落石出</u>。不想怎么样她,就要问她一个为什么!"(王朔《谁比谁傻多少》)

(6)当时,我想求他们通融一下,我是劳动教养,不是犯人,也不会跑,要弄我去劳改也不一定<u>非得大年三十</u>呀!(冯骥才《一百个人的十年》)

"非得X不Y""非得X才Y"与"非得X"三者之间是怎样的源流关系呢?如果从现代汉语视角来看,是颇难梳理清楚的。如"非得X"没有后项,从共时层面来看,其似乎是后项为肯定式的"非得X才Y"的省略式;再如"非得X才Y",从共时层面来看,似乎是由"得X才Y"前直接加表示"必须"义的副词"非"而形成的。语言事实应该是怎样的呢?现代汉语由近代汉语发展、演变而来,二者一脉相承,现代汉语中很多语言现象如果离开了近代汉语是无法得到科学、合理的解释的。现代汉语中的句式"非得 X 不 Y""非得 X 才 Y"与"非得 X"的源头可以追溯到近代汉语。从历时视角来看，这些句式均产生于清中叶以后，先有"非得 X 不 Y"，然后出现"非得 X"，最后才产生"非得 X 才 Y"。换言之，"非得 X""非得 X 才 Y"属于"非得 X 不 Y"的演变问题。

"非得 X 不 Y"是近代汉语中出现的一种特殊句式，并沿用到了现代汉语。吕叔湘（1999：205）在解释"非 X 不 Y"的意义与用法时，间接地提及了该句式，认为"非 X 不 Y""表示一定要这样。'非'后多为动词语，也可以用小句或指人的名词。'非'后有时加'得'。后一部分常用'不行、不可、不成'"。"非得 X 不 Y"是怎样形成的？其生成机制是什么？其生成动因是什么？其历时演变又是怎样的？迄今为止，这些问题尚未引起学界的关注。我们拟立足汉语史，探究"非得 X 不 Y"的生成机制、生成动因与演变情况等，并探讨相关的近义句式"非要 X 不 Y"的形成及其演变问题。

8.2 "非得 X 不 Y"与"非 X 不 Y""得 X"的出现与使用

"非得 X 不 Y"的生成与"非 X 不 Y""得 X"有关。我们有必要先考察这三种句式的出现时代及使用情况。

8.2.1 "非得 X 不 Y"的出现与使用

我们所讨论的句式"非得 X 不 Y"的意思是,在事理或意志上必须 X 才 Y,不具备 X 就不 Y。

我们在明末拟话本短篇小说集《二刻拍案惊奇》中找到 1 例"非得 X 不 Y":

(7) 内中有一僧,法名辨悟,开言对大众道:"寺中僧徒不少,<u>非得四五十石米不能度此荒年</u>。如今料无此大施主,难道抄了手坐看饿死不成?我想白侍郎《金刚经》真迹,是累朝相传至宝,何不将此件到城中寻个识古董人家,当他些米粮,且度一岁?到来年有收,再图取赎,未为迟也。"(《二刻拍案惊奇》卷一)

我们似乎还不能将该例看作典型而可靠的"非得 X 不 Y"句式。其一,该例虽然可以看成我们所讨论的"非得 X 不 Y"句式,句式义是"必须有四五十石米才能度此荒年";但是联系语境也完全可以将该例理解成"需要四五十石米才能度此荒年"或"得到四五十石米才能度此荒年",其中的"得"可解读为"需要"义或"得到"义动词。其二,我们所讨论的"非得 X 不 Y"句式中的"得"是"应该、必须"义助动词(详见下文),"得"应该是首先且主要用于 VP 前表示情理上、事实上或意志上的必要,"得"偶尔用于表示数量或含有数量的 NP 前应该是后起用法。但是上例中"得"后接成分为 NP,而且为孤例,在明末文献中未见一例 X 为 VP(或 NP)的"非得 X 不 Y"。不仅如此，在清初文献中也未发现一例我们所讨论的句式"非得X不Y"。如果说在明末就已出现了典型的"非得X不Y"句式，那么其后一个世纪左右的空白就很难解释。其三，现在所见《二刻拍案惊奇》最早的刊行本为崇祯五年（1632）尚友堂刻本，此刻本国内仅存残卷，所幸日本内阁文库藏有一部完本，但是此本是否为原刻本尚存疑问。所以上例是否有后人改动的痕迹尚不得而知。

不过典型而可靠的"非得X不Y"句式的出现大概不会晚于清中叶。我们在《东周列国志》中找到2例，①其中X为VP：

(8) 越王曰："攻战之具，尚未备乎？"蠡对曰："善战者必有精卒，精卒必有兼人之技，大者剑戟，小者弓弩，非得明师教习，不得尽善。臣访得南林有处女，精于剑戟；又有楚人陈音，善于弓矢，王其聘之。"（《东周列国志》第八十一回）

(9) 惠文王复书曰："仪如有约，寡人必当践之。但闻楚与齐尚未决绝，寡人恐受欺于楚，非得张仪病起，不可信也。"（《东周列国志》第九十一回）

为谨严起见，我们认为句式"非得X不Y"最迟在清中叶

---

① 明代中叶余邵鱼编写了平话《列国志传》，明末冯梦龙在此基础上改编成了《新列国志》，现在流传的《东周列国志》则是清代乾隆年间蔡元放对《新列国志》的再次改编本。可见《东周列国志》的语言反映了不同的时代层次，我们姑且将其看作清代中叶文献。

已出现。① 句式"非得 X 不 Y"与"非 X 不 Y"大致相当,用双重否定形式强调 X 是 Y 实现的必要条件,要实现 Y 必须具备条件 X。到了晚清,"非得 X 不 Y"已有较多用例,其中 X 一般为 VP,极少为 NP;Y 均为 VP(单音节助动词"可"等出现频繁)。如在《八仙得道》《康熙侠义传》中,"非得 X 不 Y"分别有 1 例、4 例,其中 X 均为 VP;在《彭公案》《济公全传》中,X 为 VP 的"非得 X 不 Y"与 X 为 NP 的"非得 X 不 Y"的比例分别为 10∶1、18∶1。

下面是 X 为 VP 的"非得 X 不 Y"用例:

(10)文美没法,回至蚌壳。却好铁拐先生随后到来,问知缘由。这时水势越大,渐向这边淹来。幸各仙俱有避水之法,水至身边便豁然分裂,并不着些微损害。铁拐笑了笑,说道:"<u>这非得我的葫芦来盛他一瓯子不可</u>。"(《八仙得道》第三十一回)

(11)三个人抱头鼠窜,出了井泉馆。白德说:"<u>我非得报仇不可</u>!你哥俩回去,我到家自有道理。"(《康熙侠义传》第六回)

(12)侯爷说:"广太,这件事应该如何办理?"张广太说:"我去回禀巡抚,奏明圣上,不过是剿灭教匪,还许得点功劳。无奈此事关系重大,<u>非得亲身见巡抚不成</u>。众位

---

① 即便认为典型而可靠的"非得 X 不 Y"在明末就已出现,也丝毫不会影响下文关于其生成机制的解释。

走,到我衙门去。"(《康熙侠义传》第六十一回)

(13) 这天金眼佛姜天瑞由铁佛寺逃走,就逃到凌霄观去。一见他师父华清风,华清风就问:"姜天瑞为何这样狼狈?怎么胡子没有了?"姜天瑞就把济公在铁佛寺捉妖之故从头至尾述说一遍。华清风一听,气往上冲,说:"好济颠,这样无礼,<u>我非得找他去报仇不可</u>。"(《济公全传》第八十九回)

下面是 X 为 NP 的"非得 X 不 Y"用例:

(14) 清风叫明月倒茶去,褚道缘本是心中有事着急,说:"……现在老仙翁去上九松山松泉寺找灵空长老求降魔宝杵,我来找师爷爷借斩魔剑,<u>非得这两种宝贝拿不了八魔</u>。既是真人没在家,二位师弟慈悲慈悲,把斩魔剑借给我使一使。我去救了济公长老,我赶紧就给送回来,我也不能要祖师爷的宝贝。"①(《济公全传》第二百三十五回)

(15) 李能接本赶到宫门,烦守官太监呈与皇爷。正值皇爷与皇后在那里饮酒,席间谈起明日五鼓点将提兵,谁可去做先行,<u>非得一智勇双全之将不可充此重任</u>。(《双凤奇缘》第七十四回)

"非得 X 不 Y"中的 X 有的已复杂化,可以是复句形式。例如:

(16) 华清风一听,勃然大怒说:"你是我师弟,你不说

---

① 此例后项"拿不了八魔"也为否定式,因而此例也可以看作"非得 X 不 Y"句式。

给我报仇,反倒说我不好。我非得跟济公一死相拼,找他报仇不可。"(《济公全传》第一百回)

（17）雷鸣、陈亮说:"我二人非得把老道宰了,给小师兄报仇不可。"(《济公全传》第一百四十四回)

8.2.2 "非 X 不 Y"的出现与使用

句式"非 X 不 Y"早在上古汉语中就已出现,X 最初主要是 NP,Y 均是 VP。Y 为助动词"可"的句式"非 X 不可"在上古汉语中已有用例。例如:

（18）天子非展义不巡守,诸侯非民事不举,卿非君命不越竟。(《左传·庄公二十七年》)

（19）非其君不事,非其民不使;治则进,乱则退,伯夷也。(《孟子·公孙丑上》)

（20）是故求其诚者,非归饷也不可。(《韩非子·外储说左上》)

"非 X 不 Y"用双重否定形式强调 X 是 Y 实现的必要条件。张谊生（1992）认为,"非 X 不 Y"是双重否定式,"X 表示前提,Y 显示推导的结果,整个格式通过没有 X 就必然没有 Y,从反面强调了要实现 Y 就必须先有 X,从而突出了 X 的必要性和重要性"。郭攀（1999）将这种句式表示为"非 A 不 B",认为"'非 A 不 B'是古汉语条件关系复句中强化必要条件的一种复句类型","全句利用双重否定,表示'若不是 A 这一条件,就不能产生 B 这一结果'的语义内容"。洪波、董正存（2004）

的看法相似,也认为"非X不Y"这种句式"是一种强调格式,通过'非'和'不'的双重否定强调X是Y的必要条件"。

到了近代汉语,"非X不Y"中X主要是VP,Y均为VP(助动词"可"出现频率较高)。例如:

(21)法眼和尚因患脚,僧问讯次,师曰:"<u>非人来时不能动</u>,及至人来动不得。且道佛法中下得什么语?"僧曰:"和尚且喜得较。"师不肯。(《景德传灯录》卷二十七)

(22)话说子牙看罢大惊:"<u>这事非我自去不可</u>!"(《封神演义》第七十二回)

(23)于是把篮中的酒倾了出来,饮个痛快,再把饭送入口中。说也不信,奇怪的事情又发生了,原来空篮中好好的又涨溢了酒瓶,装满了饭。后羿喜道:"原来此篮有这许多好处!等回见到吴刚老人,<u>非求他割爱赠送不可</u>。"(《八仙得道》第五十回)

(24)胜奎也赶到这里,说:"环儿,你回去,有我拿他,看他往哪里逃,<u>我非拿住他不可</u>。"(《彭公案》第八十三回)

近代汉语中X为NP的"非X不Y"用例已日益减少。例如:

(25)上堂,举雪峰云:"南山有条鳖鼻蛇,汝等诸人出入好看。"玄沙云:"用南山作么?"师云:"奇哉!善知出处,<u>非父不生其子</u>。"蓦拈拄杖,召大众云:"南山鳖鼻蛇,却在者里。"便掷下云:"拟即丧身失命。"(《古尊宿语录》

卷四十二）

(26) 始皇问王翦曰："楚亦难伐，恐二十万人不能济事。"王翦奏曰："伐楚之师，非六十万不可。"（《全相平话五种·秦并六国平话》卷中）

8.2.3 "得 X"的出现与使用

这里的"得 X"中"得"为助动词，表示"情理上、事实上或意志上的需要"，意思是"应该、必须"（吕叔湘，1999：166）。"得 X"表示情理上、事实上或意志上应该或必须 X。这种句式早在汉代就有用例，X 一般为 VP。例如：

(27) 豹视之，顾谓三老、巫祝、父老曰："是女子不好，烦大巫妪为入报河伯，得更求好女，后日送之。"（《史记·滑稽列传》）

(28) 沛公曰："君为我呼入，吾得兄事之。"（《史记·项羽本纪》）

宋代以后，"得 X"开始有较多用例。例如：

(29) 上堂："诸上座适来从僧堂里出来，脚未跨门限便回去，已是重说偈言了也，更来这里，不可重重下切脚也。古人云，参他不如自参。所以道森罗万象，是善财之宗师；业惑尘劳，乃普贤之境界。若恁么参，得与善财同参。若不肯与么参，却归堂向火，参取胜热婆罗门。珍重！"（《五灯会元》卷十）

(30) 临别，再言："学者须是有业次，须专读一书了，又读一书。"德明起禀:"数日侍行,极蒙教诲。若得师友常提撕警省,自见有益。"曰:"如今日议论,某亦得温起一遍。"(《朱子语类》卷一百一十三)

(31)飞龙大惊道:"这老道人本领道法不在我师尊之下,我既有缘遇见,得上去结识结识他们,说不定他们也晓得我师尊消息。"(《八仙得道》第五回)

(32)(老君)又对火龙真人说:"你在钱塘江中设下一闸,可防许多妖魔,却也很好。不过将来还有本领极高的蛟龙,能够穿闸而过。此妖一出,害人必多。你得时时留心,能够设法镇住了他,免得涂炭生灵,也是一件极大功绩。"(《八仙得道》第九回)

X 为 NP 的"得 X"极少。例如:

(33)三杯酒罢,李固开言说道:"实不相瞒上下,卢员外是我仇家。如今配去沙门岛,路途遥远,他又没一文,教你两个空费了盘缠,急待回来,也得三四个月。我没甚的相送,两锭大银,权为压手。多只两程,少无数里,就便的去处结果了他性命,揭取脸上金印回来表证,教我知道,每人再送五十两蒜条金与你。你们只动得一张文书,留守司房里,我自理会。"(《水浒传》第六十二回)

为了强调 X 的必要性,同义的"须"与"得"可连用,形成句式"须得 X"。例如:

(34)林冲道:"上下做甚么?"董超、薛霸道:"俺两个正要睡一睡,这里又无关锁,只怕你走了。我们放心不下,以此睡不稳。"林冲答道:"小人是个好汉,官司既已吃了,一世也不走。"董超道:"那里信得你说!要我们心稳,须得缚一缚。"林冲道:"上下要缚便缚,小人敢道怎地。"(《水浒传》第八回)

(35)那小厮慌慌张张走到房门首,西门庆与妇人睡着,又不敢进来,只在帘外说话,说道:"姐姐、姐夫都搬来了,许多箱笼在家中,大娘使我来请爹快去计较话哩。"这西门庆听了,只顾犹豫:"这咱晚端的有甚缘故?须得到家瞧瞧。"(《金瓶梅词话》第十七回)

(36)大夫道:"要我饶你,须得二千缗钱,还只是买那官做。羞辱我门庭之事,只当不曾提起,便宜得多了。"(《二刻拍案惊奇》卷十四)

具备某个必要的条件 X 往往会产生某个结果 Y,所以"得 X"可以扩展为"得 X 才 Y"①。最迟从元末明初开始出现了"得 X 才 Y"用例,句式义是在情理、事实或意志上必须 X 才 Y,表示 X 是实现 Y 的必要条件。例如:

(37)宋江听罢,随即教请戴院长商议,可往蓟州寻取公孙胜。戴宗道:"小可愿往,只是得一个做伴的去方好。"(《水浒传》第五十三回)

(38)妙通道:"你要怎么样的才像得你意?"翰林把手

---

① 句式中最初使用较多的是"方",后来使用较多的是"才"等,有时"方"与"才"连用。为了行文方便,我们将这种句式记作"得 X 才 Y"。

指着里面道:"不瞒老师父说,<u>得像这里表妹方妙</u>。"(《二刻拍案惊奇》卷三)

(39) 素姐道:"原来是他!他常往俺家做菜。他娘姓强,俺只叫他是'强婆子';他又吃斋,又叫他'老强道'。要是他倒也罢了,我每日供备着,那里做斋方便。<u>得那庵里没有闲杂人才好</u>,我好在那里住的。"(《醒世姻缘传》第六十四回)

(40) 那人大笑道:"如今是不消那样麻烦了。来来来,就腾云缩地,<u>也得有一半天工夫才赶得到</u>。既你不愿缩地,可许随我登天罢。"(《八仙得道》第七十六回)

有时为了强调X的必要性,同义的"须"与"得"可连用,形成句式"须得X才Y"。例如:

(41) 宋江与吴用商议道:"我等诸将,闲居在此,甚是不宜。不若奏闻天子,我等情愿起兵前去征进。"吴用道:"<u>此事须得宿太尉保奏方可</u>。"(《水浒全传》第九十一回)

(42) 妇人笑以手携之,说道:"且请起,未审先生鳏居几时?贵庚多少?既要做亲,<u>须得要个保山来说,方成礼数</u>。"(《金瓶梅词话》第十七回)

有时为了强调X的必要性,同义的"必"与"得"可连用,形成句式"必得X才Y"。例如:

(43) 员外道:"大人虽如此说,甥女岂肯心伏?<u>必得闻舍人自来说明,方好处分</u>。"(《二刻拍案惊奇》卷十七)

(44) 谈星的假意推算了一回,指着鹤龄的八字对黄翁道:"此不是翁家之子。他生来不该在父母身边的,<u>必得寄养出外,方可长成</u>。及至长成之后,即要归宗。目下已是其期了。"(《二刻拍案惊奇》卷三十)

扩展式"得 X 才 Y"的语义重心仍然是"得 X",强调 X 的必要性。在语言经济原则的驱动下,"得 X 才 Y"又可省缩成"得 X",原来的命题义并不发生变化。如例(37)"只是得一个做伴的去方好",可省缩成"只是得一个做伴的去";例(38)"得像这里表妹方妙",可说成"得像这里表妹",原因就在于"一个做伴的去""像这里表妹"是句式的语义重心。也就是说,正是因为"得 X 才 Y"的语义重心是"得 X",所以其中表示结果的后项"才 Y"可以省略。因此"得 X"可看作隐含了结果"才 Y"的肯定句式。

8.3 "非得 X 不 Y"的生成机制与动因

8.3.1 "非得 X 不 Y"的生成机制

句式"非 X 不 Y"实际上可以看作假设复句"如果非 X,那么就不 Y"的紧缩式,"非 X"与"不 Y"之间是假设与结果的关系,其中表示假设的"非 X"中"非"否定的是 X。如前所述,"得 X"可看作隐含了结果"才 Y"的肯定句式,"得 X"与"才 Y"之间是条件与结果的关系,其中表示条件的"得 X"中"得"是修饰 X 的。但是"非得 X 不 Y"与一般句式不同,我们无法按照常规句式的句法层次、语义关系对其进行分析。

表示"应该、必须"义的"得"的肯定式"得 X"没有相应的否定式"不得 X"或"非得 X"。在汉语史上虽有"不得 X",但是其表示不能、不可或不许 X,"得"是"可以、能够、许可"义。例如:

(45) 子曰:"圣人,<u>吾不得而见之矣</u>;得见君子者,斯可矣。"(《论语·述而》)

(46) 子墨子谓鲁阳文君曰:"大国之攻小国,譬犹童子之为马也。童子之为马,足用而劳。今大国之攻小国也,攻者,<u>农夫不得耕</u>,<u>妇人不得织</u>,以守为事;攻人者,亦<u>农夫不得耕</u>,<u>妇人不得织</u>,以攻为事。故大国之攻小国也,譬犹童子之为马也。"(《墨子·耕柱》)

在汉语史上"非得"后一般接 NP,但"非得 NP"的意思是"(如果)不得到 NP","得"是"得到"义。例如:

(47) 今有千里之马于此,<u>非得良工</u>,犹若弗取。(《吕氏春秋·知士》)

在汉语史上,与表示"应该、必须"义的"得"的肯定式"得 X"相应的否定式是"无须 X""不必 X"等。例如:

(48) 文帝知之,应遣先戒曰:"善候何颜色,如其不悦,<u>无须多陈</u>。"(《南史·何承天传》)

(49) 季布低声而对曰:"切莫语高动四邻。<u>深夜不必盘名姓</u>,仆是去年骂阵人!"(《敦煌变文校注·捉季布传文》)

表示"应该、必须"义的"得"的肯定式"得 X"没有相应的否定式"非得 X",而"非得 X 不 Y"中的"得"是"应该、必须"义,所以从句法上看,"非得 X 不 Y"中"非"与"得"或"得 X"虽然在线性顺序上紧邻,但是不在同一层次上。换言之,"非"既不否定"得",也不否定"得 X"。事实上,"得"与 X 在同一层次上,"非"跨过"得"也与 X 处于一个层次上。从语义上看,"非 X"与"不 Y"构成假设与结果的关系,而"得 X"与"不 Y"没有条件与结果的关系,如前所述,"得 X"只与肯定式"才 Y"有直接的语义关系,即条件与结果的关系。由此可见,句式"非得 X 不 Y"无法按照常规的句式进行句法、语义分析。

我们认为,"非得 X 不 Y"是一种糅合句式,其生成机制是糅合,即由双重否定句式"非 X 不 Y"与隐含结果"才 Y"的肯定句式"得 X"糅合而成。这一生成过程可以表示为:

"非 X 不 Y"+"得 X"→"非得 X 不 Y"

句式糅合须遵循三个基本原则,即语义相近原则、时代先后原则和成分蕴含原则或语义蕴含原则。"非 X 不 Y"与"得 X"糅合生成"非得 X 不 Y"完全遵循句式糅合的三个基本原则。

"非 X 不 Y"与隐含结果"才 Y"的"得 X"语义相近,符合句式糅合的语义相近原则。"非 X 不 Y"用双重否定的形式强调 X 是 Y 实现的必要条件,而隐含结果"才 Y"的"得 X"是从正面或肯定的一面强调 X 是 Y 实现的必要条件。不过双重否定与单纯肯定比较,其语气更为强烈,因而"非 X 不 Y"的强调意味比"得 X"更浓。例如:

(50) 老蛟刚要动身，忽听外面仙乐嘹亮，鹤唳长空。老蛟大疑道："又是什么仙人来帮他们么？若果如此，<u>我们真真非请教主前来不可了</u>。"（《八仙得道》第三十回）

上例中双重否定句式"我们真真非请教主前来不可了"，可以说成肯定句式"我们真真得请教主前来"，但是前者强调"请教主前来"的语气比后者更强烈。也就是说，"非 X 不 Y"与"得 X"语义相近，只是语气的强弱有别。

"非 X 不 Y"与"得 X"糅合生成"非得 X 不 Y"，遵循句式糅合的时代先后原则。如前所述，"非 X 不 Y"早在上古汉语中就已出现，"得 X"在汉代也已出现，在近代汉语中"非 X 不 Y"与"得 X"均有大量用例，而"非得 X 不 Y"到了清中叶才开始出现。

"非 X 不 Y"与"得 X"糅合生成"非得 X 不 Y"，也遵循句式糅合的成分蕴含原则或语义蕴含原则。"非得 X 不 Y"既蕴含了"非 X 不 Y"的所有成分，又蕴含了"得 X"的所有成分；或者说既蕴含了"非 X 不 Y"的语义，又蕴含了"得 X"的语义。如例（13）"我非得找他去报仇不可"，既蕴含了"我非找他去报仇不可"的所有成分，又蕴含了"我得找他去报仇"的所有成分；或者说既蕴含了"我非找他去报仇不可"的语义，又蕴含了"我得找他去报仇"的语义。

综上所述，从句式糅合的三个基本原则可以看出，句式"非得 X 不 Y"的生成机制是糅合，即由双重否定句式"非 X 不 Y"与隐含结果"才 Y"的肯定句式"得 X"糅合而成。

8.3.2 "非得 X 不 Y"的生成动因

"非 X 不 Y"与"得 X"语义相近,均是表示 X 是 Y 实现的必要条件,均体现了言者的主观性,不过二者主观性程度有差异。

助动词"得"可以表示情理、事实或意志上的需要,意思是"应该、必须",由这种意义的"得"构成的句式"得 X"表示言者根据情理、事实或意志做出某种主观性的推断:要实现 Y,必须具备 X。言者的主观推断不是凭空臆造的,而是有依据的。如果这个依据是某个事实,很显然,言者的主观推断具有客观性;如果这个依据是情理或意志,事实上言者的主观推断也具有一定的客观基础。如例(32)"你得时时留心",是"你必须时时留心"的意思,是言者的主观推断,但是这种主观推断是基于未然的可能事实——"将来还有本领极高的蛟龙,能够穿闸而过。此妖一出,害人必多",言者的主观推断符合情理,是有一定的客观依据的。再如例(31)"得上去结识结识他们",意思是"应该上去结识结识他们",表示言者主观意志上的需要,但是这种主观意志上的需要也是有客观依据的:一是"这老道人本领道法不在我师尊之下",二是"有缘遇见"。总之,"得 X"强调的是言者根据事实、情理或意志做出的某种主观性的推断 X 的必要性。

"非 X 不 Y"是一种双重否定句式,言者先做出否定性的假设"非 X",然后推导出否定性的结果"不 Y",从反面出发强调正面的观点,即要实现 Y,唯有具备条件 X;或者说唯有具有条件 X,才可实现 Y,X 是 Y 实现的必要条件。"非 X 不 Y"与"得 X"一样强调 X 的必要性,但是与"得 X"不同的是,"非 X 不 Y"具有言者更为鲜明的主观性,表达的是言者的强烈的主观意愿或推断,语气更强。如例(23)"非求他割爱赠送不可",表示言者后羿主观上认为唯有求吴刚老人割爱赠送方可,甚至有不达目的不罢休的意志。该句式表达的是言者强烈的主观意愿,这种主观意愿甚至只是言者的一厢情愿,而不是基于事实或情理。再如例(24)"我非拿住他不可",用双重否定的形式强调"拿住他"的必要性,表达了言者"不拿住他决不罢休"这样的强烈意愿。这种主观愿望也不是基于事实或情理的,因而"我非拿住他不可"具有言者极强的主观性。

当言者想表达基于某种情理、事实或意志的"要实现 Y,必须具备 X"这种主观推断时,大脑中会浮现肯定句式"得 X";当言者想表达不一定基于某种依据的"唯有具备 X 才 Y"这一强烈的主观意愿时,大脑中会浮现双重否定句式"非 X 不 Y";如果言者在使用具有一定的主观性的肯定句式"得 X"的同时,又想进一步凸显强烈的主观性,那么大脑中就会浮现、叠加双重否定句式"非 X 不 Y",从而在外在的语言形式上通过删略重叠成分生成了"非得 X 不 Y"这样的句式。如例(13),如果言者华清风想基于"济颠这样无礼"这样的客观事实表达自己的主观愿望,可以使用肯定句式"我得找他去报仇";如果言者同时又想进一步凸显自己强烈的主观情感,表达愤怒之情,那么大脑中就会浮现、叠加双重否定句式"我非找他去报仇不可",在外在的语言形式上,二者便通过删略重叠成分糅合生成了"我非得找他去报仇不可"。

总之,"非 X 不 Y"与"得 X"糅合生成"非得 X 不 Y"的动因是凸显言者的主观性。

8.4 "非得 X 不 Y"的演变及"非得"的副词化

8.4.1 省缩式"非得 X"与扩展式"非得 X 才 Y"

"非得 X 不 Y"在清中叶开始出现,在发展过程中衍生出了"非得 X"与"非得 X 才 Y"两种变式。我们认为,"非得 X"由"非得 X 不 Y"省缩而来,而"非得 X 才 Y"由"非得 X"扩展而成。

在晚清小说《八仙得道》中已出现 1 例省缩式"非得 X"。例如:

(51)闲言少叙,再说天师受了这场暗亏,回府之后,便有一同出门的灵官和侍从人等前来问好请安。天师把经过情事一字不瞒地对他们说了,早激动了董、王两位灵官,立时掣出钢鞭,大呼道:"鬼物侮辱天师,我辈更不在他们眼内了。请天师立刻召齐群鬼魂,<u>非得逐个赐以一鞭</u>。将来鬼风嚣张,鬼势蓬勃,还能治得下来么?"(《八仙得道》第八十回)

我们认为,"非得逐个赐以一鞭"是由"非得逐个赐以一鞭不可"脱落句末"不可"而来的,即"非得X"由"非得X不Y"脱落"不Y"而来。那么"不Y"为什么会脱落呢?这是因为"非得X不Y"的语义重心是X。如"非得逐个赐以一鞭不可",言者所要传递的重要的新信息是"逐个赐以一鞭","不可"仅仅是与前面"非"相呼应的句法上的强制性成分,并未传递新信息,只是一个次要的而句法上又不可或缺的成分。也就是说,"非得逐个赐以一鞭不可"的语义重心是"逐个赐以一鞭"。言者说出"非得逐个赐以一鞭",业已传递并强调了新信息"逐个赐以一鞭",言者主观上觉得传递的信息量已足够,且新信息处于句末自然焦点位置,于是在语用上忽略了该句式句法上的强制性呼应成分"不可",因而造成了句法上的缺省。但是这并不妨碍接受者对言者欲表达的语义的理解,因为重要信息"逐个赐以一鞭"已明确传递,接受者能够准确推导出句式义,并不会因句式在句法上的缺省而曲解其语义,原句式的肯定义于是附着在新的句式"非得逐个赐以一鞭"上。也就是说,由于呼应的否定成分"不Y"的脱落,言者或接受者会重新解读"非得X",认为该句式大致相当于肯定句式"得X",因而抑制了"非"的否定义。不过原句式"非得X不Y"的凸显言者主观性的语用功能仍然保留了下来,或者说"非得X"仍然具有言者强烈的主观性。

下面二例同现于一种文献中,颇有启发性:

(52)李虎臣叫众人快走。此时那老头儿把眼一瞪,说:

"你等往哪里走?老爷子非得把你们结果了不可!我也绝不能与你们善罢甘休!"①(《康熙侠义传》第十八回)

(53)自己想罢,他从身背后就往前挪,挪到吴德的跟前,一伸手,说:"好一个八卦教匪,你往哪里走!我今天非得结果你的性命!无缘无故的你要杀张广太,明明你是贼党!"(《康熙侠义传》第六十一回)

以上二例所要表达的命题义是相近的,只是具体的施事、受事不同,因而也可以看作同义句式。不过例(52)属于"非得X不Y"句式,例(53)属于"非得X"句式。通过比较可以看出,"非得X"是由"非得X不Y"脱落句式末尾的"不Y"而来的,其仍然具有言者强烈的主观性。

由于"不Y"的脱落,"非得X"在语境中被重新理解成了肯定句式,用来强调X的必要性。具备某个必要的条件X,往往会产生某个相应的结果Y。如果言者在强调X的必要性的同时,又想附带指出相应的结果Y,那么被理解成肯定句式的"非得X"就会扩展成一个新的肯定句式"非得X才Y",这就如同肯定句式"得X"可以扩展成"得X才Y"一样。在晚清小说

---

① 此例"老爷子非得把你们结果了不可"为表示处置的句式"非得X不Y",可以变换为非处置的句式"非得X不Y",即"老爷子非得结果了你们不可"。在汉语史上也有表达相近命题义的非处置的句式"非得X不Y"。例如:

卧云居上灵宫说:"道友,你别管,我等原与济颠远日无冤,近日无仇,只因他火烧我徒弟韩棋,戏耍邓连芳,这都算小节。决不该主使他徒弟火烧了我们圣教堂,大闹万花山。我等非得结果他的性命不可。"(《济公全传》第二百三十三回)

《康熙侠义传》中已有 4 例扩展式"非得 X 才 Y"。例如：

(54) 山东马说："这菜卖多少钱一个？"跑堂的说："你们吃吧，别问价钱。昨天有一个人在我们这里吃饭，他一问价钱，把我们掌柜的问烦了，叫人来打了一个腿伤胳膊烂，托出了好些个朋友来了事，给了三百吊钱才算完了，然后又给我们掌柜磕了一个头。"山东马一听，怒从心上起，气向胆边生，说："好哇，<u>我非得问个价钱多少才吃哪</u>！"（《康熙侠义传》第五十三回）

(55) 又见马成龙执大环金丝宝刀出来，吴恩先派人知会那巴永太说："这清朝的武将甚是厉害，须要小心！"巴永太说："这就是临敌无惧、勇冠三军的马成龙？不要长他人之威风，灭自己的锐气，<u>我非得结果他的性命才可</u>！"（《康熙侠义传》第七十八回）

例（55）与例（52）、(53) 均出自《康熙侠义传》，表达的命题义相近，只是具体的施事、受事不同而已，因而可看作同义句式。例（55）属于"非得 X 才 Y"句式，将其与例（52）、(53) 进行比较，可以看到例（55）是由"我非得结果他的性命"扩展而来的，而"我非得结果他的性命"是由"我非得结果他的性命不可"省缩而来的。这一生成过程可以完整地表示为：

"我非得结果他的性命不可"→"我非得结果他的性命"→"我非得结果他的性命才可"

也就是说,"非得 X 才 Y"是由"非得 X"扩展而成的,^①而"非得 X"是由"非得 X 不 Y"省缩而来的。"非得 X 才 Y"的生成过程可以完整地表示为:

"非得 X 不 Y"→"非得 X →非得 X 才 Y"

在汉语史上,"非 X 不 Y"可以省缩成"非 X",进而可以扩展成"非 X 才 Y",这一语言事实可以作为支持以上观点的旁证。

"非 X 不 Y"的后项"不 Y"在句法上具有强制性,是不可或缺的,不过在语用中也可以脱落。在言语交际中,句末信息往往是新信息,是自然焦点,但是"非 X 不 Y"要强调的是 X 的必要性,句式的语义重心是 X,占据句末自然焦点位置的"不 Y"反而是次要信息。言者在语用上为了强调 X 而忽略了边缘化的信息"不 Y",致使"不 Y"脱落,形成了句法上缺省的句式"非 X"。句法上缺省的句式"非 X"的意义仍然与原句式"非 X 不 Y"一致,言者或接受者对新句式"非 X"进行重新解读,将其理解成肯定句式,语义上大致相当于"必须 X"。不过

---

① "非得 X 才 Y"有没有可能是由"必须"义的"非"直接加在"得 X 才 Y"前而形成的呢?从现代汉语的视角来看,似乎是有这种可能性的,但是共时层面的解释有可能是以今律古,掩盖了真相。与共时视角相比,历时视角往往能更科学、更合理地揭示语言现象之间的源流关系,因为这能得到汉语史上语言事实的支持。当一种观点或理论假设与语言事实相左时,我们宁可相信语言事实。由"非得 X"扩展为"非得 X 才 Y"是一种有理据的句式演变,而且能得到历史语料的支持。另一方面,据我们考察,"非"的"必须"义出现较晚(详见下文),不早于"非得 X 才 Y"的出现,因而"非得 X 才 Y"不可能是由"必须"义的"非"直接加在"得 X 才 Y"前而形成的。

"非 X"出现较晚,大概到了清末才出现。例如:

(56)欧阳德说:"我先要去找这个刺客,混账东西!他给我惹下这样大祸,我找着他,非把他瓣岔了,这个人怎么这样子?"(《彭公案》第二百一十一回)

(57)三太倒吸一口凉气,悔不听大师兄胡景春之言,果然又上了贼人之当。心中暗想:"如要再想出山,非把贼人拿住,走马换将。我要把他拿住,叫他将我送出山口,不然万难出山。"(《三侠剑》第一回)

"非 X"被重新解读成了肯定句式,强调条件 X 的必要性。由于句法与语义的制约,"非"丧失了否定义,吸收了肯定义,相当于"必须"。"非"的这个新的意义与其否定义没有关联性,这是一个句式的演变导致词语语义演变的典型例子。① 言者如果要进一步指出必要条件 X 产生的相应的结果 Y,那么又可将"非 X"扩展成一个肯定句式"非 X 才 Y"。这种句式到清末开始有用例。例如:

(58)侯蒙道:"寻常刀斧哪里砍得动那山中的荆棘?非有宝刀才能济事。"(《侠女奇缘》第六十三回)

"非 X 才 Y"的生成过程可以完整地表示为:

"非 X 不 Y"→"非 X"→"非 X 才 Y"

由此可见,"非得 X 才 Y"与"非 X 才 Y"的生成过程是

---

① 直到现代汉语"非 X"与"非 X 不 Y"不仅共存,而且可以互相自由变换。如果前者变换为后者,那么肯定的句式义与双重否定的句法框架就会激活"非"的被抑制的否定义。

平行的。

综上所述,"非得 X 不 Y"在发展过程中先衍生出了省缩式"非得 X",省缩式"非得 X"又衍生出了扩展式"非得 X 才 Y"。

8.4.2 "非得"的副词化

到了清末,新生的句式"非得 X"与"非得 X 才 Y"已有较多用例。例如:

(59)张文彩过去一踢,把血脉踢活,纪逢春才能站起来,说:"好贼!把大官老爷差点要了命,<u>我非得拿锤把他打死</u>。"(《彭公案》第二百〇八回)

(60)今天见苗配又来了,马兆熊本是个直心人,说:"苗配,你真不要脸,我头一次给你十五两,第二次又是十两,第三次又是十五两,第四次又是五两。你说自今以后改邪归正,现在你又来借钱了。就是你姐丈也不能尽着你输去,<u>今天我非得管教管教你</u>。"(《济公全传》第二百二十四回)

(61)众人说:"请问老英雄,他是什么功夫?"追风侠刘云说:"他这叫蛤蟆气,<u>非得见血才破得了</u>。不见血是白打,他不知道疼。"(《彭公案》第一百六十一回)

(62)法洪说:"你要打算要他的命也可,我要叫他死,他就得死,<u>非得我念咒他才能活</u>。我冲着兄长你,不叫他活就是了,你叫他落个全尸首就完了。"(《济公全传》第二百〇四回)

在晚清文献中"非得 X 不 Y""非得 X"与"非得 X 才 Y"共存，这种态势一直保持到现代汉语。下面是三者在晚清六部文献中的使用情况表：

表 1　晚清六部文献中"非得 X 不 Y""非得 X"与"非得 X 才 Y"的使用情况

句式	八仙得道	康熙侠义传	彭公案	济公全传	小五义	续小五义	合计
非得 X 不 Y	1	4	11	19	7	3	45
非得 X	1	3	8	21	3	3	39
非得 X 才 Y	0	4	10	9	7	3	33

总的来看，在三种句式中，"非得 X"与"非得 X 才 Y"已逐渐使用开来。

由于韵律制约，"非得 X"与"非得 X 才 Y"中原本不在同一句法层次上的相邻成分"非"与"得"便组合成一个标准韵律词，"非"与"得"的句法分界模糊乃至消失，因而跨层结构"非得"的黏合度增强了，有了词汇化的可能性。"非得 X"与"非得 X 才 Y"中 X 一般为 VP，韵律词"非得"是 X 的修饰、限制性成分，经常处于状语的句法位置，而这一句法位置主要由副词占据，这就为"非得"的副词化提供了句法条件。"非得 X"与"非得 X 才 Y"的句式义是肯定的，韵律词"非得"摆脱了否定式"不 Y"的制约，便在语境中丧失了否定义，吸收了肯定义。伴随着"非得 X""非得 X 才 Y"的广泛运用，可以认为韵律词"非得"最迟在清末已副词化，大致相当于"必须"。

需要指出的是，现代汉语中"非得 X 不 Y"并未消失，其与变式"非得 X""非得 X 才 Y"仍然共存，变式"非得 X"与"非得 X 才 Y"可以自由变换为"非得 X 不 Y"。由于受到肯定的句式义与双重否定的句法框架的制约，"非得 X 不 Y"中的"非得"虽然仍然可以理解为副词，但是其被抑制的否定义已被激活，大致相当于否定副词"非"。

8.5 相关句式"非要 X 不 Y"的形成及其演变

8.5.1 "非要 X 不 Y"的形成

在现代汉语中还有一种"非要 X 不 Y"句式，其中的 X、Y 均是 VP，Y 往往是助动词"可"等。该句式不仅表示 X 是 Y 实现的必要条件，而且表示在言者看来施事为了实现 Y 而意志坚定地去实施行为 X。[①] 例如：

(63) "啊哈，妈妈！不是真事？篇篇电影是那样，出出戏是那样，本本小说是那样，就算有五成谎吧，不是还有五成真的吗？"玛力非要把母亲说服了不可，往前探着头问："对不对，妈？对不对？"（老舍《二马》）

(64) 然后，像梦里醒过来似的，老通宝猛跳起身，沿着那小河滩，从东头跑到西头。为什么要这样跑，他自己

---

① 这里的施事可能是言者，也可能不是言者。

也不大明白;他只觉得心口里有一团东西塞住,非要找一个人谈一下不可而已。但是全村坊静悄悄地没有人影,连小孩子也没有。(茅盾《秋收》)

"非要X不Y"最早可能出现于晚清小说《八仙得道》,清末已有较多用例。① 例如:

(65)铁拐先生又道:"他们既敢贪他人之功,势必还要实行他们卑劣手段,非要害得徐福等子孙吃他们的亏不止。你们瞧着罢!"(《八仙得道》第四十四回)

(66)众鬼也纷纷争论,说张法官不应无故开他们的玩笑,非要将他惩治不可。(《八仙得道》第七十九回)

(67)话说济公带领二位班头,正走到山内,只见华清风手举宝剑,要杀杨明、雷鸣、陈亮。书中交代,华清风由梅花山逃走,自己一想,非要把济公杀了不可。(《济公全传》第一百〇二回)

(68)众人紧紧一追,高珍头前逃走,这几个人也不知高珍要往哪跑。马兆熊是死心眼,非要把高珍追上不可,直追出有五六里地。(《济公全传》第二百〇一回)

上例中的"非要X不Y"不仅表示X是实现Y的必要条件,

---

① 下例"非要X不Y"中的"要"是索取义动词,X是NP,充当"要"的受事宾语。这种"非要X不Y"实际上属于"非X不Y"句式,不是我们所讨论的"非要X不Y"句式:

那店内伙计给了他一文钱,他不要,又添了一文,他也不要。添至一百钱,他还嫌少,非要五两银子不走。(《彭公案》第六十七回)

而且表示在言者看来施事具有实施 X 的坚强意志,或者说施事具有强烈的主观性。"非要 X 不 Y"与"非得 X 不 Y"语义相近,属于近义句式。如例(66)"非要将他惩治不可"可以替换成"非得将他惩治不可",替换前后的命题义基本不变,都是表示"欲将他惩治"。不过二者还是有一些差异:"非得 X 不 Y"侧重强调的是在情理上必须 X 才 Y,主要体现的是言者(不一定是施事)的主观性。如例(12)"非得亲身见巡抚不成",侧重强调的是在情理上"必须亲身见巡抚",主要体现的是言者张广太的主观性。而"非要 X 不 Y"侧重强调的是施事(不一定是言者)具有实施 X 的坚强意志或坚决态度,主观上认为必须 X 才 Y,主要体现的是施事的主观性。如"(马兆熊)非要把高珍追上不可",侧重强调施事马兆熊具有"把高珍追上"的坚强意志或坚决态度,主要体现的是施事的主观性。比较下例中的"非得 X 不 Y"与"非要 X 不 Y",更能清楚地看出二者的差异。

(69)老头说:"你是走路的,走你的路!你揪着我们为甚么事情?"二爷说:"我平生好管闲事。我问问你们,因为何故?我给你们分析分析。"老头说:"我们这个事情不好分析,<u>非得到当官去不成</u>!"二爷说:"<u>我非要领教领教不可</u>。"(《小五义》第九十回)

"非要 X 不 Y"与"非得 X 不 Y"一样,也是句式糅合的结果,换言之,其生成机制也是糅合。"非要 X 不 Y"无法按照常规的句式进行句法、语义分析,"非"并不是否定"要"或"要 X"的,而是跨过"要"否定 X 的(即"非 X"),然后与"不

Y"构成假设与结果的关系。"非 X 不 Y"是一种双重否定句式,表达的是言者的主观意愿或推断,言者的主观性极强。"非要 X 不 Y"中的"要"是助动词,"表示做某事的意志"(吕叔湘,1999:592),"要"是修饰限制 X 的,"要 X"与"不 Y"没有条件与结果的关系。"要 X"表现了施事强烈的主观意愿,其往往是达到某个目的的必要的前提条件,有了这个必要的前提条件往往会产生相应的结果 Y,所以"要 X"隐含着"才 Y"这样的结果。如果言者想直接表达施事强烈的主观意志,可以使用肯定句式"要 X";如果言者想表达自己强烈的主观性,那么就会使用双重否定句式"非 X 不 Y";如果言者既想表达施事强烈的主观意志,又想表达自己强烈的主观性,那么"要 X"与"非 X 不 Y"便先后在言者大脑中浮现、叠加,在外在的语言形式上通过删略重叠成分生成了"非要 X 不 Y"。

"非 X 不 Y"与"要 X"糅合生成"非要 X 不 Y"完全遵循句式糅合的三个基本原则。

首先,"非 X 不 Y"与"要 X"语义相近,二者的命题义均是表示欲实施 X,如"非将他惩治不可"与"要将他惩治"命题义一致。"非 X 不 Y"与"要 X"发生糅合遵循句式糅合的语义相近原则。

其次,"非要 X 不 Y"到了晚清才有用例,而"非 X 不 Y"在上古就已出现,表达施事强烈的主观意愿的"要 X"最迟到宋代也已出现。下面是"要 X"用例:

(70) 曰:"古人'危邦不入,乱邦不居'。近而言之,若一乡之人皆为盗贼,吾岂可不知所避!圣人言语说得平正,必欲求奇说令高远如何!今人说文字,眼前浅近底,<u>他自要说深</u>;在外底,<u>他要说向里</u>;本是说他事,<u>又要引从身上来</u>;本是说身上事,<u>又要引从心里来</u>,皆不可。"(《朱子语类》卷二十六)

(71)荆公作字说时,只在一禅寺中。禅床前置笔砚,掩一龛灯。人有书翰来者,拆封皮埋放一边。就倒禅床睡少时,又忽然起来写一两字,看来都不曾眠。字本来无许多义理,<u>他要个个如此做出来</u>,<u>又要照顾须前后</u>,<u>要相贯通</u>。(《朱子语类》卷一百三十)

也就是说,"非X不Y"与"要X"糅合生成"非要X不Y"遵循句式糅合的时代先后原则。

最后,"非要X不Y"蕴含了"非X不Y"与"要X"的所有成分,既蕴含了"非X不Y"的语义,又蕴含了"要X"的语义,遵循句式糅合的成分蕴含原则或语义蕴含原则。

综上所述,"非要X不Y"是因凸显言者的主观性这一语用目的,由"非X不Y"与"要X"糅合而成的。

8.5.2 "非要X不Y"的演变

如同"非得X不Y"有省缩式"非得X"一样,"非要X不Y"在晚清也出现了省缩式"非要X",其中的韵律词"非要"在语境中被重新理解成"一定要"义。"非要X"最早可能出现于晚清小说《八仙得道》,清末已有一定的用例。例如:

(72) 平心而论，这一种人，实是世上最可敬可佩最有希望的人。可是有了这种性格的人，也有一样非常危险之事，就是观察上的错误和见解的乖谬。因为他们的毅力最坚，迷信最甚，对于可信之人，礼为之事，原该有此迷信和毅力，设或遇到一种虚伪的人和谬妄之事，他却一般的迷信和执意，<u>非要把这人抬高到十足</u>，并要拼出全力，牺牲自己，拼命价去干那乖谬的事情。(《八仙得道》第七十四回)

(73) 喜大人说:"今天请你们几位到后面三间花厅住一夜，在那里给你们预备点酒菜、果子点心。那里发生的事，也不知道是鬼还是妖精，我们这衙门也没人敢到后头去。以前，我这倒有一个家人，他胆子大，不信鬼神。有一天半夜，<u>他非要去看看</u>，可是一去就没见出来。第二天一找，他死在门后边，脸都黑了。兴许是妖气给扑的，如今谁也不敢上后头去了。"(《彭公案》第二百〇五回)

(74) 严春说:"礼物倒不多，千里送鹅毛，礼轻人物重。不论多少也算是我的人心，也算是我严春有街坊的义气。毕大王口出不逊，<u>非要劫我镖船</u>。我船支入一水岛，竹城上卦，这是何故？"(《大八义》第三十五回)

"非要X"沿用到了现代汉语。例如：

(75) "一眼就认出来了。"丁小鲁暧昧地笑，"我是《影迷报》的记者，我叫丁小鲁。这位是刘美萍，我的一个同事的女儿，也是您的影迷，听说我今天来采访您，<u>非要跟

来。"(王朔《你不是一个俗人》)

(76)我早已从她的杂杂碎碎的诉说中,料定了最终的结局将是怎样的,<u>却非要迫她亲口道出</u>,而且腰斩了她本能地抻长又抻长的诉说。(梁晓声《表弟》)

如同"非得 X"有扩展式"非得 X 才 Y"一样,"非要 X"从晚清开始也出现了扩展式"非要 X 才 Y",最早也见于《八仙得道》,清末已有一定的用例。例如:

(77)二郎手指玄珠子,笑而叱道:"好好,你倒会刻薄人家,还说人家冷心冷面刻薄你呢!好得很,你既说我诖误公事,我就在灌口小庙内,天天替你求天拜地,<u>非要求得祸祟前来寻你,要你做几件诖误事情给我看看,才出得我这口恶气咧</u>!"(《八仙得道》第五十四回)

(78)淫贼在地跪着,心中异常愤恨,心说道:"我采花没上胜家去,镖打秦天豹事,在前二十余年,说了半天我全不知道呀!现在我养父哀求于你,你是铁打心肠,毫不怜惜,<u>非要结果我这条性命,方算遂你心头之愿</u>。并且我跪在地下半晌的工夫,苦苦哀求,你是完全没有听见?小太爷好乐,与你姓胜的何事?你是前来无事寻非。"(《三侠剑》第一回)

(79)湘林脸上微红,接着道:"捻花人何足珍重,一枝两枝梅花给你,真不在你眼里,<u>非要引你到邓尉香雪海去,才见得情深义重哩</u>!"(《人海潮》第七回)

"非要 X 才 Y"沿用到了现代汉语。例如：

(80) 那年，本村王跛子的婆娘病重，费尽周折好不容易弄到城里。谁知，<u>非要交三百元押金才能住院</u>。（张胜利《八舅》）

(81) 星子能怎么说呢？星子有千条反驳理由，但星子没说。星子也觉出自己太矜持太自尊，<u>非要等着栖明目张胆地追求才肯认账</u>。（方方《桃花灿烂》）

在晚清省缩式"非要 X"与扩展式"非要 X 才 Y"日益使用开来，受到句法、语义制约的"非要"丧失了否定义，吸收了肯定义，大致相当于"一定要"。可以认为，韵律词"非要"最迟在清末已副词化了。

8.6 小结

句式"非得 X 不 Y"典型而可靠的用例最早可能见于清中叶，意思是在情理、事实或意志上必须 X 才 Y，强调 X 是 Y 实现的必要性条件。从句式糅合的语义相近原则、时代先后原则和成分蕴含原则或语义蕴含原则来看，"非得 X 不 Y"的生成机制是糅合，其由双重否定句式"非 X 不 Y"与隐含结果"才 Y"的肯定句式"得 X"糅合而成。凸显言者的主观性是"非 X 不 Y"与"得 X"糅合生成"非得 X 不 Y"的动因。

"非得 X 不 Y"从晚清开始衍生出了"非得 X"与"非得 X 才 Y"两种变式，并沿用了下来。"非得 X"是由"非得 X 不

Y"省缩而来的,而"非得 X 才 Y"是由"非得 X"扩展而成的。伴随着"非得 X"与"非得 X 才 Y"的广泛使用,受到句法、语义制约的韵律词"非得"在语境中吸收了肯定义,最迟到清末已副词化,大致相当于"必须"。

在晚清出现的与"非得 X 不 Y"相关的近义句式"非要 X 不 Y"的生成机制也是糅合,即由"非 X 不 Y"与"要 X"糅合而成。"非要 X 不 Y"的生成动因也是凸显言者的主观性。如同"非得 X 不 Y"一样,"非要 X 不 Y"在晚清也出现了省缩式"非要 X"及扩展式"非要 X 才 Y"。在晚清省缩式"非要 X"与扩展式"非要 X 才 Y"日益使用开来,受到句法、语义制约的韵律词"非要"最迟在清末也已副词化,大致相当于"一定要"。

第九章 "除非 X,不 Y"与"除非 X,才 Y"的来源

9.1 引言

在现代汉语中"除非"可以用作介词,《现汉》(2016:194)的释义是:"表示不计算在内,相当于'除了':上山那条道,～他没人认识。""除非"也可以用作连词,《现汉》(2016:194)的释义是:"表示唯一的条件,相当于'只有',常跟'才、否则、不然'等搭配使用:若要人不知,～己莫为|～修个水库,才能更好地解决灌溉问题。"也就是说,连词"除非"与其他关联词语搭配可以形成句式"除非……,才/否则/不然……"等。例如:

(1) 小王这才抬起头来:"哟,现在正开着诊呢。老爷子的规矩,这会儿一般不会客。除非通报他同意了才行。"(陈建功、赵大年《皇城根》)

(2) 国军的阵地一天比一天小,我们就不敢随便爬出坑道,除非饿极了才出去找吃的。(余华《活着》)

(3) 除非她不做人工流产,否则,大夫的一言一行均不可抗拒。(池莉《太阳出世》)

(4) 自从我离开了楚楚,这些年来,我没见过她。

她爸爸说,除非我回去,要不然,永不许我见楚楚。(琼瑶《月朦胧鸟朦胧》)

(5) 我回头使劲冲朱秀芬眨眼。"别冲我眨眼,我不想当傻瓜,明摆着是胡说八道也要装得真有这么回事,要让我信,除非让我亲眼看见。"(王朔《痴人》)

连词"除非""强调某条件是唯一的先决条件",可以构成肯定句式"除非X,才Y",但是又可以构成否定句式"除非X,不Y"(吕叔湘,1999:125—126)。二者在形式上对立,然而命题义完全一致,均是强调只有具备唯一性条件X,才会出现结果Y。试比较:

(6) a.除非男女双方同意,才能离婚。

b.除非男女双方同意,不能离婚。(引自沈家煊,1999:118)

例(6)a是肯定句式"除非X,才Y",b是否定句式"除非X,不Y",二者在形式上对立,但是命题义相同,均表示满足了"男女双方同意"这个唯一的条件,才会出现"离婚"这个结果。前者中"除非"相当于"只有",后者中"除非"相当于"除了"(沈家煊,1999:118)。

否定句式"除非X,不Y"与肯定句式"除非X,才Y"均是近代汉语中产生的。关于这两种句式的来源及相关问题,学界已取得了一些研究成果。吕叔湘(1982:422)认为:"'除非'这个词大致是两个来由凑合而成:一是'非',即22.43的'非……不……'的'非';一是'除',即18.92'除……之外'

的'除',但用于条件句……假如这个分析是对的,则'除非'应该也是表示'若无此条件即无此后果'的,后果小句里应有否定词和'除非'呼应。"不过吕先生未就此展开论证。吕先生虽然没有非常直接地指出句式"除非X,不Y"的来源,但是其关于词语"除非"的形成的意见颇有启发性。胡丽珍、雷冬平(2007)、席嘉(2010),刘斐、张虹倩(2011)等对与"除非"相关的问题进行了探讨,发表了各自的意见。那么"除非X,不Y"与"除非X,才Y"到底是怎样形成的?其生成机制、生成动因是什么?我们拟立足汉语史,在已有研究成果的基础上就这些问题进行探究。

9.2 "除非X,不Y"的来源

9.2.1 "除非X,不Y"的生成机制

"除非X,不Y"最早见于唐代,强调在某个集合中成员X是结果Y出现的唯一的、必要的条件,在语义上相当于"除了X之外,其余不Y""非X不Y"或"只有X才Y"。例如:

(7) 除非净晴日,不见苍崖巅。(陆龟蒙《引泉诗》,《全唐诗》卷六一九)

(8) 除非同恶相济,以死拒命者,余一切不问。(李昂《平李同捷德音》,《全唐文》卷七四)

"除非X,不Y"可以有变式"除非X(以/之)外,不Y"

等。例如：

(9) 自今已后，诸王公主驸马外戚家，除非至亲以外，不得出入门庭，妄说言语。(李隆基《诫宗属制》，《全唐文》卷二二)

"除非 X，不 Y"也可以有变式"除非 X，无 Y"等。例如：

(10) 除非奉朝谒，此外无别牵。(白居易《朝归书寄元八》，《全唐诗》卷四二九)

"除非 X，不 Y"还可以有变式"除非 X，Y？"。"Y？"为反诘式，一般含有疑问代词，表达的是否定义。例如：

(11) 除非梦里见，触体更何时？(王梵志《有钱惜不吃》，《王梵志诗校注》)

(12) 除非一杯酒，何物更关身？(白居易《感春》，《全唐诗》卷四四一)

"除非 X，不 Y"中 X 可以是 NP，如例(7)中的"净晴日"，例(8)中的"同恶相济，以死拒命者"；也可以是 VP，如例(10)中的"奉朝谒"，例(11)中的"梦里见"。[①]Y 均是 VP，如例(7)中的"见苍崖巅"，例(8)中的"问"。"不 Y"

---

① 一般认为，"除非"若后接 NP，为介词；若后接 VP，则为连词。其实"除非 NP，不 Y"与"除非 VP，不 Y"中的"除非"无论理解成什么词性，其基本意义是一致的，均有"排除"义："除非 NP"是排除人或事物，"除非 VP"是排除事件，二者并无本质上的不同。况且早期的"除非"是因句式糅合而形成的一个结构（详见下文），严格地说，尚未词汇化。这里主要是探究句式"除非 X，不 Y"与"除非 X，才 Y"的来源问题，因此我们在下文中不考虑"除非"的词性问题。

前还可以有其他词语表示某个集合中"除X之外"的其余成员，如例（8）中的"余一切"，例（10）中的"此外"。此类句式可以表示为"除非X，其余不Y"。

"除非X，不Y"是怎样形成的呢？如前所述，吕叔湘（1982：422）关于词语"除非"的来源的见解是极富有启发性的。① 我们认为，"除非X，不Y"是由"除X，不Y"与"非X不Y"糅合而成的。这一糅合过程可以表示为：

"除X，不Y" + "非X不Y" → "除非X，不Y"

"除X，不Y"与"非X不Y"糅合生成"除非X，不Y"完全遵循句式糅合的三个基本原则。

《说文解字·阜部》："除，殿陛也。""除"本指宫殿的台阶，后泛指台阶。《说文解字注》："凡去旧更新皆曰除，取拾级更易之义也。"《广雅·释诂二》："除，去也。""除"由"台阶"引申出了"除去"义，是动词。例如：

(13) 树德务滋，除恶务本，肆予小子诞以尔众士，殄歼乃仇。（《尚书·周书·泰誓下》）

"除"又由"除去"义动词语法化为介词，介引人或事物X，表示"X不计算在内"。向熹（2010：457）认为，"介词'除'产生于六朝，表示动作所及的对象中应当排除的人或事物。""除

---

① "除非X，不Y"中"非"为副词，否定的是X；"除"为介词，介引的也是X，而不是"非X"。很显然，"除"与"非"虽然在线性顺序上紧邻，但是二者并非是一对直接成分。"除"与"非"紧邻，看似是表层的词语连用的结果，而实际上是深层的句式生成的结果。

X"后一般接否定式"不 Y",即"除 X,不 Y"。其中的 X 最初是 NP,后来范围扩大,可以是 VP。"除 X,不 Y"的表层义是"除了 X 之外,其余不 Y",其隐含义是"只有 X 才 Y",即 X 是结果 Y 产生的唯一性、必要性条件。

"除 X,不 Y"最迟在北朝时期就有用例。例如:

(14) 大麦酢法:七月七日作。若七日不得作者,必须收藏取七日水,十五日作。除此两日,则不成。(《齐民要术·作酢法》)

"除 X,不 Y"有变式"除 X(以/之)外,不 Y"等。值得注意的是,"除 X,不 Y"中的"不 Y"前又可以出现表示某个集合中"除 X 之外"的其余成员的词语。为了行文方便,我们用"其余"代表这类词语,将该类句式记作"除 X,其余不 Y"。例如:

(15) 一切但依此法,除虫灾外,小小旱不至全损。(《齐民要术·杂说》)

在唐代"除 X,不 Y"中的否定词也可以是"非""未""无"等。例如:

(16) 项曰:"公兄弟承恩泽深矣,非有大功,必无全理。唯一策,若能行之,岂唯全家,当享茅土之封。除此外,非项所谋。"(《大唐新语·匡赞》)

(17) 除月与鬼神,别未有人知。(贯休《偶作二首》,《全唐诗》卷八二六)

(18) 南北东西九千里,除兄与弟更无人。(何兆《赠

兄》,《全唐诗》卷二九五)

在唐代还有在语义上与"除X,不Y"相当的反诘句式"除X,Y?",可以看作"除X,不Y"的变式。例如:

(19) 未能抛世事,<u>除此更何为</u>?(张祜《闲居》,《全唐诗》卷八八三)

(20) <u>除忆交流外,何人更可言</u>?(周贺《春日山居寄友人》,《全唐诗》卷五〇三)

在唐代"除X,不Y"又可说成"除却X,不Y","不Y"前也可出现表示某个集合中"除X之外"的其余成员的词语"其余"等。例如:

(21) 曾经沧海难为水,<u>除却巫山不是云</u>。(元稹《离思五首》,《全唐诗》卷四二二)

(22) 交游话我凭君道,<u>除却鲈鱼更不闻</u>。(杜牧《寄杜子二首》,《全唐诗》卷五二四)

(23) <u>除却慵馋外,其余尽不知</u>。(白居易《残酌晚餐》,《全唐诗》卷四五六)

"除却X,不Y"也可说成语义相当的反诘句式"除却X,Y?"。例如:

(24) <u>除却醉来开口笑,世间何事更关身</u>?(白居易《曲江醉后赠诸亲故》,《全唐诗》卷四三八)

(25) <u>除却数函图籍外,更将何事结良朋</u>?(陆龟蒙《奉和袭美卧疾感春见寄次韵》,《全唐诗》卷六二四)

(26) 曾游仙迹见丰碑,<u>除却麻姑更有谁</u>?(刘禹锡

第九章 "除非X,不Y"与"除非X,才Y"的来源

《麻姑山》,《全唐诗》卷三六一)

"非X不Y"早在先秦汉语中就已出现,其语义是"只有X,才Y",用双重否定形式强调X是结果Y出现的唯一性、必要性条件。例如:

(27) 犬马非其土性不畜,珍禽奇兽不育于国,不宝远物,则远人格;所宝惟贤,则迩人安。(《尚书·周书·旅獒》)

(28) 夫国非忠不立,非信不固。(《国语·晋语二》)

下面是汉代至唐代的"非X不Y"用例:

(29) 然欲强国成功,尽忠于上,非此不立。(《史记·日者列传》)

(30) 盖君子藏器以有待也,稽德以有为也,非其时不见也,非其君不事也,穷达任所值,出处无所系。(《抱朴子·外篇·任命》)

(31) 穬麦,非良地则不须种。(《齐民要术·大小麦》)

(32) 柬之等五人,为上所忌,日夜为计,非剪除不足以快其意。(《大唐新语·著述》)

(33) 满纸殊乡泪,非冤不可哀。(李昌符《得远书》,《全唐诗》卷六○一)

"非X不Y"中Y可以是助动词"可",形成句式"非X不可"。这种句式在上古汉语中就有用例。例如:

(34) 忠为令德,非其人犹不可,况不令乎?(《左传·成公十年》)

(35) 项氏世世将家，有名于楚。今欲举大事，<u>将非其人不可</u>。(《史记·项羽本纪》)

下面是唐代"非X不可"用例：

(36) 国史事重，公家父子霸王功业，皆须具载，<u>非收不可</u>。(《北史·魏收列传》)

(37) 正一夜须浆水粥，<u>非玉素煮之不可</u>。(《朝野佥载》卷五)

(38) 若大王守藩，无用之；必欲经营四方，<u>非此人不可</u>。(《大唐新语·匡赞》)

综上所述，我们看到：

其一，"除X，不Y"与"非X不Y"语义相近，意思是"除了X之外，其余不Y"或"只有X，才Y"，均是表示X是结果Y出现的唯一性、必要性条件。因而二者糅合生成"除非X，不Y"遵循句式糅合的语义相近原则。

其二，"除X，不Y"最迟在北朝时期已开始使用，"非X不Y"早在上古汉语中就已出现，而"除非X，不Y"到了唐代才有用例。因而"除X，不Y"与"非X不Y"糅合生成"除非X，不Y"遵循句式糅合的时代先后原则。

其三，"除非X，不Y"不仅蕴含了"除X，不Y"的所有成分及语义，而且蕴含了"非X不Y"的所有成分及语义。因而"除X，不Y"与"非X不Y"糅合生成"除非X，不Y"遵循句式糅合的成分蕴含原则或语义蕴含原则。

因此，从句式糅合的三个基本原则来看，"除非X，不Y"

的生成机制应是糅合,其是由"除 X,不 Y"与"非 X 不 Y"糅合而成的。

需要指出的是,糅合句式蕴含了两个源句式的主要成分乃至所有成分,正是由于源句式"除 X,不 Y"有变式"除 X(以/之)外,不 Y"等,所以出现了糅合句式"除非 X(以/之)外,不 Y"等就不足为奇了。

9.2.2 "除非 X,不 Y"的生成动因

"除非 X,不 Y"是由"除 X,不 Y"与"非 X 不 Y"糅合而成的,那么糅合的动因是什么呢?我们认为,糅合的动因是凸显言者的主观性,即强调条件 X 的唯一性、必要性。

如前所述,"除 X,不 Y"中的"不 Y"前可以有表示某个集合中"除 X 之外"的其余成员的词语,即"除 X,其余不 Y",如例(15)、(23)。"除 X,不 Y"与"除 X,其余不 Y"可以互相变换而命题义不变,"除 X,不 Y"可以看作"除 X,其余不 Y"的省略式,换言之,"除 X,其余不 Y"是"除 X,不 Y"的完整式。完整式"除 X,其余不 Y"的前景信息是"其余"等,X 只不过是背景信息。如例(15),该句式虽然有隐含义"只有虫灾才至全损",但是其话题却是"小小旱"而不是"虫灾","小小旱"是前景,而"虫灾"是背景。该句式主要是客观地从反面或否定的一面陈述一个事件:在一个集合中,除了 X,其余不 Y。而"除 X,不 Y"是"除 X,其余不 Y"的省略式,因而具有同样的语用功能,即客观地从反面或否定的一面

陈述在一个集合中"除了X,其余不Y"这一事件。

"非X不Y"是一种双重否定句式,言者先做出否定性的假设"非X",然后推导出否定性的结果"不Y",从反面出发强调正面的观点,即要实现Y,唯有具备条件X;或者说唯有具备条件X,才可实现Y,X是Y实现的必要条件。相对于"除X,不Y"而言,"非X不Y"具有言者鲜明的主观性,表达的是言者强烈的主观意愿或推断。"非X不Y"虽然也有隐含义"其余不Y",但是隐含的"其余"等是言者并不关注的背景信息,而X才是前景信息,才是言者关注、强调的焦点,因而这个"其余"等总是不出现,即不会出现"非X,其余不Y"这样的句式。很显然,这一点与"除X,不Y"可以说成"除X,其余不Y"不同。这就表明,"非X不Y"掺入了言者强烈的主观立场、态度或情感,已不再是客观地陈述一个事件的句式。例如:

(39) <u>非正不视</u>,<u>非正不听</u>,<u>非正不言</u>,<u>非正不行</u>。夫能正其视听言行者,昔吾先师之所畏也。(《法言·渊骞》)

例(39)中"非正不视,非正不听,非正不言,非正不行"均属于"非X不Y"句式,联系下文正面或肯定的论断"夫能正其视听言行者,昔吾先师之所畏也",可以看出该句式是以双重否定的形式强调"正"是"视""听""言""行"实现的唯一性、必要性条件,"正"已前景化,是句式的焦点。因此,可以认为句式"非X不Y"的语用功能是用双重否定形式强调X是结果Y出现的唯一性、必要性条件,带有言者强烈的主观性。

如果言者想客观地陈述"除了 X，其余不 Y"这一否定事件，那么可以从记忆库中提取一般否定句式"除 X，不 Y"。如果言者想凸显自己的主观性，强调 X 是 Y 出现的唯一性、必要性条件，那么可以从记忆库中提取双重否定句式"非 X 不 Y"。如果言者在使用一般否定句式"除 X，不 Y"客观地陈述一个否定事件的同时，又想凸显自己的主观性，强调 X 是 Y 出现的唯一性、必要性条件，那么又可以使用双重否定句式"非 X 不 Y"，因而句式"除 X，不 Y"与"非 X 不 Y"就会先后在言者大脑中浮现、叠加，于是在外在的语言形式上这两种句式就通过删略重叠成分糅合生成新的句式"除非 X，不 Y"。如例（7）"除非净晴日，不见苍崖巅"，如果言者想客观地表达除了"净晴日"其余日子不能"见苍崖巅"这样的事件，大脑中便会浮现一般否定句式"除净晴日，不见苍崖巅"；如果言者又想凸显自己的主观性，以双重否定形式强调"净晴日"是"见苍崖巅"的唯一性、必要性条件，那么大脑中又会浮现双重否定句式"非净晴日，不见苍崖巅"。"除净晴日，不见苍崖巅"与"非净晴日，不见苍崖巅"这两个句式先后在言者大脑中浮现、叠加在一起，为了遵循经济原则与句法规则，二者就通过删略重叠成分糅合成了新的句式"除非净晴日，不见苍崖巅"。[①]这一

[①] 事实上，由于五言诗句固定字数的制约，诗人绝对不会使用一般否定句式"除净晴日，不见苍崖巅"或双重否定句式"非净晴日，不见苍崖巅"。但是如果二者发生糅合，生成"除非净晴日，不见苍崖巅"，便恰好符合五言诗句的字数要求。

糅合过程可以表示为：

"除净晴日，不见苍崖巅"+"非净晴日，不见苍崖巅"→"除非净晴日，不见苍崖巅"

综上所述，"除非 X，不 Y"的生成动因是凸显言者的主观性，即强调条件 X 的唯一性、必要性。

9.3 "除非 X，才 Y"的来源

9.3.1 "除非 X，才 Y"的前身："除非 X，方 Y"

"除非 X，才 Y"的前身是"除非 X，方 Y"①。"除非 X，方 Y"在唐代已出现，其中 X 可以是 NP，也可以是 VP。例如：

(40) <u>除非寒食节，子孙冢傍泣</u>。(王梵志《身如破皮袋》，《王梵志诗校注》)

(41) 免斯因缘，有何方术？<u>除非听受《法花经》，如此灾殃方得出</u>。(《敦煌变文校注·妙法莲华经讲经文(一)》)

到了宋代，"除非 X，方 Y"用例逐渐增多，X 可以是 NP，不过主要是 VP。例如：

(42) 因念隔阔经年，<u>除非魂梦里，有时相遇</u>。(蔡伸

---

① "除非 X，方 Y"中的"方"可以省略，也可以是同义词或近义词"始""乃""便""便乃""方才"等。为了行文方便，我们用"除非 X，方 Y"赅之。下文"除(是) X，方 Y"亦然。

《念奴娇》,《全宋词》)

(43) 除非烧香做功德,且图消得。(晁元礼《滴滴金》,《全宋词》)

(44) 除非自得自证,便乃敲唱双行。(《五灯会元》卷二十)

(45) 你诸人行住坐卧饥餐渴饮,怎生说个无事? 除非见到底人,方解如是。(《古尊宿语录》卷三十二)

(46) 学者若有丝毫气在,必须进力! 除非无了此气,只口不会说话,方可休也。(《朱子语类》卷八)

(47) 今人所以读书苟简者,缘书皆有印本多了。如古人皆用竹简,除非大段有力底人方做得。(《朱子语类》卷十)

(48) 如黄霸在狱中从夏侯胜受书,凡再逾冬而后传。盖古人无本,除非首尾熟背得方得。(《朱子语类》卷十)

大概从元明时期开始,同义词"才"替换了"除非X,方Y"中的"方"等,从而出现了同义句式"除非X,才Y"。① 例如:

---

① 元明清时期"除非X,方Y"并未消失,其与"除非X,才Y"并存。例如:
(1) 这病可时,除非是子孝父心宽,方才可救。(《元本琵琶记》第二十二出)
(2) 法善道:"除非陛下免冠跣足救臣,臣方得活。"(《初刻拍案惊奇》卷七)
(3) 小鬼道:"禀爷爷,但凡变过狗嘴的再变别的,臭味最是难改,除非用些仙草搽上方能改哩!"(《镜花缘》第八十一回)

(49) 只除非会驾风,才出的他兵几重。(朱凯《昊天塔孟良盗骨》第一折,《全元曲》)

(50) 奴婢抵死将盒盖按住,则说盒上现有黄封御笔,除非亲到先帝御前,才好开看。(无名氏《金水桥陈琳抱妆盒》第四折,《全元曲》)

(51) 薛婆道:"此间女子,只好恁样。除非汴梁帝京五方杂聚去处,才有出色女子。"(《初刻拍案惊奇》卷二十)

(52) 定哥拿在手里看了一回道:"这东西那里来的?果是好得紧。随你怎么人家下聘,也没这等好首饰落盘。除非是皇亲国戚、驸马公侯人家,才拿得这样东西出来。你这妮子如何有在身边?实实的说与我听!"(《醒世恒言》卷二十三)

(53)(张远)心下想道:"这事难以启齿,除非得他梅香碧云出来,才可通信。"(《喻世明言》卷四)

如果弄清楚了"除非 X,方 Y"的来源,那么也就解决了"除非 X,才 Y"的来源问题。

9.3.2 "除非 X,才 Y"的来源与"除非 X,不 Y"有关

"除非 X,不 Y"是由"除 X,不 Y"与"非 X 不 Y"糅合而成的。如前所述,源句式"除 X,不 Y"可以看作"除 X,其余不 Y"的省略式,而糅合句式在句法、语义等方面是蕴含源句式的,所以糅合句式"除非 X,不 Y"可以看作"除非 X,其余不 Y"的省略式。"除非 X,其余不 Y"中的"不 Y"前

有一个话题，这个话题是表示某个集合中"除 X 之外"的其余成员的词语"其余"等，而不是 X。有时这个话题出现，如例（8）"除非同恶相济，以死拒命者，余一切不问"中的"余一切"，既是话题，又是前景；而"同恶相济，以死拒命者"为背景。但是由于语言的经济原则的驱动或诗句字数的制约，大多数情况下这个话题省略了。如例（7）"除非净晴日，不见苍崖巅"，实际上是"除非净晴日，其余不见苍崖巅"，这里"不见苍崖巅"前的话题"其余"省略了。话题"其余"等出现与否并不影响句式义，"除非 X，其余不 Y"与"除非 X，不 Y"的语义均蕴含正面与反面或肯定与否定两个方面，即"只有 X 才 Y，其余不 Y"。如例（8）在语义上蕴含了正面与反面或肯定与否定两个方面："只有同恶相济，以死拒命者才问，余一切不问"；例（7）在语义上也蕴含了正面与反面或肯定与否定两个方面："只有净晴日才见苍崖巅，其余不见苍崖巅"。只要句式中仍然出现话题或前景"其余"等，即"除非 X，其余不 Y"，否定式"不 Y"就不会演变成肯定式"才 Y"等，否则改变了句式义。相反，如果句式中省略了话题或前景"其余"等，即"除非 X，不 Y"，那么便有可能发生话题的转换或前景与背景的转换，致使否定句式向肯定句式转化。一方面所指明确且范围狭小的 X 的显著度较高，而所指不明且范围宽泛的被省略的话题"其余"等显著度较低；另一方面任何事物都存在着正反两面，人们一般习惯于从正面或肯定的一面去认知事物，所以"除非 X，不 Y"蕴含的语义"只有 X 才 Y，其余不 Y"中的正面或肯定的隐含义"只有 X 才 Y"容易得到呈现，X 因而得以凸显，转换为话题与前景。如果凸显了 X，那么与 X 相对的被省略的"其余"等所指便是不言而喻的，不再是言者与听者关注的话题，逐渐成为一个可有可无的背景信息，句式便开始表示 X 是 Y 出现的唯一性、必要性条件。如果言者想以 X 为话题从正面或肯定的一面凸显隐含义"只有 X 才 Y"，而不再关注"其余"等，让隐含义从隐性变为显性，那么可以在句法上呈现出来。正是由于言者强调了"除非"的[＋唯一性]、[＋必要性]，而忽略了其[＋否定性]，进而忽略了与"除非 X"呼应的后项的否定性，所以使用了肯定句式"除非 X，方 Y"，或者说肯定句式"除非 X，方 Y"便应运而生了。如例（40）"除非寒食节，子孙冢傍泣"为肯定句式，如果言者使用否定句式"除非 X，不 Y"表示，就是"除非寒食节，（其余）子孙不冢傍泣"。其中省略的"其余"（表示除寒食节之外的时间）是话题，是前景信息；而"寒食节"是背景信息。这个句式有肯定的隐含义，即"只有寒食节，子孙才冢傍泣"。如果言者想让"寒食节"充当话题从正面或肯定的一面来凸显这个隐含义，让这个隐含义从隐性变为显性，那么言者便可使用肯定句式"除非寒食节，子孙冢傍泣"。有时为了强调话题 X，甚至可以在肯定句式"除非 X，方 Y"的后项"方 Y"前使用代词回指，如例（41）使用指示代词"如此"回指话题"听受《法花经》"。"只有 X 才 Y"这一隐含义得到了凸显，并逐渐规约化，句式"除非 X，方 Y"中的"除非"便可以重新解读成"只有"，强调 X 是结果 Y 出现的唯一性、必要性条件。

在汉语史上也有类似的否定句式向肯定句式转化的语法现象,如"除 X,不 Y"(例见上文)可以转化为"除(是) X,方 Y"[1]。下面是"除(是) X,方 Y"用例:

(54) 盖此何但是仁,除是圣人方做得。(《朱子语类》卷三十三)

(55) 除是法师会飞,方能到彼。(《大唐三藏取经诗话》下)

(56) 李海道:"老猴说来,小的是个小人,镇压这颗珠不起;除是见了万岁爷,方才取得。一迟一早,俱要伤害小的。"(《三宝太监西洋记》第九十七回)

(57) 主人道:"我教你把'官'字儿阁起,你却不听我,直要受人怠慢。而今时势,就是个空名宰相,也当不出钱来了。除是靠着自家气力,方挣得饭吃。你不要痴了!"(《初刻拍案惊奇》卷二十二)

(58) 秦王怒曰:"除是燕王自献其首,方且罢兵!"(《周朝秘史》第一百一十三回)

"除 X,不 Y"为否定句式,"除(是) X,方 Y"为肯定句式,但是二者的语义一致。"除 X,不 Y"蕴含的语义是"只有 X 才 Y,其余不 Y",隐含的肯定义是"只有 X 才 Y"。如果言

---

[1] "除"后一般要加上焦点标记"是",目的是为了强调其后 X 的重要性,表示 X 是前景信息,是焦点。

者想让这个隐含义在句法上呈现出来,由隐性变为显性,让 X 充当话题,而不再关注"其余"等,那么言者便可使用新的肯定句式"除(是) X,方 Y"。

综上所述,我们认为,"除非 X,方 Y"是因言者想通过话题的转换从正面或肯定的一面来呈现隐含义而由糅合句式"除非 X,不 Y"衍生出来的。到了元明时期,同义词"才"替换了"除非 X,方 Y"中的"方"等,便产生了肯定句式"除非 X,才 Y"。

9.3.3 "除非 X,才 Y"的另一个或然性来源

"除非 X,才 Y"的来源也有可能与句式"要 Y,除非 X"有关①。而"要 Y,除非 X"是由句式"要 Y,除非 X 不可"省缩而来的。

我们注意到,在唐诗中出现了一种假设句式与条件句式组合而成的句式"要 Y,除非 X"。例如:

(59)<u>要觅长生路,除非认本元</u>。(吕岩《五言》,《全唐诗》卷八五八)

宋代以后,句式"要 Y,除非 X"逐渐使用开来。例如:

(60)道本无瑕,拟心已差。才生朕兆,遍界空花。<u>若欲全举,除非直与</u>。(《古尊宿语录》卷三十)

---

① "要"也可说成同义或近义的"欲""若""若欲""欲要""若要"等。为了行文方便,我们将这类句式记作"要 Y,除非 X"。下文"要 Y,除非 X 不可""要 Y,非 X 不可"亦然。

(61) 若要人生长美满,除非世上无离别。算古今、此恨似连环,何时绝。(刘克庄《满江红》,《全宋词》)

(62) 瑜曰:"汝要说我降,除非海枯石烂!……"(《三国演义》第四十七回)

(63) 西门庆道:"傻狗材,若要人不知,除非己莫为。"(《金瓶梅词话》第六十九回)

(64) 名曰:"吾韩与赵实是唇齿之邦,唇亡齿寒,汝今伐唇,齿又何安?为此拒兵,实不相瞒,若是要过负黍,除非军生两翼,马能驾云!"(《周朝秘史》第一百〇六回)

"要Y,除非X"表示"如果要实现Y,只有具备X","除非"可以理解为"只有"。"要Y,除非X"始见于唐诗中,那么这种句式是怎样产生的呢?我们认为,"要Y,除非X"是由"要Y,除非X不可"省缩而来的。而省缩的动因有两个:一是处于句式末尾的次要信息"不可"的边缘化;二是诗句字数的制约,或语言的经济原则的驱动。如例(59)"要觅长生路,除非认本元",实际上是由"要觅长生路,除非认本元不可"省缩而来。"除非认本元不可"中的主要信息或焦点是"认本元",其是"要觅长生路"的唯一性、必要性条件,而处于句式末尾的"不可"为次要信息,已边缘化。"除非认本元不可"为七言,因受五言诗句字数的制约或语言的经济原则的驱动,诗人于是省略了处于句式末尾的已边缘化的次要信息"不可",原句式便变为"要觅长生路,除非认本元",即形成了句式"要Y,除非X"。

表示相同或相近的命题义的"要 Y，除非 X 不可"与"要 Y，除非 X"有时同现于一部文献中。试比较下面二例：

（65）琼词曰："……呜呼！长江凄凄，寒风烈烈；山岳幽阴，天地昏黑。<u>欲见汝容，除非梦中不可得</u>。汝若至楚见白郎，道我肝肠片片裂！"（《国色天香》卷五）

（66）琼曰："此时人乱如麻，白郎永不能至，<u>若欲有心相见，除非夜半梦中</u>。"（《国色天香》卷五）

上面二例出自同一种文献，且出自同一人之口，所要表达的命题义一致，都是表示"要见某人，只有梦中"或"要见某人，非梦中不可"。例（65）使用句式"要 Y，除非 X 不可"①，例（66）使用句式"要 Y，除非 X"。通过比较可以看出，例（66）"若欲有心相见，除非夜半梦中"应是由"若欲有心相见，除非夜半梦中不可"省缩句式末尾的"不可"而来的。也就是说，"要 Y，除非 X"应是由"要 Y，除非 X 不可"省缩而来的。而省缩的动因是句式末尾次要信息"不可"的边缘化与语言的经济原则的驱动。

需要指出的是，虽然省缩式"要 Y，除非 X"早在唐代就已出现，但是"要 Y，除非 X 不可"在汉语史上并未彻底消失。到了晚清乃至民国时期，"要 Y，除非 X 不可"仍有用例。例如：

（67）仲亮道："<u>弟欲得一殖民根据地，再图他业，除非</u>

---

① 含有助动词"可"的"要 Y，除非 X 不可 VP"可省缩为"要 Y，除非 X 不可"，例（65）可以归入句式"要 Y，除非 X 不可"。

和我贾大哥同谋不可。弟急欲去见贾大哥,恳你指引,便多感盛情了。"(《痴人说梦记》第十六回)

(68)众人见道台之批,亦是枉然,而今潮州都没有官府了,内中有一人说曰:"你等真正不达时务,各衙官员气脉卑小,安敢与公府作对?这关系重大人命,非同小可。依愚之见,若欲伸此冤,除非刘镇不可。况刘大人爱民如子,自然与俺等伸冤。"(《三春梦》第四回)

(69)近百年来,中外人士,究心政治,统说皇帝制度,实是不良。欲要一劳永逸,除非推翻帝制,改为民主不可。(《民国演义》第一回)

(70)张成微哂道:"如欲入宫,除非净身不可。"(《南北史演义》第九十三回)

(71)武氏不得已令她自择,公主竟觍然道:"欲儿改适武氏,除非武攸暨不可。"(《唐史演义》第三十二回)

以上用例虽然表示假设的词语有所不同,但是实质上都属于"要 Y,除非 X 不可"类句式。此类句式如果省缩句式末尾的"不可",是完全可以的,如例(67)可以说成"弟欲得一殖民根据地,再图他业,除非和我贾大哥同谋"。

处于句式末尾的已边缘化的次要信息因诗句字数的制约或语言的经济原则的驱动而省略或脱落的现象在汉语史上并不罕见。如唐诗中的"争奈 X",应是反诘句式"争奈 X 何"的省略式。之所以会出现省略式,主要原因是诗句在字数上是固定的,为了传递尽可能丰富的信息,可有可无的字词均须删去。反诘问句"争奈 X 何"的焦点已前移至疑问代词"争"上而不再是"何","何"成了一个虚指的非焦点成分。随着 X 结构、语义的复杂化,"何"与"奈"结构关系日益松散,语义关系日益疏远,反诘焦点"争"进一步得以凸显,因而导致"何"的语义有弱化甚至丧失的倾向,成了一个功能上近似羡余的可脱落成分,不容易让人联想起它与"奈"原本很密切的关系,所以"何"可以省略而不影响句意(叶建军,2010b)。再如双重否定句式"非 X 不 Y",其中的"不 Y"虽然是句法上的强制性成分,但是也可以省略或脱落。在言语交际中,句式末尾信息往往是新信息,是自然焦点,但是"非 X 不 Y"要强调的是 X 的必要性,句式的语义重心是 X,占据句式末尾自然焦点位置的"不 Y"反而是次要信息。言者在语用上为了强调 X 而忽略了边缘化的信息"不 Y",致使"不 Y"脱落,形成了句法上缺省的句式"非 X"。句法上缺省的句式"非 X"的意义仍然与原句式"非 X 不 Y"一致,言者或接受者对新句式"非 X"进行重新解读,将其理解成肯定句式,语义上大致相当于"必须 X"。这些句式省缩现象从一个侧面表明:"要 Y,除非 X"应该是"要 Y,除非 X 不可"省缩而来的,而省缩的动因是句式末尾的次要信息"不可"的边缘化与语言的经济原则的驱动。

在汉语史上还有与"要 Y,除非 X 不可"同义的句式"要 Y,非 X 不可"。例如:

(72)致虚未到,即首疏云:"<u>陛下若欲绍述熙丰之政,非用蔡京为政不可</u>。"(《朱子语类》卷一百三十)

(73)次日,贺知章入朝,越班奏道:"臣启陛下,臣家有一秀才,姓李名白,博学多能。要辨番书,非此人不可。"(《警世通言》卷九)

(74)飞廉奏曰:"要克西岐,非冀州侯苏护不可。一为陛下国戚,二为诸侯之长,凡事无有不用力者。"(《封神演义》第五十六回)

(75)刘云说:"要破他这邪药,非高志广、张文彩二人不可!……"(《彭公案》第二百一十八回)

(76)济公哈哈一笑,说:"要给老太太治病,非这双鞋不可!"(《济公全传》第四十三回)

句式"要Y,非X不可"也可以省缩成"要Y,非X"。例如:

(77)三太倒吸一口凉气,悔不听大师兄胡景春之言,果然又上了贼人之当。心中暗想:"如要再想出山,非把贼人拿住,走马换将。我要把他拿住,叫他将我送出山口,不然万难出山。"(《三侠剑》第一回)

正是因为"不可"处于句式末尾,不是言者关注的焦点、重心,所以在语言的经济原则的驱动下句式"要Y,非X不可"可以省缩成"要Y,非X"。这就进一步证明,平行的同义句式"要Y,除非X不可"也可省缩成"要Y,除非X",而省缩的动因也是句式末尾的次要信息的边缘化与语言的经济原则的驱动。

由于句式义"要Y,只有X"的制约,省缩句式"要Y,除非X"中的"除非"被重新解读为"只有"义,或者说"除

"非"在语境中吸收了"只有"义,强调 X 是结果 Y 出现的唯一性、必要性条件。对于事物之间的"条件—结果"这种逻辑关系的表达,我们可以遵循由条件推导结果这种常规的认知顺序,也可以遵循由结果追溯条件这种相反的认知顺序。"要 Y,除非 X"是言者先假设出现某个结果,然后追本溯源,指出必须具备的唯一性、必要性条件,这是由结果追溯条件。如果言者想按照由条件推导结果这种常规的认知顺序来表达同样的句式义,那么便形成了句式"除非 X,方 Y"。由于同义的"才"替换了"方"等,"除非 X,方 Y"便演变成了"除非 X,才 Y"。这一衍生过程可以完整地表示如下:

"要 Y,除非 X 不可"→"要 Y,除非 X"→"除非 X,方 Y"→"除非 X,才 Y"

需要指出的是,上面的衍生过程过于迂曲、复杂,但是在理论上是具有或然性的。大道至简,相对而言,我们更倾向于认为"除非 X,才 Y"是由糅合句式"除非 X,不 Y"衍生而来的,因为这样的衍生过程直接、单纯。

9.4 小结

否定句式"除非 X,不 Y"始见于唐代,在语义上相当于"除了 X 之外,其余不 Y""非 X 不 Y"或"只有 X 才 Y",强调 X 是结果 Y 出现的唯一性、必要性条件。从句式糅合的语义相近原则、时代先后原则和成分蕴含原则或语义蕴含原则可以看出,"除非 X,不 Y"的生成机制是糅合,其是由"除 X,不 Y"与"非 X 不 Y"糅合而成的。"除非 X,不 Y"的生成动因是凸显言者的主观性,即强调条件 X 的唯一性、必要性。

肯定句式"除非 X,才 Y"的意思是"只有 X,才 Y",其前身是唐代开始出现的"除非 X,方 Y"。"除非 X,方 Y"是因言者想通过话题的转换从正面或肯定的一面来呈现隐含义而由糅合句式"除非 X,不 Y"衍生出来的。不过"除非 X,方 Y"在理论上还存在另一个或然性来源。因句式末尾的次要信息的边缘化与语言的经济原则的驱动,"要 Y,除非 X 不可"省缩为"要 Y,除非 X"。"要 Y,除非 X"是按照由结果追溯条件这种认知顺序表达的,如果言者想按照由条件推导结果这种常规的认知顺序表达同样的句式义,那么便形成了"除非 X,方 Y"。大概从元明时期开始,同义词"才"替换了"除非 X,方 Y"中的"方"等,从而产生了肯定句式"除非 X,才 Y"。

第十章 "果不（其）然"的形成及其演变

10.1 引言

《现汉》（2016：500）对"果不其然"的释义是："果然（强调不出所料）：我早说要下雨，～，下了吧！也说果不然。"《现汉》对词进行了全面的词性标注，这里虽将"果不其然"解释为语气副词"果然"，但是并未给其标注词性，可见《现汉》并不将"果不其然"看作词。这样处理可能是考虑到了"果不其然"与"果然"存在一些差异。语言事实的确如此，"果然"为语气副词，具有黏着性，一般只充当状语；而"果不其然"具有谓词性、独立性，可以做句子或分句，也可充当谓语，肯定、确认事实与论断或预期相符，相当于"果然如此／这样"。例如：

（1）和我上一个班的毡巴可以作证，当时我就老对他说：我还得倒霉，因为福无双至，祸不单行。果不其然，过了没几天，我就把毡巴揍了一顿，把他肋骨尖上的软骨都打断了。（王小波《革命时期的爱情》）

（2）宝森接来一看，盒盖上刻着一行填彩的隶书："吹箫引凤"，便知是一枝烟枪；抽开盒盖，果不其然。（高阳《红顶商人胡雪岩》）

(3) 于是，她返回了黑米尔霍克，等待着，盼望着。行行好吧，行行好吧，来一个孩子吧！一个孩子会解决一切问题的，有个孩子该叫人多高兴啊！事情<u>果不其然</u>。(考琳·麦卡洛《荆棘鸟》)

上面三例中的"果不其然"均可替换成"果然如此/这样"，其与语气副词"果然"在意义、性质上是很不一样的，可以看作确认事实义句式。

《现汉》(2016：500)认为"果不其然"也说成"果不然"，将"果不然"解释为"果不其然"，也就是说二者在意义、性质上理应是一致的，"果不然"与"果不其然"一样也应是确认事实义句式。《现汉》未给"果不其然"标注词性，但是却将"果不然"标注为副词。那么"果不其然"与"果不然"之间是否有源流关系呢？"果不其然"与"果不然"的来源及其历时演变情况是怎样的呢？"果不然"是否完全副词化了呢？我们拟立足汉语史，就这些问题进行探究。

10.2 "果不（其）然"的形成

10.2.1 已有观点存在的问题

关于"果不其然""果不然"的关系与来源，江蓝生(2008)发表了意见，认为"'果不其然'是'果不然'的增字四字格"；而"'果不然'是'果然'与'不出所料'这两个同义概念叠加后整合而成的",是"果然"与"不出所料"经常连用造成的结果。车录彬、许杰(2013)则认为"'果不然'应由'果不出所料'和'果然'两种表达叠加、缩略而来"。

因论述的重点在宏观问题上,江蓝生(2008)未对"果不其然""果不然"的形成进行深入、细致的探讨。江蓝生(2008)认为"果不然"是糅合①而成的,这一看法是完全正确的。但关键问题是,"果不然"是由什么糅合而成的?"果然"与"不出所料"连用形成的"果然不出所料"是不是糅合构式?我们检索了大量语料,发现"果然不出所料"到了清代中叶以后才开始出现。例如:

(4)老爷听罢,暗暗点头道:"看此道不是作恶之人,<u>果然不出所料</u>。"②(《七侠五义》第二十一回)

(5)黄天霸暗暗赞道:"怪不得褚老叔料他武艺高强,<u>果然不出所料</u>,如此扎手。若要捉他,倒觉有些费事。"(《施公案》第二百七十八回)

例(4)、(5)中的"果然"为语气副词,"不出所料"为谓词性短语;"果然"只是充当谓词性短语"不出所料"的状语,加强确认语气。很显然,"果然不出所料"只是状中关系的句法

---

① "糅合"也被称为"整合""叠加""杂糅"等,我们主张使用"糅合"这一术语。除直接引用之外,我们使用术语"糅合"。
② 江蓝生(2008)已举此例,另外列举的2例"果然不出所料"分别出自晚清谴责小说《孽海花》《官场现形记》。

结构或句式,①并不是糅合构式。这种句式沿用了下来。例如:

(6)地毯是赵胜天夫妇专门为这次聚会买的,还送去照紫外线消了毒,<u>果然不出所料</u>,就是有小家伙故意把蛋糕扔到地上再捡起来吃。(池莉《太阳出世》)

糅合可以分为词法层面的词语糅合和句法层面的句式糅合。所谓词语糅合,特指两个语义相同或相近的词语 A 与 B 通过删略重叠成分合并成一个新的词语 C 的过程或现象。所谓句式糅合,特指两个语义相同或相近的句式 A 与 B 主要通过删略重叠成分合并成一个新的句式 C 的过程或现象。无论是词语糅合还是句式糅合,都要遵循同级原则,即发生糅合的两个语言单位必须是同级的,要么都是词语,要么都是句式。如同义词"眼前"与"面前"糅合成新词语"眼面前"(江蓝生,2008),属于词语糅合现象,遵循糅合的同级原则;被动句式"(NP受)被NP施VP"与主动句式"NP施VPNP受"糅合成新句式"被NP施VPNP受",属于句式糅合现象(详见第五章),同样遵循糅合的同级原则。但是"果然"为语气副词,"不出所料"为谓词性句法结构或句式,二者不属于同级语言单位,不遵循糅合的同级原则,因而二者组合而成"果然不出所料"不是糅合现象。

无论是词语糅合还是句式糅合,都要遵循语义相近原则,即源词语或源句式 A 与 B 的语义必须相同或相近。但是"果然"

---

① "果然不出所料"是一个多层句法结构,我们说其为状中关系的句法结构,是就其第一层次的关系而言的。

为语气副词,"不出所料"为谓词性句法结构或句式,二者语义相去甚远,不遵循糅合的语义相近原则,因而二者组合而成"果然不出所料"不属于糅合现象。

无论是词语糅合还是句式糅合,都要遵循时代先后原则,即语义相同或相近的源词语或源句式 A 与 B 必须先于糅合词语或糅合句式 C 而存在,或者与糅合词语或糅合句式 C 同时存在。"果然"早在上古汉语中就具有谓词性、独立性,可以充当句子或分句,意义为"果然如此/这样",因而可以看作句式。大概到了南北朝时期,"果然如此/这样"义的"果然"已词汇化为语气副词(李小平,2007)。"不出所料"大概到了清代中叶以后才开始出现。如果说"果不然"是由"果然"与"不出所料""糅合"而成的"果然不出所料"经常使用造成的结果,那么根据糅合的时代先后原则,"果不然"应该是清代中叶以后才开始出现的,但是事实上"果不然"在明末清初就已出现(详见下文)。所以从糅合的时代先后原则来看,"果不然"不可能是由"果然"与"不出所料""糅合"而成的"果然不出所料"经常使用造成的结果。①

无论是词语糅合还是句式糅合,都要遵循成分蕴含原则,

---

① "不出 X 所料"大概在南宋时期已有用例(车录彬、许杰,2013)。如果认为"果不然"是由"果然"与"不出 X 所料""糅合"而成的"果然不出 X 所料"经常使用造成的结果,倒是不违背糅合的时代先后原则,但是却违背糅合的同级原则、语义相近原则等。事实上,如同"果然不出所料"一样,"果然不出 X 所料"也只是状中关系的句法结构或句式,并不是糅合构式。

即糅合词语或糅合句式 C 必须蕴含源词语或源句式 A 与 B 的主要成分，甚至是全部成分。"果不然"蕴含了"果然"（"果然如此/这样"义）的所有成分，但是并不蕴含"不出所料"中的主要成分"出所料"，因此从糅合的成分蕴含原则来看，"果不然"也不可能是由"'果然'与'不出所料'这两个同义概念叠加后整合而成的"。

车录彬、许杰（2013）认为"果不然"是由"果然"与"果不出所料"糅合而成的，这一观点首先违背了糅合的同级原则。虽然车录彬、许杰（2013）没有明确指出这里的"果然"的性质，但是从行文可以清楚地看出，这里的"果然"是语气副词，而"果不出所料"是一个句法结构或句式，因而二者不可能发生糅合。"果然"与"果不出所料"的语义相去甚远，从糅合的语义相近原则来看，二者也不可能发生糅合。"果不然"不蕴含"果不出所料"的主要成分"出所料"，从糅合的成分蕴含原则来看，"果不然"也不可能是由"果然"与"果不出所料"糅合而成的。

至于"'果不其然'是'果不然'的增字四字格"这一说法，我们认为也难以成立（详见下文）。

10.2.2　确认事实义句式"果不其然"与"果不然"

我们检索了大量语料，发现"果不其然"最早见于明末清初小说《醒世姻缘传》，共有 4 例，且均出现于口语化程度较高的人物语言中。例如：

(7) 晁思才又没等晁夫人说完，接道："嫂子是为俺赤春头里，待每人给俺石粮食吃？昨日人去请我，我就说嫂子有这个好意，果不其然！这只是给嫂子磕头就是了。"（第二十二回）

(8) 狄员外道："我说这两个不是好人，果不其然！论我倒也合他两人相知。……"（第三十四回）

(9)（艾回子道：）"……请我去看，我认的是报应疮，治不好的，我没下药来。果不其然，不消十日，齐割扎的把个头来烂吊一边。……"（第六十六回）

(10) 那刘嫂子道："我前日见他降那汉子，叫他汉子替他牵着驴跑，我就说他不是个良才。果不其然，惹的奶奶计较。咱这们些人只有这一个叫奶奶心里不受用，咱大家脸上都没光采。"（第六十九回）

上例中的"果不其然"具有谓词性、独立性，充当句子或分句，肯定、确认事实与论断或预期相符，相当于"果然如此／这样"。如例(7)中的"果不其然"，肯定、确认事实与所说"嫂子有这个好意"是一致的。因而"果不其然"属于确认事实义句式。

"果不然"最早也是见于明末清初小说《醒世姻缘传》，共有5例，其中有2例出现于口语化的人物语言中，有3例出现于口语化的作者叙述语言中。例如：

(11) 狄希陈道："我说你没有好话，果不然！咱只夯吃，不许多话。我合你说，你嫂子惯会背地里听人，这天

黑了,只怕他来偷听。万一被他听见了,这是惹天祸,你么跑了,可拿着我受罪哩。"(第五十八回)

(12)刘振白道:"你看!昨日我见狄家的小厮使手势,把差人支到外头,递了话进来,狄家送了一两银子,争也没争就罢了。我道他一定有话说,后晌必定偷来讲话。我说我等着他。到起鼓以后,<u>果不然</u>,两个差人来了,叫我撞个满怀。……"(第八十二回)

(13)承恩只到后边转了转背,出来说道:"……太太分付,叫人拿四碗菜,一盘点心,一素子酒,给你吃哩。"童七道:"承官儿,你哄我哩。你进去没多大一会,你就禀的这们快呀?"承恩道:"你管我快不快待怎么?你只给了我腊嘴,我还嫌替你禀的迟哩。"说不了话,<u>果不然</u>,从后边一个人托着一个盘子,就是承恩说的那些东西,一点不少,叫道:"童先儿在那里?太太赏你饭吃哩!"(第七十回)

上例中的"果不然"与"果不其然"一样也具有谓词性、独立性,充当句子或分句,肯定、确认事实与某个论断或预期相符,也相当于"果然如此/这样"。如例(11)中的"果不然",肯定、确认事实与所说"你没有好话"是一致的。因而"果不然"也属于确认事实义句式。

语义一致的"果不其然"与"果不然"最初均出现于同一文献中,且均出现于口语化的人物语言或作者叙述语言中,二者之间的源流关系并不清晰。与其说"'果不其然'是'果不然'的增字四字格",不如说"果不然"是"果不其然"的省略式。在口语中经济原则总是优先发挥作用,能省略则尽量省略;而增加无意义的羡余成分,尤其是文言成分,不符合口语的特点。"果不其然"中的"其"是一个无实义的羡余的文言成分,因而在口语化的语言中有可能是"果不其然"省略羡余的文言成分"其"成为"果不然",而不大可能是"果不然"增加羡余的文言成分"其"成为"果不其然"。但是由于"果不其然"与"果不然"最早均出现于同一文献中,颇难厘清二者之间的关系,所以我们更倾向于认为,二者之间很可能没有源流关系。

确认事实义句式"果不其然""果不然"的来源与确认事实义句式"果然""果其然"和"不其然乎"类有关。

10.2.3　确认事实义句式"果然"与"果其然"

"果然"在上古汉语中常见义是"果然如此/这样"。例如:

(14) 夫子曰:"吾知其可与言,<u>果然</u>;然彼得之而不尽者也。"(《列子·天瑞》)

上例中的"果然"是由"果然、果真"义的语气副词"果"与"如此、这样"义的谓词性指示代词"然"组合而成的状中关系的句法结构或句式,具有谓词性、独立性,充当句子或分句,肯定、确认事实与论断或预期相符。因而"果然如此/这样"义的"果然"属于确认事实义句式。

汉代以后直至明清时期确认事实义句式"果然"均有用例,并未因语气副词"果然"的出现与广泛使用而消失。例如:

(15) 说者曰:"人言楚人沐猴而冠耳,<u>果然</u>。"(《史

记·项羽本纪》)

(16) 黯时与汤论议,汤辩常在文深小苛,黯伉厉守高不能屈,忿发骂曰:"天下谓刀笔吏不可以为公卿,<u>果然</u>。必汤也,令天下重足而立,侧目而视矣!"(《史记·汲郑列传》)

(17) 刘羲叟谓圣上必得心疾,后<u>果然</u>。(《朱子语类》卷九十二)

(18) 秋香道:"此后于南门街上,似又会一次。"华安笑道:"好利害眼睛!<u>果然</u>,<u>果然</u>!"(《警世通言》卷二十六)

(19) 宝琴笑道:"你这个不大好看,不如三姐姐的那一个软翅子大凤凰好。"宝钗笑道:"<u>果然</u>!"(《红楼梦》第七十回)

确认事实义句式"果然"后还可加上语气词"矣"或"也",不过其前一般要加上单音节时间名词"今",形成四字格"今果然矣"或"今果然也"。例如:

(20) 吴主览毕,大怒曰:"朕闻抗在边境与敌人相通,<u>今果然矣</u>!"(《三国演义》第一百二十回)

(21) (孔子)遂命弟子埋其醢,痛哭曰:"某尝恐由不得其死,<u>今果然矣</u>!"(《东周列国志》第八十二回)

(22) 元帅心里想道:"佛力无边,<u>今果然也</u>。"(《三宝太监西洋记》第五十九回)

(23) 太宗大笑道:"朕固疑先生有前知之术,<u>今果然</u>

也。朕东宫未定,有襄王元侃,宽仁慈爱,有帝王之度,但不知福分如何,烦先生到襄府一看。"(《喻世明言》卷十四)

(24)范雎曰:"先生自谓雄辩有智,今果然也。雎敢不受命!"(《东周列国志》第一百〇一回)

确认事实义句式"果然"可理解成陈述句式,但是也可理解成感叹句式。感叹句式与陈述句式的不同主要体现在语气上,其语气比陈述句式强烈。确认事实义句式"果然"掺入了言者的主观立场、态度或情感,具有言者的主观性。而言者的主观性可以通过强烈的语气体现出来,为了凸显言者的主观性,"果然"自然可以理解成语气强烈的感叹句式。

需要指出的是,与肯定形式的"果然"相对的否定形式的"果不然"直至明末清初才出现,但是其语义是肯定的,相当于确认事实义句式"果然"。在汉语史上没有表示否定义的句式"果不然",这是由"果"与"然"的意义、用法决定的。"果"早在上古汉语中就可以用作语气副词,义为"果然、果真",用来肯定、确认事实与论断或预期相符。而某个论断或预期从具体内容来看,可以是肯定的,也可以是否定的。指示代词"然"相当于"如此、这样",如果其指代的具体内容为肯定义的论断或预期,那么毫无疑问,句式"果然"是肯定义,相当于"果然如此/这样",肯定、确认事实与这个肯定义的论断或预期相符。如例(15)中的"果然"是肯定义,相当于"果然如此/这样",肯定、确认事实与肯定义的论断"楚人沐猴而冠耳"一致。如果"然"指代的具体内容为否定义的论断或预期,那么句式"果然"也仍是肯定义,也相当于"果然如此/这样",只是肯定、确认事实与这个否定义的论断或预期相符。如例(16)中的"果然"也是肯定义,也是"果然如此/这样"义,不过肯定、确认事实与否定义的论断"刀笔吏不可以为公卿"相符。由此可见,即便论断或预期是否定义,如果要肯定、确认事实与之一致,也只需使用形式与语义均是肯定的句式"果然"。因此汉语史上只有形式与语义均是肯定的确认事实义句式"果然",而没有形式与语义均是否定的确认事实义句式"果不然"。

从唐代开始确认事实义句式"果然"中间可以插入助词"其"形成"果其然",意思仍然是"果然如此/这样"。不过在汉语史上"果其然"极为罕见。例如:

(25)独处一室,数梦一人衣短褐,曰:"我书生也。顷因游学,逝此一室。以主寺僧不闻郡邑,乃瘗于牖下,而尸骸跼促。死者从直,何以安也?君能迁葬,必有酬谢。"乃访于缁属,<u>果其然也</u>。(《云溪友议·葬书生》)

(26)君宝闻曰:"王者不死,<u>果其然</u>!"(《新唐书·外戚列传》)

如同"果然"一样,确认事实义句式"果其然"具有言者的主观性,表示言者对与论断或预期一致的事实予以肯定、确认。如同"果然"一样,确认事实义句式"果其然"可理解成陈述句式,也可理解成感叹句式。

有必要指出的是,与肯定形式的"果其然"相对的否定形式的"果不其然"直至明末清初才出现，但是其语义与形式不对称，相当于确认事实义句式"果其然"。如同确认事实义句式"果然"一样，"果其然"既可肯定、确认事实与肯定义的论断或预期一致，如例（25）；也可肯定、确认事实与否定义的论断或预期一致，如例（26）。因此汉语史上只有形式与语义均是肯定的确认事实义句式"果其然"，而没有形式与语义均是否定的确认事实义句式"果不其然"。

10.2.4　确认事实义句式"不其然乎"类

在汉语史上没有形式与语义均是否定的确认事实义句式"果不然""果不其然"，但是这并不意味着在汉语史上没有形式与语义均是否定的句式"不然""不其然"。事实上，早在上古汉语中就出现了形式与语义均是否定的句式"不然""不其然"。例如：

（27）大史书曰："赵盾弑其君。"以示于朝。宣子曰："<u>不然</u>。"（《左传·宣公二年》）

（28）少师谓随侯曰："必速战。<u>不然</u>，将失楚师。"（《左传·桓公八年》）

（29）子产曰："不获。受楚之功，而取货于郑，不可谓国，秦<u>不其然</u>。若曰'拜君之勤郑国。微君之惠，楚师其犹在敝邑之城下'，其可。"（《左传·襄公二十六年》）

肯定义句式"果不（其）然"的来源与否定义句式"不然""不其然"无关，而与肯定义反诘句式"不然""不其然"

有关。

"不然""不其然"在汉语史上均可用于反诘。"不然"用于反诘,需要加上表示语气的词语,一般是在其前加反诘副词"岂"等,同时在其后加疑问语气词"哉/乎/邪"等,形成四字格反诘句式"岂不然哉/乎/邪"等。

反诘句式"岂不然哉/乎/邪"从西汉时期开始就有用例,并沿用到了近代汉语。例如:

(30)美女者,恶女之仇。岂不然哉!(《史记·外戚世家》)

(31)欧阳公曰:"祸患常生于忽微,智勇多困于所溺。"岂不然哉!(《阅微草堂笔记》卷二十一)

(32)《诗》云:"上天之载,无声无臭。"其详难得而闻矣,岂不然乎!(《前汉纪》卷六)

(33)孔子曰:"夫孝者,天之经也,地之义也。"岂不然乎!(《阅微草堂笔记》卷五)

(34)曰不如古,弥以远甚,岂不然邪!(《后汉书·王充王符仲长统列传》)

"不其然"用于反诘,也需要加上表示语气的词语,一般是在其后加上疑问语气词"乎"等,形成四字格反诘句式"不其然乎"等;偶尔在其前加反诘副词"岂"等,形成四字格反诘句式"岂不其然"等。

反诘句式"不其然乎"从先秦开始就有用例,并沿用到了近代汉语。例如:

(35) 孔子曰:"才难,不其然乎!唐虞之际,于斯为盛。有妇人焉,九人而已。三分天下有其二,以服事殷。周之德,其可谓至德也已矣。"(《论语·泰伯》)

(36) 时台中为之语曰:"侯知一不伏致仕,张琮自请起复,高筠不肯作孝,张栖贞情愿遭忧。皆非名教中人,并是王化外物。"兽心人面,不其然乎!(《朝野佥载》卷四)

(37) 语云:"谋事在人,成事在天。"不其然乎!(《东游记》第十五回)

(38) 后所亲见其惘惘如失,阴叩之,乃具道始末,喟然曰:"幸哉我未下石也,其饮恨犹如是。曾子曰:'哀矜勿喜。'不其然乎!"(《阅微草堂笔记》卷三)

反诘句式"岂不其然"最迟在南朝时期已有用例,不过在汉语史上极为罕见。例如:

(39) 孔子曰:"可与共学,未可与适道。"岂不其然!(《三国志·吴书·虞陆张骆陆吾朱传》裴松之注引《翻别传》)

为了行文方便,我们将"岂不然哉/乎/邪""不其然乎""岂不其然"等反诘句式称为"不其然乎"类反诘句式。

反诘句式是一种无疑而问的假性疑问句式。"反诘实在是一种否定的方式:反诘句里没有否定词,这句话的用意就在否定;反诘句里有否定词,这句话的用意就在肯定。"(吕叔湘,1982:290)否定形式的反诘句式"不其然乎"类表示肯定义,意思是"确实如此/这样",表示言者主观上肯定、确认事实应该与某个论断或预期相符,因而反诘句式"不其然乎"类属于确认事实义句式。反诘句式具有多种语用价值,不仅"表现说话人主观的'独到'见解",而且"传递说话人对对方的一种'约束'力量","带强制性地要求对方赞同"自己的看法(邵敬敏,2014b:222)。换言之,反诘句式不仅表明言者的立场、态度或情感,而且也关注听者的立场、态度或情感,强制性地要求听者与言者的立场、态度或情感保持一致,具有交互主观性[①]。所以"确实如此/这样"义的反诘句式"不其然乎"类不仅表示言者主观上肯定、确认事实应该与某个论断或预期相符,而且表示言者强制性地要求听者与自己的主观看法保持一致,具有交互主观性。如例(30)中的"岂不然哉",不仅表示言者主观上肯定、确认事实应该与"美女者,恶女之仇"这一论断相符,而且表示言者强制性地要求听者认同自己的看法。

10.2.5 "果不(其)然"的生成机制

确认事实义句式"果不(其)然"在形式上是否定的,但是在语义上却是肯定的,形式与语义不对称。那么"果不(其)然"是怎样形成的呢?其生成机制是什么?我们认为,"果不

[①] 所谓交互主观性,一般是指"说/写者用明确的语言形式表达对听/读者'自我'的关注,这种关注可以体现在认识意义上,即关注听/读者对命题内容的态度;但更多的是体现在社会意义上,即关注听/读者的'面子'或'形象需要'"(吴福祥,2004)。关注听者的主观性,要求听者与言者的立场、态度或情感保持一致,在我们看来,也是交互主观性的一种表现。

(其）然"的生成机制是糅合，其是由肯定形式的确认事实义陈述句式或感叹句式"果（其）然"与否定形式的确认事实义反诘句式"不其然乎"类糅合而成的。这一糅合过程可以表示为：

"果（其）然"+"不其然乎"类→"果不（其）然"①

句式糅合要遵循三个基本原则，即语义相近原则、时代先后原则和成分蕴含原则。也就是说，如果句式 A 与 B 语义相同或相近，且先于句式 C 而存在或与句式 C 同时存在，而句式 C 又蕴含句式 A 与 B 的主要成分，甚至是全部成分，那么句式 C 就是由句式 A 与 B 糅合而成的。肯定形式的确认事实义陈述句式或感叹句式"果（其）然"与否定形式的确认事实义反诘句式"不其然乎"类糅合生成"果不（其）然"，完全遵循句式糅合的三个基本原则。首先，如前所述，陈述句式或感叹句式"果（其）然"与反诘句式"不其然乎"类均属于确认事实义句式，二者语义相近，因而遵循句式糅合的语义相近原则，具备句式糅合的语义条件。其次，如前所述，"果（其）然"与"不其然乎"类基本上在上古汉语或中古汉语中已出现，最迟在唐代已有用例，并沿用到了近代汉语，而"果不（其）然"直至

---

① "不其然乎"类包括含助词"其"的"不其然乎 / 岂不其然"和不含助词"其"的"岂不然哉 / 乎 / 邪"等。两个源句式如果均不含助词"其"，分别是"果然""岂不然哉 / 乎 / 邪"，便糅合生成"果不然"。两个源句式如果至少有一个含有助词"其"，即至少有一个是"果其然"或"不其然乎 / 岂不其然"，那么可以糅合生成"果不其然"，当然也可以糅合生成"果不然"（糅合时连次要成分"其"也删略掉）。为了避免烦琐，我们将"果不然""果不其然"生成过程的表达式简化为一个。

明末清初才出现,因而"果(其)然"与"不其然乎"类糅合生成"果不(其)然"遵循句式糅合的时代先后原则。最后,"果不(其)然"蕴含了"果(其)然"与"不其然乎"类的主要成分,①因而遵循句式糅合的成分蕴含原则。因此我们有理由认为,"果不(其)然"是由肯定形式的确认事实义陈述句式或感叹句式"果(其)然"与否定形式的确认事实义反诘句式"不其然乎"类通过删略重叠成分或次要成分糅合而成的。

需要指出的是,在理论上,"果(其)然"与"不其然乎"类还可以糅合生成"不果(其)然",也就是说否定副词"不"置于语气副词"果"前,但是在汉语史上这种语序的糅合句式是不存在的。这是因为副词的共现顺序有一定规律,语气副词一般置于否定副词之前(张谊生,2014:222)。

10.2.6 "果不(其)然"的生成动因

确认事实义陈述句式或感叹句式"果(其)然"与确认事实义反诘句式"不其然乎"类糅合生成"果不(其)然"的动因是凸显交互主观性。

如前所述,陈述句式或感叹句式"果(其)然"与反诘句式"不其然乎"类均是确认事实义句式,均具有主观性,但是后者的主观性比前者更强,其具有交互主观性。"果(其)然"侧重从客观结果出发表示言者肯定、确认事实与某个论断或预

---

① 糅合时重叠成分"然"、次要成分"岂""乎"等删略了,次要成分"其"或保留,或删略。

期一致，也就是说言者的主观性是以客观结果为基础的。而"不其然乎"类侧重从言者的主观认识出发表示言者肯定、确认事实应该与某个论断或预期相符，而且表示言者强制性地要求听者与自己的主观看法保持一致，具有交互主观性。如果言者想侧重从客观结果出发肯定、确认事实与论断或预期相符，那么就会从记忆库中提取确认事实义陈述句式或感叹句式"果（其）然"。如果言者想侧重从主观认识出发肯定、确认事实应该与论断或预期相符，并强制性地要求听者与自己的主观看法保持一致，那么就会从记忆库中提取确认事实义反诘句式"不其然乎"类。如果言者一开始想侧重从客观结果出发肯定、确认事实与论断或预期相符，紧接着又想侧重从主观认识出发肯定、确认事实应该与论断或预期相符，并强制性地要求听者与自己的主观看法保持一致，凸显交互主观性，那么言者就会先后从记忆库中提取"果（其）然"与"不其然乎"类，二者从而发生叠加、糅合。由于经济原则和句法规则的制约，在外在的语言形式上"果（其）然"与"不其然乎"类就通过删略重叠成分"然"，次要成分"岂""乎"等糅合生成新的句式"果不（其）然"。

因凸显交互主观性这一语用目的由陈述句式或感叹句式与反诘句式糅合而成新的句式的语法现象，在汉语史上并非是绝无仅有的。例如：

(40) 时有僧问："如何是无位真人？"师便打之，云：<u>"无位真人是什摩不净之物！"</u>（《祖堂集》卷十九）

"无位真人是什摩不净之物"是一个糅合句式,其是由陈述句式或感叹句式"无位真人是不净之物"与反诘句式"无位真人是什摩净物"糅合而成的,糅合的动因就是凸显交互主观性(叶建军,2010a:192)。

10.3. "果不(其)然"的演变

10.3.1 "果不(其)然"丧失反诘语气

糅合句式蕴含了两个源句式,最初兼有两个源句式的一些特点。"果不(其)然"是由确认事实义陈述句式或感叹句式"果(其)然"与确认事实义反诘句式"不其然乎"类糅合而成的,因而"果不(其)然"最初应有反诘语气。不过由于陈述语气或感叹语气的制约,其反诘语气较弱。如例(7)中的"果不其然"表示事实与所说"嫂子有这个好意"相符,例(11)中的"果不然"表示事实与所说"你没有好话"相符,此二例中的"果不其然""果不然"虽然没有反诘标记,但是均有反诘语气,不过反诘语气较弱。

"果不(其)然"总是处在表示论断或预期的先行句 S_1 之后,[①] 表示事实与 S_1 一致。如果"果不(其)然"后又出现

[①] 先行句可以是一个,也可以是多个,为了行文方便,我们用 S_1 表示。后续句也是如此,我们用 S_2 表示。

与 S_1 一致且传递的信息比 S_1 更为具体的表示事实的后续句 S_2，那么句义的重心便由"果不（其）然"转移到 S_2，"果不（其）然"有演变为话语标记的倾向，具有话语衔接功能，即引出 S_2，其反诘语气随之弱化乃至丧失。如例（9），"果不其然"表示事实与言者的论断"（报应疮）治不好的"（S_1）相符，其前有表示论断或预期的先行句 S_1，其后还有表示事实的后续句 S_2，即"不消十日，齐割扎的把个头来烂吊一边"。S_2 实质上与 S_1 一致，但是传递的信息更加具体、详细，是 S_1 的具体化。"果不其然"处于 S_1 与 S_2 之间，句义的重心已不再是"果不其然"，而是转移到了传递具体的新信息的 S_2 上，"果不其然"既是肯定、确认事实与 S_1 一致，也是肯定、确认 S_2 与 S_1 一致。反诘句式的语义是确定的，而且其语气强烈，这些特点决定了其与陈述句式或感叹句式具有相通性。又由于"果不其然"兼有陈述句式或感叹句式"果（其）然"的陈述语气或感叹语气，因而为了保持 S_1 与 S_2 之间语义的连贯性，处于 S_1 与 S_2 之间的没有反诘标记的"果不其然"的话语衔接功能增强，其反诘语气弱化乃至丧失，仅具有陈述语气或感叹语气，其中的否定词"不"已成为一个羡余的否定成分。例（10）中的"果不其然"、例（12）与（13）中的"果不然"亦然。

丧失反诘语气而仅有陈述语气或感叹语气的"果不（其）然"逐渐习用化、规约化，即便"果不（其）然"后不再有对先行句 S_1 进行具体申述的后续句 S_2，我们仍然会认为"果不（其）然"是陈述句式或感叹句式，我们已很难察觉到其原有的反诘语气。

10.3.2 "果不然"有副词化倾向

在汉语史上确认事实义句式"果不然"的使用频率极低。在北京大学 CCL 语料库古代汉语部分,"果不然"只有 6 例,其中就有 5 例见于《醒世姻缘传》,另有 1 例见于清代小说《八仙得道》。此 6 例"果不然"中有 5 例出现后续句,申述与论断或预期一致的事实,如例(12)、(13);仅 1 例无后续句,如例(11)。

"果不然"沿用到了现代汉语。在现代汉语中"果不然"与"果不其然"基本一致,一般也是确认事实义句式,具有谓词性、独立性,相当于"果然如此/这样",可以做句子或分句,而且往往有后续句进一步对与论断或预期相符的事实进行具体解释。例如:

(41)正在这时,顾维舜回来了,玉儿妈向他又挤眼又摆手,叫他先到别处躲一会儿,他什么也不明白,像往常一样,先到父亲的房里打招呼:您外出回来了?玉儿妈在门外气得直咬牙:孝子!今天够你受的。果不然,顾维舜要往外退的时候,顾远山喝住了他。(戴厚英《流泪的淮河》)

不过"果不然"有新的发展,即有副词化倾向。例如:

(42)老马是个急性子,刚听完话,就用力在桌子上捣了一拳,震得水碗都跳了一下,站起来说道:"老虎山事件发生以后，我才想到内部可能有特务捣鬼，果不然是这样，可见以前我们的工作太不深入了！……"（马烽、西戎《吕梁英雄传》第四十三回）

（43）"大哥！"逍遥厉声打断子墨的话，她又缓缓沉下声："大哥，我要你听好了。我，不会觊觎那皇位，因为，我要帮延熙夺下它！"子墨不禁眼前一亮，赞道："果不然如此！遥弟所帮之人果真是延王！"（向天笑《沧海亦笑浮生梦》）

（44）在昨晚播出的第一集中，陈楚河饰演的叶开搞笑帅气的出场以及和傅红雪之间对话，无不让人捧腹大笑，成功抓住了观众的眼球。随之从韩网的反馈来看，果不然如此，陈楚河饰演的叶开一角被网友热议，陈楚河这个名字在韩国的搜索量也在逐步上升。（《〈天涯明月刀〉韩国开播 陈楚河版叶开受捧》，环球网2012年7月25日）

上例中的"果不然"为三音节的超音步韵律词，处于含有谓词性指示代词的短语"是这样"或谓词性指示代词"如此"前，即状语位置，"果不然"中"然"的指代义因羡余而脱落丧失了。例中的"果不然"可以理解成一个加强肯定语气的副词，其与语气副词"果然"相当。正是因为"果不然"有副词化倾向，所以《现汉》将其标注为副词。但是"果不然"用作典型的副词的用例极少。总的来看，"果不然"在意义、性质上基本上与确认事实义句式"果不其然"一致。

10.4 小结

"果不其然"与"果不然"最早均出现于明末清初,均为确认事实义句式,即肯定、确认事实与论断或预期相符,相当于"果然如此/这样"。"果不其然"与"果不然"之间很可能没有源流关系。"果不(其)然"是由肯定形式的确认事实义陈述句式或感叹句式"果(其)然"与否定形式的确认事实义反诘句式"不其然乎"类糅合而成的,糅合的动因是凸显交互主观性。

糅合句式最初兼有两个源句式的一些特点,"果不(其)然"最初应具有反诘语气。没有反诘标记的"果不(其)然"后来丧失了反诘语气,仅具有陈述语气或感叹语气,并习用化、规约化,成为确认事实义陈述句式或感叹句式,其中的"不"成了一个羡余的否定成分。到了现代汉语,"果不其然"仍是确认事实义句式,但是"果不然"有副词化倾向,不过其词汇化程度不高。

第十一章 "好不A"的来源及"好不"的词汇化

11.1 引言

现代汉语中有一种形式是否定的而语义是肯定的句式"好不A"。例如：

(1) 鸿渐还在高中读书，随家里作主订了婚。未婚妻并没见面，只瞻仰过一张半身照相，也漠不关心。两年后到北平进大学，第一次经历男女同学的风味，看人家一对对谈情说爱，<u>好不眼红</u>。(钱钟书《围城》)

(2) 孩子们眼睛发亮，挑选着，比较着，挨挨挤挤，叽叽喳喳，<u>好不热闹</u>。(汪曾祺《故人往事》)

肯定义句式"好不A"中的"好不"为程度副词，吕叔湘(1999：259)认为，"表示程度深，多含感叹语气，限于修饰某些双音节形容词"，"与'好、多么、很'相同"。《现汉》(2016：519)对副词"好不"的释义基本一致："用在某些双音形容词前面表示程度深,并带感叹语气,跟'多么'相同"。① 因此可以认为肯定义句式"好不A"属于感叹句式。

吕叔湘(1982:313)早就注意到了肯定义"好不"或肯定义句式"好不A"的来源问题:"有人说,'好不'连用,'好'字有打消'不'字的作用。这个解说有点说不过去,'好'字并非一个否定词。这'好不糊涂'大概是'好糊涂'和'岂不糊涂'两种说法糅合的结果。"遗憾的是,吕先生未对这一见解进行论证,学界也未对吕先生的卓见予以重视。

袁宾(1984)猜测,"肯定式'好不'来源于否定式'好不',最初在口语中也许是否定式'好不'的反语用法,这种反语说法用多了,其中'不'的意义就逐渐虚化,失去否定作用,依附于'好'字,'好不'遂凝固成一个相当于副词的语言单位了"。"反语说"有一定的合理之处,能够解释为什么否定

---

① "好不"也偶尔可以修饰具有[+程度性]的谓词性短语。例如:

(1)后来发现一个偌大的白晃晃的钢镚,伸手去拾,竟是一口痰,好不扫兴恶心,张着脏脏的手找水。(王朔《浮出海面》)

(2)明天真要去逛庙,逛市场吗?好不急杀人也!(俞平伯《古槐梦遇》)其实这种例外在近代汉语中就已存在,如文中例(29)、(33)。再如:

(3)众朋友都在下处看经书,温后场。只有鲜于同平昔饱学,终日在街坊上游玩。旁人看见,都猜道:"这位老相公,不知是送儿子孙儿进场的?事外之人,好不悠闲自在!"(《警世通言》卷十八)

(4)母亲饿得半死,见他吃得脸红,不觉怒从心起,嗔骂道:"你这畜生,你倒在外边吃得这般醉了,竟不管我在家中无柴无米,饿得半僵,还要呆着脸笑些什么?真正是丧心病狂的畜生了,好不气杀我也!我且问你,今日柴扒已卖尽,卖的钱却怎么用了?"(《隋史遗文》第二十七回)

"好不"在近代汉语中主要用于双音节形容词前,到了现代汉语则基本上用于双音节形容词前。

形式的句式"好不A"可以表示肯定义。但是"反语说"面临两个问题：其一，难以得到历时证据的支持。所谓反语就是说反话，或正话反说，或反话正说，实际所指与字面相反。反语往往蕴含着言者对已提及或存在的人、物或事的不满、嘲讽等消极情绪或态度，因而言者使用否定义句式"好不A"的反语说法，一般来说，应存在有人使用否定义句式"好不A"这样的前提，或者存在一种可以导致言者产生不满、嘲讽等消极情绪或态度的语境，但是考察早期肯定义句式"好不A"，我们未发现有这样的前提或语境。其二，反语是一种特殊的否定方式，反语"好不A"就是对否定义句式"好不A"的否定，但是其否定域一般是程度副词"好"，而不是"不A"（更不是A），即仅仅是减弱否定的程度，因而其语义是"不A"或A，而不是"好A"。如否定义句式"好不自在"的反语义是"不自在"或"自在"，并非"好自在"。这与肯定义句式"好不A"的"好A"义不一致。

　　王锳（2005：130）在解释副词"好"时指出："'好'兼有'岂'、'真'二义引起了同一说法的肯定形式与否定形式同义的有趣现象：'好不伤怀'即等于'好伤怀'，'好不清净'即等于'好清静'。原因便在于前者是以反问形式表肯定的，其中的'好'相当于'岂'。"江蓝生（2010）不同意"反语说"，认为王锳（2005）的解释比较合理，进而提出了"反问说"，即"好不A"最初是反问句，其中的"好"是反诘副词；经过句式的语法化，"好不A"完成了从反问句到感叹句的转换。"反问说"

不仅可以解释为什么否定形式的句式"好不A"可以表示肯定义，而且能够解释为什么否定形式的句式"好不A"具有感叹语气。但是如果"好"是反诘副词，"好不A"是反问句，那么"好不A"便相当于"岂不A"，意思是A，并不表示A的程度之深。这与肯定义句式"好不A"的语义只是相近，而不是完全一致。

肯定义句式"好不A"的来源到底是怎样的呢？关于这一问题，江蓝生（2010）的"反问说"颇有启发性，吕叔湘（1982：313）的"糅合说"尤应引起我们的重视。我们拟立足汉语史，首先探究肯定义句式"好不A"的生成机制，然后探究其生成动因，最后探讨"好不"的词汇化问题。

11.2 感叹句式"好A"与反诘句式"岂不A"

肯定义句式"好不A"的来源与感叹句式"好A"、反诘句式"岂不A"有关，因此有必要先考察汉语史上感叹句式"好A"、反诘句式"岂不A"这两种句式的使用情况。

11.2.1 感叹句式"好A"

"好"最迟在东晋时期已用作程度副词，表示程度深，并带有感叹语气（何金松，1994：12）。[①] 例如：

[①] 何金松（1994：12）认为，"很、多么"义程度副词"好"为"'何'字音变，与'何'同义"；"何"可用作程度副词，意思是"多么、很"。

(3) 我不践斯境，岁月好已积。（陶渊明《乙巳岁三月为建威参军使都经钱溪》，转引自何金松，1994：12）

程度副词"好"大致可以理解成"很"，但是与"很"不同的是，"好"往往带有言者的主观性，具有感叹语气，因而程度副词"好"与程度副词"多么"更为接近。在汉语史上，程度副词"好"一般与具有[+程度性]的形容词（主要是双音节的）构成感叹句式，当然也可以与具有[+程度性]的动词或谓词性短语构成感叹句式。为了行文方便，我们将这种感叹句式记作"好A"。① 感叹句式"好A"最迟在东晋时期已有用例，如例(3)；从唐代开始用例逐渐增多，并沿用了下来。下面是近代汉语中"好A"用例：

(4) 莫厌追欢笑语频，寻思离乱好伤神。（钟离权《题长安酒肆壁三绝句》，《全唐诗》卷八六〇）

(5) 定州柏岩明哲禅师尝见药山和尚看经，因语之曰："和尚莫猱人好。"药山置经云："日头早晚也。"师云："正当午也。"药山云："犹有文采在。"师云："某甲亦无。"药山云："老兄好聪明！"（《景德传灯录》卷七）

(6) （净白）孩儿你去，千万有好全带花。（生）全带花。（净）似门前樟树样大底，买一朵归来，与娘插在肩头

---

① 感叹句式与陈述句式具有相通性，如果言者减弱感叹语气，那么感叹句式"好A"便可转化为陈述句式，所以肯定义感叹句式"好不A"也可转化为肯定义陈述句式。但是即便将"好A""好不A"看作陈述句式，也不影响下文的结论。

上。(末)你好辛苦!(《张协状元》第五出)

(7)杨志道:"好作怪!这等一片锦城池,却那得大虫来!"(《水浒传》第十二回)

(8)囚犯对着功父大哭道:"今与舅舅别了,不知几时得脱。好苦!好苦!"(《二刻拍案惊奇》卷二十)

有时为了加强感叹语气,"好A"后还可加语气词"呵""也"或"哩"等。例如:

(9)(正末袍盔背剑冒雪上,开:)自家韩信的便是。目今秦失其鹿,天下逐之,不知久后鹿死谁手?想自家空学的满腹兵书战策,奈满眼儿曹,谁识英雄之辈!好伤感人呵!(金仁杰《萧何月夜追韩信》第一折,《新校元刊杂剧三十种》)

(10)众更夫都说道:"原来一个标标致致、香香喷喷的道士。好奇怪也!"(《三宝太监西洋记》第五十七回)

(11)老爷道:"前日有几员番将,武艺颇精,神通颇大,仗凭朝廷洪福,国师佛力,俱已丧于学生的帐下诸将之手,故此不曾敢来惊烦国师。近日出一女将名唤姜金定,虽是一个女流之辈,赛过了那七十二变的混世魔王,好利害哩!好利害哩!……"(《三宝太监西洋记》第二十八回)

11.2.2 反诘句式"岂不A"

这里所说的反诘句式"岂不A",包括"不A"前出现反诘副词"岂""却"或"可"等、"不A"后出现语气词

"哉""乎""也"或"么"等的反诘句式。其中的 A 也是指具有[+程度性]的形容词、动词或谓词性短语。反诘句式"岂不 A"在形式上是否定的，而在语义上是肯定的，即 A。

反诘句式"岂不 A"早在上古汉语中就已出现。例如：

（12）时已徙矣，而法不徙，以此为治，岂不难哉！（《吕氏春秋·察今》）

（13）公喟然叹曰："呜呼！使国可长保而传于子孙，岂不乐哉！"（《晏子春秋·谏上》）

反诘句式"岂不 A"在中古汉语、近代汉语中均得到了广泛的使用。下面是近代汉语中"岂不 A"用例：

（14）项籍岂不壮，贾生岂不良。（孟郊《赠别崔纯亮》，《全唐诗》卷三七七）

（15）沁园春吹面无寒，沾衣不湿，岂不快哉！（葛长庚《沁园春·寄鹤林》，《全宋词》）

（16）如贤献关，吾奏武王，教贤列土封侯，与尔姊报恨，天下太平，岂不美哉！（《全相平话五种·武王伐纣平话》卷下）

（17）曹姨道："周生江南秀士，门户相当，何不教他遣媒说合，成就百年姻缘，岂不美乎！"（《警世通言》卷三十四）

（18）他说："人有聚就有散，聚时欢喜，到散时岂不清冷！既清冷则生伤感，所以不如倒是不聚的好。比如那花开时令人爱慕，谢时则增惆怅，所以倒是不开的好。"（《红

楼梦》第三十一回）

使用反诘副词"岂"的反诘句式"岂不A"较多，如以上各例；使用反诘副词"却""可"的较少，如下面三例表示同一命题义，使用了反诘副词"却"或"可"。

(19)（正末扮上了，引仆童上了）嗨！对著此景，<u>却不快活</u>！（王伯成《李太白贬夜郎》第二折，《新校元刊杂剧三十种》）

(20)（张士贵云）罢了，今番赖不成这功了。打为百姓，也罢，作庄农去也。苫庄三顷地，伏手一张锄。倒能够吃浑酒肥草鸡儿，<u>可不快活</u>！我是张士贵，苫庄三顷地。一顿三碗饭，吃的饱了炕上睡。（无名氏《摩利支飞刀对箭》第四折，《元曲选外编》）

(21)（杨衙内云）大姐，你方才放心了，把这两个放在牢中牢死了，俺两个做了永远夫妻，<u>可不快活也</u>！（李文蔚《同乐院燕青博鱼》第三折，《元曲选》）

"么"是近代汉语中新兴的疑问语气词，① 到了近代汉语开始出现了含有疑问语气词"么"的反诘句式"岂不A"。例如：

(22)（慕容垂云）苻坚，你既然赤心受命于我，饶你性命！你则是开的口大了，你<u>岂不羞么</u>！收拾方物，准备

---

① "吗"是现代汉语中最重要的疑问语气词，来源于否定词"无"，在唐代写作"磨、摩"等，宋代一般写作"么"，清代中期以后才写作"吗"（王力，1980：450；吕叔湘，1982：286—287；太田辰夫，2003：328—329；杨永龙，2003）。

进贡,你再休题马鞭填塞过江南!(李文蔚《破苻坚蒋神灵应》第三折,《元曲选外编》)

(23)看官,你道这女儿三生,一生被害,一生索债,一生证明讨命,<u>可不利害么</u>!(《初刻拍案惊奇》卷三十)

(24)高髻妇人之言,无一不验,真是数已前定。并那件物事,世间还不曾有,那贵人已该在这里头眠一会,魇样得长成,说过在那里了,<u>可不奇么</u>!(《二刻拍案惊奇》卷三十二)

(25)又问道:"可见说佳期还在何日?"慧娘低低道:"近日曾教媒人再三来说,爹道奴年纪尚小,回他们再缓几时哩。"玉郎笑道:"回了他家,你心下<u>可不气恼么</u>!"(《醒世恒言》卷八)

据我们考察,反诘句式"岂不A"基本上含有单音节反诘副词,主要为四音节。之所以含有反诘副词,是因为这样便于听者从标记上识解反诘语气;之所以是四音节的居多,是因为四个音节为两个标准音步,形成两个韵律词,符合汉语"2+2"这种典型的韵律组合模式。

11.3 肯定义句式"好不A"的生成机制

如前所述,吕叔湘(1982:313)对肯定义句式"好不糊涂"的来源进行了推测,认为"大概是'好糊涂'和'岂不糊涂'两种说法糅合的结果"。换言之,在吕先生看来,肯定义句式"好不 A"是句式"好不 A"与"岂不 A"糅合而成的。我们赞同吕先生的观点。我们认为,肯定义句式"好不 A"的生成机制是糅合,其是由感叹句式"好 A"与反诘句式"岂不 A"糅合而成的。这一生成过程可以表示为:

"好 A"+"岂不 A"→"好不 A"

11.3.1 从句式糅合的三个基本原则来看

句式糅合要遵循语义相近原则、时代先后原则和成分蕴含原则或语义蕴含原则,感叹句式"好 A"与反诘句式"岂不 A"糅合生成肯定义句式"好不 A"完全遵循句式糅合的三个基本原则。

首先,感叹句式"好 A"与反诘句式"岂不 A"的语义相近:"好 A"的语义是"多么 A","岂不 A"的语义是 A,二者均是表示对 A 的肯定。例如:

(26)(正末云)酒也,连日不见你,谁想今日在这里又相会,好美哉也!(高文秀《好酒赵元遇上皇》第二折,《元曲选外编》)

(27)(赵汝州云)对这好花好酒,又好良夜,知音相遇,岂不美哉!(张寿卿《谢金莲诗酒红梨花》第二折,《元曲选》)

(28)(张道南云)趁此月色,共饮几杯,岂不美乎!(无名氏《萨真人夜断碧桃花》第一折,《元曲选》)

如果例(26)"好美哉也"与例(27)"岂不美哉"、例(28)

"岂不美乎"互换，虽然语气由感叹变为反诘，或由反诘变为感叹，但是基本语义并未改变，均表示对"美"的肯定。由此可见，感叹句式"好A"与反诘句式"岂不A"二者语义是相近的，具有相容性，具备句式糅合的语义条件，遵循句式糅合的语义相近原则。

其次，感叹句式"好A"与反诘句式"岂不A"的始见时代均早于肯定义句式"好不A"，遵循句式糅合的时代先后原则。

关于肯定义句式"好不A"的出现时代，学界存在分歧。袁宾（1984、1987）调查了大量的文献，认为肯定义句式"好不A"应该"是明代下半叶即十六世纪产生的"；何金松（1990）则认为"至迟在十四世纪元代口语中便已产生"；曹小云（1996）甚至认为出现于13世纪初；孟庆章（1996）也认为"在南宋末年即公元十三世纪时已经出现"。肯定义句式"好不A"的出现时代最迟应不晚于明代中叶，这是可以肯定的。那么宋元时期是否已出现可靠的肯定义句式"好不A"用例呢？其实有的学者列举的宋元时期的所谓肯定义句式"好不A"用例，要么属于后时资料，要么实际上仍是否定义句式。不过，如果认为肯定义句式"好不A"的出现时代大约是元明时期，我们觉得是可以的。[1] 下面是近代汉语中肯定义句式"好不A"用例：

---

[1] 这一问题似乎还可以进一步探讨。但无论是将肯定义句式"好不A"的始见时代定在宋代还是元代，抑或是明代，均不影响下文的论证。

(29) 当日刘知远与三娘子成亲之后,怎知他三娘子两个哥哥名做李洪信、李洪义的,终日肚闷,背后道:"咱爷娘得恁地无见识!将个妹妹嫁与一个事马的驱口,教咱弟兄<u>好不羞</u>了面皮!"(《新编五代史平话·汉史平话》卷上)①

(30)(燕大云)自家燕大的便是。浑家王腊梅。今日是三月三清明节令,那同乐院前游春的王孙士女,<u>好不华盛</u>!……(李文蔚《同乐院燕青博鱼》第二折,《元曲选》)②

(31)李瓶儿道:"教他搂着孩子睡罢,拿了一瓯酒送与他吃就是了。你不知俺这小大官,<u>好不伶俐</u>!人只离来开他就醒了。……"(《金瓶梅词话》第四十四回)

(32)这寺中每日人山人海,<u>好不热闹</u>!(《醒世恒言》卷三十九)

(33)探春李纨走出院外再听时,惟有竹梢风动,月影移墙,<u>好不凄凉冷淡</u>!(《红楼梦》第九十八回)

在近代汉语中肯定义句式"好不A"后有时出现语气词"也"或"哩"等。例如:

(34)(正末云)你看他两个贼子帮着俺哥哥吃酒,<u>好不快活也</u>!(萧德祥《杨氏女杀狗劝夫》第一折,《元

---

① 《新编五代史平话》是宋朝讲说历史故事的说话人留下的一个底本,从其不避宋讳这一点来看,可能经过元人增删过。
② 学界一般认为,除了元刊杂剧三十种,流传至今的元杂剧的语言层次较复杂,其曲文为元代作家所写,而宾白在演员演出时做过或多或少的改动,到明代才逐渐写定。

曲选》）

(35) 月娘叫住便问："老薛，你往那里去？怎的一向不来俺这里走走？"薛嫂道："你老人家倒且说的好，这两日<u>好不忙哩</u>！偏有许多头绪儿！咱家小奶奶那里使牢子、大官儿，叫了好几遍，还不得空儿去哩！"（《金瓶梅词话》第九十五回）

感叹句式"好A"最迟在东晋时期就已出现，反诘句式"岂不A"早在上古汉语中就已出现，而肯定义句式"好不A"出现较晚，大概到了元明时期才出现，可见感叹句式"好A"与反诘句式"岂不A"糅合生成肯定义句式"好不A"遵循句式糅合的时代先后原则。

最后，肯定义句式"好不A"在句法及语义上既蕴含了感叹句式"好A"，又蕴含了反诘句式"岂不A"，遵循句式糅合的成分蕴含原则或语义蕴含原则。如例(30)"好不华盛"，在句法上既蕴含了感叹句式"好华盛"的所有成分，又蕴含了反诘句式"岂不华盛"的主要成分；在语义上既蕴含了感叹句式"好华盛"，又蕴含了反诘句式"岂不华盛"。

综上所述，从句式糅合的三个基本原则来看，肯定义句式"好不A"应是由感叹句式"好A"与反诘句式"岂不A"糅合而成的。

11.3.2 从句式中感叹标记与反诘标记的同现来看

程度副词"好"具有感叹语气，与程度副词"多么"接近，可以看作感叹句式的一个标记。肯定义句式"好不A"具有感叹标记"好",因而其具有感叹句式的特点。

反诘副词"岂"等在肯定义句式"好不A"中不出现,因而从形式上很难看出最初的肯定义句式"好不A"兼有反诘句式的特点。但是这并不意味着汉语史上含有疑问标记的肯定义句式"好不A"绝对不存在。事实上,汉语史上含有疑问语气词"么"的肯定义句式"好不A么"有少量用例,如在明代文献中既有例(36)"好不作怪"这样的用例,也有例(37)"好不作怪么"这样的用例。

(36) 比及公牌向前验之,二人臂上皆有黑痣,不能辨其真伪。王丞相惊道:"好不作怪!适间只一个有,此时都有了。"(《包龙图判百家公案》卷六)

(37) 玳安即便出门,西门庆和李瓶儿拥著官哥道:"孩子,我与你赛神了,你好了些,谢天谢地!"说也奇怪,那时孩子就放下眼,磕伏著有睡起来了。李瓶儿对西门庆道:"好不作怪么!一许了献神道,就减可了大半!"(《金瓶梅词话》第五十三回)

例(36)"好不作怪"与例(37)"好不作怪么"均为明代用例,命题义均是"好作怪"(即"好奇怪")。如果从现代汉语视角来看,我们会认为例(36)是相当于"好作怪"的感叹句式,看不出其反诘语气。例(37)含有感叹标记"好",因而我们认为该句式同样具有感叹句式的特点;但是该句式末尾又有疑问语气词"么",很显然又具有疑问语气。由于句式中又出现了否定词"不",而句式义是肯定的,因而该句式实际上具有反诘语气,这里的疑问标记"么"实际上可看作反诘标记。从句式末尾的反诘标记"么"可以断定,该句式兼有反诘句式的特点。糅合句式蕴含了两个源句式,最初兼有两个源句式的一些特点,所以根据句式中感叹标记与反诘标记同现的例(37)可以断定,肯定义句式"好不A么"是由感叹句式"好A"与反诘句式"岂不A么"糅合而成的,其生成机制是糅合。反诘标记"么"并不是反诘句式必需的,可以删略,因此句式末尾不出现反诘标记"么"的肯定义句式"好不A"与"好不A么"在句法、语义、语气等方面毫无二致,最初同样兼有感叹语气与反诘语气,其生成机制同样是糅合,即由感叹句式"好A"与反诘句式"岂不A"糅合而成。例(36)"好不作怪"属于早期用例,比照例(37),如果从历时视角来看,不妨认为其兼有感叹语气与反诘语气。总之,比照兼有感叹标记与反诘标记的"好不A么",可以看出肯定义句式"好不A"的生成机制是糅合。

下面三例出现于清代同一部文献,颇有启发性:

(38) 素娥道:"那日愚夫送公子回,却被月娟那贱人欲图反嫁,私着老仆王安布了毒药。一时谋杀你的哥哥,后竟与王安反嫁而去。剩我零丁,实望二位叔叔日后仕路扬眉,或代愚夫吐气。不料贤叔今又遭此天灾,教奴奴<u>好不悲伤</u>!"(《绣戈袍全传》第二十回)

(39) 那素娥因无人伴睡,愈觉被窝寂静,枕头孤零,

好不悲伤！(《绣戈袍全传》第四回)

(40) 素娥又假造个悲哀，叫句："夫罢，你如此枉死，复被天诛。真可谓福无重至，祸不单行。教妻子好不悲伤么！"①(《绣戈袍全传》第八回)

例(40)中肯定义句式"好不悲伤么"既含有感叹标记"好"，又含有反诘标记"么"，显而易见，在句法、语义、语气等方面既蕴含了感叹句式"好悲伤"，又蕴含了反诘句式"岂不悲伤么"，是一个糅合句式。例(38)、(39)中肯定义句式"好不悲伤"有感叹标记"好"，而没有反诘标记"么"，但是比照出自同一种文献的例(40)，完全有理由认为"好不悲伤"不仅具有感叹语气，而且仍然或多或少具有反诘语气。由此可以推断，早期的"好不A"当是由感叹句式"好A"与反诘句式"岂不A"糅合而成的。

除了例(40)，含有反诘标记"么"的肯定义句式"好不A么"在清代仍偶见用例。再如：

(41) 曹后笑道："那人与朱、袁与妥娘好不痴么！人生一世，草生一秋，何不也像你们两个，随着娘娘，落得快活，何苦枉自轻生？"(《隋唐演义》第五十回)

(42) 鲍师道："帝师不知。他一个问讯，直要曲腰俯首至地，那女人只说个'师父不劳'，连膝磕子也不曲一曲，他心上好不恼么！"(《女仙外史》第八十三回)

---

① 江蓝生(2010)已举此例，认为"这句句末有语气词'么'，只宜看作反问句"。

(43) 王安指道:"员外请看,那边这些鹰鸟好不奇异么!"员外抬头观看,果然奇异。(《说岳全传》第二回)

虽然在汉语史上"好不A么"这样的用例寥若晨星,但是恰恰是这些罕见的历史遗迹从标记上证实了我们的观点:至少在产生之初,肯定义句式"好不A"在句法、语义、语气等方面不仅蕴含了感叹句式"好A",而且蕴含了反诘句式"岂不A",其生成机制当是糅合,其是由感叹句式"好A"与反诘句式"岂不A"糅合而成的。

11.3.3 从同义句式"好A""岂不A"与"好不A"的同现来看

感叹句式"好A"的意思是"多么A",反诘句式"岂不A"的意思是A,肯定义句式"好不A"与感叹句式"好A"的语义一致,与反诘句式"岂不A"的语义相近(均是对A的肯定,虽然有程度的差异),因而三者可以看作同义句式。[①] 在汉语史上表达同一个具体的命题义,有时在同一种文献中使用了这三种同义句式。例如:

(44) 女孩儿听得,心里好欢喜。(《醒世恒言》卷十四)

(45) 慧娘初时只道是真女人,尚然心爱,如今却是个男子,岂不欢喜!(《醒世恒言》卷八)

---

① 这里所说的同义句式,是指命题义相同或相近的若干句式。

(46) 那小和尚见静真师徒姿色胜似了缘,心下好不欢喜!(《醒世恒言》卷十五)

例(44)"好欢喜"、例(45)"岂不欢喜"与例(46)"好不欢喜"的语义相同或相近,均出现于《醒世恒言》中。如果将例(46)替换为"好欢喜",命题义一致;如果将例(46)替换为"岂不欢喜",命题义基本不变。"好不欢喜"在句法上蕴含了"好欢喜"和"岂不欢喜"的全部成分或主要成分,在语义上也蕴含了"好喜欢"和"岂不喜欢",同时又蕴含了二者的感叹语气与反诘语气。通过比较,可以认为"好不欢喜"是由"好欢喜"与"岂不欢喜"通过删略重叠成分与次要成分糅合而成的。

再如在《喻世明言》中,同义句式"好苦""岂不苦哉""好不苦也"均有用例:

(47) 梁主急回朝,见太子复生,搂抱太子,父子大哭起来。又说道:"我儿,因你蹶了这几日,惊得我死不得死,生不得生,好苦!"(《喻世明言》卷三十七)

(48) 吟罢,凄然泪下,想道:"我今日所处之地,分明似鸡鸭到了庖人手里,有死无活。想鸡鸭得何罪,时常烹宰他来吃?只为他不会说话,有屈莫伸。今日我苏轼枉了能言快语,又向那处伸冤?岂不苦哉!记得佛印时常劝我戒杀持斋,又劝我弃官修行,今日看来,他的说话,句句都是,悔不从其言也!"(《喻世明言》卷三十)

(49) 有人认得这船是天荒湖内的渔船,拢船去拿那汉子查问时,那汉子噙着眼泪,告诉道:"……船上许多好汉,自称汪十二爷,要借我大船安顿人口,将这五个小渔船相换。我不肯时,腰间拔出雪样的刀来便要杀害,只得让与他去了。你看这个小船,怎过得川江?累我重复觅船,<u>好不苦也</u>!"(《喻世明言》卷三十九)

通过比较,同样可以看出"好不苦也"是由"好苦也"与"岂不苦哉"糅合而成的。

又如在"二拍"中同义句式"好快活""岂不快活"与"好不快活"同现,①同样可以断定"好不快活"是由"好快活"与"岂不快活"糅合而成的。

(50)倒枕搥床了一夜,次日起来,对智圆道:"你们<u>好快活</u>!撇得我清冷。"(《初刻拍案惊奇》卷二十六)

(51)郁盛道:"临清是个大马头去处,我有个主人在那里。我与你那边去住了,寻生意做。我两个一窝儿作伴,<u>岂不快活</u>!"(《二刻拍案惊奇》卷三十八)

(52)那边素梅也自心里忒忒地,一似小儿放纸炮,又爱又怕,只等龙香回来,商量到晚赴约。恰好龙香已到,回复道:"那凤官人见了姐姐的字,<u>好不快活</u>!连龙香也受了他好些跪拜了。"(《二刻拍案惊奇》卷九)

综上所述,从同义句式"好A""岂不A"与"好不A"的同现来看,肯定义句式"好不A"应是由感叹句式"好A"与

---

① 同义句式出现于同一作者的不同作品中,也可看作同现。

反诘句式"岂不 A"糅合而成的。

11.4 肯定义句式"好不 A"的生成动因

11.4.1 动因之一：凸显言者与听者的交互主观性

如果感叹句式"好 A"与反诘句式"岂不 A"浮现、叠加生成肯定义句式"好不 A"的顺序不同，那么生成动因也不同。如果言者大脑中先浮现感叹句式"好 A"，后浮现、叠加反诘句式"岂不 A"，那么肯定义句式"好不 A"的生成动因是凸显言者与听者的交互主观性。

"陈述句和感叹句是使信息储存的句子"（张斌，2003：35），但是与陈述句式不同，感叹句式还具有言者强烈的主观性。程度副词"好"与"很"都表示程度深，但是与"很"不同的是，"好"带有强烈的感叹语气，掺入了言者的立场、态度或情感，表示言者主观上认为程度深，其与程度副词"多么"更为接近。因而感叹句式"好 A"具有言者强烈的主观性，表达言者对 A 的程度之深的主观看法。例如：

(53)（铁拐云）他尚俗牵未尽，再有道理。金安寿，你看那百花烂熳，春景融和。（正末云）是好景也！（铁拐云）可早炎天似火，暑气烦蒸。（正末云）<u>好热也</u>！（铁拐云）你觑黄花遍野，红叶纷飞。（正末云）<u>好惨也</u>！（铁拐云）又早朔风凛冽，瑞雪飘扬。（正末云）<u>好冷也</u>！（贾仲

明《铁拐李度金童玉女》第三折,《元曲选》)

上例中的"好热也"若替换成"很热",那只是对"可早炎天似火,暑气烦蒸"这样的事实的客观性的描述。虽然描述本身带有言者一定的主观性,但是这种描述是基于事实的,一般与客观事实相吻合,因而"很热"是言者对"热"的程度之深的客观描述。而"好热也"却是一种带有言者强烈的主观性的评价,这种评价虽然也是基于客观事实的,但是其所要凸显的是言者对"热"的程度之深的主观看法。"好惨也""好冷也"也是凸显言者对"惨""冷"的程度之深的主观看法,具有言者强烈的主观性。

感叹句式具有言者强烈的主观性,而反诘句式则体现了言者与听者的交互主观性,其主观性比感叹句式更强。吕叔湘(1982:290)指出:"反诘实在是一种否定的方式:反诘句里没有否定词,这句话的用意就在否定;反诘句里有否定词,这句话的用意就在肯定。"否定形式的反诘句式"岂不A"表示的是肯定义,其表明了言者对A的肯定,表达了言者对A的立场、态度或情感,具有言者强烈的主观性。不仅如此,反诘句式"岂不A"还表达了言者对听者立场、态度或情感的关注。疑问句"是要求有信息反馈的句子","要求语言反馈"(张斌,2003:35),一般需要言者与听者进行言语互动。反诘句式是一种特殊的无疑而问的疑问句式,一般不需要听者用语言反馈,言者与听者的言语互动不是必然的。反诘句式不仅表明言者的立场、态度或情感,而且也关注听者的立场、态度或情感,强制性地要求听者与言者的立场、态度或情感保持一致,具有交互主观性。所以反诘句式"岂不 A"与感叹句式"好 A"有所不同,其不仅表明言者对 A 的主观性,而且也关注听者对 A 的主观性,具有交互主观性,或者说反诘句式"岂不 A"具有更强的主观性。

正是因为反诘句式"岂不 A"一方面具有言者与听者的交互主观性,另一方面又往往具有令人认可的理据性,所以为了遵循礼貌原则,听者对言者的主观看法一般是表示认同或默认,而不是否定或反对。例如:

(54) 公子印谓朱仓曰:"若不先破卫鞅,倘函关之兵抄出,则吾首尾不敌,岂不危哉!"朱仓然之,各披挂引兵杀至秦寨。(《春秋列国志传》第九十八回)

(55) 刘妪道:"你当初怪爹娘劝你除孝改嫁,动不动跳水求死。今见客人富贵,便要认他是丈夫,倘你认他不认,岂不可羞!"宜春满面羞惭,不敢开口。(《警世通言》卷二十二)

(56) 顺哥在后堂帘中窃窥,等吕公入衙,问道:"适才赍公牒来的何人?"吕公道:"广州指使贺承信也。"顺哥道:"奇怪!看他言语行步,好似建州范家郎君。"吕公大笑道:"建州城破,凡姓范的都不赦,只有柱死,那有柱活?广州差官自姓贺,又是朝廷命官,并无分毫干惹,这也是你妄想了,侍妾闻知,岂不可笑!"顺哥被父亲抢白了一场,满面羞惭,不敢再说。(《警世通言》卷十二)

当言者大脑中浮现感叹句式"好A"以表达自己强烈的主观性时，如果言者又想凸显自己与听者的交互主观性，强制性地要求听者与自己的立场、态度或情感保持一致，那么其大脑中又会浮现、叠加反诘句式"岂不A"。于是在外在的语言形式上，二者就通过删略重叠成分和次要成分糅合生成了肯定义句式"好不A"。换言之，如果言者大脑中先浮现感叹句式"好A"，后浮现、叠加反诘句式"岂不A"，那么糅合句式"好不A"的生成动因是凸显言者与听者的交互主观性。

感叹句式与反诘句式因凸显言者与听者的交互主观性这一语用目的而发生糅合的语言现象在汉语史上并不是孤例。如"果不（其）然"，其是由确认事实义感叹句式（或陈述句式）"果（其）然"与确认事实义反诘句式"不其然乎"类糅合生成的，生成动因就是凸显言者与听者的交互主观性（详见第十章）。

11.4.2　动因之二：凸显言者对程度之深的主观性

如果言者大脑中先浮现反诘句式"岂不A"，后浮现、叠加感叹句式"好A"，那么糅合句式"好不A"的生成动因则是凸显言者对A的程度之深的主观性，或者说是言者从主观上强调A的程度之深。

感叹句式"好A"与反诘句式"岂不A"都具有言者强烈的主观性，不过后者还具有言者与听者的交互主观性。除此之外，二者在语义上也略有差异：感叹句式"好A"的命题义是"很A"，体现了言者对A的程度之深的关注；但是反诘句式"岂不A"的命题义是A，仅仅表达言者对A的肯定，而言者对A的程度并不关注。如果将例（47）"好苦"与例（48）"岂不苦哉"进行比较，从语义来看，很显然前者体现了言者对"苦"的程度之深的主观认定，而后者只是表示言者对"苦"的主观肯定，言者并不关注"苦"的程度。

反诘句式"岂不A"具有言者与听者的交互主观性，感叹句式"好A"具有言者对A的程度之深的主观性，因而如果言者想表达自己与听者的交互主观性，大脑中会浮现反诘句式"岂不A"；如果言者又想凸显自己对A的程度之深的主观性，或者说想从主观上强调A的程度之深，那么大脑中会紧跟着浮现、叠加感叹句式"好A"。于是在外在的语言形式上，这两种句式就会通过删略重叠成分和次要成分糅合生成"好不A"。例如：

(57) 那猴子拿将过来，那里有什么疼处，特故意摸了一摸，一指头弹将去。那妖慌了，劈手来抢。你思量，那猴子<u>好不溜撒</u>！把那宝贝一口吸在肚里。（《西游记》第三十一回）

如果言者想凸显自己与听者的交互主观性，那么其大脑中就会浮现反诘句式"岂不溜撒"；如果言者又想凸显自己对"溜撒"的程度之深的主观性，或者说又想从主观上强调"溜撒"

的程度之深,那么其大脑中会紧跟着浮现、叠加感叹句式"好溜撒"。在外在的语言形式上,"岂不溜撒"与"好溜撒"就通过删略重叠成分和次要成分糅合生成了"好不溜撒"。

需要指出的是,感叹句式"好A"与反诘句式"岂不A"无论是以哪种顺序发生糅合,在句法上都是"好"处于"不"前,形成肯定义句式"好不A"。反诘句式与感叹句式具有相通性,兼有感叹语气,其与感叹句式糅合时,二者的感叹语气就会形成一股强大的合力,从而强化了糅合句式的感叹语气,弱化甚至消解了其反诘语气,或者说感叹语气占据了主导地位,可以管控或抑制反诘语气(详见下文),因而感叹标记"好"用于否定副词"不"前,对"不"进行管控,或者说"不"处于"好"的辖域内。

11.5 "好不"的词汇化

糅合句式最初蕴含了两个源句式句法、语义、语用等方面的特点,由感叹句式"好A"与反诘句式"岂不A"糅合而成的肯定义句式"好不A"最初既有感叹语气,又有反诘语气。但是在历时演变过程中,糅合句式"好不A"逐渐规约化,丧失了反诘语气,而仅有感叹语气。如例(58)"好不利害"、例(59)"好不寒冷"均为明代用例,从现代汉语视角来看,分别相当于"好利害""好寒冷",具有感叹语气;至于其反诘语气,从历时视角来看,因其均为肯定义句式"好不A"早期用例,可以认为仍然或多或少保留着,不过认为已弱化乃至丧失了也未尝不可。

(58)悟净看见了八戒道:"他不知是那里来的个泼物,与我整斗了这两日,何曾言着一个取经的字儿?"又看见行者,道:"这个主子,是他的帮手,<u>好不利害</u>!我不去了。"(《西游记》第二十二回)

(59)伯爵道:"你不知,外边飘雪花儿哩,<u>好不寒冷</u>!昨日家去晚了,鸡也叫了。你还使出大官儿来拉俺每,就走不的了。我见天阴上来,还讨了个灯笼,和他大舅一路家去了。今日白扒不起来,不是来安儿去叫,我还睡哩。哥,你好汉,还起的早。若着我,成不的。"(《金瓶梅词话》第六十七回)

糅合句式"好不A"有感叹标记"好",但是没有任何反诘标记,其反诘语气最易弱化乃至丧失。糅合句式"好不A"大概在明末清初已规约化了,其保留了感叹语气而丧失了反诘语气,成为纯粹的肯定义感叹句式。如下例中的"好不A",完全可以理解成相当于"好A"的肯定义感叹句式。

(60)知观道:"你家儿子刁钻异常,他日渐渐长大,<u>好不利害</u>!我和你往来不便,这件事弄不成了。"(《初刻拍案惊奇》卷十七)

(61)此时士人带着酒兴,一跃而过,只见里面是一所

大花园子,好不空阔!(《二刻拍案惊奇》卷三十四)

(62)骆校尉因说:"有富平的典史,被按院赶逐,没了官,他又钻到京里,改名换姓,又干那飞天过海的营生,被厂卫里缉了事件,如今奉了严旨,行五城兵马、宛大二县合锦衣卫缉事衙门:凡有罢闲官吏,不许潜住京师。定了律文,有犯的定发边远充军。如今正在例头子上,好不严紧哩!"(《醒世姻缘传》第一百回)

"好不A"之所以发生规约化,主要是因为反诘句式与感叹句式具有相通性,可以向感叹句式转化。反诘句式具有言者与听者的交互主观性,其主观性比感叹句式更强。正是因为这种更强的主观性的制约,反诘句式往往蕴含感叹语气,因而在书面上反诘句式的末尾可以使用感叹号。例如现代汉语中的用例:

(63)鸿渐直嚷道:"岂有此理!我又不是范懿认识的那些作家、文人,为什么恋爱的时候要记日记?你不信,到我卧室里去搜。"(钱钟书《围城》)

下例中的"岂有此理了"受程度副词"太"修饰、限制,可以认为已转化为纯粹的感叹句式。

(64)他不放我走,说:"你这小青年太岂有此理了!你是我妹妹的学生,第一次到我家里来,又赶上了吃饭的时候,不留下吃这顿饭,怎么讲也都是我的不是了!"(梁晓声《京华闻见录》)

第十一章 "好不A"的来源及"好不"的词汇化

其实"太岂有此理了"[①]早在清代就已有用例。例如：

(65) 凤姐道："姑娘，不是这个话。倒不讲事情，这名分上<u>太岂有此理了</u>！"(《红楼梦》第九十回)

江蓝生(2010)认为："反问句转换为感叹句的原因是：反问句发问为虚，加强语气是实。"这一看法是有道理的。反诘句式的语义是确定的，而且其语气强烈，这些特点决定了其与陈述句式或感叹句式具有相通性。换言之，反诘句式确定的语义与强烈的主观性决定了其与感叹句式具有相通性，可以向感叹句式转化。因而感叹句式"好A"与反诘句式"岂不A"发生糅合后，前者的感叹语气与后者的感叹语气便形成了一股强大的合力，抑制了反诘语气，从而引发"好不A"规约化：其感叹语气得到强化，而其反诘语气弱化乃至丧失。

使用频率的升高也是"好不A"发生规约化的一个重要因素。袁宾(1984)通过调查发现，到了明末清初肯定义句式"好不A"逐渐增多，且在数量上超过否定义句式"好不A"。我们统计了明代中叶至清初若干小说中肯定义句式"好不A"与否定义句式"好不A"的使用频率，如表1所示。

[①] 程度副词"太"表示程度过头，或表示程度极高，用于形容词、动词或谓词性短语前，往往具有感叹语气(吕叔湘1999：526)。从形式上看，"太岂有此理了"很显然是由感叹句式或陈述句式"太没有此理了"与反诘句式"岂有此理"糅合而成的，早期用例应该兼有感叹语气与反诘语气。此类用例再次证明，感叹句式可以与反诘句式发生糅合，肯定义句式"好不A"应是由感叹句式"好A"与反诘句式"岂不A"糅合而成的。

表 1　明代中叶至清初若干小说中"好不 A"的使用情况①

句式"好不 A"	西游记	三宝太监西洋记	金瓶梅词话	三言	二拍	醒世姻缘传
肯定义	7	39	110	103	56	46
否定义	16	6	15	14	7	3
总数	23	45	125	117	63	49
肯定义百分比	30.4%	86.7%	88%	88.0%	88.9%	93.9%

由表 1 可以看出，到了明末清初，肯定义句式"好不 A"使用频率已明显上升。这与袁宾（1984）的观点一致。随着使用频率的上升，肯定义句式"好不 A"的感叹语气得到了凸显并固化，言者与听者已不再关注其原有的反诘语气，其反诘语气已逐渐丧失。可以认为，大概到了明末清初，"好不 A"已规约化，仅具有感叹语气。

"好不 A"的规约化正是"好不"词汇化的关键动因。在糅合句式"好不 A"中，"不"是修饰、限制 A 的，"好"虽然在句法上处于"不"前，但是其既不是修饰、限制"不"的，也不是修饰、限制"不 A"的，其与"不"一样也是修饰、限制 A 的。"好"与"不"在线性顺序上紧邻，"好不"是一个特殊的跨层结构。大概到了明末清初，由于"好不 A"已规约

---

① "三言"（即《喻世明言》《警世通言》《醒世恒言》）中肯定义句式"好不 A"分别有 13 例、12 例、78 例，否定义句式"好不 A"分别有 8 例、1 例、5 例；"二拍"（即《初刻拍案惊奇》《二刻拍案惊奇》）中肯定义句式"好不 A"分别有 21 例、35 例，否定义句式"好不 A"分别有 3 例、4 例。

化，仅具有感叹语气，出现了肯定的语义与否定的形式的不对称。为了保持肯定的语义与否定的形式的和谐，这种肯定的句式义便抑制并消解了"不"的否定义，"不"便成为一个羡余的否定成分。又由于特殊的跨层结构"好不"是一个标准的韵律词，在韵律规则的作用下"好不A"发生了重新分析，可分析为：(好+不)+A。"好"与语义漂白的"不"的分界消失，发生了融合。在较高的使用频率的推动下，"好不"大概在明末清初词汇化了，相当于程度副词"好"，其中的"不"已由一个否定副词降级为一个羡余的否定语素。

11.6 小结

肯定义句式"好不A"大概出现于元明时期。根据句式糅合的三个基本原则、句式中感叹标记与反诘标记的同现以及同义句式"好A""岂不A"与"好不A"的同现，可以断定肯定义句式"好不A"的生成机制是糅合，其由感叹句式"好A"与反诘句式"岂不A"糅合而成，最初兼有感叹语气与反诘语气。如果言者大脑中先浮现感叹句式"好A"，后浮现、叠加反诘句式"岂不A"，那么肯定义句式"好不A"的生成动因是凸显言者与听者的交互主观性；反之，肯定义句式"好不A"的生成动因则是凸显言者对A的程度之深的主观性。

感叹句式"好A"与反诘句式"岂不A"发生糅合后，前者的感叹语气与后者的感叹语气便形成了一股强大的合力，抑制了反诘语气,从而引发"好不A"规约化。使用频率的升高也是"好不A"发生规约化的一个重要因素。大约到了明末清初,肯定义句式"好不A"规约化了,仅具有感叹语气。由于肯定的句式义的制约、韵律规则的作用及较高的使用频率的推动,"好不A"发生了重新分析,特殊的跨层结构"好不"词汇化了,相当于程度副词"好",其中的"不"成了一个羡余的否定语素。

第十二章 "莫 VPNeg"类疑问句式的类别与来源

12.1 引言

近代汉语中出现了一类特殊的疑问句式,其兼有测度问句式与正反问句式的特点:一方面句式中含有测度疑问副词"莫""莫是""莫不""莫不是"或"莫非"等,另一方面句式末尾又有否定词语"不""无"或"否"等。例如:

(1) 师云:"莫从天台采得来不?"对曰:"非五岳之所生。"(《祖堂集》卷七)

(2) 师曰:"升得者莫便是座上人也无?"对云:"也是左右。"(《祖堂集》卷八)

(3) 商人曰:"莫禅定否?"曰:"不禅定。"曰:"莫睡眠否?"曰:"不睡眠。"(《五灯会元》卷一)

(4) 问:"莫是本来全是天理否?"曰:"人生都是天理,人欲却是后来没巴鼻生底。"(《朱子语类》卷十三)

例(1)"莫从天台采得来不"中有测度疑问副词"莫",因而可以看作测度问句式;但是末尾又有否定词"不",因而又可看作正反问句式。例(2)—(4)亦然。为了行文方便,我们将这类特殊的疑问句式记作"莫 VPNeg"。

关于"莫VPNeg"类疑问句式末尾的Neg的性质，学界的看法不尽相同。学界一般认为，"莫VPNeg"类为是非问形式，句式末尾的Neg已语法化为疑问语气词，如伍华（1987）等。孙锡信（1999：55—59）则认为，"莫VPNeg"类是正反问形式的测度问句式，Neg是否定词，不过兼表疑问语气。叶建军（2010a：148—156）立足汉语史，探讨了"莫VPNeg"类疑问句式末尾Neg的虚化问题，认为此类句式末尾的"Neg均是否定词，并未虚化为语气词"，并认为"莫VPNeg"类疑问句式是测度问句式"莫VP"类与正反问句式"VPNeg"糅合而成的。不过因讨论的重点是Neg的虚化问题，叶建军（2010a）对"莫VPNeg"类疑问句式的来源问题尚未展开论述。我们拟先分析"莫VPNeg"类疑问句式的类别，然后探究"莫VPNeg"类疑问句式的生成机制与生成动因。

12.2 "莫VPNeg"类疑问句式的类别

根据测度疑问副词的不同，"莫VPNeg"类疑问句式可分为"莫VPNeg""莫是VPNeg""莫不VPNeg""莫不是VPNeg""莫非VPNeg"等次类。

12.2.1 "莫VPNeg"

"莫VPNeg"最早出现于晚唐五代时期。根据否定词语的不同，"莫VPNeg"可分为"莫VP不""莫VP否""莫VP无"

等小类。

12.2.1.1 "莫 VP 不"

"莫 VP 不"最早见于晚唐五代时期的禅宗语录《祖堂集》，如例（1）。再如：

（5）师曰："莫从须弥顶上采得来不？"对曰："月宫不曾逢。"（《祖堂集》卷七）

（6）师与保福游山次，保福问："古人道妙峰顶，莫只这个便是不？"师云："是即是，可惜许。"（《祖堂集》卷十）

（7）师因勘刘铁磨云："见说有刘铁磨，莫便是不？"尼云："什摩处得这个消息来？"（《祖堂集》卷十八）

在宋代以后的文献中几乎不见"莫 VP 不"。

12.2.1.2 "莫 VP 否"

"莫 VP 否"始见于晚唐五代时期，多见于唐宋时期的文献，尤其是禅宗语录，如例（3）。再如：

（8）净能问长官曰："夫人莫先疾病否？"张令曰："先无病疾，只到此间有亡。"（《敦煌变文校注·叶净能诗》）

（9）师云："汝莫欲作佛否？"云："某甲不解捏目。"（《景德传灯录》卷六）

（10）师曰："子莫曾到西天否？"曰："若到即有也。"（《五灯会元》卷五）

（11）丈云："子已后莫承嗣马大师去否？"师云："不然。

今日因师举,得见马祖大机大用,且不识马祖。若嗣马祖,已后丧我儿孙。"(《古尊宿语录》卷二)

"莫 VP 否"在元明清时期仍有用例。例如:

(12) 晃出至阵前,高叫:"莫有伯杨否?"须臾,燕阵伯杨出阵。(《全相平话五种·乐毅图齐七国春秋平话》卷下)

(13) 钦圣当下率领南陔朝见已毕,神宗问钦圣道:"小孩子莫惊怕否?"钦圣道:"蒙圣恩敕令暂鞠此儿,此儿聪慧非凡,虽居禁地,毫不改度,老成人不过如此。实乃陛下洪福齐天,国家有此等神童出世,臣妾不胜欣幸!"(《二刻拍案惊奇》卷五)

(14) 媪曰:"郎君外祖,莫姓吴否?"曰:"然。"(《聊斋志异》卷二)

12.2.1.3 "莫 VP 无"

"莫 VP 无"最早出现于晚唐五代时期,多见于唐宋时期的禅宗语录,如例(2)。再如:

(15) 项羽遂乃高喝:"帐前莫有当直使者无?"季布握刀:"奉霸王当直!"(《敦煌变文校注·汉将王陵变》)

(16) 僧云:"莫便是亲付嘱也无?"师云:"莫令大众笑。"(《祖堂集》卷十一)

(17) 曰:"莫孤负他先圣也无?"师曰:"阇黎见处又作么生?"(《五灯会元》卷七)

(18) 云:"莫只者个便是接学人也无?"师云:"老僧不解双陆,不解长行。"(《古尊宿语录》卷十四)

12.2.2 "莫是VPNeg"

根据否定词的不同,"莫是VPNeg"可分为"莫是VP不""莫是VP否""莫是VP无"等若干小类。这些小类有的在晚唐五代时期就已出现,有的到了宋代才开始出现。

12.2.2.1 "莫是VP不"

"莫是VP不"最早见于晚唐五代时期的禅宗语录《祖堂集》。例如:

(19) 和尚曰:"莫是得智阇梨信不?"岩云:"不敢。"(《祖堂集》卷四)

(20) 师曰:"莫是湖南去不?"对曰:"无。"师曰:"莫是归乡去不?"对曰:"也无。"(《祖堂集》卷五)

(21) 秀才云:"但问处尽言有,和尚与摩道,莫是错不?"师云:"秀才曾见什摩老宿?"(《祖堂集》卷十五)

下例中疑问句式"莫是此三昧以不"可以表示为"莫是NP不",其中"是"为判断动词,"莫是"为跨层结构,并不是测度疑问副词。因而此例应属于疑问句式"莫 VP 不"。①

(22) 亭育问:"和尚禅决中云:'还我本来面目。'莫是此三昧以不?"仰山云:"若是汝面目,更教我说。如石上栽花,亦如夜中树影。"(《祖堂集》卷十八)

宋代以后"莫是 VP 不"几乎不见用例。

12.2.2.2 "莫是 VP 否"

"莫是 VP 否"最早出现于北宋初,在两宋时期的禅宗语录中有用例。例如:

(23) 侍者问曰:"和尚适来莫是成他问否?"师曰:"无。"曰:"莫是不成他问否?"师曰:"无。"(《景德传灯录》卷十八)

(24) 座主参,师问:"莫是讲唯识论否?"曰:"不敢。"(《五灯会元》卷四)

(25) 其尊宿遂问师云:"莫是对他语否?"师云:"无。""莫是成他问否?"师云:"无。""莫是点他语否?"师云:"无。"(《古尊宿语录》卷四十六)

---

① 蒋礼鸿(1997:492)认为,在敦煌变文里疑问句式"VP 以不"等中的"以"相当于连词。连词后是不会出现一个疑问语气词的,因而根据连词"以"可以断定疑问句式"莫是此三昧以不"末尾的"不"为否定词,并未语法化为疑问语气词。如果"莫是此三昧以不"中的连词"以"省略,那么该句式末尾的"不"的性质也不会发生改变,其仍然是否定词。"莫是此三昧以不"属于"莫 VPNeg"类疑问句式,既然"莫是此三昧以不"末尾的"不"并未语法化,那么"莫 VPNeg"类疑问句式末尾的 Neg 也未语法化,仍然是否定词(叶建军,2010a:151)。

在宋儒语录《朱子语类》中"莫是 VP 否"用例颇多。例如：

(26) 问："'是可忍也'，范氏谓季氏'罪不容诛'，莫是有不容忍之意否？"曰："只大概如此说，不是有此意。"（《朱子语类》卷二十五）

(27) 叔蒙问："子贡通博明达，若非止于一能者，如何却以器目之？莫是亦有穷否？"曰："毕竟未全备。"（《朱子语类》卷二十八）

(28) 或问："书解谁者最好？莫是东坡书为上否？"曰："然。"（《朱子语类》卷七十八）

(29) 曰："莫是要唤醒否？"曰："然。"（《朱子语类》卷九十七）

"莫是 VP 否"中的 VP 还可以扩展成复句形式。例如：

(30) 问："莫是功夫间断，心便外驰否？"曰："只此心才向外，便走了。"（《朱子语类》卷十二）

(31) 问："'诸子之学，愈远而失真'，莫是言语上做工夫，不如曾子用心于内，所以差否？"曰："只为不曾识得圣人言语。若识得圣人言语，便晓得天下道理；晓得理，便能切己用工如曾子也。"（《朱子语类》卷二十一）

(32) 叔器问："颜子乐处，莫是乐天知命，而不以贫窭累其心否？"曰："也不干那乐天知命事，这四字也拈不上。"（《朱子语类》卷三十一）

(33) 问："'老者安之，朋友信之，少者怀之'。孔子只举此三者,莫是朋友则是其等辈,老者则是上一等人,少者则是下一等,此三者足以该尽天下之人否?"曰:"然。"(《朱子语类》卷二十九)

12.2.2.3 "莫是 VP 无"

"莫是 VP 无"到了宋代才出现,在近代汉语中用例罕见。例如:

(34)学云:"莫是入法界处用也无?"师云:"有什么交涉?"(《古尊宿语录》卷十三)

下面的疑问句式均可以表示为"莫是 NP 无",实际上属于疑问句式"莫 VP 无",其中"是"为判断动词。

(35)僧曰:"无功之功莫是那边人也无?"师曰:"已后有眼人笑阇梨与摩道。"(《祖堂集》卷六)

(36)径山云:"莫是长老家风也无?"师云:"峭峙万重山,此中含宝月。"(《祖堂集》卷十一)

(37)丰干到五台山下,见一老人,干云:"莫是文殊也无?"老人云:"不可有二文殊也。"(《古尊宿语录》卷十四)

12.2.3 "莫不 VPNeg"

"莫不 VPNeg"只有"莫不 VP 否"这一形式,最早出现于宋代,元明时期仍有用例。例如:

(38)宰执方相顾询问,章子厚遽云:"是惇进入,先帝

云已得两宫旨令撰，大意云：非斯人谁可当？<u>莫不指其大意否</u>？"卞云："且不知有此因依。"(《吕氏杂记》)

(39) 祭毕，夫曰："适看其盏有似家内样，<u>莫不偷我者将来否</u>？"妻亦疑之，往取，果失之矣。(《解醒语》)

(40) 白衣人道："<u>郎君莫不要知后来事否</u>？"李君再拜，恳请道："若得预知后来事，足可趋避，省得在黑暗中行，不胜至愿。"(《初刻拍案惊奇》卷四十)

12.2.4 "莫不是VPNeg"

"莫不是VPNeg"只有"莫不是VP否"这一形式，最早出现于北宋初，到了清代仍有用例。例如：

(41) 上堂谓众曰："……诸仁者还明心也未？<u>莫不是语言谭笑时，凝然杜默时，参寻知识时，道伴商略时，观山玩水时，耳目绝对时，是汝心否</u>？如上所解，尽为魔魅所摄，岂曰明心？……"(《景德传灯录》卷二十五)

(42) 行经一国已来，偶于一日午时，见一白衣秀才从正东而来，便揖和尚："万福，万福！和尚今往何处？<u>莫不是再往西天取经否</u>？"法师合掌曰："贫僧奉敕，为东土众生未有佛教，是取经也。"(《大唐三藏取经诗话》上)

(43) 问："<u>莫不是'避'字有病否</u>？"曰："然。少间处事不看道理当如何，便先有个依违闪避之心矣。"(《朱子语类》卷一百三十七)

(44) 云状元道："无故而亲，必有所谓。闻彼有女与宿瘤相匹，莫不是要吾兄作玉润之卫玠否？"水状元道："鸱枭安可与祥鸾为类哉？竟回了去罢，省得又费一番唇舌。"（《凤凰池》第十三回）

（45）任忠大惊道："公公莫不是认错否？珍珠乃坚硬之物，怎能煮得熟烂？"内监道："咱亦曾奏过，主上云他前在山东周元家吃过此物，教先生立刻煮来。"（《白牡丹》第四十六回）

"莫不是VP否"中VP也可以扩展成复句形式。例如：

（46）廷之心疑道："我原先出门之时，分付合同写一书，今西阁并无一字，甚是可虑，莫不是东阁妒忌，不容西阁写书思念我否？"随即写一封回书，书中仍要东阁宽容、西阁奉承之勤的意思。（《西湖二集》卷十一）

下面二例均可表示为"莫不是NP否"，其中"是"为判断动词，"莫不是NP否"实际上属于疑问句式"莫不VP否"。

（47）（正末云）你莫不是子夏否？（卜商云）然也。（无名氏《庞涓夜走马陵道》第三折，《全元曲》）

（48）袁治中将唐玉潜置诸宾馆，也不知他就是埋陵骨之人。一日问道："吾渡江闻有唐义士埋宋诸陵骨，先生莫不是其宗族否？"左右指唐玉潜道："即此是也。"（《西湖二集》卷二十六）

12.2.5 "莫非VPNeg"

"莫非VPNeg"只有"莫非VP否"这一形式，最早可能出现于元末明初，明清小说中有较多用例。例如：

（49）酒至数巡，瑜曰："豫州移兵在此，<u>莫非有取南郡之意否</u>？"玄德曰："闻都督欲取南郡，故来相助。若都督不取，备必取之。"（《三国演义》第五十一回）

（50）英曰："大王见主上衰弱，时势已去，<u>莫非要图天下否</u>？"温半晌不答。（《五代秘史》第三十四回）

（51）老者道："要招牌何用？<u>莫非有别样高术否</u>？"小道人道："也要在此教教下棋，与对门棋师赛一赛。"（《二刻拍案惊奇》卷二）

（52）李靖见说："这又奇了，怎么要弟猜起来？"低头一想便道："弟日间到府拜公之时，承他屈尊优待，殷勤款洽，<u>莫非要弟为其入幕之宾否</u>？"张氏道："敝府虽簿书繁冗，然幕僚共有一二十人，皆是多材多艺之士，身任其责。不要说敝主不敢有屈高才，设有此意，先生断不肯在杨府作幕，请再猜之。"（《隋唐演义》第十六回）

（53）瑚元道："你家主既到这里，如何不直进帐？却在一里之外相候，叫你前来通话，<u>莫非其中有诈否</u>？"海安道："吾国以信义待人，从不作贼盗之事，因为现有皇帝敕玺在身，故要大元帅前去迎接恩旨，并无别意。"（《海公大红袍传》第四十一回）

"莫非 VP 否"可以是判断形式"莫非是 NP 否"。例如：

（54）（兀术）大叫一声："<u>来者莫非就是陆登否</u>？"陆登道："然也！"（《说岳全传》第十五回）

(55) 因春燕屡称太师，问："莫非是文忠臣太师否？"秋鸿答道："正是。"(《野叟曝言》第一百一十七回)

(56) 那群盗内，有一穿白少年，向前问道："尔莫非是苏州人否？"谢宾又道："我即是苏州举人谢嘉。细听口音，想汝亦是彼处人氏。"(《珍珠舶》第十二回)

"莫非是 NP 否"中的判断动词"是"可以省略，即"莫非 NP 否"。这种句式最早见于宋金时期（叶建军，2007），后来多见于文言性较强的文献中。例如：

(57) 夫人曰："莺已许张珙。"恒曰："莫非新进张学士否？"(《董解元西厢记》卷七)

(58) 云长见一老将出马，知是黄忠，把五百校刀手一字摆开，横刀立马而问曰："来将莫非黄忠否？"忠曰："既知我名，焉敢犯我境！"(《三国演义》第五十三回)

(59) 庄主出迎，须发皆白，问曰："将军姓甚名谁？"关公施礼曰："吾乃刘玄德之弟关某也。"老人曰："莫非斩颜良、文丑的关公否？"公曰："便是。"(《三国演义》第二十七回)

(60) 孔明方欲通姓名，早有一人，竹冠草履，白袍皂绦，碧眼黄发，忻然出曰："来者莫非汉丞相否？"孔明笑曰："高士何以知之？"隐者曰："久闻丞相大纛南征，安得不知！"(《三国演义》第八十九回)

(61) 王彦章正欲迎战，彦龙一马当先，问曰："来者莫非晋王否？"晋王曰："然！"(《五代秘史》第三十七回)

测度疑问副词"莫非"的句法功能主要是修饰 VP，其可以"直接置于 NP 前，省略系词'是'，这是因为'莫非'中的'非'的否定义虽已丧失，但判断句这样的语境却激活了'非'的最初直接置于 NP 前的判断功能。这是古用法的残存"（叶建军，2007）。

12.3 "莫 VPNeg"类疑问句式的生成机制

"莫 VPNeg"类疑问句式是近代汉语中新出现的特殊疑问句式，我们认为，其生成机制是糅合，其是由测度问句式"莫VP"类与正反问句式"VPNeg"糅合而成的。如例（4）"莫是本来全是天理否"，是由测度问句式"莫是本来全是天理"与正反问句式"本来全是天理否"糅合而成的。"莫 VPNeg"类疑问句式的生成过程可以表示为：

"莫 VP"类 + "VPNeg" → "莫 VPNeg"类

句式糅合必须遵循三个基本原则，即语义相近原则、时代先后原则和成分蕴含原则或语义蕴含原则。测度问句式"莫VP"类与正反问句式"VPNeg"糅合生成"莫 VPNeg"类疑问句式，完全遵循句式糅合的三个基本原则。

首先，测度问句式"莫 VP"类与正反问句式"VPNeg"语义相近，二者均属于疑问句式范畴，均是表示发问者对 VP 有疑问。测度问句式"莫 VP"类可以替换成正反问句式"VPNeg"。例如：

(62) 有人问老婆:"赵州路什摩处去?"婆云:"蓦底去。"僧云:"莫是西边去摩?"婆云:"不是。"僧云:"莫是东边去摩?"婆云:"也不是。"(《祖堂集》卷十八)

针对"赵州路什摩处去"这一问题及其答语"蓦底去",僧人使用测度问句式"莫是西边去摩"发问,表示僧人对"西边去"这一命题有疑问,同时又体现了僧人的主观倾向性,即倾向于认为是"西边去"。如果僧人换用正反问句式"西边去不/否/无"发问,那么同样是表示僧人对"西边去"这一命题有疑问,并不影响对方做出否定的回答。也就是说,测度问句式"莫是西边去摩"与正反问句式"西边去不/否/无"语义相近。不过与测度问句式不同的是,正反问句式"西边去不/否/无"未体现僧人的主观倾向性,即既没有肯定"西边去"的主观倾向性,也没有否定"西边去"的主观倾向性。同理,测度问句式"莫是东边去摩"也可替换成正反问句式"东边去不/否/无",二者所要表达的语义是相近的,均是表示发问者对"东边去"这一命题有疑问。所不同的是,前者有发问者的主观倾向性,即倾向于肯定"东边去",后者无发问者的主观倾向性。

正反问句式"VPNeg"也可替换成测度问句式"莫VP"类。例如:

(63) 师问雪峰:"汝去何处?"对曰:"入岭去。"师云:"汝从飞猿岭过不?"对曰:"过。"(《祖堂集》卷六)

洞山和尚使用正反问句式"汝从飞猿岭过不",表示其对"汝从飞猿岭过"这一命题有疑问。若将此正反问句式替换成测度问句式"汝莫从飞猿岭过",同样是表示洞山和尚对"汝从飞猿岭过"这一命题有疑问,并不影响雪峰和尚做出肯定的回答。只不过正反问句式"汝从飞猿岭过不"没有体现发问者的主观倾向性,而测度问句式"汝莫从飞猿岭过"则体现了发问者的主观倾向性,即倾向于肯定"汝从飞猿岭过"这一命题。

由此可见,测度问句式"莫VP"类与正反问句式"VPNeg"是语义相近的句式,均是针对VP提出疑问。因此测度问句式"莫VP"类与正反问句式"VPNeg"发生糅合,符合句式糅合的语义条件,即遵循句式糅合的语义相近原则。

其次,测度问句式"莫VP"类与正反问句式"VPNeg"均早于或不晚于相应的"莫VPNeg"类疑问句式出现,遵循句式糅合的时代先后原则。

正反问句式"VPNeg"包含"VP不""VP否""VP无"等,其中"VP不"早在上古汉语中就已出现。例如:

(64) 庚申卜,王贞:余伐不?(《殷墟文字》,转引自王海棻,2001:378)

"VP不"在汉语史上使用极为频繁,并沿用了下来。下面是汉代至唐宋时期"VP不"用例:

(65) 王召廉颇而问曰:"可救不?"对曰:"道远险狭,难救。"(《史记·廉颇蔺相如列传》)

(66) 客问元方:"尊君在不?"答曰:"待君久不至,已去。"(《世说新语·方正》)

(67) 师云:"法师如不?"对云:"如。"师云:"木石如

不?"对曰:"如。"师又云:"汝木石如不?"对曰:"无二如。"(《祖堂集》卷十四)

(68) 师云:"汝识某甲不?"对云:"分明个。"师竖起拂子云:"汝见拂子不?"对曰:"见。"(《祖堂集》卷十四)

(69) 因吃茶次问僧:"你是柴头不?"僧云:"是。"(《古尊宿语录》卷十八)

上古汉语中已有正反问句式"VP否",不过其后有疑问语气词"乎",即"VP否乎"。例如:

(70) 公孙丑问曰:"夫子加齐之卿相,得行道焉,虽由此霸王,不异矣。如此则动心否乎?"孟子曰:"否!我四十不动心。"(《孟子·公孙丑上》)

在汉语史上正反问句式"VP否"用例颇多。下面是汉代至唐宋时期"VP否"用例:

(71) 二世曰:"丞相可得见否?"乐曰:"不可。"(《史记·秦始皇本纪》)

(72) 齐主客郎李恕问梁使曰:"江南有露葵否?"答曰:"露葵是蓴,水乡所出。卿今食者绿葵菜耳。"(《颜氏家训·勉学》)

(73) 师云:"还可趣向否?"南泉云:"拟则乖。"(《祖堂集》卷十八)

(74) 曰:"识我手中物否?"师曰:"此是触器而负净者。"曰:"师还识我否?"师曰:"我即不识,识即非我。"(《景德传灯录》卷一)

(75) 问:"天有形质否?"曰:"无。只是气旋转得紧,如急风然,至上面极高处转得愈紧。若转才慢,则地便脱坠矣!"问:"星辰有形质否?"曰:"无。只是气之精英凝聚者。"或云:"如灯花否?"曰:"然。"(《朱子语类》卷二)

正反问句式"VP 无"大概在南北朝时期就已出现,在唐宋时期仍见使用。① 例如:

(76) 问估客曰:"世间可畏,有过我者无?"贤者对曰:"更有可畏,剧汝数倍。"(《贤愚经》卷一)

(77) 晚来天欲雪,能饮一杯无?(白居易《问刘十九》,《全唐诗》卷四四〇)

(78) 僧云:"还许学人承当也无?"逍遥云:"你若承当,衔铁负鞍。"(《祖堂集》卷十六)

(79) 师曰:"还可趣向也无?"泉曰:"拟向即乖。"(《五灯会元》卷四)

(80) 进云:"还称向上事也无?"师云:"不。"(《古尊宿语录》卷三十五)

正反问句式"VP 不""VP 否"早在上古汉语中就已出现,正反问句式"VP 无"大概在南北朝时期也已出现,也就是说,早在上古或中古汉语中正反问句式"VPNeg"就已出现。

---

① 从唐代开始正反问句式"VP 无"中 VP 不再仅仅是"有"字结构,也可是其他动词性结构(孙锡信,1999:53;蒋绍愚,2005:262)。也就是说,"无"在语义上逐渐泛化了,有时相当于否定词"不"或"否"。如例 (20)、(23)、(25) 中的答语"无",就相当于否定词"不"或"否"。

"莫"系测度问句式出现较晚。江蓝生（1987）认为，测度疑问副词"莫""最早见于唐代的文献"。不过刘坚等（1992：261）则认为，"表示测度疑问的副词'莫'早在先秦文献中就已经出现"。虽然学界的看法不一致，但是有一点是肯定的，即测度疑问副词"莫"最迟在唐代就已出现。"至迟在晚唐五代时期测度疑问副词'莫是'已经出现"，测度疑问副词"莫不"的出现也不晚于晚唐五代；"至迟在北宋初测度疑问副词'莫不是'已产生"；疑问副词"莫非"出现稍晚，不过其"产生时代至迟在宋元之际"（叶建军，2010a：159—164）。也就是说，测度问句式"莫 VP""莫是 VP""莫不 VP"最迟在晚唐五代时期就已出现，"莫不是 VP"最迟在北宋初已出现，"莫非 VP"最迟在宋元之际也已出现。

如前所述，疑问句式"莫／莫是／莫不 VPNeg"最早见于晚唐五代时期或宋代，而源句式"VPNeg"在上古或中古汉语中就已出现，"莫／莫是／莫不 VP"最迟在晚唐五代时期也已出现，也就是说，源句式"莫／莫是／莫不 VP""VPNeg"均早于或不晚于"莫／莫是／莫不 VPNeg"出现。所以"莫／莫是／莫不 VP"与"VPNeg"糅合生成"莫／莫是／莫不 VPNeg"遵循句式糅合的时代先后原则。如前所述，疑问句式"莫不是 VPNeg"最早出现于北宋初，而"VPNeg"在上古或中古汉语中就已出现，"莫不是 VP"最迟在北宋初也已出现，也就是说，两个源句式均早于或不晚于"莫不是 VPNeg"出现。所以"莫不是 VP"与"VPNeg"糅合生成"莫不是 VPNeg"也遵循句式糅合的时代先后原则。如前所述,疑问句式"莫非VPNeg"到了元末明初才出现,而"VPNeg"在上古或中古汉语中就已出现,"莫非VP"最迟在宋元之际也已出现,也就是说,两个源句式的出现时代均早于"莫非VPNeg"。所以,"莫非VP"与"VPNeg"糅合生成"莫非VPNeg"同样遵循句式糅合的时代先后原则。总之,测度问句式"莫VP"类与正反问句式"VPNeg"糅合生成"莫VPNeg"类疑问句式,遵循句式糅合的时代先后原则。

最后,测度问句式"莫VP"类与正反问句式"VPNeg"糅合生成"莫VPNeg"类疑问句式,遵循句式糅合的成分蕴含原则或语义蕴含原则。"莫VPNeg"类疑问句式在句法及语义上既蕴含了测度问句式"莫VP"类,又蕴含了正反问句式"VPNeg"。如例(1)"莫从天台采得来不",既蕴含了测度问句式"莫从天台采得来"的所有成分及语义,又蕴含了正反问句式"从天台采得来不"的所有成分及语义,遵循句式糅合的成分蕴含原则或语义蕴含原则。再如例(2)"升得者莫便是座上人也无",在句法及语义上既蕴含了测度问句式"升得者莫便是座上人",又蕴含了正反问句式"升得者便是座上人也无",遵循句式糅合的成分蕴含原则或语义蕴含原则。

综上所述,我们认为,从句式糅合的三个基本原则来看,"莫VPNeg"类疑问句式的生成机制是糅合,其是由测度问句式"莫VP"类与正反问句式"VPNeg"糅合而成的。

12.4 "莫 VPNeg"类疑问句式的生成动因

在糅合句式 C 生成之前,言者大脑中会瞬间浮现两个源句式 A 与 B,并发生叠加。源句式 A、B 在言者大脑中似乎是同时浮现、叠加的,其实源句式 A、B 的语用功能往往有所不同,因而出于不同的语用目的,二者浮现、叠加的顺序可以是两种相反的情形:其一,出于某种语用目的,在言者大脑中先浮现源句式 A,后浮现、叠加源句式 B;其二,出于另一种语用目的,在言者大脑中先浮现源句式 B,后浮现、叠加源句式 A。换言之,如果两个源句式 A、B 在言者大脑中浮现、叠加的先后顺序不同,那么糅合句式 C 的生成动因也往往不同。"莫 VPNeg"类疑问句式是由测度问句式"莫 VP"类与正反问句式"VPNeg"糅合而成的,源句式"莫 VP"类与"VPNeg"具有不同的语用功能,二者浮现、叠加的顺序可以不同,因而"莫 VPNeg"类疑问句式的生成动因也不同。

12.4.1 动因之一:体现发问者的主观倾向性

如果发问者大脑中先浮现正反问句式"VPNeg",后浮现、叠加测度问句式"莫 VP"类,那么"莫 VPNeg"类疑问句式的生成动因是体现发问者的主观倾向性,或者说是弱化疑问程度。

正反问句式"VPNeg"表示发问者提出正反两项,要求对方从中选择一项回答,因而可看作一种特殊的选择问句式。一般情况下,发问者对提出的正反两个方面均没有倾向性,即既没有肯定 VP 的倾向,也没有否定 VP 的倾向,所以正反问句式"VPNeg"的疑问程度可以表示为 100%。如下例中的正反问句式"还有不病者也无"与"不病者还看和尚不",疑问程度均为100%。

(81) 问:"四大违和,<u>还有不病者也无</u>?"师曰:"有。"僧曰:"<u>不病者还看和尚不</u>?"师曰:"某甲看他则有分,他谁彩某甲?"(《祖堂集》卷六)

测度问句式"莫 VP"类表示发问者对 VP 有疑问,但是又倾向于肯定 VP,即半信半疑,所以测度问句式"莫 VP"类的疑问程度可以表示为 50%。如下例中的"莫是海上座摩",便是一个疑问程度为 50% 的测度问句式。

(82) 寺主问:"什摩人住?"对曰:"恰似和尚,行却时在当寺看经。"寺主曰:"<u>莫是海上座摩</u>?"对曰:"是也。"(《祖堂集》卷十四)

下例中"和尚莫是解射不"是个糅合句式,其是由测度问句式"和尚莫是解射"与正反问句式"和尚解射不"糅合而成的。

(83) 马师云:"汝解射不?"对云:"解射。"马师云:"一箭射几个?"对曰:"一箭射一个。"马师云:"汝浑不解射。"进曰:"<u>和尚莫是解射不</u>?"马师云:"我解射。"(《祖堂集》卷十四)

马大师提出的问题"汝解射不"是正反问句式,发问者对命题"汝解射"没有任何主观倾向性,即既没有肯定"汝解射"

的主观倾向性,也没有否定"汝解射"的主观倾向性,因而"汝解射不"的疑问程度为100%。在言语交际时,为了保证交际活动顺利进行下去,交际双方往往遵循礼貌原则,顺应对方,尽量在各个方面与对方保持一致,比如尽量使用与对方一致的语气或口气,尽量肯定对方的话语,如果要表达相同的意思,总是尽量使用与对方一致的词语、句式等。当甲方用正反问句式询问乙方时,乙方如果要向甲方询问同样的问题,往往也会采用正反问句式,以顺应对方。上例中石巩和尚提出的问题"和尚莫是解射不"是由测度问句式"和尚莫是解射"与正反问句式"和尚解射不"这两个源句式糅合而成的,根据礼貌原则或顺应原则,我们倾向于认为,发问者大脑中先浮现正反问句式"和尚解射不",后浮现、叠加测度问句式"和尚莫是解射"。上文马大师提出的问题"汝解射不"是个正反问句式,为了遵循礼貌原则,顺应对方,石巩和尚应该会像马大师一样,在大脑中先浮现疑问程度是100%的正反问句式"和尚解射不"。但是石巩和尚听到马大师带有强烈的主观性的否定论断"汝浑不解射"后,对"和尚解射"这一命题也有了自己的看法,认为"和尚解射"是有可能性的,于是在大脑中又浮现、叠加了疑问程度是50%的测度问句式"和尚莫是解射",以表达自己的主观倾向性,或者说降低疑问程度。换言之,发问者大脑中先浮现正反问句式"和尚解射不",但是为了体现发问者的主观倾向性,或者说弱化正反问句式的疑问程度,后又浮现、叠加测度问句式"和尚莫是解射",于是在外在的语言形式上通过删略重叠成分糅合生成了"和尚莫是解射不"。"和尚莫是解射不"的疑问程度介于全疑（100%）与半疑（50%）之间，可以表示为75%。

下面的疑问句式"莫要点眼不"是由测度问句式"莫要点眼"与正反问句式"要点眼不"糅合而成的，两个源句式的浮现、叠加的顺序可以不同。若是发问者大脑中先浮现正反问句式"要点眼不"，后浮现、叠加测度问句式"莫要点眼"，那么糅合句式"莫要点眼不"的生成动因也是体现发问者的主观倾向性，或者说是弱化正反问句式的疑问程度。

（84）石头云："大庾岭头一铺功德，还成就也无？"对曰："诸事已备，只欠点眼在。"石头曰："<u>莫要点眼不</u>？"对曰："便请点眼。"（《祖堂集》卷五）

12.4.2 动因之二：弱化发问者的主观倾向性

如果发问者大脑中先浮现测度问句式"莫VP"类，后浮现、叠加正反问句式"VPNeg"，那么"莫VPNeg"类疑问句式的生成动因则是弱化发问者的主观倾向性，或者说是强化疑问程度。

如例（83）"和尚莫是解射不"，是由测度问句式"和尚莫是解射"与正反问句式"和尚解射不"糅合而成的，虽然我们倾向于认为发问者大脑中先浮现正反问句式"和尚解射不"，后浮现、叠加测度问句式"和尚莫是解射"，但是两个源句式浮现、叠加的顺序也可以相反。这其实也遵循礼貌原则或顺应原则。当石巩和尚听到马大师带有鲜明的主观性的否定论断"汝浑不解射"后,对"和尚解射"这一命题有了自己的看法,倾向于肯定"和尚解射"这一命题,于是先在大脑中浮现疑问程度是 50% 的测度问句式"和尚莫是解射"。但是发问者考虑到马大师前面提出的问题"汝解射不"是正反问句式,为了顺应对方,尽量使用相同的句式,大脑中又浮现、叠加了疑问程度是 100% 的正反问句式"和尚解射不",以弱化发问者的主观倾向性,或者说强化测度问句式的疑问程度。换言之,发问者大脑中先浮现测度问句式"和尚莫是解射",但是为了弱化发问者的主观倾向性,或者说强化测度问句式的疑问程度,后又浮现、叠加正反问句式"和尚解射不",于是在外在的语言形式上通过删略重叠成分糅合生成了"和尚莫是解射不"。"和尚莫是解射不"的疑问程度介于半疑(50%)与全疑(100%)之间,可以表示为 75%。

下例中的"莫不得不"也是糅合句式,其是由测度问句式"莫不得"与正反问句式"不得不"糅合而成的。①

(85)大夫问南泉:"弟子家中有一片石,或坐或踏。如今镌作佛像,还坐得不?"南泉云:"得得。"陆亘云:"<u>莫不得不</u>?"泉云:"不得不得。"(《祖堂集》卷十八)

---

① 联系上下文可知,"莫不得不"中的第一个"不"是否定副词,是修饰限制"得"的。因而"莫不得不"属于"莫 VP 不"疑问句式。"莫不得不"这类疑问句式末尾的否定词并未虚化,这类句式也是糅合句式(叶建军,2010a:153—155)。

陆亘大夫一开始使用疑问程度是100%的正反问句式"还坐得不"询问南泉和尚，南泉和尚给出了肯定的答案"得得"。但是陆亘大夫对此却持怀疑态度，并不完全认同对方的看法，主观上认为"不得"也是有可能的。为了表达这种猜测，体现自己的主观倾向性，陆亘大夫首先想到的是选择疑问程度为50%的测度问句式"莫不得"，或者说陆亘大夫应该是在大脑中先浮现疑问程度为50%的测度问句式"莫不得"。测度问句式"莫不得"体现了发问者陆亘大夫的主观倾向性，可是陆亘大夫又想尽量遵循礼貌原则，弱化自己的主观倾向性，或者说强化疑问程度，因而在大脑中又浮现、叠加了疑问程度是100%的正反问句式"不得不"，于是在外在的语言形式上测度问句式"莫不得"与正反问句式"不得不"糅合生成了疑问程度为75%的疑问句式"莫不得不"。

例（84）中疑问句式"莫要点眼不"是由测度问句式"莫要点眼"与正反问句式"要点眼不"糅合而成的，也可以认为是发问者大脑中先浮现测度问句式"莫要点眼"，后浮现、叠加正反问句式"要点眼不"。若作如是观，那么糅合句式"莫要点眼不"的生成动因也是弱化发问者的主观倾向性，或者说是强化疑问程度。

12.5　小结

"莫 VPNeg"类疑问句式是近代汉语中出现的一类特殊疑

问句式,具有一定的普遍性。根据测度疑问副词的不同,"莫VPNeg"类疑问句式可分为"莫VPNeg""莫是VPNeg""莫不VPNeg""莫不是VPNeg""莫非VPNeg"等次类。根据句式末尾否定词语的不同,这些类别一般又可分为若干小类。

从句式糅合的语义相近原则、时代先后原则和成分蕴含原则或语义蕴含原则来看,"莫VPNeg"类疑问句式的生成机制是糅合,其是由测度问句式"莫VP"类与正反问句式"VPNeg"糅合而成的。两个源句式即测度问句式"莫VP"类与正反问句式"VPNeg"浮现、叠加的顺序不同,"莫VPNeg"类疑问句式的生成动因也不同:如果发问者大脑中先浮现正反问句式"VPNeg",后浮现、叠加测度问句式"莫VP"类,那么"莫VPNeg"类疑问句式的生成动因是体现发问者的主观倾向性,或者说是弱化疑问程度;反之,"莫VPNeg"类疑问句式的生成动因则是弱化发问者的主观倾向性,或者说是强化疑问程度。

"莫VPNeg"类疑问句式在现代汉语中未见用例,其"先天不足是表意不清晰,到底是全疑而问,还是半疑而问,倾向性不明显;而且'莫VPNeg'表达也不经济,不如'莫VP'简练。所以这种测度问句式最终淘汰消失了"(叶建军,2010a:153)。但是"莫VPNeg"类疑问句式在唐五代至明清时期的近代汉语中却大行其道,类别丰富,数量较多,历史较长,具有一定的普遍性,所以我们有必要关注其来源问题。而要探究"莫VPNeg"类疑问句式的来源,很显然是需要历史的发展的眼光的，不能脱离汉语的历史仅从现代汉语的视角来观察、探讨，不能以今律古。句式糅合说具有极强的解释力，假如联系汉语的历史，运用句式糅合说，可以对该类句式的来源问题做出科学、合理的解释。事实上，如果从句式糅合的视角来观察，那么汉语中很多类似的奇特句式的来源问题都可以得到科学、合理的解释。

第十三章 "NP₁是NP₂是也"类判断句式的生成机制与动因及相关问题

13.1 引言

近代汉语中有一类特殊的判断句式,即在表意自足的判断句式"NP₁是NP₂"末尾出现了羡余的判断动词"是"等,包括"NP₁是NP₂是也""NP₁是NP₂便是""NP₁是NP₂的便是"等。为了叙述方便,我们将这类特殊的判断句式记作"NP₁是NP₂是也"。"NP₁是NP₂是也"类判断句式主要出现于元明时期汉语中,主要为文献中人物的语言,一般用于言者自我介绍,当然也可用于言者向听者介绍他人。"NP₁是NP₂是也"类也可以是作者的叙述语言,用于作者向读者介绍文献中某个人物。

"NP₁是NP₂是也"与"NP₁是NP₂"的不同之处是,末尾出现了羡余的判断动词"是"与起加强判断语气作用的语气词"也"。

早在西晋时期的汉译佛经中就出现了句式末尾无语气词"也"的"NP₁是NP₂是"。例如:

(1) 欲知尔时净复净王发道意者,岂是异人?莫造此观。所以者何?<u>则是今现莲华首菩萨是</u>。(西晋·竺法护译

《正法华经》卷十）

"NP₁是NP₂是也"应该是由"NP₁是NP₂是"演变而来的，大概到了元代才开始出现，一直沿用至清代。① 例如：

(2)（净扮嬷嬷上，云）老身是这王同知的嬷嬷是也。夜深了，老夫人不见小姐，着我寻去，敢在太守家花园里。（张寿卿《谢金莲诗酒红梨花》第二折，《全元曲》）

(3) 建唐问："汝是谁？"道昭答曰："吾是梁王殿前大将傅道昭是也。"（《五代秘史》第三十九回）

(4) 天师道："你是何神？"天神道："小神是雷坛掌教温元帅是也。承天师呼唤，有何使令？"（《三宝太监西洋记》第七十五回）

(5) 白练祖在屋中正与吴恩议论军旅之事，忽听外面有人叫骂，自己忙拉宝剑，带上五云筒，抢到院内，说："顾焕章，你不知山人的厉害。我实告诉你吧，我是大竹子山仁和教主化地无形白练祖是也。……"（《康熙侠义传》第一百二十八回）

"NP₁是NP₂便是"与"NP₁是NP₂"的不同之处是，句式末尾不仅出现了羡余的判断动词"是"，而且"是"前还有起加强肯定语气作用的副词"便"。"NP₁是NP₂便是"最早可能出现于南宋时期，不过基本上是对事物的判断。例如：

---

① "NP₁是NP₂是也"脱胎于"NP₁是NP₂是"，二者并无实质性的区别，如果不考虑句式末尾的语气词，认为"NP₁是NP₂是也"早在西晋时期就已出现，也未尝不可。即便如此，也不影响下文关于"NP₁是NP₂是也"的来源的论述。

(6) 曰:"然则'静中有物',乃镜中之光明?"曰:"此却说得近似。但只是此类。所谓'静中有物'者,只是知觉便是。"(《朱子语类》卷九十六)

(7) 所谓道者,只是君之仁、臣之敬、父之慈、子之孝便是。(《朱子语类》卷一百一十六)

"NP$_1$是NP$_2$便是"在元明时期用例颇多,清代仍有用例。例如:

(8)(正末扮院公上,云)老汉是这李员外的老院公便是。……(无名氏《神奴儿大闹开封府》第一折,《全元曲》)

(9) 那人道:"既是如此,相烦二位。我是高太尉府心腹人陆虞候便是。"(《水浒传》第八回)

(10) 宋江道:"兄长是谁?真个有些面熟。小人失忘了。"那汉道:"小弟便是晁保正庄上曾拜识尊颜,蒙恩救了性命的赤发鬼刘唐便是。"①(《水浒传》第二十回)

(11) 且讲那周青继续对众人说道:"我们薛大哥英雄无敌,与当初裴元庆差不多的气力。我是走江湖的教师周青便是。你们有什么本事,要我们烧饭?"(《薛仁贵征东》第九回)

"NP$_1$是NP$_2$的便是"与"NP$_1$是NP$_2$便是"的不同是,NP$_2$后添加了起加强肯定语气作用的语气助词"的"。"NP$_1$是

---

① 此例中第一个"是"前也出现了起加强肯定语气作用的副词"便"。

NP₂ 的便是"最初可能出现于元代,并一直沿用至清代。例如:

(12)(嬷嬷上,云)<u>老身是王员外家嬷嬷的便是</u>。俺员外着我将着这十两银子、这双鞋儿,直至李庆安家悔亲走一遭去。来到门首也,无人报复,我自过去。(关汉卿《钱大尹智勘绯衣梦》第一折,《全元曲》)

(13)(末白)<u>自家是蔡员外的邻家张大公的便是</u>。……(《元本琵琶记》第二十六出)

(14)那僧人叫道:"兀那青面汉子,你是甚么人?"杨志道:"<u>洒家是东京制使杨志的便是</u>。"(《水浒传》第十七回)

(15)番将道:"<u>俺是姜总兵二公子姜佭牙的便是</u>。甘罗十二为丞相,岂不是稚子乎?"(《三宝太监西洋记》第二十四回)

(16)铜头僧人说:"<u>我师兄是金封长老的便是</u>。"(《小八义》第九十一回)

袁宾(1992:220—222)、向熹(2010:766—767)等敏锐地注意到了"NP₁ 是 NP₂ 是也"类判断句式,认为其是混合句式,不过并未就其生成机制与生成动因等问题进行深入的探讨。江蓝生(2003)认为元明时期的"NP₁ 是 NP₂ 是也"类中的"NP₁ 是 NP₂(的)便是"是汉语与蒙古语等阿尔泰语的判断句式相融合而产生的叠加式。那么"NP₁ 是 NP₂ 是也"类判断句式到底是怎样形成的呢?其生成机制与生成动因是什么?其中的"NP₁ 是 NP₂(的)便是"是不是语言接触的产物呢?我们拟立足汉语史就这些问题进行探究。

13.2　"NP_1 是 NP_2 是也"类判断句式的生成机制

13.2.1　"NP_1 是 NP_2"与"NP_1，NP_2 是也"类

"NP_1 是 NP_2 是也"类判断句式的来源与判断句式"NP_1 是 NP_2""NP_1，NP_2 是也"类有关，因此有必要先考察一下"NP_1 是 NP_2"与"NP_1，NP_2 是也"类在汉语史上的使用情况。这里的"NP_1，NP_2 是也"类包括"NP_1，NP_2 是也""NP_1，NP_2 便是"与"NP_1，NP_2 的便是"等。

13.2.1.1　"NP_1 是 NP_2"

关于判断动词或系词"是"的产生时代，学界看法不一。王力（1980：351—352）认为，汉语真正的系词"是"大约产生于"西汉末年或东汉初叶"；杨伯峻、何乐士（2001：708）认为，"古汉语里的系词有'维（惟）、为、是'等。它们的运用有时代先后。在春秋以前多用'维（惟）'，春秋以后多用'为'，'是'处于萌芽状态。汉魏以后，'是'作系词的用法逐渐增多"。用判断动词"是"构成的判断句式"NP_1 是 NP_2"最迟应该在西汉就已出现，之后逐渐成为汉语的主要判断句式。例如：

(17) 襄子至桥，马惊，襄子曰："<u>此必是豫让也</u>。"（《史

记·刺客列传》)

(18) 夜梦见老父曰:"余是所嫁妇人之父也。尔用先人之治命,是以报汝。"(《论衡·死伪篇》,转引自王力,1980:352)

(19) 豫章太守顾邵是雍之子。(《世说新语·雅量》,转引自王力,1980:352)

(20) 季布答曰:"我是季布!"(《敦煌变文校注·汉将王陵变》)

(21) (程婴云)小人是个草泽医士程婴。(纪君祥《冤报冤赵氏孤儿》第三折,《全元曲》)

(22) 宋江在马上叫道:"俺是梁山泊义士宋江,特来谒见大官人,别无他意,休要堤备。"(《水浒传》第四十八回)

13.2.1.2 "NP_1,NP_2 是也"

判断句式"NP_1,NP_2 是也"早在先秦汉语中就已出现,不过句式中的"是"为"这样"义指示代词,句式义是"NP_1,NP_2 就是这样"。NP_1 一般为名词性"者"字结构,往往是属概念或上位概念,而 NP_2 往往是种概念或下位概念。例如:

(23) 臣闻七十里为政于天下者,汤是也。(《孟子·梁惠王下》)

(24) 天地始者,今日是也。百王之道,后王是也。(《荀子·不苟篇》)

判断动词"是"来源于指示代词"是"(王力,1980:

351），大概在西汉时期已出现。西汉以后"NP$_1$，NP$_2$是也"中NP$_1$、NP$_2$可以是同一或等同关系，伴随着判断动词"是"的高频使用，先秦沿用下来的判断句式"NP$_1$，NP$_2$是也"便可以被言者或听者重新解读，认为指示代词"是"的指代作用已弱化，而其肯定、联系作用已加强，"是"可以被重新解读为表示同一或等同关系的判断动词。这种重新解读实际上是"旧瓶装新酒"：一方面继承了已有的句式，既不改变句式义（判断义），又不改变句法关系（主谓谓语句式）；另一方面又兼顾了旧词的新义，在新旧之间找到了一个平衡点。这种"旧瓶装新酒"式的重新解读不仅体现了语言的经济性，而且体现了语言的新颖性，是极符合语言发展规律的，颇有生命力。在中古时期，这种重新解读可能还没有完全规约化。

判断句式"NP$_1$，NP$_2$是也"在西汉至南北朝时期的本土文献中均有用例，主语NP$_1$一般承前省略。例如：

(25) 钩弋夫人姓赵氏，河间人也。得幸武帝，生子一人，<u>昭帝是也</u>。(《史记·外戚世家》，转引自蒋绍愚，2012：569)

(26) 天帝布治房心，决政参伐，参伐则益州分野，三皇乘祇车出谷口，<u>今之斜谷是也</u>。(《三国志·蜀书·许麋孙简伊秦传》)

(27) 且夫俗所谓圣人者，皆治世之圣人，非得道之圣人。<u>得道之圣人，则黄老是也</u>。<u>治世之圣人，则周孔是也</u>。(《抱朴子·辨问》)

（28）于是使使者封子文为中都侯，次弟子绪为长水校尉，皆加印绶，为立庙堂，转号钟山为蒋山，今建康东北蒋山是也。（《搜神记》卷五）

判断句式"NP₁，NP₂是也"在东汉以后的汉译佛经中常见。例如：

（29）佛告诸比丘：尔时高行梵志，则吾身是也。五百弟子，今若曹是也。时谏师者，舍利弗是也。（后汉·昙果共康孟详译《中本起经》卷下）

（30）佛告鹙鹭子：尔时妇人者，吾身是也。时婿者，弥勒是也。独母者，鹙鹭子是也。邻凶夫者，调达是也。（吴·康僧会译《六度集经》卷六）

（31）尔时比图醯者，我身是也。尔时明相龙王者，善见辅相是也。尔时龙妇者，辅相妇是也。尔时王者，舍利弗是也。尔时夜叉者，目连是也。（元魏·吉迦夜共昙曜译《杂宝藏经》卷八）

江蓝生（2003）认为，中古时期汉译佛典中的判断句式"NP₁，NP₂是也""NP₁，NP₂是"是对梵文的强调式判断句式的直译。朱冠明（2013：21）则认为，"NP₁，NP₂是也"与"NP₁，NP₂是"有不同的来源，"前者即如蒋先生所论证的，是对西汉以后汉语自身兴起的'NP₁，NP₂+是也'判断句的直接继承；而后者则是如江蓝生先生所言，'很可能是译者受梵文影响而产生的句式'"。我们赞同蒋绍愚（2012：572、576）的观点："NP₁，NP₂是也"这种判断句式"在中土文献中出现的时代要比它们在汉译佛典中出现的时代要早得多","所以应该说,汉译佛典的'NP$_1$,NP$_2$+是也',是对比它早一两百年的汉语口语中就存在的这种'NP$_1$(主语),NP$_2$(表语)+是(后置系词)也'的仿用或直接继承";"NP$_1$,NP$_2$是"虽然在先秦至六朝的中土文献中没有用例,只出现于汉译佛典中,但是"从梵汉对勘来看,它和梵文原本无关","NP$_1$,NP$_2$是"这种判断句式只是"NP$_1$,NP$_2$是也""在汉译佛典中的变体,而不是由梵文的对译而形成的"。"NP$_1$,NP$_2$是"与"NP$_1$,NP$_2$是也"并无实质性区别,二者的不同仅在于句式末尾是否有起加强判断语气作用的语气词"也"。下例中二者同现,其来源理应是相同的,虽然"NP$_1$,NP$_2$是也"使用更为频繁。

(32) 佛告诸比丘:尔时耶若达梵志者,岂异人乎?莫作是观,所以然者。<u>尔时耶若达者,今白净王是。尔时八万四千梵志上坐者,今提婆达兜身是也。时超术梵志者,即我身是也。</u>是时梵志女卖华者,今瞿夷是也。<u>尔时祠主者,今执杖梵志是也。</u>尔时昙摩留支,口所造行,吐不善响,<u>今昙摩留支是也。</u>(东晋•瞿昙僧伽提婆译《增壹阿含经》卷十一)

我们认为,汉译佛经中的判断句式"NP$_1$,NP$_2$是也""NP$_1$,NP$_2$是"均是对中土文献中的判断句式"NP$_1$,NP$_2$是也"的仿用或继承,或者说"NP$_1$,NP$_2$是也""NP$_1$,NP$_2$是"是汉语自身产生的。当然我们也应该承认,语言接触这个外因加速了"NP$_1$,NP$_2$是也""NP$_1$,NP$_2$是"的使用。

第十三章 "NP₁是NP₂是也"类判断句式的生成机制与动因及相关问题

"NP₁，NP₂是也"在近代汉语中仍有较多用例。例如：

（33）舞二人，辫发，朝霞袈裟，行缠，碧麻鞋。<u>袈裟，今僧衣是也</u>。（《旧唐书·志·音乐二》）

（34）曰："<u>道信禅师，贫道是也</u>。"（《景德传灯录》卷四）

（35）姬昌得罪，贬在羑里城中。此城在荡州北七里，<u>今汤阴县是也</u>。（《全相平话五种·武王伐纣平话》卷中）

（36）（正旦扮秦弱兰上，云）<u>妾身秦弱兰是也</u>。门首有人相唤，我试看咱。（戴善甫《陶学士醉写风光好》第一折，《全元曲》）

（37）黄将军道："<u>俺南朝大明国朱皇帝驾下钦差征西游击大将军黄彪是也</u>。你是何人？敢来和我比手？"女总兵道："<u>俺西牛贺洲女人国国王驾下护国总兵官王莲英是也</u>。你还不晓得我老娘的手段，你敢在这里谇嘴么？"（《三宝太监西洋记》第四十七回）

从晚唐五代开始判断句式"NP₁，NP₂便是"在口语化程度较高的文献中已经大量出现（详见下文），由于副词"便"的制约，该句式中的"是"只能理解为判断动词。唐代以后的"NP₁，NP₂是也"中的"是"应理解为判断动词，如以上各例。再如下文例（38），"NP₁，NP₂是也"（即"其过去劫中波罗奈王，只今见在净梵王是也"）与"NP₁，NP₂便是"（即"已前过去劫中，你王弟转轮者师兄，只吾之身便是"等）连用，很显然，"NP₁，NP₂是也"中的"是"宜理解为判断动词。也就是说，最迟到了晚唐五代时期其中的"是"为判断动词的"NP_1，NP_2 是也"已出现。

13.2.1.3 "NP_1，NP_2 便是"

判断句式"NP_1，NP_2 便是"大概始见于晚唐五代时期汉语中。例如：

(38) 其过去劫中波罗奈王，只今见在净梵王是也。<u>已前过去劫中，你王弟转轮者师兄，只吾之身便是</u>。你弟之身，为慢易佛法，不敬三宝，<u>只你罗睺便是</u>。(《敦煌变文校注·悉达太子修道因缘》)

(39) 舜有亲阿娘在堂，<u>乐登夫人便是</u>。(《敦煌变文校注·舜子变》)

(40) 师云："虽则德山同根生，不与雪峰同枝死。汝欲识末后一句，<u>只这个便是</u>。"(《祖堂集》卷七)

元代以后，"NP_1，NP_2 便是"有较多用例。例如：

(41) (云) 五道将军爷爷，<u>自家李德昌便是</u>，做买卖回来。望爷爷保护咱。(孟汉卿《张孔目智勘魔合罗》第一折，《全元曲》)

(42) 那禅师道："来者何人？"碧峰道："<u>在下金碧峰便是</u>。"(《三宝太监西洋记》第五回)

(43) 一枝梅道："令师何人？"狄洪道道："<u>我师漱石生便是</u>。"(《七剑十三侠》第二十回)

"NP_1，NP_2 便是"与"NP_1，NP_2 是也"在语义上是一致的。

试分别比较以下两组中 a 与 b 用例：

(44) a.（儌儿上，云）自家神奴儿便是。下学家中吃饭去。奶奶，我来家了也。（无名氏《神奴儿大闹开封府》第一折，《全元曲》）

b.（儌儿扮魂子上，云）自家神奴儿是也。老院公领着我街上耍，我要一个傀儡儿耍，老院公替我买去了，我在州桥上等着他。……（无名氏《神奴儿大闹开封府》第二折，《全元曲》）

(45) a.（正末上，云）自家岳寿便是，望我大嫂和孩儿去，忘了我家住处，试问人咱。（岳伯川《吕洞宾度铁拐李岳》第四折，《全元曲》）

b.（正末上，云）自家岳寿是也。阎神呼唤，须索见咱。（岳伯川《吕洞宾度铁拐李岳》第二折，《全元曲》）

在同一种元杂剧中，同样的命题，a 使用"NP_1，NP_2 便是"，b 使用"NP_1，NP_2 是也"。"NP_1，NP_2 便是"要晚于"NP_1，NP_2 是也"出现，因而可以看作"NP_1，NP_2 是也"的变体，二者属于同义句式。

13.2.1.4 "NP_1，NP_2 的便是"

"NP_1，NP_2 的便是"最早可能出现于元代，在近代汉语中有较多用例。例如：

(46)（媒人上，云）自家官媒人的便是。有韩相公招擢新婿，今日结起彩楼，要招女婿。张千万福！（关汉卿

《山神庙裴度还带》第四折,《全元曲》)

(47) 那杨志拍着胸道:"洒家行不更名,坐不改姓,青面兽杨志的便是。"(《水浒传》第十七回)

(48) 鸣皋道:"晚生姓徐名鹤,字鸣皋。这位老师鹩寄生的便是。那位哥哥复姓慕容,单名贞,绰号唤做一枝梅。"(《七剑十三侠》第五十四回)

"NP_1,NP_2 的便是"中 NP_1 与 NP_2 一般是同一或等同关系,"的"为起加强肯定语气作用的语气助词。试比较:

(49) a.(张郎同旦儿上,云)欢喜未尽,烦恼到来。自家张郎的便是,这个是我浑家引张。……(武汉臣《散家财天赐老生儿》第一折,《全元曲》)

b.(张郎上,云)自家张郎便是。父亲的言语,着我收拾下钱钞,在这开元寺内散钱:大乞儿一贯,小乞儿五百文。……(武汉臣《散家财天赐老生儿》第二折,《全元曲》)

在同一种杂剧中,同样的命题,a 使用 "NP_1,NP_2 的便是" 表达,b 使用 "NP_1,NP_2 便是" 表达,a 中 "的" 很显然不是结构助词,而是语气助词。"NP_1,NP_2 的便是" 的始见时代晚于 "NP_1,NP_2 便是",可以看作 "NP_1,NP_2 便是" 的变体,二者属于同义句式。

"NP_1,NP_2 的便是" 与 "NP_1,NP_2 是也" 也是同义句式。在同一种杂剧中,同样的命题,既可用前者表达,也可用后者表达。例如:

(50) a.（净黄轸上，云）两颗首级实难得，赖了赏赐吃喜酒，自家黄轸的便是。……（无名氏《狄青复夺衣袄车》第四折，《全元曲》）

b.（净黄轸上，云）朝中宰相五更冷，铁甲将军都跳井。则有一个跳不过，跳在里头扑冬冬。自家黄轸是也，奉大人将令，着我催小健儿狄青衣袄扛车去。……（无名氏《狄青复夺衣袄车》第二折，《全元曲》）

总之，"NP₁，NP₂ 的便是""NP₁，NP₂ 便是"与"NP₁，NP₂ 是也"三者均是同义句式。

13.2.2 "NP₁ 是 NP₂ 是也"类的生成机制

我们认为，"NP₁ 是 NP₂ 是也"类判断句式的生成机制是糅合，其是由判断句式"NP₁ 是 NP₂"与"NP₁，NP₂ 是也"类糅合而成的。这个生成过程可以表示为：

"NP₁ 是 NP₂" + "NP₁，NP₂ 是也"类 → "NP₁ 是 NP₂ 是也"类

"NP₁ 是 NP₂ 是也"类包括"NP₁ 是 NP₂ 是也""NP₁ 是 NP₂ 便是""NP₁ 是 NP₂ 的便是"等，三者的生成过程可分别表示为：①

1. "NP₁ 是 NP₂"（西汉）+ "NP₁，NP₂ 是也"（西汉）→ "NP₁ 是 NP₂ 是也"（元代）

---

① 句式后面的括号内所注明的是该句式的始见时代。

2. "NP₁ 是 NP₂"（西汉）+ "NP₁, NP₂ 便是"（晚唐五代）→ "NP₁ 是 NP₂ 便是"（南宋）

3. "NP₁ 是 NP₂"（西汉）+ "NP₁, NP₂ 的便是"（元代）→ "NP₁ 是 NP₂ 的便是"（元代）

13.2.2.1　从句式糅合的三个基本原则来看

"NP₁ 是 NP₂" 与 "NP₁, NP₂ 是也" 类糅合生成 "NP₁ 是 NP₂ 是也" 类完全遵循句式糅合的三个基本原则。

首先，两个源句式在语义上相同或相近，遵循句式糅合的语义相近原则。"NP₁ 是 NP₂" 与 "NP₁, NP₂ 是也" 类虽然语序不同，但是均表示 NP₁ 与 NP₂ 之间是同一关系或种属关系等，二者是同义句式。在同一种元杂剧中表达同一个命题，既可以使用 "NP₁ 是 NP₂"，又可以使用 "NP₁, NP₂ 是也" 类。例如：

（51）（净扮曹章上，云）<u>某乃是曹章</u>，身凛貌堂堂。厮杀全不济，则吃条儿糖。<u>某曹章是也</u>。某深知赵钱孙李，我曾收得蒋沈韩杨。……（高文秀《刘玄德独赴襄阳会》第三折，《全元曲》）

（52）a.（净韩松上，云）我做官人奇妙，闲去好掷杯珓。家里终日无事，街上寻人厮闹。自家姓韩，<u>是韩松</u>。……（无名氏《赵匡义智娶符金锭》楔子，《全元曲》）

b.（韩松云）<u>自家韩松是也</u>。昨日走到符家花园里耍去，不想撞见他家个女人，且是生的好，有赵匡义在那里调戏他。着我恼了，若不是他两个说，险不着那郑恩烂羊头打我一顿。如今怎么称的我的心？（无名氏《赵匡义智娶符金锭》第二折，《全元曲》）

c.（净韩松领净胡缠歪缠冲上，韩松云）<u>自家韩松的便是</u>。天色早便早哩。我们来的迟了些儿也，走一遭耍子去来。（无名氏《赵匡义智娶符金锭》第一折，《全元曲》）

例（51）中曹章先使用"NP_1 是 NP_2"（即"某乃是曹章"）自我介绍，然后再使用同义句式"NP_1，NP_2 是也"（即"某曹章是也"）自我介绍。①例（52）a、b、c 分别用"NP_1 是 NP_2"（即"（自家）是韩松"）、"NP_1，NP_2 是也"（即"自家韩松是也"）与"NP_1，NP_2 的便是"（即"自家韩松的便是"）表达同一个命题义，三者为同义句式。既然"NP_1 是 NP_2"与"NP_1，NP_2 是也"类为同义句式，那么二者发生糅合是遵循句式糅合的语义相近原则的。

其次，"NP_1 是 NP_2"与"NP_1，NP_2 是也"类的始见时代要早于或不晚于相应的糅合句式"NP_1 是 NP_2 是也"类的始见时代，遵循句式糅合的时代先后原则。如"NP_1 是 NP_2"与"NP_1，NP_2 是也"均始见于西汉，要早于元代才出现的相应的糅合句式"NP_1 是 NP_2 是也"。

最后，"NP_1 是 NP_2 是也"类在句法及语义上既蕴含了"NP_1

---

① 这两种判断句式信息量是相等的，言者之所以再次使用同义句式"NP_1，NP_2 是也"，是因为想凸显新信息 NP_2，而"NP_1，NP_2 是也"就具有凸显新信息的功能。详见下文。

是 NP_2",又蕴含了"NP_1,NP_2 是也"类,遵循句式糅合的成分蕴含原则或语义蕴含原则。

综上所述,从句式糅合的三个基本原则来看,"NP_1 是 NP_2 是也"类的生成机制是糅合,其是由"NP_1 是 NP_2"与"NP_1,NP_2 是也"类糅合而成的。

13.2.2.2 从源句式与糅合句式的同现来看

在同一种文献中表达同一个命题,既可使用"NP_1 是 NP_2"或"NP_1,NP_2 是也"类,又可使用"NP_1 是 NP_2 是也"类。①

下面各例源句式"NP_1 是 NP_2"(a 例)与糅合句式"NP_1 是 NP_2 是也"(b 例)同现:

(53) a.(正末云)……这一小秀士,是小生同乡人氏,姓孔名嵩,字仲山,<u>是孔宣圣一十七代贤孙</u>,亦同游学京师。……(宫天挺《死生交范张鸡黍》楔子,《全元曲》)

b.(正末云)相公不知,<u>此人是孔宣圣一十七代贤孙孔仲山是也</u>。这秀才文章胜在下十倍,被判院门下女婿王韬赖了他万言长策,以此不能为官。(宫天挺《死生交范张鸡黍》第四折,《全元曲》)

(54) a.和尚说:"烦劳仙童到里面回京一声,就说<u>我是西湖灵隐寺济颠僧</u>,前来拜访你家观主。"(《济公全传》第一百五十二回)

---

① 源句式与糅合句式中的 NP_2 可能在用词上略有差异,但是所指完全一致。

b. 和尚说:"我是灵隐寺济颠僧是也。"(《济公全传》第一百六十六回)

下面各例源句式"NP$_1$,NP$_2$是也"(a例)与糅合句式"NP$_1$是NP$_2$是也"(b例)同现:

(55) a.(庞德公云)养性修真谈道德,天文地理讲精微。剑挥星斗能驱将,瑶琴一操动玄机。<u>贫道庞德公是也</u>,居于岘山之南。……(高文秀《刘玄德独赴襄阳会》第二折,《全元曲》)

b.(庞德公云)<u>贫道乃是庞德公是也</u>,在此鹿门山养拙。玄德公,你也有缘,今晚到此庵中。(高文秀《刘玄德独赴襄阳会》第二折,《全元曲》)

(56) a.(正末上云)<u>小生蔡顺是也</u>。为因老母,庙上烧香,感了些风寒,见今病枕着床。……(刘唐卿《降桑椹蔡顺奉母》第二折,《全元曲》)

b.(正末云)<u>小生是蔡顺是也</u>。昨日梦中见增福神,言说小生孝心感动神天,道三更时分,降甘泽瑞雪,那山林中,但是桑树上,都生出桑椹子来,任小生摘来,侍奉母亲。……(刘唐卿《降桑椹蔡顺奉母》第三折,《全元曲》)

通过比较,我们能清楚地看出,"NP$_1$是NP$_2$是也"类的生成机制是糅合,其应该是由"NP$_1$是NP$_2$"与"NP$_1$,NP$_2$是也"类糅合而成的。

13.3 "NP₁ 是 NP₂ 是也"类判断句式的生成动因

我们认为,"NP₁ 是 NP₂ 是也"类判断句式的生成动因是言者凸显新信息 NP₂。

学界普遍认为,汉语从语序类型来看属于 SVO 型语言。一般来说,越是靠近句末的信息越新,位于句末的信息往往是句子的自然焦点。判断句式"NP₁ 是 NP₂"遵循 SVO 语序,其中的 NP₁ 是旧信息,而 NP₂ 是新信息,是自然焦点。"NP₁ 是 NP₂"一般表示 NP₁ 与 NP₂ 是同一关系或种属关系,其只是客观地陈述一个事实,具有客观性。但是语序不同的"NP₁,NP₂ 是也"类却具有不同的语用功能。在言语交际中,言者如果要急于传递某个新信息,凸显这个新信息,那么可以通过移位让这个本处于后面的新信息先出现。"NP₁,NP₂ 是也"类与"NP₁ 是 NP₂"一样,其中的 NP₁ 仍然是旧信息,NP₂ 仍然是新信息,但是 NP₂ 已不处于句末自然焦点位置,而是移位至"是"前,就是因为言者要急于传递新信息 NP₂,凸显新信息 NP₂。换言之,"NP₁,NP₂ 是也"类具有凸显新信息 NP₂ 的语用功能。

在元明时期汉语中,言者在介绍自己或他人时常常使用"NP₁,NP₂ 是也"类判断句式,就是因为这种句式更能凸显新信息 NP₂。例如:

(57)(净扮元吉同丑扮段志贤、卒子上)诗云:朝为田舍郎,暮登天子堂。出的朝阳门,便是大黄庄。<u>自家不是别人,三将军元吉是也</u>。……(关汉卿《尉迟恭单鞭夺

槊》第二折,《全元曲》)

(58)(净上)一年之计在于春,一生之计在于勤,一日之计在于寅。春若不耕,秋无所望。寅若不起,日无所办。少若不勤,老无所归。<u>自家不是别人,李洪一是也</u>。……(刘唐卿《白兔记》第六出,《全元曲》)

例(57)中"自家不是别人"为 SVO 语序的否定判断句式"NP_1 不是 NP_2",而后续句"三将军元吉是也"为 SOV 语序的肯定判断句式"NP_1,NP_2 是也"①。通过比较可清楚地看出,"三将军元吉"虽处于动词"是"前,但仍是新信息,是焦点,只不过是对比焦点。言者之所以使用"NP_1,NP_2 是也"进行自我介绍,就是因为"NP_1,NP_2 是也"能够凸显新信息 NP_2,即"三将军元吉"。例(58)亦然。

在近代汉语中,如果言者既要向对方介绍自己,又要向对方介绍他人,那么往往是使用"NP_1,NP_2 是也"类介绍自己,使用"NP_1 是 NP_2"介绍他人。这是因为"NP_1,NP_2 是也"类具有言者的主观性,更适宜于凸显言者传递的关于自己的新信息 NP_2;而"NP_1 是 NP_2"只是客观地陈述一个事实,缺乏言者主观性,更适宜于言者客观介绍第三方。例如:

(59)(张郎同旦儿上,云)欢喜未尽,烦恼到来。<u>自家张郎的便是,这个是我浑家引张</u>。……(武汉臣《散家

---

① 主语"自家"承前省略。其实我们也可以认为"NP_1,NP_2 是也"是主谓谓语句式。

财天赐老生儿》第一折,《全元曲》)

下面的例子都是言者先使用"NP_1 是 NP_2"介绍自己,接着又使用同义句式"NP_1,NP_2 是也"再次介绍自己。①

(60)(冲末扮鲁斋郎引张龙上)诗云:花花太岁为第一,浪子丧门再没双。街市小民闻吾怕,<u>则我是权豪势要鲁斋郎,小官鲁斋郎是也</u>。……(鲁斋郎引张龙上,云)小官鲁斋郎。因这壶瓶跌漏,去那银匠铺整理一整理。……(关汉卿《包待制智斩鲁斋郎》楔子,《全元曲》)

(61)(净扮刘衙内上)诗云:花花太岁为第一,浪子丧门世无对。闻着名儿脑也疼,<u>则我是有权有势刘衙内,小官刘衙内是也</u>。……(无名氏《包待制陈州粜米》楔子,《全元曲》)

(62)徐胜说:"<u>我是你徐老爷,粉面金刚徐胜是也</u>。你等诡计多端,要杀要剐,任你自便。"(《彭公案》第九十四回)

通过比较,更能说明"NP_1 是 NP_2"只是客观地陈述一个事实,而"NP_1,NP_2 是也"类则具有凸显新信息 NP_2 的功能,具有言者的主观性。如例(60)中"则我是权豪势要鲁斋郎"与"小官鲁斋郎是也"是同义的判断句式,只不过前者属于"NP_1 是 NP_2",后者属于"NP_1,NP_2 是也"。这两个判断句式具有

---

① "NP_1,NP_2 是也"中的 NP_1 一般承前省略,NP_2 与"NP_1 是 NP_2"中的 NP_2 在具体用词上一般有所不同,但是所指完全一致。

不同的语用功能：前者只是客观地陈述一个事实，具有客观性；而后者凸显了新信息 NP₂，即"鲁斋郎"，具有言者的主观性。正是因为言者为了凸显新信息 NP₂，所以在使用"NP₁ 是 NP₂"之后，又再次使用"NP₁，NP₂ 是也"。否则的话，言者没有必要再追加一个信息量相等甚至更少的"NP₁，NP₂ 是也"。由此可见，"NP₁，NP₂ 是也"类是一类凸显新信息 NP₂ 的判断句式，具有言者的主观性。值得注意的是，例（60）下文还有一个鲁斋郎自我介绍的名词直接充当谓语的判断句式"小官鲁斋郎"。该判断句式没有判断动词"是"，可以表示为"NP₁，NP₂"。正是因为判断动词"是"并不是新信息，因而在句法上可以缺省。那么"NP₁，NP₂"是由"NP₁ 是 NP₂"省缩而来的呢，还是由"NP₁，NP₂ 是也"类省缩而来的呢？其实这两种可能都存在。但是不管是哪一种可能，都从一个侧面表明"NP₁，NP₂ 是也"类的新信息或焦点是 NP₂，其具有凸显新信息 NP₂ 的语用功能。

"NP₁，NP₂ 是也"类具有凸显新信息 NP₂ 的语用功能，为了进一步凸显 NP₂ 这个新信息，言者有时甚至还可以在 NP₂ 后加上起到加强肯定、确认语气作用的语气助词"的"，形成判断句式"NP₁，NP₂ 的便是"等。试比较：

(63) a.（李四同旦儿上，云）<u>自家李四是也</u>。自从与俺那儿女失散了，十五年光景，知他有也无？……（关汉卿《包待制智斩鲁斋郎》第四折，《全元曲》）

b.（李四慌上，云）一心忙似箭，两脚走如飞。<u>自家李四的便是</u>。因鲁斋郎拐了我的浑家往郑州来了，我随后赶

来。……（关汉卿《包待制智斩鲁斋郎》楔子，《全元曲》）

例（63）a 为"自家李四是也"，b 为"自家李四的便是"，b 中新信息"李四"后多出了一个起加强肯定、确认语气作用的语气助词"的"。之所以将"的"加在"李四"后而不是别的词语后，是因为"李四"是言者要凸显的新信息。通过比较，也可以看出"NP_1，NP_2 是也"类具有凸显新信息 NP_2 的语用功能。

下面的例子先使用"NP_1 是 NP_2"，紧接着又使用同义句式"NP_1，NP_2 的便是"强调，同样能看出"NP_1，NP_2 是也"类具有凸显新信息 NP_2 的语用功能。

（64）（净扮蔡衙内引张千上，云）花花太岁为第一，浪子丧门世无对。阶下小民闻吾怕，<u>则我是势力并行蔡衙内</u>，<u>自家蔡衙内的便是</u>，表字蔡疙疸。……（无名氏《鲁智深喜赏黄花峪》第一折，《全元曲》）

言者从大脑记忆库中提取"NP_1 是 NP_2"，只是想客观地陈述一个事实；言者从大脑记忆库中提取"NP_1，NP_2 是也"类，是为了凸显新信息 NP_2。如果言者在想使用"NP_1 是 NP_2"客观地陈述一个事实的同时又想使用"NP_1，NP_2 是也"类凸显新信息 NP_2，那么二者就会先后在大脑中浮现，语言表达上就会出现两种结果。一是按照先后顺序组成复句，即："NP_1 是 NP_2"+"NP_1，NP_2 是也"类，如例（64）。二是二者叠加在一起糅合成新的句式。为了遵循经济原则与句法规则，二者就通过删略重叠成分糅合成"NP_1 是 NP_2 是也"类。例如：

（65）（挣扮孤引张千上）诗云：我做官人单爱钞，不问原被都只要。若是上司来刷卷,厅上打的鸡儿叫。<u>小官是河南府的县令是也</u>。今日坐起早衙,张千,看有告状的,着他进来。(孟汉卿《张孔目智勘魔合罗》第二折,《全元曲》)

上例中"小官是河南府的县令是也"为糅合句式,其生成动因就是言者凸显新信息"河南府的县令"。言者在使用判断句式"小官是河南府的县令"陈述一个客观事实时,为了凸显新信息"河南府的县令",又想使用判断句式"小官,河南府的县令是也",二者便在言者大脑中浮现,乃至叠加在一起。于是在外在的语言形式上,为了遵循经济原则与句法规则,二者便通过删略重叠成分糅合成了"小官是河南府的县令是也"。

一言以蔽之,言者凸显新信息NP_2是"NP_1是NP_2是也"类的生成动因。

13.4 "NP_1是NP_2(的)便是"是不是语言接触的产物?

江蓝生(2003)认为,元代白话文献中出现的介绍人物称谓的判断句式"NP_1是NP_2(的)便是"[1]是汉语与蒙古语等阿尔泰语判断句式相融合而产生的叠加式,语言接触是元明时期判断句式"NP_1是NP_2(的)便是"产生的直接动因。那么"NP_1

---

[1] 江蓝生(2003)将"NP_1是NP_2(的)便是"记作"S是N(的)便是"。

是 NP₂（的）便是"到底是不是语言接触的产物呢？这一问题有必要重新思考。

江蓝生（2003）正确地指出："对于一种新成分或与汉语常规句型完全不同的新句型的出现，如果不能从汉语自身发展的规律得到解释，就要联系这种新成分、新句型出现的社会历史背景来寻找原因。"如在白话文献《蒙古秘史》、《元典章》、《孝经直解》、古本《老乞大》等中能见到特殊的判断句式"S 是 O 有"，这种新的判断句式"无法从汉语内部找到其产生的原因"，"很显然是汉语与阿尔泰语判断句相融合而产生的叠加式，即：'S 是 O' + 'SO 有' → 'S 是 O 有'"（江蓝生，2003）。但是，如果汉语某种新的成分或新的句式的出现完全能够从汉语自身发展的视角得到合理的解释，那么我们就不能将语言接触看作新的成分或新的句式出现的根本动因，不能夸大语言接触的影响，我们应该认识到汉语自身独立的发展才是这种新的成分或新的句式产生的根本原因。当然我们并不否认在汉语某个历史阶段语言接触可能对汉语某种新的成分或新的句式的产生或发展有一定的推动作用。如中古时期汉译佛经中的判断句式"NP₁，NP₂ 是（也）"，江蓝生（2003）认为，其是对梵文的强调式判断句式的直译，但是如前所述，汉译佛经中的判断句式"NP₁，NP₂ 是（也）"是对中土文献中的判断句式"NP₁，NP₂ 是也"的仿用或继承，或者说是汉语自身产生的。不过我们也应该看到梵文中判断动词处于表语后的判断句式推动了汉语判断句式"NP₁，NP₂ 是也"的发展，应该承认语言接触具有催化剂般的诱发作用或加速作用。这也许正是"NP$_1$，NP$_2$是（也）"在中古时期本土文献中出现较少而在同期的汉译佛经中出现较多的原因。解植永（2007：118、124）的看法类似，认为中古时期汉译佛经中的"NP$_1$，NP$_2$是（也）""源于汉语本身"，不过"佛经的翻译，对于这种句式的发展和流传起到了重要的推动作用"。换言之，我们应该认识到"NP$_1$，NP$_2$是（也）"这种判断句式的产生有汉语自身的内部原因，也有语言接触的外部原因，但是汉语自身的内部原因才是其产生的根本的、直接的动因。

如前所述，判断句式"NP$_1$是NP$_2$"最迟在西汉时期就已出现，之后逐渐成为汉语主要的判断句式。判断句式"NP$_1$，NP$_2$是也"在西汉时期的本土文献中就已有用例，NP$_1$与NP$_2$一般是同一或等同关系。从中古直至近代，"NP$_1$，NP$_2$是也"在本土文献中一直使用，在汉语史上从未中断过。"NP$_1$，NP$_2$便是"可以看作"NP$_1$，NP$_2$是也"的变式，早在晚唐五代时期就有用例，并沿用至明清时期，在汉语史上同样未中断过。糅合句式"NP$_1$是NP$_2$便是"早在南宋时期的《朱子语类》中就有用例。《朱子语类》是朱熹与其弟子问答的语录汇编，具有一定的南方方言色彩，口语化程度较高，基本上能反映南宋时期口语的实际面貌，其语言与元明时期的语言接触自然没有关联。很显然，南宋时期的"NP$_1$是NP$_2$便是"是汉语自身存在的"NP$_1$是NP$_2$"与"NP$_1$，NP$_2$便是"糅合而成的，而与元明时期的语言接触无关。"NP$_1$，NP$_2$的便是"最早可能出现于元代，其中的语气助词"的"只是加强了肯定语气。"NP₁，NP₂ 的便是"可以看作晚唐五代就已出现的"NP₁，NP₂ 便是"的变式，所以元代出现的糅合句式"NP₁ 是 NP₂ 的便是"也可以看作南宋时期就已出现的糅合句式"NP₁ 是 NP₂ 便是"的变式，其是由汉语自身存在的"NP₁ 是 NP₂"与"NP₁，NP₂ 的便是"糅合而成，而与元明时期的语言接触无直接关系。

江蓝生（2003）认为，"在汉语的 SVO 句式与阿尔泰语 SOV 句式相碰撞时，无论是学汉语的少数民族，还是与少数民族交往的汉族，都有可能使用一种兼容两种语法特点的叠加句式，即：SVO+SOV → SVOV"，"元代特殊判断句 A 式'贫道是司马德操的便是'、B 式'某乃宋江便是'就是这样叠加而成的"。倘若如江蓝生（2003）所说，那么辽、金、元时期的汉语应该有较多的 V 不局限于判断词语"是"的句式"SVOV"，但是，语言事实并非如此。江先生为了证明自己的观点，列举了一些共时资料作为旁证。江先生认为《元典章》、《孝经直解》、古本《老乞大》等带有明显的语言接触的痕迹，认为其中的"S 是 O 有"是"汉语与阿尔泰语判断句相融合而产生的叠加式，即：S 是 O + SO 有 → S 是 O 有"。这是有道理的，因为蒙古语有"SO 有"这种语序，而汉语没有，而且"S 是 O 有"在未有明显的语言接触痕迹的文献中未见用例。如果说"NP₁ 是 NP₂（的）便是"也是"汉语与阿尔泰语判断句相融合而产生的叠加式"，那么其应该与"S 是 O 有"一样，也只出现于带有明显的语言接触痕迹的《元典章》、《孝经直解》、古本《老乞大》等中,至少是更多地出现于这些文献中。但是语言事实却恰恰相反,"NP₁是NP₂(的)便是"在这些文献中未见一例,而在同一时期其他的汉语文献中却有较多用例。这一分布格局恰恰表明,"NP₁是NP₂(的)便是"与"S是O有"的生成动因是很不一样的,其不可能是"汉语与阿尔泰语判断句相融合而产生的叠加式"。因此江先生所举现代方言的旁证也就不足为凭。

综上所述,我们认为,中古时期汉译佛经中的判断句式"NP₁,NP₂是(也)"源于汉语自身,不过其广泛使用应与同期的语言接触有一定的关联;元明时期的"NP₁是NP₂(的)便是"不是同期的汉语与蒙古语等阿尔泰语接触的产物。关于语言接触对汉语语法的影响,我们应尊重汉语历史发展的事实,持实事求是的态度。一方面,我们应当承认,如果汉语史上出现了某种特殊的且不能从汉语内部进行解释的新的语法现象,那么语言接触可能是汉语新的语法现象出现的直接动因;另一方面,我们也不应夸大语言接触对汉语新的语法现象的影响,不能将汉语土生土长的语法现象误作语言接触的产物。内因是事物发展的根本动因,对于汉语史上新的语法现象,如果我们能从汉语内部自身的发展视角合理地解释其出现动因,那么就没有必要从外部的语言接触的视角加以解释。当然,我们也应该看到在某个历史阶段语言接触可能会对汉语某种新的语法现象的出现具有一定的推动作用。

13.5 小结

"NP₁ 是 NP₂ 是也"类判断句式主要出现于元明时期,一般用于言者自我介绍。从句式糅合的三个基本原则、源句式与糅合句式的同现来看,"NP₁ 是 NP₂ 是也"类的生成机制是糅合,其是由判断句式"NP₁ 是 NP₂"与"NP₁,NP₂ 是也"类糅合而成的。

糅合句式"NP₁ 是 NP₂ 是也"类的生成动因是言者凸显新信息 NP₂。言者在使用"NP₁ 是 NP₂"客观陈述一个事实的同时又想使用"NP₁,NP₂ 是也"类凸显新信息 NP₂,那么二者就会先后在大脑中浮现,语言表达上就会出现两种结果:一是按照先后顺序组成复句,二是通过删略重叠成分糅合成"NP₁ 是 NP₂ 是也"类判断句式。

元代汉语中出现的糅合句式"NP₁ 是 NP₂(的)便是"是汉语自身独立形成的,其是由汉语自身存在的判断句式"NP₁ 是 NP₂"与"NP₁,NP₂(的)便是"糅合而成的,并不是汉语与蒙古语等阿尔泰语接触的产物。关于语言接触对汉语语法的影响,我们应持实事求是的态度:一方面,我们应该承认语言接触可能是汉语新的语法现象出现的直接动因;另一方面,我们也不应夸大语言接触对汉语新的语法现象的影响,不能将汉语土生土长的语法现象误作语言接触的产物。

在近代汉语中还有一类特殊的判断句式,即"NP₁ 乃 NP₂ 是也"类,在表意自足的判断句式"NP₁ 乃 NP₂"末尾出现了羡余的判断动词"是"等。"NP₁乃NP₂是也"类中的"乃"是判断副词,而不是判断动词。"NP₁乃NP₂是也"类包括"NP₁乃NP₂是也"(始见于南宋)、"NP₁乃NP₂便是"(始见于元代)、"NP₁乃NP₂的便是"(始见于元代)等。例如:

(66)河东地形极好,<u>乃尧舜禹故都、今晋州河中府是也</u>。(《朱子语类》卷二)

(67)今景灵宫,<u>乃叔孙通所谓"原庙"是也</u>。(《朱子语类》卷一百二十八)

(68)(净上)有福之人人伏事,无福之人伏事人。<u>自家乃蒋状元府中使用的便是</u>。蒙状元钧旨,着俺打扫画堂,整理琴书清玩,铺设已完,不免在此伺候。(施惠《幽闺记》第三十八出,《全元曲》)①

(69)话说邓婵玉见城内跳出个古怪东西来,諕得魂不附体,问曰:"来的甚么东西?"龙须虎大怒:"好贱人!<u>吾乃姜丞相门徒龙须虎便是</u>。"(《封神演义》第五十三回)

(70)(关胜在古道,云)卖狗肉!卖狗肉!这里也无人。<u>某乃大刀关胜的便是</u>。……(无名氏《争报恩三虎下山》楔子,《全元曲》)

(71)(丑扮王班直上)花有重开日,人无再少年。<u>俺乃穿宫班直老王的便是</u>。方才宫中承应出来,且到街上走

---

① "状元府中使用的"是由谓词性成分"状元府中使用"与结构助词"的"构成的体词性"的"字短语,因而此例属于判断句式"NP₁乃NP₂便是",而不属于判断句式"NP₁乃NP₂的便是"。

一走。(《二刻拍案惊奇》卷四十)

"NP_1 乃 NP_2 是也"类的生成机制应该与"NP_1 是 NP_2 是也"类一样是糅合,其应是由判断句式"NP_1 乃 NP_2"与"NP_1,NP_2 是也"类糅合而成的;其生成动因也应该与"NP_1 是 NP_2 是也"类一样是言者凸显新信息 NP_2。

第十四章 "因X(的)上头"类原因句式的来源及其演变

14.1 引言

语言演变一般可以分为"内部因素促动的演变"和"外部因素促动的演变"两类,而外部因素促动的演变主要是"接触引发的演变";"典型的接触性演变指的是语言特征的跨语言'迁移'(transfer),即某个语言特征由源语(source language)迁移到受语(recipient language)之中,或者说,受语从源语中获得某种语言干扰(linguistic interference)"(吴福祥,2007)。最迟从北朝时期开始,汉族与北方操阿尔泰语的各民族杂居,语言接触非常密切,逐渐形成了一种通行于北方各民族间的具有阿尔泰语痕迹的"汉儿言语"(太田辰夫,1991:181—211)。辽、金、元时期,契丹、女真、蒙古族先后入主中原,语言接触更加密切,阿尔泰语对汉语的渗透、影响更为强烈。尤其是蒙古族建立元代实现大一统之后,由于广泛的语言接触,元代乃至明代时期大量的白话文献或多或少受到了蒙古语的渗透、影响,如直译体元代白话碑和《元典章》《通制条格》《蒙古秘史》等,直讲体《大学直解》《直说大学要略》《孝经直解》《经筵讲义》《直说要略》等,汉语教科书《原本老乞大》《老乞大谚解》《朴通事谚解》《训世评话》等。即使是纯汉语的文献，如元杂剧、散曲等，也可以看到一些蒙古语影响的痕迹。

近些年来，关于语言接触与语言演变的研究日益成为学界的热点。关于元代蒙古语对汉语的渗透、影响，学界已取得了一些研究成果，如孙锡信（1990）、余志鸿（1992）、江蓝生（1999、2003）、李崇兴（2001）、祖生利（2001、2004）、李泰洙（2003）、赵长才（2014）等。

在元明时期白话文献《元典章》《蒙古秘史》等中，出现了一些奇特的句式，如"因X（的）上／上头""为X上／上头"等表示原因的句式。为了行文方便，我们将这类句式记作"因X（的）上头"。"因X（的）上头"类原因句式的来源与蒙汉语言接触有关。余志鸿（1992）认为这类句式中方位词"上／上头"是"表目的、原因后置词"；祖生利（2004）主要通过考察元代直译体文献，较为详细地探讨了这类句式中方位词"上／上头"的原因后置词用法及其来源。我们拟在已有研究成果的基础上，先考察元代"因X（的）上头"类原因句式的具体使用情况，然后进一步探究其来源及演变等问题。

14.2　元代"因X（的）上头"类原因句式的普遍性

"因X（的）上头"类原因句式最初出现于元代，其后一般出现一个表示结果的分句。这类句式不仅在X前出现了表示原因的标记词"因／为／以／因为／为因"等，而且在X后出现了方位词"上/上头";X一般是谓词性的,极少是体词性的;X与方位词之间有时又加上助词"的"(偶尔写作"底")。

"因X(的)上头"类在反映元代语言面貌的文献中使用较为普遍,在受到蒙古语影响的非纯汉语文献和未受到蒙古语影响的纯汉语文献中均有用例。①

14.2.1 非纯汉语文献中"因X(的)上头"类

"因X(的)上头"类在直译体元代白话碑文中有较多用例,均为"为X(的/底)上头"。例如:

(1) 如今为这中峰和尚悟明心地好师德的上头,奉扎牙笃皇帝圣旨,他根底也立了碑来。(《元代白话碑集录·一三三四年降赐天目中峰和尚广录入藏剳》)

(2) 皇帝为教门的上头,教依著这校正归一的清规体例定体行者,么道。(《元代白话碑集录·一三三六年重编百丈清规法旨》)

(3) 有石真人为他开洞好修行底上头,与了令旨,加九阳保德纯化真人,依旧管领住持也。(《元代白话碑集录·一二八○年莱州万寿宫令旨碑》)

(4) 为这般上头,把着行踏的圣旨与来。(《元代白话碑集录·一二九六年彰德上清正一宫圣旨碑(一)》)

---

① 这里所考察的文献基本上成书于元代,个别虽成书于明初,但是反映的基本上仍是元代的语言面貌。

"因 X（的）上头"类在元代直译体《元典章·刑部》中也有较多用例，主要是"为 X（的）上头"。例如：

（5）<u>为断僧人词讼的上头</u>，商量者。（《刑部》卷一，"僧、道做贼杀人，管民官问者"）

（6）南剑路达鲁花赤忻都，涂仲十小名的人，<u>为交贼指着他的上头</u>，五十定钞肚皮与了有。（《刑部》卷四，"挟仇故杀部民"）

（7）<u>为在先似那般假雕刻印信、押字人每的罪过定拟的轻了的上头</u>，不改有。（《刑部》卷十四，"诈伪印信"）

（8）<u>为翟寿不收捕草贼上头</u>，要了招伏。（《刑部》卷十六，"收捕推病回还"）

在《元典章·刑部》中"为 X 上""因 X 上""因为 X 上"有少量用例。例如：

（9）有勾当底人，<u>为管公事底人不要人钱上</u>，故意将钱物与一个人将着，做过度一般，将管公事人赃谋底也有。（《刑部》卷十，"禁治过度钱物"）

（10）又招，不合<u>因事主知觉前来拒捕上</u>，用箭射伤王通事罪犯，准上从拒捕法。（《刑部》卷十一，"偷斫树木免刺"）

（11）平江路归问到吴千三状招：不合于至元十五年九月初一日，<u>因为周千六吓奸苏少二男妇吴二娘，劝和上</u>，被周千六用瓦钵头殴打。其吴千三却用红油棍于周千六左耳边脸上打讫一下，因伤于初二日身死。（《刑部》卷四，

第十四章 "因X（的）上头"类原因句式的来源及其演变

"旁人殴死奸夫"）

（12）姚元所犯，<u>因为夏贤分付此上</u>，将龚仲一非法行打，因伤身死。（《刑部》卷十六，"重仗打人致死"）

直译体《通制条格》是元代一部非常重要的法律书，而且收录了不少有关元代政治、社会经济方面的史料，现有明初墨格写本残卷。《通制条格》中有较多的"因X（的）上头"类用例，不过均为"为X（的）上头"。例如：

（13）辛哈思的<u>为娶了乐人做媳妇的上头</u>，他的性命落后了也。（《通制条格》卷三，"户令"）

（14）如今皇帝登了宝位也，皇帝在军上时分，<u>为军情勾当上头</u>，写着上位的名字，枢密院里与将来的文字也有，为人的勾当与将来的也有。（《通制条格》卷八，"仪制"）

（15）盖学校是国家有益的勾当，俺<u>为这事不轻的上头</u>，题奏有。（《通制条格》卷五，"学令"）

（16）<u>在前为劝农的上头</u>，各处立着劝农司衙门来，后头罢了，并入按察司时节，按察司名儿里与了圣旨来。（《通制条格》卷十六，"田令"）

（17）<u>又为偷盗了官头口的上头</u>，差人根赶至庆元路去呵，将那贼每也捉获了。（《通制条格》卷十九，"捕亡"）

在翻译于明初但是反映的基本上是元代汉语面貌的《蒙古秘史》总译部分中有较多的"因X（的）上头"类，具体有"因X（的）上头""为X（的）上头""因X上"（均为"因此上"）等。下面是"因X（的）上头"用例：

(18) 孛端察儿<u>因无吃的上头</u>，见山崖边狼围住的野物射杀了，或狼食残的拾着吃，就养了鹰，如此过了一冬。(《蒙古秘史》卷一)

(19) <u>因俺巴孩</u>中<u>合罕被拿时将</u>中<u>合答安、</u>中<u>忽图剌两个的名字提说来上头</u>，众达达泰亦赤兀惕百姓每于豁儿豁纳川地面聚会着，将中忽图剌立做了皇帝，就于大树下做筵席。(《蒙古秘史》卷一)①

(20) 初，者别本名只舌儿中豁阿歹，<u>因他射死战马能的上头</u>，赐名者别。(《蒙古秘史》卷四)

(21) <u>因你与我父契交的上头</u>，我差人迎接你来我营内，又科敛着养济你。(《蒙古秘史》卷六)

下面是《蒙古秘史》中"为X(的)上头"用例：

(22) 我是众百姓的主人，<u>为亲送女儿上头</u>，被人拿了，今后以我为戒。(《蒙古秘史》卷一)

(23) 诃额仑莱蔬养来的儿子都长进好了，敢与人相抗。<u>为奉养他母亲上头</u>，将针做钩儿，于斡难河里钓鱼。又结网捕鱼，却将母亲奉养了。(《蒙古秘史》卷二)

(24) <u>为你杀弟的上头</u>，你叔父古儿罕来征你。(《蒙古秘史》卷六)

(25) 再有中康里乞卜察等十一种城池百姓，曾命速别额台征进去了。<u>为那里城池难攻拔的上头</u>，如今再命各王

---

① 左上标"中"等表示音节起首辅音，右下标"惕"等表示音节末尾辅音。下同。

长子巴秃、不^舌里、古余^克、蒙格等做后援征去。(《蒙古秘史》卷十二)

下面是《蒙古秘史》中"因此上"用例：

(26) 那妇人孛端察儿根前再生一个儿子，名巴阿^舌里歹，后来做了巴阿邻人氏的祖。那巴阿^舌里歹的儿子，名赤都^中忽勒孛阔。赤都^中忽勒孛阔娶的妻多，儿子多生了，<u>因此上</u>做了篾年巴^舌阿邻姓氏。(《蒙古秘史》卷一)

(27) 答^舌里台斡^惕赤斤对那妇人说："你丈夫岭过得多了，水也渡得多了，你哭呵他也不回头，踪迹寻呵也不得见了。你住声，休要哭。"<u>因此上</u>将回去与也速该把阿秃儿做了妻。(《蒙古秘史》卷一)

元代直讲体《孝经直解》《直说大学要略》《经筵讲义》等中也有较多的"因X(的)上头"类用例，具体有"为X(底)上头""因X(的)上头""因X上"(均为"因此上")等。例如：

(28) 非先王之法服不敢服，(不是在先圣人制下有法度的衣服不敢穿有。)非先王之法言不敢道，(不是在先圣人说下的好言语不敢说有。)非先王之德行不敢行，(不是在先圣人行的好勾当不敢行有。)是故非法不言，非道不行。(<u>为这般上头</u>呵，无法度的言语休说，无道理的勾当不行有。)(《孝经直解·卿大夫章第四》)

(29) 唐太宗是唐家很好底皇帝，<u>为教太子底上头</u>，自己撰造这一件文书，说着做皇帝底体面。(《经筵讲义·帝

范君德》)

(30) 子曰:"昔者,明王之以孝治天下也,不敢遗小国之臣,而况于公侯伯子男乎!故得万国之欢心,以事其先王。(孔子说,先将孝道治天下着,小名分的人不着落后了,休道是大名分人有。因这般上头得那普天下欢喜的心,把祖先祭祀呵,也不枉了。)……"(《孝经直解·孝治章第八》)

(31) 一件,宋宰相吕正献公曾说,做宰相只理会钱呵,不是好事。百姓是国之本,财是百姓之心,多取敛钱财必损着百姓,损着百姓必损着国家。小人多收敛钱财教君现喜,君王不觉百姓生受,却道国家有利益。君王又道此人肯受天下怨,却不知天下怨气只在君王处。因此上,贤的君王在事前处置得不教生乱。(《直说大学要略》)

在朝鲜时代汉语教科书《原本老乞大》①中也有少量"因X(的)上头"类用例,具体有"因X上头""为X上""为X上头"。例如:

(32) 因那上头,众人再不曾劝,信着他胡使钱。(《原本老乞大》)

(33) 俺有一个伴当落后了来,俺沿路上慢慢的行着〔等〕候来。为那上,迟了来。(《原本老乞大》)

---

① 《原本老乞大》的语言鲜明地体现了元代语言的特点,编写于1346年前后,刊刻年代大致在14世纪末15世纪初。

(34)怎怎说那等言语?宽呵,做出衣裳余剩,又容易卖;窄呵,做衣裳不匀。不争少些个,又索这一等的布零截,又使五两钞。<u>为这上</u>,买的人少。怎做?(《原本老乞大》)

(35)那里枰大!这参怎称时节有些湿来,如今干了,<u>为那上头</u>,折了这十斤。(《原本老乞大》)

14.2.2 纯汉语文献中"因X(的)上头"类

在纯汉语文献元杂剧、散曲、《全相平话五种》《元本琵琶记》①等中仍有"因X(的)上头"类,具体来说有"因此上""以此上""为X上"等。三字格"因此上"与"以此上"出现频率较高,而"为X上"用例极少。

在《新校元刊杂剧三十种》中"因此上"多达26例,"以此上"5例,"为X上"3例。下面是"因此上"用例:

(36)【菩萨梁州】我虽是鳏寡孤独,对谁人分诉?衔冤负屈,<u>因此上</u>气填胸雨泪如珠。……(高文秀《好酒赵元遇上皇》第二折)

(37)【小桃红】因甚弟兄儿女总排房,一个坟茔里葬,辈辈留传祭祖上?俺两口儿大如你爷娘,你个莲子花放了我过头仗。咱在时早这般祭祖没些儿大量,咱死后便是上坟的小样,我<u>因此上</u>先打后商量。(武汉臣《散家财天赐老

---

① 《元本琵琶记》反映了元末明初的语言面貌。

生儿》第三折)

(38)【斗鹌鹑】我若背义忘恩,早和他私情暗约。后来俺哥哥来家,夜深吃的来醉倒。呀!婆娘待把俺哥哥所算了!被我赚得他手内刀,想俺哥哥昆仲情深,<u>因此上把婆娘坏了</u>。(无名氏《鲠直张千替杀妻》第三折)

(39)【四煞】哥哥!咱为兄弟非关今世亲,皆因前缘前世报。怎着我一心想哥哥恩念伏侍到老。谁想半路里相抛弃,这妇人把哥哥所算了。不由心焦躁,<u>因此上着命身亡</u>,便死呵并无悔懊。(无名氏《鲠直张千替杀妻》第三折)

下面是《新校元刊杂剧三十种》中"以此上"用例:

(40)【天下乐】子见铁甲将军夜过关。非干,不奈烦,他将斩父恨仇心将天下反。子为咱兵将少,<u>以此上心胆寒</u>,怎敢将他一例看。(郑廷玉《楚昭王疏者下船》第一折)

(41)【迎仙客】姨姨,我为甚罢了雨云?却也是避些风波。做这些淡生涯,且熬那穷过活。这些时调不上憨儿,却则是忙着俺老婆。都则为我不肯张罗,<u>以此上闲放着盘千斤磨</u>。(石君宝《诸宫调风月紫云亭》第三折)

(42)【后庭花】见一日十三次金字牌,差天臣将宣命开,宣微臣火速临京阙,<u>以此上无明夜离了寨栅</u>。……(孔文卿《地藏王证东窗事犯》第四折)

下面是《新校元刊杂剧三十种》中"为X上"用例:

(43)<u>为酒上</u>遭风雪,<u>为酒上</u>践程途。(高文秀《好酒赵元遇上皇》第二折)

第十四章 "因X（的）上头"类原因句式的来源及其演变

（44）<u>为家私消乏上</u>，三口儿去曹州曹南镇探亲来。（郑廷玉《看钱奴买冤家债主》第二折）

在《全元散曲》中"因此上"多达27例，"以此上"仅2例。下面是"因此上"用例：

（45）灯花占信又无功，鹊报佳音耳过风。绣衾温暖和谁共？隔云山千万重，<u>因此上</u>惨绿愁红。（杨朝英〔双调〕《水仙子》）

（46）红鸾来照孤辰运，白身合有姻缘分。绣球落处便成亲，<u>因此上</u>忍著疼撞门。（贯云石〔正宫〕《醉太平·失题》）

（47）今日个宝钗头擘双鸳，看何时镜重圆，<u>因此上</u>两道春山翠痕浅。（李爱山〔商调〕《集贤宾·春日伤别》）

（48）踌躇，薄情忒狠毒，<u>因此上</u>扯碎了姻缘簿。（陈克明〔中吕〕《粉蝶儿·怨别》）

下面是《全元散曲》中"以此上"用例：

（49）也是你安分福花台上註，<u>以此上</u>月老姻缘玉簿上金，任违了父教师严。（无名氏〔正宫〕《端正好·相忆》）

（50）赤紧的红裙不解嘲风口，<u>以此上</u>青衫紧退揉花手。（赵彦晖〔仙吕〕《点绛唇·省悟》）

《全相平话五种》中"因此上"有1例，"以此上"有2例。例如：

（51）看齐愍王性命如何？孙子急言："不得无礼，臣不得弑君！"齐王见袁达势恶，方免孙子之命。孙子<u>因此上</u>得

病不出。(《七国春秋平话》卷上)

(52) 有妲己知太子长大,心中怕怖:"有一皇后正宫中宫人告与太子,知我教天子坏了他母,<u>以此上</u>不便。我今暗宣费仲。"(《武王伐纣平话》卷上)

《元本琵琶记》中"以此上"有2例。例如:

(53)〔生白〕告爹爹:教孩儿出去,把爹爹妈妈独自在家,万一有些差池,一来别人道孩儿不孝,撇了爹娘去取功名;二来道爹娘所见不达,只有一子,教他远离;<u>以此上</u>不相从。(《元本琵琶记》第四出)

14.3 "因X(的)上头"类原因句式的来源

我们认为,"因X(的)上头"类是因语言接触由汉语固有的原因句式"因X(上)"类与蒙古语原因句式的汉语直译式或复制式"X(的)上头"类糅合而成的。

14.3.1 "因X(上)"类:汉语固有的原因句式

我们这里所说的"因X(上)"类原因句式包括"因X"类与"因X上"等。

14.3.1.1 "因X"类

"因X"类包括"因X""为X""以X""因为X"等,这些句式均是汉语固有的。"因X""为X""以X"在上古汉语中

就已出现。例如:

(54) 因不忍见也,故于是复请至于陈而葬原仲也。(《公羊传·庄公二十七年》)

(55) 天行有常,不为尧存,不为桀亡。(《荀子·天论》)

(56) 上索我者,以我有美珠也。(《韩非子·说林上》)

"因为X"大约在晚唐五代时期已有用例。例如:

(57) "其往者,维摩诘因以身疾,广为说法。"因为国王、居士等百千万人皆来体问,居士便以身疾,广博解说,令其人辈,生厌舍心。(《敦煌变文校注·维摩诘经讲经文(三)》)

"因X"类在元代文献中仍大量使用。下面是纯汉语文献中"因X"类用例:

(58) (正末云)小人是结义兄弟。因这妇人待一心杀害哥哥,是小人杀了。(无名氏《鲠直张千替杀妻》第三折,《新校元刊杂剧三十种》)

(59) 为我每日好吃那酒,人口顺都叫我任风子。(马致远《马丹阳三度任风子》第一折,《新校元刊杂剧三十种》)

(60) 郎中赵高恃恩专恣,以私怨诛杀人众多。(《全相平话五种·秦并六国平话》卷下)

(61) 秦斌答曰:"奉楚王命,并诸国王命,因为始皇无道,谋吞六国,遣使来投谩书,胁令诸邦纳土,意图六合

混一。是致诸国大王合纵兵至。"(《全相平话五种·秦并六国平话》卷上)

下面是非纯汉语文献中"因X"类用例：

(62) 因敌人言语不逊，所以来征，蒙天祐助，将他取了。(《蒙古秘史》卷十四)

(63) 正为你这般有见识了，所以上泰亦赤兀惕兄弟每妒害你。(《蒙古秘史》卷二)

(64) 成吉思归，以拖雷、出古二人有功，都赏赐了。(《蒙古秘史》卷十三)

(65) 札木忡合因为射杀他弟给察儿，领着他一种并十三部，共三万人。越过阿剌兀惕土舌儿忡合兀的岭，要与成吉思厮杀。(《蒙古秘史》卷四)

(66) 圣人因他有这般心呵，就教他每爱亲敬君，有勾当有。(《孝经直解·圣治章第九》)

(67) 傅汝明因为佃客李小三不伏使唤，致伤身死。(《元典章·刑部》卷四，"主户打死佃客")

14.3.1.2 "因X上"

《说文解字·上部》："丄，高也。此古文上，指事也。……上，篆文丄。"段玉裁《说文解字注》将"丄"改作"二"："古文上作二，故'帝'下、'旁'上、'示'下皆云：从古文上。可以证古文本作二，篆作丄。""上"的本义是高处、上边。"上"由物体的上边引申指物体的表面。例如：

（68）夫子之在此也，犹燕之巢于幕上。(《左传·襄公二十九年》)

"上"进一步引申表示一定的处所、时间。例如：

（69）王坐于堂上，有牵牛而过堂下者，王见之，曰："牛何之？"(《孟子·梁惠王上》)

（70）师有时云："我行脚时，有一个老宿教某甲道：返本还源，噫祸事也。我十八上解作活计，三乘十二分教因我所有。如今我向三乘十二分教且不是，所以解修行底人不落因果，不解修行底人落他因果。"(《祖堂集》卷十六)

（71）见说那状元祖居西蜀，家住成都；三岁上读得书，五岁上属得对；文过李杜，才并二程；敛儿魁伟，精神磊落；搦管行云似电，面君对答如流。(《张协状元》第二十七出)

在隐喻机制作用下"上"的语义泛化，可以表示范围或方面。例如：

（72）人生世上，势位富贵，盖可忽乎哉！(《战国策·秦策一》)

这种表示范围或方面的"上"在元代之前的文献中常见。下面是南宋时期文献《朱子语类》中的用例：

（73）曾子也不是截然不省别底，只是见得此三事上，实有纤毫未到处。(《朱子语类》卷二十一)

（74）只似讨闹，却不于道理上理会。盖它止是于利害上见得，于义理全疏。(《朱子语类》卷一百三十)

(75) 政事者就政事上学得，文学者就文学上学得，德行言语者就德行言语上学得。(《朱子语类》卷九十三)

表示原因的"因"可以与表示范围或方面的"上"构成框式原因句式"因X上"。在《朱子语类》中有少量"因X上"用例，其中"因"义为"因为"，表示后接的X是原因；X一般是名词性成分；"上"相当于"方面"。"因X上"的意思是"因为X方面"或"因为X的缘故"，其结构层次应该是：因+(X+上)，因而"因X上"是前置词原因句式。从句法功能来看，"因X上"一般用于谓词性成分前作原因状语，而不是充当原因分句。例如：

(76) 问："居业当兼言行言之，今独曰'修辞'，何也？"曰："此只是上文意。人多因言语上便不忠信。"(《朱子语类》卷六十九)

(77) 若是计较利害，犹只是因利害上起，这个病犹是轻。(《朱子语类》卷二十一)

(78) 诗意只是叠叠推上去，因一事上有一事，一事上又有一事。(《朱子语类》卷八十一)

(79) 且如书郑忽与突事，才书"忽"，又书"郑忽"，又书"郑伯突"，胡文定便要说突有君国之德，须要因"郑伯"两字上求他是处，似此皆是杜撰。(《朱子语类》卷八十三)

在《朱子语类》中还偶尔使用与框式原因句式"因X上"相当的"因X上面"。例如：

(80) 伊川说:"水流而不息,物生而不穷,皆与道为体。"这个"体"字,似那形体相似。道是虚底道理,<u>因这个物事上面</u>方看见。(《朱子语类》卷三十六)

我们认为,南宋时期的框式原因句式"因X上"是汉语原因句式"以X(之)故""为X(之)故""因X(之)故"等的变式。

在先秦至西汉时期,汉语中就有框式原因句式"以X(之)故""为X(之)故""因X(之)故"等。例如:

(81) 孤<u>以社稷之故</u>,不能怀君。(《左传·襄公十一年》)

(82) 十一年夏,宋<u>为乘丘之役故</u>,侵我。(《左传·庄公十一年》)

(83) <u>为归汶阳之田故</u>,诸侯贰于晋。(《左传·成公九年》)

(84) 且夫秦地被山带河,西塞以为固,卒然有急,百万之众可具也。<u>因秦之故</u>,资甚美膏腴之地,此所谓天府者也。(《史记·刘敬叔孙通列传》)

"以X(之)故""为X(之)故""因X(之)故"等到了南宋时期发展为新的框式原因句式"因X上"。但是在南宋时期变式"因X上"还未得到普遍使用,而且有局限性,如表示原因的词语局限于"因",X往往局限于体词性成分,已虚化的表示"方面"的方位词语局限于"上"。

14.3.2 "X（的）上头"类：从蒙古语复制的原因句式

元代之前的文献中尚未出现"X（的）上头"类原因句式，"上/上头"没有表示原因的用法。"后缀'头'产生于东汉，发展于六朝，盛行于唐宋以后"（蒋宗许，2009：211）。"上头"是方位词"上"加上后缀"头"构成的方位词，早在汉代就有用例。例如：

（85）东方千余骑，夫婿居上头。（《乐府古辞·陌上桑》，《先秦汉魏晋南北朝诗·汉诗》卷九）

下面是唐宋时期方位词"上头"的用例：

（86）湖山上头别有湖，芰荷香气占仙都。（白居易《游小洞庭》，《全唐诗》卷八八三）

（87）师初住时，就村公乞牛栏为僧堂。住未得多时，近有二十来人。忽然有一僧来请他为院主，渐渐近有四五十人。所在迮狭，就后山上起小屋，请和尚去上头安下。（《祖堂集》卷四）

（88）师云："者个是屋，上头是天，手里是拄杖。作么生是涅槃门？"（《古尊宿语录》卷十六）

（89）必大录云："上头底只管刚，下头底只管柔，又只巽顺，事事不向前，安得不蛊！旧闻赵德庄如此说。"（《朱子语类》卷七十）

"上/上头"用于 X 后表示原因，这是元代才出现的。也就是说，"X（的）上头"类原因句式是元代出现的。在元代这类原因句式使用普遍，但是基本上只出现于非纯汉语文献中，如元代白话碑、《元典章·刑部》等；而极少出现于纯汉语文献中，如《新校元刊杂剧三十种》等。

"元代白话碑文有着鲜明的直译体特征：其基本的词汇和语法贴近元时北方现实口语，但同时也掺杂了大量的中古蒙古语成分，与纯粹汉语有所不同"（祖生利，2001）。元代白话碑文中有较多的"X（的）上／上头"，其中 X 一般是谓词性成分。"X（的）上／上头"是一个表示原因的分句，其后一般出现一个表示结果的分句。例如：

(90) 每年烧香的上头得来的香钱物件，只教先生每收掌者。(《元代白话碑集录·一三二四年泰山东岳庙圣旨碑》)

(91) 这言语问得承伏了，是李真人差人诈传的上头，如今只依先前的圣旨，委付布只儿为头断事官，元断定三十七处地面，教分付与少林长老去也。(《元代白话碑集录·一二五八年忽必烈令旨》)

(92) 但凡军马人民的，不拣甚么勾当里，遵守正道行来的上头，数年之间，百姓得安业。(《元代白话碑集录·一三二四年泰定帝登极诏》)

(93) 提说上头，从著众人的心，九月初四日，于成吉思皇帝的大斡耳朵里大位次里坐了也。交众百姓每安心的上头，敕书行有。(《元代白话碑集录·一三二四年泰定帝登极诏》)

《元典章》全名《大元圣政国朝典章》，是元代法令文书的汇编。《元典章》分两次印行，前集约印行于英宗至治元年（1321年），新集印行于至治二年或三年。《元典章》写作年代明确，现有元刻本，属于"同时资料"。书中包含比较丰富的白话语料，尤其是其中的《刑部》，白话资料最为集中，篇幅也最大。在《元典章·刑部》中有较多的"X（的）上/上头"，其中X一般也是谓词性成分。"X（的）上/上头"是一个表示原因的分句，其后一般出现一个表示结果的分句。例如：

(94) 军官不罢了只依旧父管着他每的上头，不敢告有。（《刑部》卷八，"军官取受例"）

(95) 如今将贼每断放了的上头，贼盗多了有。（《刑部》卷十一，"处断盗贼新例"）

(96) 其刘三到将张驴儿头发抟挽不放，拒敌上，被张驴儿用刀子扎伤身死。（《刑部》卷四，"杀死奸夫"）

(97) 自后从贵由皇帝以来，为俺生的不及祖宗，缓慢了上，不花剌地面里答剌必八八剌达鲁沙一，呵的这的每起歹心上，自被诛戮，更多累害了人来。（《刑部》卷十九，"禁回回抹杀羊做速纳"）

直译体《通制条格》中也有较多的"X（的）上头"用例。例如：

(98) 至元二十八年五月十七日奏准，户部、工部的勾当多的上头，去年桑哥等办集勾当上头，十二个舍人委付来。（《通制条格》卷十四）

(99) 在先北口等处抽分羊马牛只的人，依体例抽分了

不全纳的上头，教俺差好人抽分者，么道圣旨有来。(《通制条格》卷十五)

(100) 前者沧州等处一起贼人，踏践田禾，射死田主许大上头，各处差人捕捉去呵，南抵黄河，回到山东，北至大宁，来往拒敌，杀伤射死官兵人等。(《通制条格》卷二十)

(101) 这先生明白招承了上头，为头儿的杀了两个也，别个的割了耳朵鼻子的割了也，打的打了也，其余的教做了军也，这般断了也。(《通制条格》卷二十九)

元代直讲体《经筵讲义》中也有少量"X（的）上头"。例如：

(102) 奉祀祖宗的上头，好生尽孝心者。(《经筵讲义·帝范君德》)

在成书于明初的《元史》中也有3例"X（的）上头"，均见于《泰定帝本纪》。例如：

(103) 依著薛禅皇帝圣旨，小心谨慎，但凡军马人民的不拣甚么勾当里，遵守正道行来的上头，数年之间，百姓得安业。(《元史·泰定帝本纪》)

但是"X（的）上/上头"在元代纯汉语文献中极为罕见。在《新校元刊杂剧三十种》中仅有1例原因句式"X上头"：

(104) 想刘禹不孝父母、不敬六亲上头，折罚刘禹子嗣。(武汉臣《散家财天赐老生儿》第二折)

为什么元代"X（的）上/上头"基本上只出现于非纯汉语

文献中呢？这是因为该句式是蒙古语后置词原因句式的复制式，是语言接触的产物。蒙古语属于阿尔泰语系，属于黏着语，依靠附加成分（后置词）表示语法意义。中古蒙古语中的后置词，在种类上比现代蒙古语少，"在文献中出现的后置词，有表示方位、方向、目的原因、比较、限制和概括等几种意义"（嘎日迪，2006：238）。"上/上头"是元代汉语中特殊的表示原因的后置词，相当于汉语的前置原因词"因、为"等，用来对译中古蒙古语领格形式的名词、代词、形动词之后表示原因的后置词 tula（秃剌）（余志鸿，1992；祖生利，2004；李崇兴，2001）。现代蒙古语仍使用后置词"tula"等表示原因（德力格尔玛、高莲花、其木格，2013：287）。

《蒙古秘史》是我国蒙古族的一部近 30 万字的历史、文学巨著，记述了铁木真（即元太祖成吉思汗）、斡歌歹（即元太宗窝阔台）的事迹。其最初的古体蒙文原著早已失传，明朝洪武年间用 563 个汉字表音（译音）拼写成蒙古语本。全书由汉字标音的蒙古语本文、汉字直译的词汇旁译和节后的总译三部分构成。《蒙古秘史》虽然翻译于明初，但是反映的基本上是元代汉语的面貌，而且能反映蒙古语对汉语的渗透和影响。《蒙古秘史》中原因后置词"秃剌"一般用汉语方位词"上头"对译。例如：

(105) 巴撒 成吉思 ᵗ合汗 鸣诘列 ᶻ论（忽）[ᵗ忽] 亦 ₚ
　　　再　太祖　皇帝　说　　　　　人名

答儿 安答 ᶜʰ合傷ᶜʰ忽勒 都安 突儿 阿米颜　　斡ˢʰ列周 兀ˢʰ
契交 厮杀　　　时　性命自的行 出着　　先
里答　阿蛮 捏额ᵏ先讷 土撒因 秃剌, 兀ˢʰ鲁ᶜʰ浑 兀ˢʰ鲁ᶜʰ合
口　开了的　　　恩的　上头, 子孙的　　子孙行
古ˢʰ儿帖列　斡那赤敦　阿卜里ᶜʰ合 阿奔 阿秃ᶜʰ孩 客延
直到　　　孤独的　　 受赐　 受　 有着　　 么道
札ˢʰ儿里黑　字勒罢。
圣旨　　　　做了。

总译：成吉思再说："忽亦勒答儿安达，在前厮杀时，先开口要厮杀有功的上头，教他子孙受孤独的赏赐者。"（卷九）

（106）成吉思 ᶜʰ合罕 呜诂列ˢʰ论 帖卜·腾格ˢʰ里 迭兀
　　　 皇帝　　　说　　　巫名　　　　　　　 弟
捏ˢʰ儿 途ˢʰ儿 米讷 ᶜʰ合ˢʰ儿 阔勒 古ˢʰ儿格ᵏ薛讷 秃剌, 迭兀
每　　 行　　我的　手　　　 脚 　到了的　　　 上头, 弟
捏ˢʰ仑 米讷 札兀ˢʰ剌 斡ˢʰ罗 兀该 征古古因 秃剌 腾格ˢʰ理
每　　我的　其间　　痕迹　无　 逸譖的　　上头 天
迭 额薛 塔阿剌黑答周。阿米颜　　 别耶 薛勒帖 阿卜抽
行 不　 被爱着　　　 性命自的行身　连　　将着
斡傷答罢者 客额罢（原作别）。
被丢了　也者　说了。

总译：太祖说："帖卜腾格ˢʰ理将我弟每打了，又无故谗譖的上头，天不爱他，连他身命都将去了。"（卷十）

以上用例的旁译部分用汉语的方位词"上头"对译蒙古语

的原因后置词"秃剌",总译部分仍然使用"上头"对译,而且复制了蒙古语后置词原因句式的语序,即"X(的)上头"。译者在将蒙古语译成汉语时,一般要遵循汉语的语法规则,但是由于语言接触的干扰,翻译者会特别重视二者之间的共通性,从而不可避免地将蒙古语的某些语法规则迁移进翻译过来的汉语中,使翻译过来的句式在某种程度上兼容了两种语言的句法特点,具有兼容性。祖生利(2001)通过比较元代白话碑文与回鹘式蒙古文和八思巴字蒙古语原文(拉丁转写),"考察了白话汉译中方位词'里'、'内'、'根底'、'根前'、'上'、'上头'、'行'、'处'(一处)等与中古蒙古语静词的领格、宾格、与一位格、工具格、离格、共同格等附加成分之间的对应关系";认为直译体文献是以汉语方位词对译蒙古语静词格附加成分,这主要是因为:"1. 汉语方位词的后置性特征与蒙古语静词的变格成分相一致。2. 宋元时期汉语方位词意义、功能虚化,与蒙古语静词的变格成分有相通之处"。汉语的方位词"上/上头""与蒙古语名词、代词等变格成分语法位置相同,意义和用法相通"(祖生利,2004),所以《蒙古秘史》等文献以"上/上头"来对译"秃剌"。正是因为译者认为汉语中表示方位的后置词"上/上头"可以用来对译表原因的后置词"秃剌",所以出现了"X(的)上头"这种一一对应的直译句式。不过,"直译体文献中对译于蒙古语名词、代词等变格成分的方位词,性质上已成为变格的形式标记,用法与汉语里大不相同"(祖生利,2001)。

"X(的)上头"类是蒙古语后置词原因句式的复制式,换

第十四章 "因 X（的）上头"类原因句式的来源及其演变

言之，"X（的）上头"类的生成机制是复制。"借用和复制是语法演变的外部机制，涉及被影响语言之外的演变动因，即'语言接触'，这两种机制是语法成分、语法概念以及语法结构发生跨语言迁移的主要途径"；"语法复制包括'语法意义复制'和'语法结构复制'两个方面。前者是指一个语言（复制语）对另一个语言（模式语）的语法概念或语法概念演变过程的复制，后者是一个语言（复制语）对另一个语言（模式语）语法结构的复制"；"语法结构复制主要有两种模式：结构重组和构式拷贝。前者是指一个语言（复制语）的使用者依照另一个语言（模式语）的句法和形态模式来重排或选择自己语言里意义单位的语序。构式拷贝则指一个语言仿照另一个语言的模式，用自身的语言材料构建出与模式语对等的（形态／句法）结构式"（吴福祥，2013）。"X（的）上头"类的生成机制是复制，其是蒙古语后置词原因句式的复制式，即用汉语仿照蒙古语后置词原因句式的句法模式，使用自有的方位词"上／上头"等构建出与蒙古语对等的后置词原因句式"X（的）上头"类。蒙古语后置词原因句式的复制式"X（的）上头"类是汉语历史上不曾有过的，是一种全新的表达式。很显然，这种全新的复制式是不符合汉语前置词原因句式的句法特点的，属于异质的句式，所以其大量出现于元代直译体等文献中，却几乎不出现于同时代的纯汉语文献中。①

14.3.3 "因X(的)上头"类：语言接触引发的糅合句式

杨永龙（2014）认为，"语法演变的过程十分复杂，且不说史前漫长的人类语言会经历怎样的变化，即使有史以来汉语语法的演变也可能既是自身的发展也有接触的影响。这种影响既有语言间接接触造成的，如原典或译师的母语影响汉译佛经进而影响汉语口语，译经语言影响禅宗语录；也有语言直接接触造成的，如北方地区自古以来长期受到阿尔泰语的影响，尤其在北朝、晚唐五代、宋辽金、西夏、元、清时期。但是接触造成的影响总会受到受语自身系统的制约，如能不能接受，接受以后怎么发展等。"杨永龙（2014）关于语言接触对汉语的影响的观点是非常正确的。我们认为，元代新的"因X(的)上头"类原因句式的产生既受到汉语自身的语法格式的制约，也受到

---

① 元代纯汉语文献不仅排斥"X(的)上/上头"这种完全异质的原因句式，而且也排斥因蒙语与汉语接触而生成的原因句式"因X(的)上头"（详见下文），因为"因X(的)上头"类虽然具有汉语使用前置词的原因句式的特点，但是其是蒙汉语言接触而生成的糅合句式，仍然具有异族语言后置词原因句式的特点。无怪乎元代纯汉语文献中"因X上/上头"类糅合句式也非常罕见（"因此上"等三音节形式除外）。由此可见，元明时期纯汉语文献在语法上具有很强的排他性。换言之，具有异族语言特点的原因句式"X(的)上/上头""因X(的)上头"等对元代纯汉语文献影响甚微。即便是元代非纯汉语文献，有时也排挤这种不符合汉语语法特点的蒙古语后置词原因句式的复制式"X(的)上头"类、糅合句式"因X(的)上头"类。如《蒙古秘史》，其旁译中个别后置词原因句式"X(的)上头"在总译中改成了汉语前置词原因句式"因X"等。

蒙古语语法格式的渗透、影响，语言接触引发了新的语法格式"因X（的）上头"类的产生。上古汉语中已出现原因句式"因X""为X""以X"等，晚唐五代时期出现了原因句式"因为X"，南宋时期汉语在固有的原因句式"因X故"等的基础上发展出了"因X上"。汉语这种固有的"因X（上）"类原因句式是新的"因X（的）上头"类原因句式产生的内因，而元代蒙古语原因句式的汉语直译式或复制式"X（的）上头"类是新的"因X（的）上头"类原因句式产生的外因。蒙汉之间的语言接触引发了"因X（上）"类与"X（的）上头"类的糅合，从而生成了新的"因X（的）上头"类原因句式。"因X（的）上头"类的生成过程可以表示为：

"因X（上）"类+"X（的）上头"类→"因X（的）上头"类

句式糅合要遵循语义相近原则、时代先后原则和成分蕴含原则或语义蕴含原则，"因X（上）"类与"X（的）上头"类糅合生成"因X（的）上头"类完全遵循句式糅合的三个基本原则。首先，"因X（上）"类和"X（的）上头"类语义相同，均是表示原因，因而遵循句式糅合的语义相近原则。其次，"因X（上）"类中"因X""为X""以X"早在上古汉语中就已出现，"因为X"到了晚唐五代也已出现，"因X上"在南宋时期有用例，也就是说"因X（上）"类在元代之前就已存在；"X（的）上头"类在元代出现；"因X（的）上头"类也是在元代出现的，因而"因X（上）"类与"X（的）上头"类糅合而成"因

X(的)上头"类遵循句式糅合的时代先后原则。最后,"因X(的)上头"类蕴含了"因X(上)"类与"X(的)上头"类的所有成分,也蕴含了二者的语义,因而"因X(上)"类与"X(的)上头"类糅合生成"因X(的)上头"类遵循句式糅合的成分蕴含原则或语义蕴含原则。总之,从句式糅合的三个基本原则可以看出,"因X(的)上头"类的生成机制是糅合,其是由汉语固有的前置词原因句式"因X(上)"类和蒙古语后置词原因句式的汉语直译式或复制式"X(的)上头"类糅合而成的。

那么"因X(上)"类与"X(的)上头"类发生糅合的动因是什么呢?我们认为,二者糅合的动因是语言接触。在历史上两种语言一旦发生接触,必然会引起两种语言之间或强或弱的干扰、渗透。"因X(上)"类是汉语自身固有的原因句式,"X(的)上头"类是蒙古语后置词原因句式的直译式或复制式。在蒙语与汉语接触背景下,无论言者所操的母语是汉语还是蒙古语,如果言者要用汉语进行交际,且要使用原因句式,那么言者一方面就会受到汉语前置词原因句式的制约,欲用汉语前置词原因句式"因X(上)"类;另一方面又会受到蒙古语后置词原因句式的干扰,欲用蒙古语后置词原因句式的直译式或复制式"X(的)上头"类。于是"因X(上)"类与"X(的)上头"类就先后在言者大脑中浮现、叠加,[①] 在外在的语言形式

[①] 或者先浮现"因X(上)"类,后浮现、叠加"X(的)上头"类;或者相反。

上这两种句式就通过删略重叠成分糅合生成了"因 X（的）上头"类。也就是说，"因 X（的）上头"类是在蒙古语与汉语接触背景下，由汉语前置词原因句式"因 X（上）"类与蒙古语后置词原因句式的直译式或复制式"X（的）上头"类糅合而成的。换言之，"因 X（的）上头"类是语言接触引发的糅合句式，其生成动因是语言接触。①

我们可以通过比较《蒙古秘史》中的旁译与总译来看"因 X（的）上头"类的生成机制与生成动因。

在元代以前的汉语中，"上/上头"尚未出现表示原因的用法。"上/上头"用于 X 后表示原因，这是元代才出现的。阿尔泰语属于黏着语，依靠附加成分（后置词）表示语法意义。《蒙古秘史》中一般用汉语的方位词"上/上头"来对译中古蒙古语领格形式的名词、代词、形动词之后表示原因的后置词 tula（秃剌）。在《蒙古秘史》中，这种对译的旁译与总译部分不尽相同，有时是一致的，有时又不一致。

其一，有的旁译用"上头"对译蒙古语表示原因的后置词 tula（秃剌），总译仍然采取这种对译，并复制了蒙古语原因词后置的语序，即使用蒙古语后置词原因句式的复制式"X（的）上头"类，如例（105）、（106）。

---

① 汉语固有的原因句式"因 X 上"中的"上"是"方面"的意思，与蒙古语后置词原因句式的直译式或复制式"X 上"中的"上"意思与用法很不一样，但是二者语言形式相同、句法位置相同，从而也推动了"因 X（上）"类与"X（的）上头"类的糅合。

其二，有的旁译部分用"上头"对译表示原因的后置词 tula（秃剌），而总译部分却改成了表示原因的前置词"因"等，即使用汉语的前置词原因句式"因 X"等，如例（107）、（108）；甚至在后续分句中加上表示结果的前置词"所以"，以明示前后分句之间的因果关系，如例（109）。

(107) ᵗ合臣讷 可温 那牙吉多 捏ᵗ列台 不列额。那黯
　　　　名　　子　名　　　　　名字有的 有来。　装官
失ᵏ 阿不ᵗ里秃 秃剌，那牙勤 斡字ᴴ坛 字鲁罢。
人　性儿有的 上头，一种　 姓每　　做了。

总译：ᵗ合臣的子名那牙吉歹。那牙吉歹<u>因他性儿好装官人模样</u>，就做了那牙勤姓氏。（卷一）

(108) 安答　客额ᴸ都恢　约孙　亦讷 王·ᵗ罕　额赤格
　　　契交　共说　　　理　　他的　人名　　父
余延　ᵗ忽ᵗ儿察ᵗ忽思·不亦ᵗ鲁ᴴ ᵗ合讷 迭兀捏ᵗ里颜
自的行 人名　　　　　　　　　 　皇帝的 弟每自的行
阿剌ᵗ忽因 秃剌，古ᵗ儿·ᵗ罕 阿巴ᵗ合 鲁阿班　 奔ᴸ
杀　的　 上头，人名　　　 皇帝叔叔　一同自的行 反
（哈）[ᵗ合] 孛鲁ᴸ察周。
　　　　共做着。

总译：<u>因在先王ᵗ罕将父ᵗ忽ᵗ儿察ᵗ忽思不亦鲁ᵗ罕的诸弟杀戮</u>，被叔古ᵗ儿ᵗ罕欲杀王ᵗ罕。（卷五）

(109) 成吉思·ᵗ合罕 札ᵗ儿里ᴴ 孛鲁ᴸ论 必答 兀ᵗ鲁
　　　太祖　皇帝　圣旨　　　说道　　咱　一族

第十四章 "因X（的）上头"类原因句式的来源及其演变

乞牙㖇里颜 也客 额耶巴㖇剌勒都黑撒泥 别勒古台因 札阿中
自的行 大 商量了 了的行 人名 的 告的
忽因 秃剌, 必答讷 扯㖇里兀惕 马石 毯失牙罢（原作伯）。
上头, 咱的 军每 好生 废耗了。

总译：成吉思说，自家一族里商量大事，<u>因别勒古台泄露了，所以军马被伤死者甚多</u>。（卷五）

其三，有的旁译部分用"上/上头"对译表示原因的后置词 tula（秃剌），但是在总译部分不仅仍然使用原因后置词"上/上头"，而且还要加上一个原因前置词"因"等，形成"因X（的）上头"类。具体有"因X（的）上头""为X（的）上头""因X上"（均为"因此上"）等，如例（110）—（113）；甚至还可在后续分句前加上表示结果的连词"所以"，形成因果复句"因X（的）上头，所以Y"类，如例（114）。

（110）帖堆 客㖇列亦惕 亦㖇儿格 多㖇来亦塔兀勒周 竹克
那些 种名 百姓 屈下 着各
竹克 中忽必牙周 塔剌兀勒罢（原作伯）。孙勒都歹 塔中
各 分 着房 了。 姓 人
孩·把阿秃㖇仑 土撒因 亦讷 秃剌, 你刊札温 只㖇儿吉
名 勇士的 恩的 他的 上头，一 百 姓行
泥 斡克罢（原作别）。
与 了。

总译：那遍将客㖇列亦惕百姓屈下，各各分了。<u>因孙勒都歹种的人塔孩把阿秃儿，太祖处有恩的上头</u>，与了一百只儿斤百姓。

(卷七)

(111) 别勒古台 鸣诂列(论)[舌论]蔑儿 兀都为 不列
人名 说 伤 未 有来
额 米讷 秃剌，阿中合 迭兀突舌儿 卯兀 中合邻 孛鲁勒察兀齐。
我的 上头，兄 弟 行 相 怪 恐 做。
必 兀禄 阿勒札中忽 必 亦剌阿舌里 备由。阿中合 迭兀 突舌儿
我 不 碍事 我 较好 有的。兄 弟 行
撒亦 亦只里都勒缠 不恢 突舌儿 阿中合 不秃该。中豁舌鲁
恰才 惯熟 有 时 兄 休。 且
木惕 摆宜 客额罢(原作别)。
住 说了。

总译：别勒古台说："虽伤了，不曾十分重。为我上头，弟兄每休恶了。"(卷四)

(112) 帖木真 鸣诂列(论)[舌论]米讷 秃剌，赤 额舌鲁
人名 说 我的 上头，你 恐被
思帖兀泽 必 中合儿镤阑勒都速。
害 我 厮射。

总译：帖木真说："为我的上头，恐伤着你，我与他厮射。"(卷二)

(113) 札木中合 答察 额敦 亦儿坚 亦舌列罢(原作伯)
人名 行 这些每 百姓 来了
客延 成吉思 中合罕 斡[额]舌儿 秃舌里颜 兀鲁思 亦舌列罢
么道 太祖 皇帝 自己 里行 百姓 来了

第十四章 "因X（的）上头"类原因句式的来源及其演变 / 449

（原作伯）客延 巴牙思抽。成吉思 ᴴ合罕 诃额仑·兀真
　　　　　　　　　么道 喜欢着。 太祖　 皇帝　妇名　　夫人
ᴴ合撒ʳ儿 主ʳ儿乞讷 撒察·别乞 泰出坛 孛仑 斡难讷 屯
人名　　　种名的　　人名　　　种名 共　河名的 林
突ʳ儿 ᴴ忽ʳ林剌牙 客额勒都周 ᴴ忽ʳ林剌仑。成吉思 ᴴ合罕
里　　做筵席咱　共说着　　　筵席时。　　 太祖　 皇帝
纳 诃额仑·兀真捏 ᴴ合撒ʳ剌 撒察·别乞 迭乞额惕 帖ʳ里兀
行 名　　夫人行　人名行　　人名　行　 等　　　为头
连 你刊 秃速ʳ儿格 秃速ʳ儿出为。巴撒 撒察·别乞 因
　 一 瓮　　　　倾了。　　　　 再　 人名　　　 的
兀出兀坚 额客 额别该 宜 帖（里）[ʳ里] 兀连 你刊
小　　　娘　 人名　 行　为头　　　　　　 一
秃速ʳ儿格 秃速ʳ儿ᴴ灰 因 <u>秃剌</u>，ᴴ豁ʳ里真 ᴴ合屯 ᴴ忽
瓮　　　 倾了　　　的 <u>上头</u>，妇人名　娘子 妇
兀ʳ儿臣 ᴴ合屯 只ʳ邻 纳麻 兀禄 帖ʳ里兀连 额别该 宜
人名　　娘子　两个 我行 不　 为头　　　 人名　行
帖ʳ里兀连 客ʳ儿 秃速ʳ鲁由 客延 保兀ʳ儿赤 失乞兀ʳ里
为头　　　怎生　倾有　　 么道 厨子　　　人名行
阿失吉主为。
打了。

总译：太祖因这些百姓来了，喜欢着，于斡难河边林里做筵席，先于诃额仑并ᴴ合撒ʳ儿撒察别乞等行放了一瓮马奶子，再于撒察别乞小娘额别该行也放了一瓮。<u>因此上</u>豁里真、忽兀ʳ儿

臣两个娘子说:"俺根前如何不先放?"将厨子失乞兀儿打了。(卷四)

(114) 巴撒　成吉思 ᶜʰ合罕　脱鲁纳　鸣诂列 ˢʰ论　额赤格
　　　　再　　太祖　　　皇帝　　人名行　说　　　父
可温　斡额ˢʰ列　敏ᶜʰ合　客ˢʰ儿　蔑迭古　不列额　赤　兀鲁思
子　　另　　　千　　　怎　　　管的　　有来　你　百姓
ᶜʰ忽ˢʰ里牙ᵏ敦　额赤格　迭彻　斡ˢʰ罗[额]列　只兀ˢʰ儿　孛仑
共　　收集　　父　　行　　　只　　　　　翅　　　做
只兊ᵏ都周　兀鲁思 ᶜʰ忽ˢʰ里牙ᵏ都黑三　秃剌,扯ˢʰ儿必　捏ˢʰ列
共　拽　着　百姓　　共收集了的　　　上头,官名　　名分
斡兊ᵏ罢者。额朵额　斡额ˢʰ仑　斡鲁黑三　拙额ᵏ薛你耶ˢʰ里颜
与了也者。如今　　自　　　得了的　　置来的　　教自的
斡额ˢʰ仑　敏ᶜʰ合　孛ᵏ周　秃ˢʰ鲁ᶜʰ罕　突ˢʰ儿　额耶秃ᵏ都周　兀禄兀
自己　　千　　　做着　　人名　　　行　　　商量着　　　不
阿ᶜʰ忽　赤　客延　札ˢʰ儿里黑　孛ᵏ罢。
住么　你　么道　圣旨　　　做了。

总译:成吉思再对脱仑说:"你父子为甚得各管千户?<u>因你助你父亲收集百姓上头,所以与你扯ˢʰ儿必名分</u>。如今将你自收集的百姓做千户,与脱鲁罕商议着行。"(卷九)

有意思的是,在《蒙古秘史》旁译或总译部分中一般用方位词"上/上头"对译tula,但是在总译部分却有1例使用"缘故",即"因X的缘故"。例如:

(115) 撒儿塔黑台 古温捏彻 牙剌哇赤 马思中忽惕
　　　回回　　　人处　　　人名　　　人名
中豁牙舌仑 巴剌中合速讷 脱舌劣 约孙 赤答中忽因 秃剌，
两个　　　 城子的　　　 体例 道理 能的　　　 上头，
乞塔惕 亦舌儿格泥 蔑迭兀仑 答舌鲁中合思 鲁阿 土失罢
契丹　 百姓行　　 教管　　 镇守的　　　　 一同 委付了。
（原作伯）。

总译：因其能知城池的缘故，遂命其子马思忽惕与镇守官一同管不中合儿等城，又命牙剌洼赤管北平。（卷十一）

需要指出的是，"因X的缘故"与"因X（的）上头"在形式上极为相似，但是其是汉语固有的前置词原因句式，其与上古汉语中就已存在的"因X之故"等是一脉相承的。

从以上《蒙古秘史》中的旁译部分可以看到，"X（的）上头"类是对译蒙古语原因句式的产物，或者说是蒙古语后置词原因句式的复制式，对汉语来说是一类全新的原因句式。

在总译部分，对应的原因句式却有三种情况：

其一，翻译者侧重考虑蒙古语原因句式特点，使用"X（的）上头"类。译者会认为，既然是对译，那么应该尽量保留蒙古语的句法特征，将蒙古语原来的句法特征迁移到汉语中，于是总译部分的原因句式使用了蒙古语的后置词语序，或者说使用了蒙古语后置词原因句式的复制式"X（的）上头"类。

其二，翻译者侧重考虑汉语原因句式的特点，使用"因X"类。译者会认为，"X（的）上头"类与汉语的前置词原因句式

"因X"类格格不入,因而换用了汉语的前置式"因X"类。

其三,翻译者兼顾蒙古语与汉语两种语言原因句式的特点,使用"因X(的)上头"类。译者会认为,兼顾两种语言的原因句式能让蒙古人、汉人都能接受,因而将蒙古语与汉语的两种原因句式叠加在一起,糅合成新的"因X(的)上头"类原因句式。

《蒙古秘史》总译部分中的三种原因句式"因X"类、"X(的)上头"类、"因X(的)上头"类并存,通过比较这三种情况可以看到,总译部分中的"因X(的)上头"类是在蒙古语与汉语接触背景下由汉语前置词原因句式"因X(上)"类与蒙古语后置词原因句式的直译式或复制式"X(的)上头"类糅合而成的。换言之,"因X(的)上头"类是语言接触引发的糅合句式,其生成机制是糅合,生成动因是语言接触。

14.4 "因X(的)上头"类原因句式的演变

14.4.1 元代汉语中"因X(的)上头"类的分布

元代白话文献可以分为未受到蒙古语影响的纯汉语文献和受到蒙古语影响的非纯汉语文献,在这两类白话文献中"因X(的)上头"类原因句式分布不均衡。纯汉语文献一般只有"因X(的)上头"类中的三字格"因此上""以此上",如《元刊杂剧三十种》(偶有"为X上"用例)、《全元散曲》、《全相平话五种》等。而非纯汉语文献中具有"因X(的)上头"类中所有的次类,如直译体元代白话碑文中"因X(的)上头"类均为"为X(的/底)上头";直译体《元典章·刑部》中"因X(的)上头"类主要是"为X(的)上头",少数是"为X上""因X上""因为X上";直译体《通制条格》中"因X(的)上头"类均为"为X(的)上头";《蒙古秘史》总译部分中"因X(的)上头"类具体有"因X(的)上头""为X(的)上头""因X上"(均为"因此上")等;直讲体《孝经直解》《直说大学要略》《经筵讲义》等中"因X(的)上头"类具体有"为X(底)上头""因X(的)上头""为X上""因X上"(均为"因此上")等;朝鲜时代汉语教科书《原本老乞大》中"因X(的)上头"类具体有"因X上头""为X上""为X上头"等。

"因X(的)上头"类是因语言接触而产生的糅合句式,因而在受到蒙古语影响的非纯汉语文献中具有普遍性、多样性;而在未受到异族语言影响的纯汉语文献中不具有普遍性,类型也特别少,基本上局限于三字格"因此上""以此上"。元代语言接触初期,汉语语法具有极强的保守性,排斥差异较大的异质句式。如"X(的)上头"类,是蒙古语后置词原因句式的直译式或复制式,对汉语来说是一种全新的句式,其与汉语前置词原因句式"因X(上)"类的句法特点格格不入,因而保守的纯汉语文献几乎不使用"X(的)上头"类。因语言接触而产生的糅合句式"因X(的)上头"类也不完全符合汉语原因句式特点,其既有汉语的特点(使用前置词),又有蒙古语的特点（使用后置词），显得奇特，因而保守的元代纯汉语文献也几乎不见"因X（的）上/上头""为X（的）上头""因为X上"等非三字格的糅合的原因句式。但是，元代是蒙古族统治的朝代，蒙古语对汉语的渗透、影响是不可避免的，汉语作为强势语言，有时也要在保留自身特色的同时迁就弱势语言，适当地做出一些妥协让步。因此，在语法上纯汉语文献会根据汉语自身的句法特点有限地复制或借用蒙古语语法格式。三字格"因此上""以此上"虽然是糅合生成的句式，但是均是三个音节，属于超音步韵律词。在汉语史上早已有双音节的结果连词"因此""以此"，方位词"上"的意义在宋元时期就已经虚化，超音步韵律词"因此上""以此上"常用于结果分句之前，与汉语表示结果的连词"因此""以此"的句法位置相当，所以在元代语言接触背景下，纯汉语文献的作者会根据汉语的特点将"因此上""以此上"重新分析为与"因此""以此"相当的表示结果的连词（详见下文）。因此，"因此上""以此上"在纯汉语文献中有一些用例。

14.4.2 明清时期"因X（的）上头"等的衰亡[①]

1368年明太祖朱元璋领导农民起义军推翻了元朝在中原的统治，建立了明朝；以元顺帝妥欢帖睦尔为首的蒙古统治者退回蒙古高原。明朝是汉族建立的封建王朝，因而从有明时期开

[①] 这里不包括三字格"因此上""以此上"，关于二者的演变详见下文。

始蒙古语对汉语的渗透、影响日益减弱乃至消亡,因语言接触而产生的糅合句式"因X(的)上头"等句式也逐渐衰亡。

元末明初时期纯汉语文献中"因X(的)上头"等句式仍有一些用例。如在大约成书于元末明初的以北方口语为基础的《水浒传》中,还有少量"因X(的)上头"类,具体有"为X上""为X上头""因X上头""为因X上""因为X上""因此上"等。例如:

(116)却说朱武等三人归到寨中坐下,朱武道:"我们不是这条苦计,怎得性命在此?虽然救了一人,却也难得史进为义气上放了我们。过几日备些礼物送去,谢他救命之恩。"(《水浒传》第二回)

(117)林冲大叫道:"差矣,先生!我今日只为众豪杰义气为重上头,火并了这不仁之贼。实无心要谋此位。今日吴兄却让此第一位与林冲坐,岂不惹天下英雄耻笑!若欲相逼,宁死而不坐。我有片言,不知众位肯依我么?"(《水浒传》第十九回)

(118)洪教头道:"大官人只因好习枪棒上头,往往流配军人都来倚草附木,皆道我是枪棒教师,来投庄上,诱些酒食钱米。大官人如何忒认真。"(《水浒传》第九回)

(119)那汉道:"哥哥听禀:小人姓石名勇,原是大名府人氏。日常只靠放赌为生,本乡起小人一个异名,唤做石将军。为因赌博上一拳打死了个人,逃走在柴大官人庄上。……"(《水浒传》第三十五回)

(120) 那汉道:"小人姓汤名隆,父亲原是延安府知寨官来,因为打铁上遭际老种经略相公帐前叙用。……"(《水浒传》第五十四回)

(121) 李逵道:"今后但吃时,舌头上生碗来大疔疮!我见哥哥要吃素,铁牛却吃不得,因此上瞒着哥哥。今后并不敢了。"(《水浒传》第五十三回)

到了明代,"因X(的)上头"类开始衰微。在《醒世恒言》中有若干例"因X上"。例如:

(122) 浑家陆氏,见他恁般花费,苦口谏劝。赫大卿到道老婆不贤,时常反目。因这上,陆氏立誓不管,领着三岁一个孩子喜儿,自在一间净室里持斋念佛,由他放荡。(《醒世恒言》卷十五)

(123) 焦氏嚷道:"又不是亲生的,教我着疼热,还要算计哩!"焦榕笑道:"正因这上,说你没见识。自古道:将欲取之,必固与之。你心下越不喜欢这男女,越该加意爱护。"(《醒世恒言》卷二十七)

(124) 今日说一位官员,只因贪杯上,受了非常之祸。话说这宣德年间,南直隶淮安府淮安卫,有个指挥姓蔡,名武。家资富厚,婢仆颇多。平昔别无所好,偏爱的是杯中之物,若见了酒,连性命也不相顾,人都叫他做"蔡酒鬼"。因这件上,罢官在家。(《醒世恒言》卷三十六)

在明代文献《皇明诏令》中,"因X(的)上头"等句式未见用例。

到了清代"因X（的）上头"等并未彻底消亡，但是使用频率极低，如在《红楼梦》《儿女英雄传》中有少量"因X上""因X（的）上头"用例。例如：

（125）贾政一举目，见宝玉站在跟前，神彩飘逸，秀色夺人；看看贾环，人物委琐，举止荒疏；忽又想起贾珠来，再看看王夫人只有这一个亲生的儿子，素爱如珍，自己的胡须将已苍白。<u>因这几件上</u>，把素日嫌恶处份宝玉之心不觉减了八九。（《红楼梦》第二十三回）

（126）尤氏道："你是初三日在这里见他的，他强扎挣了半天，也是<u>因你们娘儿两个好的上头</u>，他才恋恋的舍不得去。"（《红楼梦》第十一回）

（127）至于他父女两个心疼那姑娘，舍不得那姑娘，却是一条肠子。<u>又因这疼他、舍不得他的上头</u>，却又用了一番深心，早打算到姑娘临起身的时候，给他个斩钢截铁，不垂别泪。（《儿女英雄传》第二十一回）

在《官场现形记》中偶见"为X上头"用例。例如：

（128）一天只教我读半篇。因我记性不好，先生就把这篇文章裁了下来，用浆子糊在桌上，叫我低着头念，偏偏念死念不熟。<u>为这上头</u>，也不知捱了多少打，罚了多少跪，到如今才挣得这两榜进士。（《官场现形记》第一回）

随着时间的推移、朝代的更迭，蒙古语对汉语的影响力逐渐衰微，元代产生的"因X（的）上头"类原因句式到了明清时期逐渐减少乃至消失，汉语原因句式逐渐抛弃了蒙古语的句法特点，回归到汉语的表达式。"因X（的）上头"类在明代的一些纯汉语文献中还偶见用例，到了清代则几乎消失了，不仅在纯汉语文献中几乎消失了，而且在有着语言接触背景的朝鲜时代汉语教科书中也几乎消失了。

我们通过比较四种版本《老乞大》中表达同一命题义的原因句式，可以清楚地看到，"因X（的）上头"类在元代极为兴盛，但是明代开始逐渐衰微，清代已基本消亡。

《老乞大》是朝鲜时代最重要的汉语教科书之一，"多带蒙古之音，非纯汉语"（李边《〈训世评话〉序》）。《老乞大》重要的版本有四种：《原本老乞大》《老乞大谚解》《老乞大新释》和《重刊老乞大谚解》。最早的是《原本老乞大》。"1998年韩国学者南权熙教授在整理大邱某私人藏书者的资料时，发现了一个以前未曾见过的《老乞大》刊本，经考察，他认为此书应是刊行于14世纪末15世纪初的古本《老乞大》"；郑光、南权熙、梁伍镇合作研究，"认为此本内容为朝鲜太宗朝（公元1400—1418年）以前编撰的，刊行于朝鲜世宗朝（公元1418—1450）"（李泰洙，2003：9）。李泰洙（2003：20）通过考察认为，新发现的《原本老乞大》"是一个可信的本子，它最初的编写年代不晚于1346年前几年，它的刊刻年代大致在14世纪末15世纪初（此据南权熙，1998）"。《原本老乞大》的语言鲜明地体现了元代语言的特点。但是随着汉语的发展变化，用《原本老乞大》来做会话教科书已不合时宜，因而出现了改编本，主要有《老乞大谚解》（1670年前后）、《老乞大新释》（1761年）和《重刊老乞大谚解》(1795年)。我们通过这四种版本中表达同一命题义的原因句式的比较,可以清楚地看到元明清时期北方汉语原因句式的演变轨迹,进而可以看到因语言接触引发的句式糅合现象的盛衰。

(129) a.俺有一个伴当落后了来,俺沿路上慢慢的行着[等]候来。为那上,迟了来。(《原本老乞大》)

b.我有一个火伴落后了来,我沿路上慢慢的行着等候来,因此上,来的迟了。(《老乞大谚解》上)

c.我因有个朋友落后了,所以在路上慢慢的走着,等候他来,故此来的迟了。(《老乞大新释》)

d.我有一个朋友落后了,所以在路上慢慢的走着,等候他来,故此来的迟了。(《重刊老乞大谚解》上)

通过比较可以看到,原因句式的变化是:

a:糅合句式→b:糅合句式①→c:汉语结果连词→d:汉语结果连词

(130) a.俺汉儿人[上]学文书来的上头,些小汉儿言语省的有。(《原本老乞大》)

b.我汉儿人上学文书,因此上些少汉儿言语省的。(《老乞大谚解》上)

c.我在中国人根前学书来着,所以些须知道官话。(《老

---

① 《老乞大谚解》中的所谓糅合的原因句式基本上是"因此上"。事实上,这些"因此上"已有强烈的词汇化倾向。我们姑且将"因此上"看作糅合句式。下同。

乞大新释》）

d. 我在中国人根前学书来，所以些须知道官话。(《重刊老乞大谚解》上）

通过比较可以看到，原因句式的变化是：

a：蒙语句式→b：糅合句式→c：汉语结果连词→d：汉语结果连词

(131) a. 每日和汉儿学生每一处学文书来的上头，些小理会的有。(《原本老乞大》)

b. 每日和汉儿学生们一处学文书来，因此上些少理会的。(《老乞大谚解》上）

c. 每日同汉学生们一处学习来，所以略略的会得。(《老乞大新释》)

d. 每日同汉学生们一处学习来，所以略略的会得。(《重刊老乞大谚解》上）

通过比较可以看到，原因句式的变化是：

a：蒙语句式→b：糅合句式→c：汉语结果连词→d：汉语结果连词

(132) a. 恁偏不理会的。从年时天旱，田禾不收，饥荒的上头，生出歹人来。(《原本老乞大》)

b. 你偏不理会的。从年时天旱，田禾不收，饥荒的上头，生出歹人来。(《老乞大谚解》上）

c. 你不知道。因去年年成荒旱，田禾没有收成的上头，就生出这些歹人来了。(《老乞大新释》)

d. 你不知道。因去年年成荒旱，田禾没有收成，就生出歹人来了。(《重刊老乞大谚解》上)

通过比较可以看到，原因句式的变化是：

a：蒙语句式→b：蒙语句式→c：糅合句式→d：汉语句式

(133) a. 底似的汉儿言语说不得的上头，不敢言语。他每委实不是歹人。(《原本老乞大》)

b. 他汉儿言语说不得的，因此上不敢说语。他们委实不是歹人。(《老乞大谚解》上)

c. 他不懂汉人说的官话，故此不敢说话。他们真个不是歹人。(《老乞大新释》)

d. 他不懂中国的话，故此不能说话。他们真个不是歹人。(《重刊老乞大谚解》上)

通过比较可以看到，原因句式的变化是：

a：蒙语句式→b：糅合句式→c：汉语结果连词→d：汉语结果连词

(134) a. 俺这里今年夏里天旱了，秋里水涝了，田禾不收的上头，俺也旋籴旋吃里，那里将粜的米来？(《原本老乞大》)

b. 我这里今年夏里天旱了，秋里水涝了，田禾不收的，因此上我也旋籴旋吃里，那里有粜的米？(《老乞大谚解》上)

c. 我这里今年夏天大旱，到秋来又水涝了，庄家田禾没

有收成,故此我们都是现籴现吃,那里还有粜的来?(《老乞大新释》)

d. 我这里今年夏天大旱,到秋来又水涝了,田禾不收,故此我们都是旋籴旋吃,那里有粜的来?(《重刊老乞大谚解》上)

通过比较可以看到,原因句式的变化是:

a:蒙语句式→b:糅合句式→c:汉语结果连词→d:汉语结果连词

(135) a. 那般呵,消化不得上头,脑痛头眩,不思饮食。(《原本老乞大》)

b. 那般时,消化不得,因此上脑痛头眩,不思饮食。(《老乞大谚解》下)

c. 那般不错,不能克化,所以致脑痛头眩,不思饮食。(《老乞大新释》)

d. 那般不错,不能克化,所以致脑痛头眩,不思饮食。(《重刊老乞大谚解》下)

通过比较可以看到,原因句式的变化是:

a:蒙语句式→b:糅合句式→c:汉语结果连词→d:汉语结果连词

(136) a. 众亲眷、街坊老的每、庄院老的每劝道:"你为甚么省不得,执迷着心?"回言道:"使呵使了我的钱,坏呵坏了我的家私,干恁甚么事?"因那上头,众人再不曾劝,信着他胡使钱。(《原本老乞大》)

b. 众亲眷街坊老的们劝说:"你为甚么省不得,执迷着心?"回言道:"使时使了我的钱,坏时坏了我的家私,干你甚么事?"因此上众人再不曾劝他,随着他胡使钱。(《老乞大谚解》下)

c. 众亲戚街坊有老成的,劝他说:"你为甚么不知世务,执迷了心,竟不思改过?"他反倒回说:"使是使了我的钱,坏是坏了我的名,干你甚么事?"所以众人再不肯劝他了,随他胡使钱。(《老乞大新释》)

d. 众亲戚街坊老成的都劝他说:"你为甚么不知世务,执迷了心,竟不思改过?"他倒回说:"使是使了我的钱,坏是坏了我的名,干你甚么事?"因此众人再不肯劝他,随他胡使钱。(《重刊老乞大谚解》下)

通过比较可以看到,原因句式的变化是:

a:糅合句式→b:糅合句式→c:汉语结果连词→d:汉语结果连词

(137) a. 恁怎说那等言语?宽呵,做出衣裳余剩,又容易卖;窄呵,做衣裳不勾。不争少些个,又索这一等的布零截,又使五两钞。为这上,买的人少。怎做?(《原本老乞大》)

b. 你怎么说那等的话?宽时做衣裳有余剩,又容易卖;窄时做衣裳不勾。若少些时,又要这一等的布零截,又使一钱银。为这上,买的人少。(《老乞大谚解》下)

c. 你怎么说那等的话?宽的做衣裳,是有材料,有余剩的，可以又容易卖；窄的做衣裳是没材料，不勾。若短少了，又必要添些零布，又得多使一钱银子。故此买的人就少了。(《老乞大新释》)

d. 你怎么说那等的话？宽的做衣裳有余剩的，又容易卖；窄的做衣裳不勾。若短少了，必要添些零布，又费一钱银子，故此买的人少。(《重刊老乞大谚解》下)

通过比较可以看到，原因句式的变化是：

a：糅合句式→b：糅合句式→c：汉语结果连词→d：汉语结果连词

由上面的比较可以清楚地看出，早期的 a 多数是蒙语句式，少数是糅合句式；之后的 b 基本上是糅合句式，[①] 个别是蒙语句式；较晚的 c 基本上是汉语结果连词，个别是糅合句式；最晚的 d 基本上是汉语结果连词，个别是汉语句式。换言之，元代蒙语影响较大，或直接使用蒙语句式，或使用蒙汉糅合句式；到了明清时期因语言接触而生成的糅合句式由盛而衰，渐趋减少，乃至消失，只使用汉语结果连词或汉语原因句式。由此可见，在蒙古族建立的元代，语言接触引发的糅合句式开始兴盛，颇为常见；但是随着朝代的更迭，蒙古语影响力日益减弱，语言接触引发的糅合句式渐趋衰微，乃至消失。正如江蓝生(2013) 所言："在元朝蒙古族处于统治地位，蒙古语为强势语言时，汉语里或是较多地采取照搬直译蒙古语语法成分，或是使

[①] 基本上是"因此上"，可以认为已词汇化。

用兼容两种语言句式特点的叠加式;而当元蒙王朝灭亡,蒙古语处于弱势地位时,汉语或是对原先的直译式、叠加式加以改造,使之合乎汉语的句法要求,从而融进汉语之中,或是干脆将外来成分丢弃,回归汉语原来的句法形式。这样,从元代到清代,汉语在与以蒙古语为主的阿尔泰语接触中,大致经历了照搬直译——句式叠加——调整改造——回归复原的过程。这说明不同类型的语言在语法上具有很强的不可渗透性。"

值得注意的是,《老乞大新释》和《重刊老乞大谚解》是乾隆年间的刻本,反映的是清代中期的语言面貌,但是清代是满族建立的朝代,那时的汉语却基本上是比较纯正的汉语,未出现类似"因X(的)上头"等表示原因的糅合句式。这是为什么呢?个中原因是满语处于弱势地位。正如李泰洙(2003:106—107)所说,"在明代长达270多年的统治时期,北方汉语逐渐远离阿尔泰语的影响,越来越回归规范的汉语。清代虽是满族统治,但满族自来受到汉语、汉文化的深刻影响,民族融合的程度很高,顺治、康熙、雍正、乾隆时代,满族进一步汉化,逐渐放弃满语,走上了与汉族、汉语融合的道路",所以在《老乞大新释》和《重刊老乞大谚解》中"所看到的汉语,其面貌与今天已基本一样了"。

14.4.3 "因此上""以此上"的词汇化与衰微

在元代"因X(的)上头"类糅合句式颇为常见,随着时代的推移,"因X(的)上头"类开始衰微,而其中"因此上""以此上"在明代仍有较强的生命力。"因此上""以此上"原本是表示原因的糅合句式,其构成是:前置原因词"因/以"+代词"此"+后置原因词"上"。但是"因此上""以此上"由于多种因素的作用在元代就开始了词汇化的历程,由表示原因的糅合句式词汇化为表示结果的连词。

在元代非纯汉语文献中,"因此上""以此上"非常罕见。在元代直译体白话碑文、《元典章·刑部》、《通制条格》、直讲体《孝经直解》与《经筵讲义》及朝鲜时代汉语教科书《原本老乞大》等中有大量的"因X(的)上/上头""为X(的)上/上头"等原因句式,但是均无"因此上""以此上"用例。不过在元代直讲体《直说大学要略》中有1例"因此上",在翻译于明初的《蒙古秘史》总译部分中有3例"因此上"。[①]例如:

(138)一件,宋宰相吕正献公曾说,做宰相只理会钱呵,不是好事。百姓是国之本,财是百姓之心,多取敛钱财必损着百姓,损着百姓必损着国家。小人多收敛钱财教君现喜,君王不觉百姓生受,却道国家有利益。君王又道此人肯受天下怨,却不知天下怨气只在君王处。<u>因此上</u>,

---

① 从原因句式系统来看,《蒙古秘史》中的"因此上"尚可看作原因句式,不过"因此上"有词汇化的倾向。在《蒙古秘史》中有1例结果连词"所以上":

帖木真在溜道里卧着,速勒都孙姓氏锁儿失剌名字的人经过寻时,正见着,说道:"正为你这般有见识了,<u>所以上</u>泰亦赤兀惕兄弟每妒害你。你谨慎,只那般卧着,我不告你。"(《蒙古秘史》卷二)

如果认为例中的"所以上"是连词,"上"已附缀化,那么至少可以认为《蒙古秘史》中的"因此上"有词汇化倾向。关于"所以上"的来源,详见下文。

贤的君王在事前处置得不教生乱。(《直说大学要略》)

(139) 孛端察儿见他哥哥每将他不做兄弟相待,说道:"我这里住甚么?我自去,由他死呵死,活呵活。"因此上骑着一个青白色断梁疮秃尾子的马,顺着斡难河去到巴勒谆阿剌名字的地面里,结个草庵住了。(《蒙古秘史》卷一)

(140) 那妇人孛端察儿根前再生一个儿子,名巴阿舌里歹,后来做了巴阿邻人氏的祖。那巴阿舌里歹的儿子,名赤都中忽勒字阔。赤都中忽勒字阔娶的妻多,儿子多生了,因此上做了篾年巴舌阿邻姓氏。(《蒙古秘史》卷一)

(141) 答舌里台斡扬赤斤对那妇人说:"你丈夫岭过得多了,水也渡得多了,你哭呵他也不回头,踪迹寻呵也不得见了。你住声,休要哭。"因此上将回去与也速该把阿秃儿做了妻。(《蒙古秘史》卷一)

上面用例中的"因此上"尚可理解成"因 X(的)上头"类原因句式中的一个次类。

与非纯汉语文献相反,元代纯汉语文献中"因此上""以此上"有较多用例,而糅合的原因句式"因 X(的)上头"等极为罕见。在《新校元刊杂剧三十种》中"因此上"多达 26 例,"以此上"5 例;在《全元散曲》中"因此上"多达 27 例,"以此上"2 例;在《全相平话五种》中"因此上"1 例,"以此上"2 例;在《元本琵琶记》中"以此上"2 例。例如:

(142)【得胜令】我又怕叉手告人难,因此上懒下宝雕鞍。(金仁杰《萧何月夜追韩信》第二折,《新校元刊杂剧

三十种》)

(143)【仙吕】【赏花时】你叔嫂从来情性乖,<u>因此上</u>将伊曾劝来。休闲恼,莫伤怀,照管这家私里外,好觑付小婴孩。(孟汉卿《张鼎智勘魔合罗》楔子,《新校元刊杂剧三十种》)

(144)平生原自喜山林,一自归来直到今。向红尘奔走白图甚?怎如俺醉时歌醒后吟!出门来猿鹤相寻。山隐隐烟霞润,水潺潺金玉音,<u>因此上</u>留住身心。(张养浩〔双调〕《水仙子》,《全元散曲》)

(145)(正旦云)妹子,你不知,我兵火中多得他本人气力来,我<u>以此上</u>忘不下他!(关汉卿《闺怨佳人拜月亭》第三折,《新校元刊杂剧三十种》)

(146)【油葫芦】道统相承十二君,孔颜孟三圣人,皇天有意为斯文。教人从诚心正意修根本,以至齐家治国为标准。孔子书,齐鲁《论》,不离忠恕传心印,<u>以此上</u>天子重贤臣。(宫天挺《死生交范张鸡黍》第一折,《新校元刊杂剧三十种》)

以上"因此上""以此上"出现的语言环境可以表示为:S_1,因此上/以此上 S_2。S_1 与 S_2 在逻辑语义上是原因与结果的关系,"因此上/以此上"中的"此"为指代词,用来回指其前的分句 S_1。"因此上/以此上"为三音节韵律词,所处的位置正好是结果分句 S_2 之前,与结果连词"因此""以此"等所处的位置相同,而且在形式上与"因此""以此"等大致相同,

"上"逐渐附缀化,"因此上/以此上"逐渐在语境中吸收了连词"因此""以此"表示结果的功能。在较高的使用频率推动下,"因此上""以此上"表示结果的关联功能逐渐固化,"因此上""以此上"从而词汇化为一个表示结果的连词,相当于"因此""以此"。

下例中"因此上"出现的语境也是"S_1,因此上S_2",而且在S_1中出现了原因连词"因/为",可以认为"因此上"已完全词汇化为结果连词。

(147)【九煞】虽然是失一贤却得一贤,何须用涕两行泪两行,陛下得陇望蜀休多想。<u>只因损折了那一条白玉擎天柱,因此上赔与这万丈黄金架海梁</u>。(宫天挺《死生交范张鸡黍》第四折,《新校元刊杂剧三十种》)

(148)(正末唱)量这个夯铁之夫小可人,怎做这社稷臣。<u>为我王纳谏如流,因此上丞相奏准</u>。(金仁杰《萧何月夜追韩信》第三折,《新校元刊杂剧三十种》)

(149)【秃厮儿】<u>为母亲疾病可,因此上许下他</u>,便无子息待如何。病未可,不须我,古人言儿女最情多。(无名氏《小张屠焚儿救母》第二折,《新校元刊杂剧三十种》)

在《全元杂剧》《全元散曲》中有大量"因此上"用例,不过"以此上"用例较少。其中有较多的"为/因S_1,因此上/以此上S_2"等这样的用例,足以看出,在元明时期纯汉语文献中"因此上""以此上"已词汇化了。

下面是"为/为因S_1,因此上S_2"用例:

(150)（正末唱）为他每话不相投，因此上遣他在门外。（高茂卿《翠红乡儿女两团圆》第二折，《全元杂剧》）

(151) 只为你妻贤女孝，因此上取赴到京。（关汉卿《山神庙裴度还带》第四折，《全元杂剧》）

(152) 则为他好奢侈行逸佚，剔孕妇削贤心，因此上吕望兴师过孟津，血浸朝歌郡。（杨梓《忠义士豫让吞炭》第一折，《全元杂剧》）

(153)（夫人云）儿也，则为你青春年少，未曾许聘他人，因此上俺老两口忧心也。（无名氏《赵匡义智娶符金锭》楔子，《全元杂剧》）

(154) 昨日颜如渥丹，今朝鬓发斑斑。恰才桃李春，又早桑榆晚，断送了古人何限？只为天地无情乐事悭，因此上功名意懒！（张养浩〔双调〕《沉醉东风》，《全元散曲》）

(155) 妾身姓刘，小字月娥，长年一十八岁。为因高门不答，低门不就，因此上未曾成其配偶。（王实甫《吕蒙正风雪破窑记》第一折，《全元杂剧》）

下面是"为/因S_1，以此上S_2"用例：

(156) 都则为我不肯张罗，以此上闲放着盘千斤磨。（石君宝《诸宫调风月紫云庭》第三折，《全元杂剧》）

(157) 某因赵二舍匡义在家，并大哥一双父母，则怕被人欺负，以此上我不曾去。（无名氏《赵匡义智娶符金锭》楔子，《全元杂剧》）

(158) 则因他曾与韩侯为故友，以此上暗遣随何来辨剖。(无名氏《随何赚风魔蒯通》第三折，《全元杂剧》)

由"因此上""以此上"的词汇化可以看到，三音节的糅合句式可以发生词汇化。

在元代出现了大量的"因此上""以此上"，有意思的是，在元明时期还出现了少量的结果连词"所以上"。"所以"为什么会附上"上"呢？这是因为"因此上""以此上"已词汇化，相当于结果连词"因此""以此"，其中的"上"已附缀化，可以理解成一个结果连词后缀，因而可以类推出"所以上"这样的结果连词。不过这样的用例极少，如在《全元杂剧》中有3例：

(159)（正末云）婆婆，想咱两口儿为人，可也不曾行那歹来。我说莫不是这钱财上积攒的多了么？所以上妨害了咱这子嗣。想咱这世间人，无钱的可又难过，抵死积攒的多了，却又于身无益，此言信有之也呵。(无名氏《施仁义刘弘嫁婢》第一折，《全元杂剧》)

(160)（净云）上圣不知，我也曾几番家着鬼力去迷那厮，争奈他十分凶恶，所以上不敢近他。(无名氏《朱砂担滴水浮沤记》第三折，《全元杂剧》)

(161)（张郎同旦儿上，云）欢喜未尽，烦恼到来。自家张郎的便是，这个是我浑家引张。我当日与这刘员外家做女婿，可是为何？都则为这老的他有那泼天也似家私，寸男尺女皆无，所以上与他家做女婿，我满意的则是图他

这家私。……(武汉臣《散家财天赐老生儿》第一折,《全元杂剧》)

到了明代结果连词"因此上"仍有一些用例,不过"以此上"已衰微。在明代文献《皇明诏令》中有8例"因此上",未见"以此上"用例。例如:

(162) 及他事发,差人拿问,共计二十八招,都是害军害民的歹勾当,<u>因此上</u>取来打死了。(《皇明诏令·戒谕武臣敕》)

(163) <u>因此上</u>将千户李义、袁胜、童仁鞭讫一百,发长沙西口子充军。(《皇明诏令·谕武臣恤军敕》)

(164) 鉏麑见了这等,说道:"若是杀了,国家一个好人;不杀他,又违主人的号令。"<u>因此上</u>把头在赵宣子家里槐树上撞得头破脑裂死了。(《皇明诏令·戒谕管军官敕》)

(165) 曹操的军马那一个敢近他,<u>因此上</u>先主得脱了。(《皇明诏令·戒谕管军官敕》)

(166) 刘辟是唐时人,做四川节度使,自称做留守,使人来朝廷讨诰命铁券,朝廷不肯与他,<u>因此上</u>他发兵反来打四川、梓州。(《皇明诏令·戒谕管军官敕》)

在刊印于1677年的朝鲜时代汉语教科书《朴通事谚解》中"因此上"有5例,未见"以此上"用例。例如:

(167) 这的都是前世里休善积福来,<u>因此上</u>今世里那般的自在。(《朴通事谚解》)

(168) <u>因此上</u>半夜三更里起来,上他家门前叫唤着讨

第十四章 "因X(的)上头"类原因句式的来源及其演变

时,他睬也不睬。(《朴通事谚解》)

(169) 养孩儿好难,可知难里!怀耽十月,乳哺三年,推干就湿,千辛万苦,养大成人。<u>因此上</u>古人道:"养子方知父母心。"(《朴通事谚解》)

(170) 今年天旱,田禾不收,<u>因此上</u>贼广,使钩子的贼们更是广。(《朴通事谚解》)

"因此上"在明代小说中仍有一些用例,不过到了清代小说中日益减少。"以此上"在明代小说中用例极其罕见,到了清代几乎消失了。下表反映了明清时期11部小说中"因此上""以此上"的使用情况。①

表1 明清时期11部小说中"因此上""以此上"出现频率

词语	水	韩	三	封	西	金	女	红	绿	儿	官	合计
因此上	18	18	19	10	3	3	5	1	1	20	3	101
以此上	1	1	2	0	0	0	0	0	0	0	0	4

下面是明代小说中"因此上"用例:

(171) 禁子答道:"我那老娘听我说,我们却也要容情,怎禁被原告人监定在这里要拥,我们也没做道理处。不时,便要去和知县说,苦害我们,<u>因此上</u>做不的面皮。"(《水浒

---

① 表中文献使用简称。《水》:《水浒传》;《韩》:《韩湘子全传》;《三》:《三宝太监西洋记》;《封》:《封神演义》;《西》:《西游记》;《金》:《金瓶梅词话》;《女》:《女仙外史》;《红》:《红楼梦》;《绿》:《绿野仙踪》;《儿》:《儿女英雄传》;《官》:《官场现形记》。

传》第五十一回)

(172) 伦曰:"末将路闻君侯反商,崇侯奉旨征讨,<u>因此上</u>末将心悬两地,星夜奔回。但不知君侯胜负如何?"(《封神演义》第三回)

(173) 三宝老爷道:"非咱不肯前进,只是天师牒上凶多吉少,<u>因此上</u>就没有了主张。"(《三宝太监西洋记》第八十六回)

(174) 小钻风道:"我大大王与二大王久住在狮驼岭狮驼洞。三大王不在这里住,他原住处离此西下有四百里远近。那厢有座城,唤做狮驼国。他五百年前吃了这城国王及文武官僚,满城大小男女也尽被他吃了干净,<u>因此上</u>夺了他的江山,如今尽是些妖怪。……"(《西游记》第七十四回)

(175) 话说那山东东平府地方,向来有个永福禅寺,起建自梁武帝普通二年,开山是那万回老祖。怎么叫作万回老祖?因那老师父七八岁的时节,有个哥儿从军边上,音信不通,不知生死,<u>因此上</u>那老娘儿思想那大的孩儿,掉不下的心肠,时常在家啼哭。(《金瓶梅词话》第五十七回)

下面是清代小说中"因此上"用例:

(176) 第二是朱飞虎,系阵亡都指挥朱鉴之子。生得铁面虬髯,尖鼻吊眼,身材瘦削,骨格棱峥,却是拐一足的。而能徒步跳跃,马上如飞,<u>因此上</u>人称为"飞虎"。(《女仙外史》第八十二回)

(177) 所喜他天性高明，又肯留心学业，<u>因此上</u>见识广有，学问超群，二十岁上就进学中举。(《儿女英雄传》第一回)

(178) 相传说，从前有人见两只彩凤落在这地方山头上，百鸟围随，<u>因此上</u>得了这个村名。(《儿女英雄传》第一回)

(179) 只是这玉磬儿深恼如玉待他凉薄，又恨金钟儿那一番痛骂，怨深切骨，<u>因此上</u>每逢苗秃子来，就批评他无才无能，连个憨小厮也牢笼不住。(《绿野仙踪》第五十四回)

(180) 大善士是前去救人的，皇上还要另眼看待，不要说是一个小小州县。一个不好，只要大善士一封信给抚台，立刻拿他撤任，就是参官亦容易。<u>因此上</u>，谁敢不来巴结他！(《官场现形记》第三十四回)

下面是明代小说中"以此上"用例：

(181) 长老道："……贫僧讨了他这一个口诀儿，才把钵儿舀起了软水，口儿里念动了真言，借些硬水，<u>以此上</u>才过得来。"(《三宝太监西洋记》第二十一回)

(182) 总兵老爷道："……先前千户沙彦章被他捉去，后来金指挥、黄指挥两人出马，已自有个赢手，又被羊角真君满天的飞刀遮头扑面，<u>以此上</u>二将不能取胜。如今小道童又来讨战，坐名要天师对阵，故此冒渎尊颜，请凭示下。"(《三宝太监西洋记》第二十七回)

由于"因此上"与"因此"完全同义，前者是三音节，而后者是双音节，为标准的韵律词，所以在相互竞争中双音节的"因此"占有优势，"因此上"逐渐衰微。不过在现代汉语某些方言中"因此上"也见使用，如河南郑州等地。《汉语大词典》（2007：1698）收有"因此上"，将其解释为"因此"，列举了作家柳青《铜墙铁壁》中的用例：

(183) 坦白地说，我也有这个心思，<u>因此上</u>派你以来，心里总有些不服气。（柳青《铜墙铁壁》）①

许宝华、宫田一郎（1999：1964）也认为"因此上"相当于连词"因此"，属于中原官话，如河南郑州。例如三弦书《石疙瘩接亲》："石疙瘩，不憨瓜，心眼实，没瞎话，对俺好，孝敬妈，因此上俺才爱敬他。"

有意思的是，我们检索了北京大学CCL语料库现代汉语部分，发现在出生于浙江海宁的作家金庸的武侠小说中却有一些连词"因此上"用例。例如：

(184) 老一辈的人都知八臂神剑方东白是丐帮四大长老之首，剑术之精，名动江湖，只因他出剑奇快，有如生了七八条手臂一般，<u>因此上</u>得了这个外号。（金庸《倚天屠龙记》）

(185) 该地在山丘之阴，日光照射不到，王夫人只道不宜种花，<u>因此上</u>一株茶花也无。（金庸《天龙八部》）

---

① 柳青（1916—1978），陕西省吴堡县人。

(186) 段誉听她言语无礼，微觉不快，但随即想到她已落入强仇手中，处境凶险之极，心情有异，原亦难怪，反而起了同情之心，温言说道："在下心想这两个强徒意欲加害姑娘，在下仗着马快，才得脱危难，但姑娘却未必知道有仇人来袭，<u>因此上</u>赶来报知，想请姑娘及早趋避，不料还是来迟了一步，仇人已然到临。真是抱憾之至。"（金庸《天龙八部》）

(187) 他共有金银铜铁铅五只轮子，当真遇上大敌之时，可以五轮齐出，但他已往只用一只金轮，已自打败无数劲敌，<u>因此上</u>得了金轮法王的名号，其余银铜铁铅四轮却从未用过，其实依他武学修为，原该称"五轮法王"才是。（金庸《神雕侠侣》）

(188) 李莫愁道："杨过待这小女娃儿极好，料来决无加害之意，<u>因此上</u>我才瞎猜，以为是他女儿……"说到这里急忙住口，生怕黄蓉又要生气。（金庸《神雕侠侣》）

14.5 小结

"因X（的）上头"类原因句式始见于元代，在反映元代语言面貌的文献中使用较为普遍，尤其是在非纯汉语文献中用例更多。"因X（的）上头"类是在蒙古语与汉语接触背景下由汉语前置词原因句式"因X（上）"类与蒙古语后置词原因句式的直译式或复制式"X（的）上头"类糅合而成的。汉语固有的原因句式"因X(上)"类是新的"因X(的)上头"类原因句式产生的内因,而元代蒙古语原因句式的直译式或复制式"X(的)上头"类是新的"因X(的)上头"类原因句式产生的外因,蒙汉之间的语言接触引发了"因X(上)"类与"X(的)上头"类的糅合,从而生成了"因X(的)上头"类。换言之,"因X(的)上头"类的生成动因是语言接触。

随着时间的推移,元代产生的"因(的)上头"类原因句式到了明清时期逐渐减少乃至消失。其中"因此上""以此上"在元代开始了词汇化的历程,由表示原因的糅合句式词汇化为表示结果的连词。在明代"因此上"仍有一些用例,不过到了清代用例极少。在明代"以此上"用例非常罕见,到了清代几乎消失了。由此可见,因语言接触引发的句式糅合现象一般会随着时代的推进、朝代的更迭而消亡,但是也有例外,某种糅合句式也有可能沿用更长时间,甚至沿用下来。不过沿用的糅合句式在语义、语用等方面可能会发生一些变化,比如可能会发生词汇化。

"因X(的)上头"类糅合句式始见于元代,在元代非纯汉语文献和纯汉语文献中均有用例,只是前者中用例偏多,后者中用例偏少。因而我们可以将"因X(的)上头"类糅合句式看作元代语言的鉴别标准之一。如果在某部文献中出现了"因X(的)上头"类糅合句式,那么我们可以认为该文献很有可能有元代的语言成分;反之,则可以断定该文献很有可能未掺入元代的语言成分。诸宫调是宋金元时流行的一种新的说唱体文学形式,始于北宋,相传由孔三传始创,目前保存下来的只有《刘知远诸宫调》(仅存残卷)、《西厢记诸宫调》(完整本)和《天宝遗事诸宫调》(仅有残曲)三种。《刘知远诸宫调》是现存最早的诸宫调,郑振铎(1958)认为,"完全是金代(公元1115年—1234年)刻本或稍后的蒙古刻本的式样","大约也是属于十二世纪的产物"。我们在《刘知远诸宫调》中未发现"因X(的)上头"类糅合句式,因此可以判断,《刘知远诸宫调》极有可能没有元人改动的痕迹,应该属于太田辰夫(2003:374)所说的"同时资料"。但是同属金代诸宫调的《古本董解元西厢记》却不尽然,我们调查发现,其中有2例"因此上":

(189) 化了的相国姑夫,在时曾许聘与莺莺。不幸身死,<u>因此上</u>未就亲。如今服阕也,却序旧婚姻。(《古本董解元西厢记》卷八)

(190) <u>因此上</u>夫人把亲许,不望你中间说他方言语。(《古本董解元西厢记》卷八)

根据其中使用的"因X(的)上头"类糅合句式,即"因此上"[①],我们认为,《古本董解元西厢记》掺入了元代的语言成分,或者说有元人改动的痕迹,属于太田辰夫(2003:375)所说的"后时资料"。太田辰夫(2003:376)认为:"不能把《董西厢》看作是金代的作品。即使产生于金代,现在的本子也不会是保持原样。"这一看法是有道理的。

---

① 我们姑且将这里的"因此上"看作糅合句式。

第十五章　近代汉语句式糅合现象的类型与特点

15.1　糅合是句式的一种生成机制

　　本书所说的句式糅合，是特指两个语义相同或相近的句式 A 与 B，因某种语用目的主要通过删略重叠成分合并成一个新的句式 C 的过程或现象。糅合是某些奇特的句式的生成机制，句式糅合说具有极强的解释力。

　　句式糅合说可以科学、合理地解释近代汉语中某些奇特的句式的来源问题。如近代汉语中奇特的"X 不如 Y 较 A"类差比句式，其语义与"X 不如 Y（A）"类差比句式一致，其中的程度副词"较"等是羡余的。"较"等羡余的程度副词的出现，并非是一个简单的表层的词语添加问题，而是一个深层的句式生成问题。从句式糅合的三个基本原则及同义句式的共现来看，"X 不如 Y 较 A"类差比句式的生成机制是糅合，其当是由"X 不如 Y（A）"类不及义差比句式与隐含比较项 X 的"Y 较 A"类胜过义差比句式糅合而成的。再如具有被动意义的所谓零被句"被 NP$_{施}$VPNP$_{受}$"，与典型的被动句式"NP$_{受}$被 NP$_{施}$VP"很不一样。从句式糅合的三个基本原则、同义句式的比较与主语羡余句式"NP$_{受}$被 NP$_{施}$VPNP$_{受}$"的生成三个视角来看，"被

NP_施VPNP_受"的生成机制是糅合，其是由被动句式"(NP_受)被NP_施VP"与主动句式"NP_施VPNP_受"糅合而成的。又如"NP_1是NP_2是也"类判断句式，与表意自足的典型的判断句式"NP_1是NP_2"不同，句式末尾出现了羡余的判断动词"是"等。从句式糅合的三个基本原则、源句式与糅合句式的同现来看，"NP_1是NP_2是也"类判断句式的生成机制是糅合，其是由判断句式"NP_1是NP_2"与"NP_1，NP_2是也"类糅合而成的。如果离开了句式糅合说，近代汉语中这些奇特的句式的来源问题是很难得到合理的解释的。

句式糅合说还可以纠正汉语学界某些所谓的"定论"。如近代汉语中大量存在的"莫VPNeg"类疑问句式，学界一般认为其属于是非问句式，句式末尾的否定词已语法化为疑问语气词。这是以今律古，从现代汉语的视角来看汉语史上的问题，缺乏历史的发展的眼光。事实上，如果从句式糅合的三个基本原则来看，我们会发现，"莫VPNeg"类疑问句式的生成机制是糅合，其是由测度问句式"莫VP"类与正反问句式"VPNeg"糅合而成的；句式末尾的否定词仍是否定词。句式糅合说能够合理而有力地解决此类句式的来源问题及相关问题。

现代汉语中诸多常见句式，如"X胜似Y""X胜如Y""S去X去""非得X不Y""除非X，不Y""好不A"（肯定义句式）等等，我们并不觉得它们有什么特别之处。实际上，如果考察其来源，追溯到近代汉语，我们会发现这些句式原来都是糅合句式，或者说这些句式原来都是句式糅合的结果。如"X

胜似Y"，始见时代可以追溯至宋代，原来是由差比句式"X胜Y"与平比句式"X似Y"糅合而成的。再如"X胜如Y"，最早见于宋代，是由差比句式"X胜Y"与平比句式"X如Y"糅合而成的。又如位移句式"S去X去"，早在近代汉语中就已出现，其是由位移句式"S去X"与"SX去"糅合而成的。又如"非得X不Y"，最早可能出现于清中叶，其生成机制是糅合，是由双重否定句式"非X不Y"与隐含结果"才Y"的肯定句式"得X"糅合而成的。这些糅合句式后来逐渐规约化了，到了现代汉语我们已经习以为常了，并不觉得有什么特别之处。如果我们不从句式糅合的视角来观察，是无法解释其来源问题的。换言之，句式糅合说可以解释现代汉语中某些常见句式的来源问题，具有极强的解释力。

句式糅合说也可以解释现代汉语中某些词语的来源问题。如《现汉》（2016：500）所收词语"果不其然"与"果不然"，如果从来源来看，实际上是糅合句式的规约化或词汇化问题。"果不其然"与"果不然"均始见于明末清初，均属于确认事实义句式，是由肯定形式的确认事实义陈述句式或感叹句式"果（其）然"与否定形式的确认事实义反诘句式"不其然乎"类糅合而成的。二者后来规约化了，成了确认事实义陈述句式或感叹句式，其中的"不"成了一个羡余的否定成分。到了现代汉语，"果不其然"仍是确认事实义句式，但是"果不然"有副词化倾向，不过其词汇化程度不高。如果不从句式糅合的视角来看，便无法回答"果不其然"与"果不然"的来源问题，无法解释其中的否定词"不"为何成了一个羡余成分。

综上所述，我们认为，糅合是句式的一种生成机制，句式糅合说具有极强的解释力。

15.2 同类句式糅合现象与异类句式糅合现象

根据两个源句式的语义或语气范畴是否相同，近代汉语句式糅合现象可以分为同类句式糅合现象与异类句式糅合现象两种。

所谓同类句式糅合现象，是指由属于同一语义或语气范畴的两个源句式糅合而成一个新的句式的现象。如"X 如 Y 相似"类平比句式，是由"X 如 Y"类平比句式与"XY 相似"类平比句式糅合而成的，两个源句式均属于平比句式范畴，因而这种句式糅合现象属于同类句式糅合现象。再如位移句式"S 去 X 去"，是由位移句式"S 去 X"与位移句式"SX 去"糅合而成的，两个源句式均属于位移句式范畴，因而这种句式糅合现象也属于同类句式糅合现象。又如"NP_1 是 NP_2 是也"类判断句式，是由判断句式"NP_1 是 NP_2"与判断句式"NP_1，NP_2 是也"类糅合而成的，两个源句式均属于判断句式范畴，所以这种句式糅合现象也属于同类句式糅合现象。

所谓异类句式糅合现象，是指由属于不同语义或语气范畴的两个源句式糅合而成一个新的句式的现象。如"被 $NP_施$ $VPNP_受$"，是由省略受事主语的被动句式"($NP_受$) 被 $NP_施$ VP"

与主动句式"NP施VPNP受"糅合而成的,源句式"(NP受)被NP施VP""NP施VPNP受"分别属于被动句式、主动句式,因而这种句式糅合现象属于异类句式糅合现象。再如"被NP施将/把NP受VP",是由省略受事主语的被动句式"(NP受)被NP施VP"与处置句式"NP施将/把NP受VP"糅合而成的,两个源句式一个属于被动句式,一个属于处置句式,因而这种句式糅合现象属于异类句式糅合现象。又如肯定义句式"好不A",最初是糅合句式,是由感叹句式"好A"与反诘句式"岂不A"糅合而成的,两个源句式"好A""岂不A"分别属于感叹句式、反诘句式,因而这种句式糅合现象也属于异类句式糅合现象。

范畴有大有小,我们这里所说的语义或语气范畴,一般是指较小的语义或语气范畴。有的句式糅合现象从较小的语义或语气范畴来看,属于异类句式糅合现象,但是如果从较大的语义或语气范畴来看,又属于同类句式糅合现象。如"X胜似Y",最初属于糅合句式,是由差比句式"X胜Y"与平比句式"X似Y"糅合而成的,如果从两个源句式是否都属于差比句式范畴或是否都属于平比句式范畴来看,这种句式糅合现象当属于异类句式糅合现象;但是如果从两个源句式是否都属于比较句式范畴来看,那么这种句式糅合现象就属于同类句式糅合现象。再如"莫VPNeg"类疑问句式,是由测度问句式"莫VP"类与正反问句式"VPNeg"糅合而成的,如果从两个源句式是否都属于测度问句式范畴或是否都属于正反问句式范畴来看,这种句式糅合现象当属于异类句式糅合现象;但是如果从两个源句式是否都属于疑问句式范畴来看,这种句式糅合现象就属于同类句式糅合现象。可见,所谓同类句式糅合现象、异类句式糅合现象具有相对性。

无论是同类句式糅合现象还是异类句式糅合现象,都有一个共同的语义前提,即两个源句式语义相同或相近,或者说两个源句式在语义上具有相通性。如"NP_1 是 NP_2 是也"类判断句式,是由判断句式"NP_1 是 NP_2"与判断句式"NP_1,NP_2 是也"类糅合而成的,属于同类句式糅合现象。判断句式"NP_1 是 NP_2"与判断句式"NP_1,NP_2 是也"类之所以可以发生糅合,是因为二者语义相同,均是表示 NP_1 与 NP_2 之间具有同一关系或类属关系。再如肯定义句式"好不 A",最初是糅合句式,属于异类句式糅合现象,其是由肯定义感叹句式"好 A"与肯定义反诘句式"岂不 A"糅合而成的。感叹句式"好 A"之所以能与反诘句式"岂不 A"发生糅合,就是因为二者在语义上相近,都是表示对 A 的肯定、确认。正是因为两个源句式在语义上相同或相近,或者说在语义上具有相通性,所以两个源句式具有相容性,能够水乳交融,发生糅合。[①] 同一个命题义,可以使用两个不同的句式 A、B 来表达:或者使用两个属于同一语义或语气范畴的句式 A、B 表达,或者使用两个属于不同语义或语气范畴的句式 A、B 表达。因此,如果语义相同或相近的句式 A 与 B 糅合成句式 C,那么便出现了同类句式糅合现象或异类句

[①] 两个源句式语义相同或相近,这实际上是句式糅合的语义相近原则。

式糅合现象。

15.3 句式糅合现象的普遍性、多样性与系统性

15.3.1 句式糅合现象的普遍性与多样性

近代汉语句式糅合现象虽然是一种特殊的语言现象，但是却具有普遍性与多样性，主要表现在用例丰富，句式多样。本书探究的近代汉语句式糅合现象不仅有大量的用例，而且涉及的句式覆盖面极广，主要有差比句式（包括胜过义差比句式、不及义差比句式）、平比句式（包括比拟句式）、主动句式、被动句式、处置句式、位移句式、否定句式（包括双重否定句式）、肯定句式、条件句式、陈述句式、感叹句式、反诘句式、疑问句式（包括测度问句式、正反问句式）、判断句式、原因句式等等。如与差比句式或平比句式有关的句式糅合现象有"X 胜似 Y""X 胜如 Y""X 不如 Y 较 A""X 如 Y 相似"类等，与被动句式、主动句式有关的句式糅合现象有"被 NP$_施$VPNP$_受$"等，与被动句式、处置句式有关的句式糅合现象有"被 NP$_施$将／把 NP$_受$VP"等，与位移句式有关的句式糅合现象有"S 去 X 去""S 来 X 来"等，与否定句式或肯定句式有关的句式糅合现象有"非得 X 不 Y""除非 X，不 Y"等，与感叹句式、反诘句式有关的句式糅合现象有"果不（其）然""好不 A"等，与疑问句式有关的句式糅合现象有"莫 VPNeg"类等，与判断句式有关的句

式糅合现象有"NP₁是NP₂是也"类等，与原因句式有关的句式糅合现象有"因X（的）上头"类等。这些句式糅合现象基本上都是在近代汉语中出现的，在近代汉语阶段都有较多用例，甚至有大量用例。其中很多糅合句式沿用了下来，成为现代汉语中的常见句式。如糅合句式"X胜似Y"，是宋代开始出现的，元明清时期均有较多用例，并沿用到了现代汉语。再如糅合句式"除非X，不Y"，最初出现于唐代，在宋元明清时期均有较多用例，而且也沿用了下来。

近代汉语句式糅合现象具有普遍性与多样性，这与近代汉语口语化程度较高密切相关。口语化的语言与书面化的语言相对，具有浓郁的生活气息，平易、质朴、自然、鲜活，往往不加雕琢，不注重严谨性、连贯性、经济性等，因而最易突破所谓的语言规范，出现跳跃、省略、叠加、糅合等现象。换言之，句式糅合现象具有口语化特点，在口语化的语言中最易出现。所以文献的口语化程度越高，其中的句式糅合现象越突出，越具有普遍性与多样性。因此，口语化程度较高的近代汉语中的句式糅合现象具有普遍性与多样性也就不足为奇了。

15.3.2 句式糅合现象的系统性

近代汉语句式糅合现象具有系统性，主要表现为近代汉语中几乎每类句式糅合现象都存在诸多平行的同义糅合句式或相关联的糅合句式。如由差比句式与平比句式糅合而成的这类句式，包括"X胜似Y""X胜似Y一般""X胜如Y""X胜

Y一般""X胜若Y"等，这些一系列的糅合句式构成了一个同义糅合句式系统。再如由不及义差比句式与胜过义差比句式糅合而成的"X不如Y较A"类差比句式，包括"X不如Y较A""X不似Y较A""X不若Y较A""X不及Y较A"等次类。每个次类又包括若干小类："X不如Y较A"次类包括"X不如Y较A""X不如Y更A""X不如Y尤A""X不如Y最A"等小类，"X不似Y较A"次类包括"X不似Y较A""X不似Y更A""X不似Y尤A""X不似Y最A"等小类，"X不若Y较A"次类包括"X不若Y较A""X不若Y更A""X不若Y最A"等小类，"X不及Y较A"次类包括"X不及Y较A""X不及Y更A""X不及Y最A"等小类。这些一系列的糅合句式组成了一个同义糅合句式系统。又如平比句式与平比句式糅合而成的"X如Y相似"类平比句式，包括"X如Y相似""X似Y相似""X像Y相似""X有若Y相似""X仿佛Y相似"等次类。每个次类又包括若干小类，如"X如Y相似"次类包括"X如Y相似""X犹如Y相似""X如同Y相似""X譬如Y相似"等。"X如Y相似"类平比句式至少包括28种，这些一系列的糅合句式也组成了一个同义糅合句式系统。又如由被动句式与处置句式糅合成的句式，除了"被NP施将/把NP受VP"，还有同义句式"将/把NP受被NP施VP""吃NP施将/把NP受VP""将/把NP受吃NP施VP""NP受被NP施将/把NP受VP"等。这些一系列的糅合句式也组成了一个同义糅合句式系统。又如由测度问句式与正反问句式糅合而成的"莫

VPNeg"类疑问句式,包括"莫 VPNeg""莫是 VPNeg""莫不 VPNeg""莫不是 VPNeg""莫非 VPNeg"等次类。这些次类根据句式末尾否定词语的不同,又可分为若干小类。这些一系列的糅合句式也组成了一个同义糅合句式系统。又如由判断句式与判断句式糅合而成的"NP_1 是 NP_2 是也"类判断句式,包括"NP_1 是 NP_2 是也""NP_1 是 NP_2 便是""NP_1 是 NP_2 的便是"等;由判断句式与判断句式糅合而成的"NP_1 乃 NP_2 是也"类判断句式,包括"NP_1 乃 NP_2 是也""NP_1 乃 NP_2 便是""NP_1 乃 NP_2 的便是"等。这些糅合句式也形成了一个同义糅合句式系统。又如"因 X(的)上头"类原因句式,是由汉语前置词原因句式"因 X(上)"类与蒙古语后置词原因句式的直译式或复制式"X(的)上头"类糅合而成的,包括"因 X 上""因 X(的)上头""因为 X 上""为 X 上""为 X(的/底)上头"等。这一系列的糅合句式也组成了一个同义糅合句式系统。又如由位移句式与位移句式糅合而成的位移句式"S 去 X 去",根据 X 的构成可以分为"S 去 NP 去""S 去 VP 去"和"S 去 NPVP 去"三类。这三类句式构成了一个相关联的糅合句式系统。系统性与普遍性、多样性是息息相关的,近代汉语句式糅合现象的系统性实质上也体现了近代汉语句式糅合现象的普遍性、多样性。

近代汉语中之所以存在许多同义糅合句式系统,主要是因为糅合句式中的某个词语可以发生同义或近义替换。糅合句式既有不变项,又有可变项,如果对其中的某个不变项进行同义或近义替换,那么就形成了同义糅合句式系统。如糅合句式"X

胜似Y",如果用同义的"如""若"等去替换"似",那么就生成了同义的糅合句式"X胜如Y""X胜若Y"等,因而形成了一个同义糅合句式系统。又如糅合句式"X不如Y较A"类,如果用同义或近义的"似""若""及"等替换"如",用同义或近义的"更""尤"等替换"较",那么就生成了同义的糅合句式"X不似Y较A""X不若Y较A""X不及Y较A""X不如Y更A""X不如Y尤A"等,从而形成了一个同义糅合句式系统。如果对糅合句式中的某个可变项进行相关替换,那么就有可能形成一个相关联的糅合句式系统。如糅合句式"S去X去",如果对其中的可变项X进行相关替换,那么就可以衍生出"S去NP去""S去VP去"和"S去NPVP去"三类,从而形成一个相关联的糅合句式系统。

近代汉语句式糅合现象的系统性,还表现在近代汉语中存在反义糅合句式系统。这里的反义糅合句式,是指两种句法结构对称或平行,但是相同句法位置上的成分构成反义关系的糅合句式。如位移句式"S去X去"与"S来X来",都是糅合句式,句法结构对称或平行,但是相同位置上的成分"来"与"去"构成反义关系,因而糅合的位移句式"S去X去"与"S来X来"互为对称的反向位移句式,或者说二者构成了一个反义糅合句式系统。不过相对于同义糅合句式系统而言,近代汉语中反义糅合句式系统较为罕见。

15.4 二次句式糅合现象

我们所说的句式糅合现象,一般是指一次句式糅合现象,两个源句式都属于常规句式。但是近代汉语中还存在二次句式糅合现象,即糅合句式还可以与另一个语义相同或相近的常规句式甚至是糅合句式再次糅合成新的句式。

明清时期汉语中出现了一种奇特的平比句式"X 如 Y 一般相似"。例如:

(1) 丞相道:"<u>海镜如中国蚌蛤一般相似</u>,腹中有一个小小的红蟹子。假如海镜饥,则蟹子出外拾食。蟹子饱归到腹中,则海镜亦饱。其壳光可射日,故此叫作海镜。"(《三宝太监西洋记》第三十二回)

(2) 天师运起掌心上的雷来,哗喇喇一声响,<u>半夜三更就如天崩地塌一般相似</u>。(《三宝太监西洋记》第三十一回)

(3) 那些来看圆情的黎民百姓,重重叠叠,嘈嘈杂杂,嬉嬉哈哈,挨挨擦擦,<u>如人山一般相似</u>。(《隋史遗文》第二十回)

(4) 这飞毛腿跑得真快,只见他穿房越屋,<u>如旋风一般相似</u>。天霸在后紧紧相追,只是赶不上。(《施公案》第三百七十一回)

(5) 抬头望前山一看,只见<u>那些人马如兵山一般相似</u>,人头滚滚,血流成河,杀声不断,金鼓大作。(《永庆升平

后传》第一百回）

我们认为,"X如Y一般相似"很有可能是由平比句式"X如Y相似"与平比句式"X如Y一般"糅合而成的。这一生成过程可以表示为：

"X如Y相似"+"X如Y一般"→"X如Y一般相似"

既然平比句式"X如Y相似"是句式糅合而成的（详见第四章），那么"X如Y一般相似"就是糅合句式再次糅合而成的，即由糅合的平比句式"X如Y相似"与平比句式"X如Y一般"再次糅合而成的。

糅合的平比句式"X如Y相似"与平比句式"X如Y一般"再次糅合成"X如Y一般相似"，完全遵循句式糅合的三个基本原则。

首先,"X如Y相似"与"X如Y一般"为同义句式,遵循句式糅合的语义相近原则。例如：

(6) 左黜口中念念有词,喝声道："疾！"将身显出神通,不见了那四尺来长的瘸师。只见身长一丈,腰大十围,头似车轮,目如灯盏,手中执两把泼风刀,<u>如两扇板门相似</u>。(《三遂平妖传》第三十三回)

(7) 这冷公子一心爱那石镜,蓦地教人偷回庄上去。谁知此镜有神,离了石崖,<u>就如黑炭一般</u>,全无半毫光彩。(《三遂平妖传》第九回)

例(6)"(两把泼风刀)如两扇板门相似"若变换为"(两把泼风刀)如两扇板门一般"，例(7)"(此镜)就如黑炭一般"

若变换为"(此镜)就如黑炭相似",句式义均未发生变化。由此可见,"X 如 Y 相似"与"X 如 Y 一般"语义一致,二者发生糅合遵循句式糅合的语义相近原则。

其次,"X 如 Y 相似"与"X 如 Y 一般"糅合成"X 如 Y 一般相似"遵循句式糅合的时代先后原则。"X 如 Y 一般"最迟在晚唐五代时期就已出现。例如:

(8) 若说殃伽河里,沙细人间莫比。<u>恰如粉面一般</u>,和水浑流不止。(《敦煌变文校注·妙法莲华经讲经文(三)》)

(9) 暂得身居天上,<u>还如花下一般</u>。却归世上为人,便似江头寂寞。(《敦煌变文校注·妙法莲华经讲经文(三)》)

(10) 果既将成,大事圆办,始得记位兜率,独尊超乎群品,<u>亦如树果一般</u>,方为称断。(《祖堂集》卷十二)

"X 如 Y 相似"大概在北朝时期已出现,而"X 如 Y 一般相似"到了明清时期才有用例,也就是说,"X 如 Y 相似"与"X 如 Y 一般"的始见时代均早于"X 如 Y 一般相似",因而遵循句式糅合的时代先后原则。

最后,"X 如 Y 一般相似"在句法及语义上既蕴含了"X 如 Y 相似",又蕴含了"X 如 Y 一般"。如例(1)"海镜如中国蚌蛤一般相似",在句法及语义上既蕴含了"海镜如中国蚌蛤相似",又蕴含了"海镜如中国蚌蛤一般"。因而"X 如 Y 相似"与"X 如 Y 一般"糅合成"X 如 Y 一般相似"遵循句式糅合的成分蕴含原则或语义蕴含原则。

因此我们有理由认为,"X 如 Y 一般相似"是糅合句式再次糅合而成的,属于二次句式糅合现象。

"相似"在汉语史上为动词,最初为及物动词,后来演变为不及物动词。"X 如 Y 一般""X 如 Y 一般相似"中的"一般"与"相似"的功能相同或相近,具有谓词性。试比较下面的同义句式"X 如 Y 相似"与"X 如 Y 一般",可以看得出"一般"与"相似"在性质上至少是相近的。

(11) 四下小船,如蚂蚁相似,望大船边来。(《水浒传》第八十回)

(12) 舟楫聚泊,如蚂蚁一般;车音马迹,日夜络绎不绝。(《醒世恒言》卷十)

如果我们认为"X 如 Y 相似"是句式糅合的结果,那么也可以认为"X 如 Y 一般"是句式糅合的结果,即由"X 如 Y"与"XY 一般"糅合而成。

平比句式"XY 一般"最迟在唐代已出现。例如:

(13) 浮生聚散云相似,往事冥微梦一般。(张继《重经巴丘》,《全唐诗》卷二四二)

(14) 从前已过人间事,隐影思量梦一般。(《敦煌变文校注·金刚般若波罗蜜经讲经文》)

"X 如 Y"与"XY 一般"糅合成"X 如 Y 一般"完全遵循句式糅合的三个基本原则。此不赘述。如果说"X 如 Y 一般"为糅合句式,那么"X 如 Y 一般相似"便是糅合句式与糅合句式再次糅合的结果,即由糅合句式"X 如 Y 相似"与糅合句式"X 如 Y 一般"再次糅合而成。这同样属于二次句式糅合现象。

当然,糅合句式"X 如 Y 一般相似"的生成过程有多种可能,如有可能是由糅合句式"X 如 Y 相似"与平比句式"XY 一般"糅合而成的,也有可能是由糅合句式"X 如 Y 一般"与平比句式"XY 相似"糅合而成的。由于源句式有一个属于糅合句式,所以这些生成过程同样也属于二次句式糅合现象。

"X 如 Y 一般相似"甚至还有可能是由平比句式"X 如 Y"与糅合的平比句式"XY 一般相似"糅合而成的。这也属于二次句式糅合现象。

"XY 一般相似"大概在元明时期就有用例。① 例如:

(15)(邹衍云)住者,几年不曾见那酒?<u>两只手捞铃一般相似</u>,靠后。贤士,可不道"三杯和万事,一醉解千愁"?(高文秀《须贾大夫谇范叔》第一折,《全元曲》)

(16)佛祖慧眼观看,见<u>那猴王风车子一般相似</u>不住,只管前进。(《西游记》第七回)

(17)你看陈都督人又精神,蛇矛又神出鬼没,<u>雨点一般相似</u>。(《三宝太监西洋记》第六十二回)

(18)两县令着他家中领尸,只见天色开霁,<u>远近来看

---

① "XY 一般相似"可以有变式"XY 相似一般"。例如:

却说这些卫官、所官、司官,有许多的官员,马兵、步兵、弓兵,有许多的军马,一涌而来,把个昭庆寺里就围得周周匝匝,<u>铁桶相似一般</u>,吓得众和尚们魂不附体。(《三宝太监西洋记》第三回)

的、送的云一般相似。(《三刻拍案惊奇》第二回)

"XY一般相似"实质上是由"XY一般"与"XY相似"糅合而成的,这完全遵循句式糅合的三个基本原则。为避免烦琐,我们略而不论。如果说"XY一般相似"为糅合句式,那么"X如Y"与"XY一般相似"糅合成"X如Y一般相似"也当属于二次句式糅合现象。

总之,"X如Y一般相似"是由糅合句式与另一常规句式甚至是糅合句式再次糅合而成的,属于二次句式糅合现象。

如果说"X如Y一般相似"是糅合句式再次糅合而成的,属于二次句式糅合现象,那么下例中句法平行、语义一致的平比句式"X似Y一般相似""X像Y一般相似""X犹如Y似的一般"等也应是糅合句式再次糅合而成的,也属于二次句式糅合现象。此不赘述。

(19) 燕青歇下担儿,分开人丛,也挨向前看时,只见<u>两条红标柱,恰似坊巷牌额一般相似</u>。(《水浒传》第七十四回)

(20) 道犹未了,一路火光而起,照着个飞钹禅师,只是一片的响。那根鞭打下去,<u>就象雨点一般相似</u>。(《三宝太监西洋记》第七十五回)

(21) 然后拿起荆棍,一齐向他下半截"刷刷"<u>犹如雨点似的一般</u>乱抽混打。(《狐狸缘全传》第十二回)

在明代甚至还出现了"X是Y一般相似"这样的奇特句式。①例如:

(22)姜老星看见唐状元这一杆枪,<u>就是泰山一般相似</u>,心里想道:"此人枪法甚精,只在俺上,不在俺下,果是南朝一员名将也。"(《三宝太监西洋记》第二十三回)

(23)哈里虎大怒,骂说道:"蛮贼,焉敢小觑于我!"举起刀来,劈头劈脸,<u>就是雪片一般相似</u>。(《三宝太监西洋记》第六十五回)

"X是Y一般相似"与"X如Y一般相似"等看似不同,但是二者在句法、语义上是一致的。判断动词"是"在这里用来表示平比,在作用上相当于平比动词"如"等,因而"X是Y一般相似"与"X如Y一般相似"等毫无二致。如果说"X如Y一般相似"等属于二次句式糅合现象,那么"X是Y一般相似"也当属于二次句式糅合现象。

最迟从晚唐五代时期开始出现了平比句式"X是Y相似"。例如:

(24)师云:"作摩生道?"岑上座便拦胸与一踏。师倒,起来云:"<u>师叔用使直下是大虫相似</u>。"(《祖堂集》卷十八)

(25)因言:"孟子于义利间辩得毫厘不差,见一事来,便劈做两片,便分个是与不是,这便是集义处。义是一柄

---

① "X是Y一般相似"可以有变式"X是Y般相似"。例如:

可又作怪,他父亲一文不使,半文不用,他却心性阔大,<u>看那钱钞便是土块般相似</u>。(《初刻拍案惊奇》卷三十五)

刀相似，才见事到面前，便与他割制了。"(《朱子语类》卷五十六)

(26) 那怪转过眼来，看见行者咨牙俫嘴，火眼金睛，磕头毛脸，就是个活雷公相似，慌得他手麻脚软，划剌的一声，挣破了衣服，化狂风脱身而去。(《西游记》第十八回)

"X是Y相似"表示平比，其生成机制也应与"X如Y相似"等一样是糅合，其应是由平比句式"X是Y"与"XY相似"糅合而成的。

平比句式"X是Y"最迟在唐代已有用例。例如：

(27) 师云："以劣为宗，不得静胜。老僧是一头驴。"儿子云："某甲是驴粪。"(《祖堂集》卷十八)

平比句式"X是Y"与"XY相似"糅合成"X是Y相似"，完全遵循句式糅合的三个基本原则。

"X是Y一般"表示平比，最迟在南宋时期已出现。例如：

(28) 当良心与私欲交战时，须是在我大段著力与他战，不可输与他。只是杀贼一般，一次杀不退，只管杀，杀数次时，须被杀退了。(《朱子语类》卷二十四)

(29)（旦）公公婆婆，便是奴家父母一般，方敢说这话：那张解元未有信之前，奴家便有此念。……(《张协状元》第三十出)

(30)（李桂姐）又说他姑娘："……你看看孟家的和潘家的，两个就是狐狸一般，你怎斗的他过！"(《金瓶梅》第

四十四回)

(31) 颜氏听说要分开自做人家,眼中扑簌簌珠泪交流,哭道:"二位伯伯,我是个孤孀妇人,儿女又小,<u>就是没脚蟹一般</u>,如何撑持的门户?昔日公公原分付莫要分开,还是二位伯伯总管在那里,扶持儿女大了,但凭胡乱分些便罢,决不敢争多竞少!"(《醒世恒言》卷三十五)

(32) 三藏道:"<u>这凉水就是灵丹一般</u>,这病儿减了一半,有汤饭也吃得些。"(《西游记》第八十一回)

"X是Y一般"与平比句式"X如Y一般"等一样,其生成机制也当是糅合,其应是由平比句式"X是Y"与"XY一般"糅合而成的。这也完全遵循句式糅合的三个基本原则。

我们认为,"X是Y一般相似"的生成与"X如Y一般相似"等一样也有多种可能,如:

1. "X是Y相似"+"X是Y一般"→"X是Y一般相似"

2. "X是Y相似"+"XY一般"→"X是Y一般相似"

3. "X是Y一般"+"XY相似"→"X是Y一般相似"

4. "X是Y"+"XY一般相似"→"X是Y一般相似"

以上生成过程完全遵循句式糅合的三个基本原则。由于源句式至少有一个属于糅合句式,因而这些生成过程都属于二次句式糅合现象。也就是说,如同"X如Y一般相似"等一样,"X是Y一般相似"也属于二次句式糅合现象。

在明清时期汉语中还出现了既像差比句式、又像平比句式的"X胜似Y一般""X胜如Y一般"。例如：

(33) 所以两下亲密，语话投机，胜似同胞一般。(《二刻拍案惊奇》卷十六)

(34) 真个是你贪我爱，如胶似漆，胜如夫妇一般。(《喻世明言》卷一)

"X胜似Y一般""X胜如Y一般"实际上是由差比句式"X胜Y"分别与糅合的平比句式"X似Y一般""X如Y一般"糅合而成的，也都属于二次句式糅合现象。

在元末明初时期的汉语中偶见奇特的判断句式"NP₁是NP₂便是NP₃"，其中NP₃一般是代词，回指NP₁，二者所指相同。例如：

(35) 李忠道："兄弟，你认得这和尚么？"周通道："我若认得他时，却不吃他打了。"李忠笑道："这和尚便是我日常和你说的三拳打死镇关西的便是他。"①(《水浒传》第五回)

"NP₁是NP₂便是NP₃"与糅合判断句式"NP₁是NP₂便是"是同义句式，不同之处是，句式末尾又出现了一个与NP₁所指相同的羡余成分NP₃。"NP₁是NP₂便是NP₃"的来源有两种可能：一是由常规判断句式"NP₁是NP₂"与"NP₂便是NP₃"糅合而成的。这属于一般所说的句式糅合现象。二是由糅合判断句式"NP₁是NP₂便是"与常规判断句式"NP₂便是NP₃"再次

---

① "我日常和你说的三拳打死镇关西的"属于体词性"的"字短语。

糅合而成的。这就属于二次句式糅合现象。

综上所述，从"X如Y一般相似"等奇特句式的来源，我们可以看到在近代汉语中还存在二次句式糅合现象。对于近代汉语中的二次句式糅合现象，我们不能简单地将其看作所谓的"不规范"的语言现象，相反，我们应以历史的发展的眼光看待。"所谓的'规范'或'不规范'是要受到时间、地域等条件的影响和制约的"，具有时代性、地域性和人为性，即便真的是所谓的"不规范"的语言现象，也有可能习非成是或积非成是（叶建军，2010a：329）。

15.5 小结

糅合是句式的一种生成机制，句式糅合说具有极强的解释力。根据两个源句式的语义或语气范畴是否相同，近代汉语句式糅合现象可以分为同类句式糅合现象与异类句式糅合现象两种。近代汉语句式糅合现象具有普遍性、多样性与系统性。近代汉语中还存在二次句式糅合现象，即糅合句式还可以与另一个语义相同或相近的常规句式甚至是糅合句式再次糅合成新的句式。

第十六章　近代汉语句式糅合的动因与糅合句式的演变

16.1　言者的主观性与句式糅合

有果必有因，任何现象的出现都是有动因的，句式糅合现象亦当如此。从根本上说，句式糅合的动因实质上就是言者的语用目的，而语用目的都带有言者的立场、态度或情感，即具有言者的主观性，因而句式糅合的动因几乎都与言者的主观性有关。

近代汉语句式糅合现象具有普遍性、多样性与系统性，每种句式糅合的具体动因不可能完全一致，但是从根本上说每种句式糅合的动因几乎都与凸显言者的主观性有关。如位移句式"S去X去"，是由"S去X"与"SX去"糅合而成的，糅合的动因是言者在客观地陈述一个位移事件时，又想凸显自己的主观性，强化重要的新信息。如果言者只想客观地陈述一个位移事件，就会从记忆库中提取"S去X"；如果言者又想凸显自己的主观性，强化重要的新信息，那么就又会从记忆库中提取"SX去"。"S去X"与"SX去"先后在言者大脑中浮现、叠加，从而糅合成了"S去X去"。再如"非得X不Y"，是由"非X不Y"与"得X"糅合而成的，糅合的动因也是凸显言者的主观性。当言者想表达基于某种情理、事实或意志的"要实现 Y，必须具备 X"这种主观推断时，大脑中会浮现肯定句式"得 X"；当言者又想凸显自己强烈的主观性，表达不一定基于某种依据的"唯有具备 X 才 Y"这一强烈的主观意愿时，大脑中就又会浮现、叠加双重否定句式"非 X 不 Y"，于是在外在的语言形式上通过删略重叠成分糅合成了"非得 X 不 Y"。又如"除非 X，不 Y"，是由"除 X，不 Y"与"非 X 不 Y"糅合而成的，糅合的动因也是凸显言者的主观性，即强调条件 X 的唯一性、必要性。如果言者想客观地陈述"除了 X，其余不 Y"这一否定事件，那么可以从记忆库中提取一般否定句式"除 X，不 Y"；如果言者又想凸显自己的主观性，强调 X 是 Y 出现的唯一性、必要性条件，那么又可以从记忆库中提取双重否定句式"非 X 不 Y"。"除 X，不 Y"与"非 X 不 Y"先后在言者大脑中浮现、叠加，从而糅合成了"除非 X，不 Y"。

交互主观性是一种特殊的主观性，凸显交互主观性也可以是句式糅合的动因。如"果不（其）然"，最初应为糅合句式，是由确认事实义陈述句式或感叹句式"果（其）然"与确认事实义反诘句式"不其然乎"类糅合而成的，糅合的动因就是凸显交互主观性。如果言者想侧重从客观结果出发肯定、确认事实与论断或预期相符，那么就会从记忆库中提取"果（其）然"；如果言者紧接着又想侧重从主观认识出发肯定、确认事实应该与论断或预期相符，并强制性地要求听者与自己的主观看法保持一致，凸显言者与听者的交互主观性，那么就又会从记忆库中提取"不其然乎"类,在外在的语言形式上二者便糅合生成了新的句式"果不(其)然"。再如肯定义感叹句式"好不A",最初也是糅合句式,是由感叹句式"好A"与反诘句式"岂不A"糅合而成的。当言者大脑中浮现感叹句式"好A"以表达自己强烈的主观性时,又想凸显自己与听者的交互主观性,强制性地要求听者与自己的立场、态度或情感保持一致,那么其大脑中又会浮现、叠加反诘句式"岂不A",于是在外在的语言形式上二者便糅合生成了肯定义句式"好不A"。也就是说,如果言者大脑中先浮现感叹句式"好A",后浮现、叠加反诘句式"岂不A",那么糅合句式"好不A"的生成动因就是凸显言者与听者的交互主观性。

当然,还有极少数句式糅合的动因恰恰相反,是弱化言者的主观性。如"莫VPNeg"类疑问句式,是由测度问句式"莫VP"类与正反问句式"VPNeg"糅合而成的。如果发问者大脑中先浮现正反问句式"VPNeg",后浮现、叠加测度问句式"莫VP"类,那么"莫VPNeg"类疑问句式的生成动因是体现发问者的主观性;反之,"莫VPNeg"类疑问句式的生成动因则是弱化发问者的主观性。但是弱化发问者或言者的主观性,也是发问者或言者的主观性的体现,说到底还是要凸显自己的主观倾向,或者说还是要凸显自己的主观性。

需要指出的是,有的句式糅合的动因看似与言者的主观性无关,但是从根本上说,仍然属于言者主观性范畴。如"X胜似Y",是由差比句式"X胜Y"与平比句式"X似Y"糅合而成的,其生成动因是递进的语用目的,即言者在凸显 X 与 Y 的相似性的同时又想进一步凸显 X 与 Y 的差异性或 X 相对于 Y 的优越性。言者想进一步凸显 X 与 Y 的差异性或 X 相对于 Y 的优越性,也是言者的主观意愿、态度,从根本上说,仍然是凸显言者的主观性。再如"X 不如 Y 较 A"类差比句式,属于糅合句式,其生成动因是言者从 X 与 Y 两个不同的视角将反面与正面结合起来,以便更加清晰、完整地表达一个差比事件。而更加清晰、完整地表达一个差比事件体现了言者的主观意愿、态度,或者说凸显了言者的主观看法,因而同样属于主观性范畴。又如"X 如 Y 相似"类平比句式,为糅合句式,其生成动因是言者凸显新信息。而凸显新信息同样体现了言者的主观看法、态度,实质上就是凸显言者的主观性,因而这个动因仍然是与言者的主观性密切有关。

16.2 语言接触与句式糅合

语言演变可以分为"内部因素促动的演变"与"外部因素促动的演变"两类,而外部因素促动的演变主要是"接触引发的演变"(吴福祥,2007)。蒙古族建立元代实现大一统之后,由于广泛的语言接触,元代乃至明代大量的白话文献或多或少受到了蒙古语的渗透、影响。元代汉语中出现了一些句式糅合现象,有的句式糅合的动因就是语言接触。如元代"因 X(的)上头"类原因句式,其来源与蒙汉语言接触有关。"因 X(的)

上头"类是在蒙古语与汉语接触背景下由汉语前置词原因句式"因X（上）"类与蒙古语后置词原因句式的直译式或复制式"X（的）上头"类糅合而成的。上古汉语中已出现原因句式"因X""为X""以X"等，晚唐五代时期出现了原因句式"因为X"，南宋时期汉语在固有的原因句式"因X故"等的基础上发展出了"因X上"等。汉语固有的原因句式"因X（上）"类是"因X（的）上头"类产生的内因，而元代蒙古语原因句式的直译式或复制式"X（的）上头"类是"因X（的）上头"类产生的外因，蒙汉之间的语言接触引发了"因X（上）"类与"X（的）上头"类的糅合，从而生成了"因X（的）上头"类。换言之，"因X（的）上头"类的生成动因是语言接触。

关于语言接触对汉语语法的影响，我们应持实事求是的态度。一方面，如果汉语史上出现了某种特殊的且不能从汉语内部进行解释的新的语法现象，而这种新的语法现象在同一时期的与汉语有接触的某个民族的语言中大量存在，那么语言接触应该是汉语新的语法现象产生的直接动因。另一方面，我们也不应夸大语言接触对汉语语法的影响，不能将汉语土生土长的语法现象误作语言接触的结果。汉语中某种特殊的语法现象如果能从汉语内部得到合理的解释，那么就没有必要简单地从语言接触的视角去解释。毫无疑问，不同民族的思维模式的确是有差异的，但是这并不意味着二者截然不同，相反，往往或多或少具有一些共性。语言受思维的支配，是思维的载体，因而不同民族的语言也有可能具有一些共性。而这些共性往往是各自语言自身所形成的。如果我们因为具有共性的两种语言在历史上有过接触，就简单地认为一种语言的某种特殊的语法现象借用或搬用了另一种语言，那往往是有失偏颇的。如元代汉语中出现的糅合句式"NP_1 是 NP_2（的）便是"，有人认为是元代汉语与蒙古语等阿尔泰语判断句式相融合而产生的叠加式，认为语言接触是"NP_1 是 NP_2（的）便是"产生的直接动因，这是违背语言事实的。事实上，元代出现的糅合句式"NP_1 是 NP_2（的）便是"是汉语自身独立形成的，其是由汉语自身存在的判断句式"NP_1 是 NP_2"与"NP_1，NP_2（的）便是"糅合而成的，并不是同期的汉语与蒙古语等阿尔泰语接触的产物。再如糅合句式"S 去 X 去"，有人认为其中的两种类型"S 去 NP 去""S 去 VP 去"是 SVO 与 SOV 两种语序类型的目的句式糅合的结果。事实是否如此，关键要看源句式"SNP 去""SVP 去"是不是汉语自身产生的句式。事实上，"SNP 去""SVP 去"均是汉语自身早就存在的句式，因而"S 去 NP 去""S 去 VP 去"当是汉语自身发展的结果，而与 SOV 语序的语言接触无关。当然，我们也应该看到，在汉语某个历史阶段语言接触可能对汉语某种新的成分或新的句式的产生或发展具有催化剂般的诱发作用或加速作用。

16.3 动因的单一性与多样性

近代汉语句式糅合的动因具有单一性或多样性。

近代汉语中有少数句式糅合的动因是单一的，或者说是唯一的。如"非得X不Y"，是由"非X不Y"与"得X"糅合而成的，糅合的动因只有一种，即凸显言者的主观性。再如"果不（其）然"，是由"果（其）然"与"不其然乎"类糅合而成的，糅合的动因也只有一种，即凸显言者与听者的交互主观性。

近代汉语中大多数句式糅合的动因具有多样性。在糅合句式C生成之前，言者大脑中会瞬间浮现两个源句式A与B，并发生叠加。源句式A、B的语用功能往往有所不同，因而出于不同的语用目的，二者浮现、叠加的顺序可以是两种相反的情形：其一，出于某种语用目的，在言者大脑中先浮现源句式A，后浮现、叠加源句式B；其二，出于另一种语用目的，在言者大脑中先浮现源句式B，后浮现、叠加源句式A。换言之，如果两个源句式A、B在言者大脑中浮现、叠加的先后顺序不同，那么糅合句式C的生成动因也往往不同，具有多样性。

如所谓的零被句"被NP$_{施}$VPNP$_{受}$"，是由省略受事主语的被动句式"(NP$_{受}$) 被NP$_{施}$VP"与主动句式"NP$_{施}$VPNP$_{受}$"糅合而成的。源句式"(NP$_{受}$) 被NP$_{施}$VP""NP$_{施}$VPNP$_{受}$"浮现、叠加的次序不同，那么"被NP$_{施}$VPNP$_{受}$"的生成动因也不同。如果言者大脑中先浮现"(NP$_{受}$) 被NP$_{施}$VP"，后浮现、叠加"NP$_{施}$VPNP$_{受}$"，那么"被NP$_{施}$VPNP$_{受}$"的生成动因是保证信息的完整性；相反，"被NP$_{施}$VPNP$_{受}$"的生成动因则是凸显言者的主观性，同时还有可能是保持话题的同一性。

再如肯定义句式"好不A"，最初是由感叹句式"好A"与反诘句式"岂不 A"糅合而成的,其生成动因也是多样的。如果言者大脑中先浮现感叹句式"好 A",后浮现、叠加反诘句式"岂不 A",那么肯定义句式"好不 A"的生成动因是凸显言者与听者的交互主观性;反之,肯定义句式"好不 A"的生成动因则是凸显言者对 A 的程度之深的主观性。

又如"莫 VPNeg"类疑问句式,是由测度问句式"莫 VP"类与正反问句式"VPNeg"糅合而成的。源句式"莫 VP"类与"VPNeg"浮现、叠加的顺序不同,"莫 VPNeg"类糅合句式的生成动因也不同:如果发问者大脑中先浮现"VPNeg",后浮现、叠加"莫 VP"类,那么"莫 VPNeg"类糅合句式的生成动因是体现发问者的主观倾向性,或者说是弱化疑问程度;反之,"莫 VPNeg"类糅合句式的生成动因则是弱化发问者的主观倾向性,或者说是强化疑问程度。

16.4 动因的必然性与或然性

近代汉语中某种句式糅合往往有多种动因,这些动因中有的是必然性的,有的是或然性的。如糅合句式"被 NP_施将/把 NP_受 VP",其生成动因既有必然性的,也有或然性的。如果言者大脑中先浮现"(NP_受)被 NP_施 VP",后浮现、叠加"NP_施将/把 NP_受 VP",那么"被 NP_施将/把 NP_受 VP"的生成动因是强化言者的主观性;反之,"被 NP_施将/把 NP_受 VP"的生成动因除了强化言者的主观性之外,还有可能是保持前后话题的同一性。

换言之，强化言者的主观性是"被NP_施将/把NP_受VP"的必然性生成动因，而保持前后话题的同一性是其或然性生成动因。

近代汉语中有的句式糅合的动因是单一性的，而且是必然性的。如"X不如Y较A"类差比句式，是由"X不如Y（A）"类不及义差比句式与隐含比较项X的"Y较A"类胜过义差比句式糅合而成的，其生成动因是单一而必然的，即言者从X与Y两个不同的视角将反面与正面结合起来，以便更加清晰、完整地表达一个差比事件。又如"NP_1是NP_2是也"类判断句式，是由判断句式"NP_1是NP_2"与"NP_1，NP_2是也"类糅合而成的，其生成动因也是单一而必然的，即言者凸显新信息NP_2。

近代汉语中有的句式糅合的动因具有或然性，而不具有必然性。如肯定义句式"好不A"，是由感叹句式"好A"与反诘句式"岂不A"糅合而成的，如果言者大脑中先浮现感叹句式"好A"，后浮现、叠加反诘句式"岂不A"，那么"好不A"的生成动因是凸显言者与听者的交互主观性；反之，"好不A"的生成动因则是凸显言者对A的程度之深的主观性。这两种生成动因具有或然性，而不具有必然性。

16.5 糅合句式的淘汰与规约化

句式糅合是两个语义相同或相近的句式A与B，主要通过删略重叠成分合并成一个新的句式C的过程或现象。语义相同或相近的源句式A与B在形式上或句法上总是有一定的差异的，二者糅合成句式 C 后一般会保留语义相同或相近的非重叠成分，这自然导致糅合句式 C 中出现羡余成分或羡余信息，因而句式糅合现象具有羡余性。由于语言的经济原则与清晰原则对语言的发展、变化具有强大的制约作用，言者或听者就会根据汉语的句法规则、语义特点或语用功能对出现羡余成分或羡余信息的糅合句式进行调节。这种调节有两种结果：一是糅合句式被淘汰，二是糅合句式规约化。

如果糅合句式不能很好地适应言语交际的需要，那么往往会走向消亡。如"X 如 Y 相似"类平比句式，属于糅合句式，在近代汉语中具有普遍性、多样性与系统性，但是其中很多次类或小类后来淘汰消亡了，例如"X 如 Y 相似""X 如 Y 相仿""X 犹如 Y 相似""X 如同 Y 相似""X 譬如 Y 相似""X 似 Y 相似""X 似 Y 相仿""X 像 Y 相似""X 像 Y 相仿""X 好像 Y 相似""X 好像 Y 相仿""X 有若 Y 相似""X 犹若 Y 相似""X 类若 Y 相似""X 类若 Y 相仿""X 仿佛 Y 相似"等。这些糅合句式中出现了两个同义或近义的比拟动词，句法成分羡余或语义羡余，而且汉语中已有大量遵循常规的 SVO 语序的平比句式"X 如 Y""X 犹如 Y""X 如同 Y""X 似 Y""X 像 Y""X 好像 Y""X 仿佛 Y"等，因而在语言的经济原则等作用下，"X 如 Y 相似"等这些具有羡余性的糅合句式后来就淘汰消亡了。再如近代汉语中大量使用的糅合句式"被 NP$_{施}$VPNP$_{受}$"，兼有被动句式与主动句式的特点，句法成分羡余或语义羡余，不符合语言的经济原则与清晰原则，后来基本上淘汰了。又如

"莫 VPNeg"类糅合句式,在唐五代至明清时期的近代汉语中大行其道,类别丰富,数量较多,历史较长,具有普遍性、多样性与系统性,但是并没有沿用到现代汉语。这主要是因为"莫 VPNeg"类糅合句式兼有测度问句式与正反问句式的句法、语义与语用特点,有违语言的清晰原则与经济原则。"莫 VPNeg"类糅合句式"先天不足是表意不清晰,到底是全疑而问,还是半疑而问,倾向性不明显",而且其表达也不经济,不如"莫VP"类简练,"所以这种测度问句式最终淘汰消失了"(叶建军,2010a:153)。又如"NP_1 是 NP_2 是也"类判断句式,主要出现于元明时期,是由判断句式"NP_1 是 NP_2"与"NP_1,NP_2 是也"类糅合而成的,其表达不经济,句式末尾的判断动词"是"等是羡余的,因而其在与富有生命力的常规判断句式"NP_1 是 NP_2"等的竞争中淘汰了。

另一方面,近代汉语中也有很多糅合句式已习用化、规约化了。糅合句式在生成初期兼有两个源句式句法、语义与语用上的特点,但是在历时发展过程中为了遵循语言的经济原则或清晰原则,其在句法、语义与语用等方面可能会丧失某些特点或功能,也可能会获得某些特点或功能。在句法、语义与语用等方面发生变化的糅合句式逐渐习用化、规约化,成为被广泛接受的句式。如"X 胜似 Y",始见于宋代,是因递进的语用目的由差比句式"X 胜 Y"与平比句式"X 似 Y"糅合而成的,最初兼有差比义和平比义。但是"X 胜似 Y"从元代开始基本上表示差比,极少表示平比;到了现代汉语其差比义已规约化了,我们已察觉不到其原有的平比义。再如"X 如 Y 相似"类平比句式中的"X 像/仿佛/好像 Y 似的",最初是平比句式"X 像/仿佛/好像 Y"与"XY 似的"糅合而成的,后来规约化了,我们已觉察不到其原本是一个糅合句式,觉察不到其最初具有凸显新信息 Y 的语用功能;一般会忽略句式末尾"似的"的平比义,认为其是可有可无的意义空灵的附着性、辅助性成分。又如确认事实义句式"果不(其)然",始见于明末清初,是由肯定形式的确认事实义陈述句式或感叹句式"果(其)然"与否定形式的确认事实义反诘句式"不其然乎"类糅合而成的,最初应兼有陈述或感叹语气与反诘语气。但是没有反诘标记的"果不(其)然"后来丧失了反诘语气,仅具有陈述或感叹语气,并习用化、规约化,成为确认事实义陈述句式或感叹句式,其中的"不"成了一个羡余的否定成分。又如由感叹句式"好 A"与反诘句式"岂不 A"糅合而成的肯定义句式"好不 A",最初既有感叹语气,又有反诘语气。但是在历时演变过程中,糅合句式"好不 A"逐渐规约化,丧失了反诘语气,而仅有感叹语气,成为纯粹的肯定义感叹句式。

16.6 糅合句式与词汇化、语法化

近代汉语句式糅合现象与词汇化、语法化有密切的关系,这种密切的关系表现在两个方面:一是糅合句式中某个结构或成分有可能发生词汇化或语法化,二是糅合句式本身也有可能

发生词汇化。

16.6.1 糅合句式中结构或成分的词汇化或语法化

在历时演变过程中，伴随着糅合句式的规约化，糅合句式中某个结构或成分可能会发生词汇化或语法化。如"X胜似Y"，始见于宋代，是由差比句式"X胜Y"与平比句式"X似Y"糅合而成的，最初兼有差比义与平比义。在韵律制约、语义范畴变化、用频较高等多种因素综合作用下，糅合句式"X胜似Y"逐渐规约化，其中的"胜似"最迟在南宋末期已词汇化了。从元代汉语直至现代汉语"胜似"基本上表示差比，差比义逐渐固化。伴随着"胜似"的词汇化，平比动词"似"语法化为引出差比对象的介词。由于类化机制的作用，糅合句式"X胜如Y"中"胜如"也发生了词汇化，"如"也发生了语法化。又如肯定义的糅合句式"好不A"，最初兼有感叹语气与反诘语气，后来逐渐规约化，仅有感叹语气。大概到了明末清初，由于肯定的句式义的制约、韵律规则的作用及较高的使用频率的推动，"好不A"发生了重新分析，特殊的跨层结构"好不"词汇化了，相当于程度副词"好"。

有的糅合句式中某个结构或成分的词汇化或语法化较为特殊，这种特殊性表现在糅合句式中某个结构或成分是在糅合句式经历了省缩阶段甚至是省缩后的扩展阶段才发生词汇化或语法化的。如糅合句式"非得X不Y"，始见于清代，其是由双重否定句式"非X不Y"与隐含结果"才Y"的肯定句式"得X"

糅合而成的。"非得 X 不 Y"从晚清开始衍生出了"非得 X"与"非得 X 才 Y"两种变式,并沿用到了现代汉语。"非得 X"是由"非得 X 不 Y"省缩而来的,而"非得 X 才 Y"是由"非得 X"扩展而成的。伴随着"非得 X"与"非得 X 才 Y"的规约化,受到句法、语义制约的韵律词"非得"吸收了肯定义,最迟到清末已副词化,大致相当于"必须"。在晚清出现的与"非得 X 不 Y"相关的近义句式"非要 X 不 Y"也是糅合句式,是由"非 X 不 Y"与"要 X"糅合而成的。如同"非得 X 不 Y"一样,"非要 X 不 Y"在晚清也出现了省缩式"非要 X"及扩展式"非要 X 才 Y"。在晚清省缩式"非要 X"与扩展式"非要 X 才 Y"日益使用开来并规约化,受到句法、语义制约的韵律词"非要"最迟在清末也已副词化,大致相当于"一定要"。

值得注意的是,糅合句式中某个结构或成分的词汇化或语法化有时是不彻底的。如糅合句式"X 如 Y 相似"类,句式末尾的平比动词"相似"等仍是动词,并未语法化为助词;而句式末尾的"似的"却有强烈的词汇化或语法化倾向,语义有所虚化,接近助词,但是并未彻底助词化,其用法有时与动词"相似"一致,其仍然具有较强的动词性。

16.6.2 糅合句式的词汇化

糅合句式本身也有可能发生词汇化,不过这种现象极少。糅合句式的词汇化往往是伴随着糅合句式的规约化而发生的。

如"果不然",始见于明末清初,最初是一个糅合句式,在历时发展过程中逐渐规约化了,成为一个句法结构固定的表示确认事实义的陈述句式或感叹句式,且有演变为话语标记的倾向。伴随着规约化,"果不然"的功能扩展了,可以用于含有谓词性指示代词的短语"是这样"或谓词性指示代词"如此"等前,导致"然"的指代义因羡余而脱落丧失了,"果不然"出现了副词化倾向,相当于语气副词"果然"。

再如"因X(的)上头"类原因句式,始见于元代,是在蒙古语与汉语接触背景下由汉语前置词原因句式"因X(上)"类与蒙古语后置词原因句式的直译式或复制式"X(的)上头"类糅合而成的。随着时代的推移,"因X(的)上头"类逐渐衰微,但是其中三音节的糅合句式"因此上""以此上"仍有较强的生命力,由于多种因素的综合作用在元代就开始了词汇化的历程,由表示原因的糅合句式词汇化为表示结果的连词。然而在与同义的表示结果的双音节连词"因此""所以"等的竞争中,三音节的"因此上""以此上"到了清代逐渐衰微,乃至消亡了。不过在现代汉语某些方言中"因此上"也见使用。

16.7 小结

近代汉语中每种句式糅合的具体动因不可能完全一致,但是从根本上说,每种句式糅合的动因几乎都与凸显言者的主观性有关。交互主观性是一种特殊的主观性,凸显交互主观性也可以是句式糅合的动因。元代汉语中一些句式糅合的动因是语言接触。关于语言接触对汉语语法的影响,我们应持实事求是的态度。近代汉语句式糅合的动因具有单一性或多样性,必然性或或然性。

近代汉语句式糅合现象具有羡余性,在历时发展、演变过程中,糅合句式或是被淘汰,或是规约化。近代汉语句式糅合现象与词汇化、语法化有密切的关系,表现在两个方面:一是糅合句式中某个结构或成分有可能发生词汇化或语法化,二是糅合句式本身也有可能发生词汇化。

参考文献

曹广顺　1995　《近代汉语助词》，语文出版社。

曹广顺　2004　《重叠与归一——汉语语法历史发展中的一种特殊形式》，《汉语史学报》第4辑，上海教育出版社。

曹　翔　2011　《从文献材料看"除非"的产生时代》，《古汉语研究》第2期。

曹小云　1996　《〈五代史平话〉中已有肯定式"好不"用例出现》，《中国语文》第2期。

车录彬　2010　《汉语"糅合构式"初论》，《汉语学习》第6期。

车录彬　2016　《现代汉语羡余否定构式研究》，中国社会科学出版社。

车录彬、许杰　2013　《汉语悖义结构的形成条件和语用价值——以"果然""果不然"的比较分析为例》，《湖北师范学院学报》第3期。

陈秀兰　2009　《"S,N是"句型在梵、汉本〈撰集百缘经〉中的对勘》，《中国语文》第6期。

戴浩一　1988　《时间顺序和汉语的语序》，黄河译，《国外语言学》第1期。

德力格尔玛、高莲花、其木格　2013　《蒙古语与汉语句法结构对比研究》，民族出版社。

丁声树等　1961　《现代汉语语法讲话》，商务印书馆。

范　晓　2010　《关于句式问题》，《语文研究》第4期。

范　晓　2013　《关于句式的几点思考》，《汉语学习》第4期。

范晓、张豫峰等　2003　《语法理论纲要》，上海译文出版社。

冯春田　2000　《近代汉语语法研究》，山东教育出版社。

冯胜利　1996　《论汉语的"韵律词"》，《中国社会科学》第1期。

冯胜利　2000　《汉语韵律句法学》，上海教育出版社。

嘎日迪　2006　《中古蒙古语研究》，辽宁民族出版社。

郭　攀　1999　《"非A不B"句型的出现及其发展》，《华中师范大学学报》第3期。

韩陈其　2001　《汉语羡余现象研究》，齐鲁书社。

韩荔华　1994　《论重复》，《语言教学与研究》第3期。

汉语大字典编辑委员会　2010　《汉语大字典》（第2版），四川辞书出版社、崇文书局。

何金松　1990　《肯定式"好不"产生的时代》，《中国语文》第5期。

何金松　1994　《虚词历时词典》，湖北人民出版社。

黑维强　2003a　《论近代汉语"去+VP+去"句结构类型及其发展》，《兰州大学学报》第6期。

黑维强　2003b　《论近代汉语"去+NP+去"句》，《语言科学》第3期。

洪波、董正存　2004　《"非X不可"格式的历史演化和语法化》，《中国语文》第3期。

胡丽珍、雷冬平　2007　《论"除非"的功能及其句式演变》，《中南大学学报》第2期。

江蓝生　1987　《八卷本〈搜神记〉语言的时代》，《中国语文》第4期。

江蓝生　1989　《被动关系词"吃"的来源初探》，《中国语文》第5期。

江蓝生　1992　《助词"似的"的语法意义及其来源》，《中国语文》第6期。

江蓝生　1999　《从语言渗透看汉语比拟式的发展》，《中国社会科学》

第 4 期。

江蓝生　2003　《语言接触与元明时期的特殊判断句》，《语言学论丛》第 28 辑，商务印书馆。

江蓝生　2008　《概念叠加与构式整合——肯定否定不对称的解释》，《中国语文》第 6 期。

江蓝生　2010　《"好容易"与"好不容易"》，《历史语言学研究》第 3 辑，商务印书馆。

江蓝生　2013　《从语言接触的视角研究元代汉语——李泰洙〈老乞大四种版本语言研究〉序》，《近代汉语研究新论》（增订本），商务印书馆。

姜　南　2010　《汉译佛经"S，N 是"句非系词判断句》，《中国语文》第 1 期。

蒋礼鸿　1997　《敦煌变文字义通释》，上海古籍出版社。

蒋绍愚　2005　《近代汉语研究概要》，北京大学出版社。

蒋绍愚　2012　《也谈汉译佛典中的"NP_1，NP_2+ 是也 / 是"》，《汉语词汇语法史论文续集》，商务印书馆。

蒋绍愚、曹广顺（主编）　2005　《近代汉语语法史研究综述》，商务印书馆。

蒋宗许　2009　《汉语词缀研究》，巴蜀书社。

李崇兴　2001　《元代直译体公文的口语基础》，《语言研究》第 2 期。

李崇兴、祖生利、丁勇　2009　《元代汉语语法研究》，上海教育出版社。

李临定　1980　《"被"字句》，《中国语文》第 6 期。

李临定　2011　《现代汉语句型》，商务印书馆。

李　明　2016　《汉语助动词的历史演变研究》，商务印书馆。

李　申　1998　《近代汉语词语的羡余现象》，《徐州师范大学学报》第3期。

李思明　1998　《晚唐以来的比拟助词体系》，《语言研究》第2期。

李泰洙　2003　《〈老乞大〉四种版本语言研究》，语文出版社。

李小平　2007　《"果然"的成词过程及用法初探》，《东方论坛》第1期。

刘斐、张虹倩　2011　《"除非"句句式历时演变研究》，《北方论丛》第4期。

刘坚、江蓝生、白维国、曹广顺　1992　《近代汉语虚词研究》，语文出版社。

刘晓林　2007　《也谈"王冕死了父亲"的生成方式》，《中国语文》第5期。

龙国富　2010　《从语言渗透看汉译佛经中的特殊判断句式》，遇笑容、曹广顺、祖生利主编《汉语史中的语言接触问题研究》，语文出版社。

卢烈红　2005　《无主语"被"字句的历史发展》，《训诂与语法丛谈》，湖北人民出版社。

陆俭明　1985　《关于"去+vp"和"vp+去"句式》，《语言教学与研究》第4期。

吕叔湘　1982　《中国文法要略》，商务印书馆。

吕叔湘　1984a　《"见"字之指代作用》，《汉语语法论文集》（增订本），商务印书馆。

吕叔湘　1984b　《"相"字偏指释例》，《汉语语法论文集》（增订本），商务印书馆。

吕叔湘　1984c　《"被"字句、"把"字句动词带宾语》，《汉语语法论文集》(增订本),商务印书馆。

吕叔湘　1985　《疑问·否定·肯定》,《中国语文》第 4 期。

吕叔湘(主编)　1999　《现代汉语八百词》(增订本),商务印书馆。

罗竹风(主编)　2007　《汉语大词典》(缩印本),上海辞书出版社。

马建忠　1983　《马氏文通》,商务印书馆。

麦　耘　2011　《粤方言的音韵特征——兼谈方言区分的一些问题》,《方言》第 4 期。

孟庆章　1996　《"好不"肯定式出现时代新证》,《中国语文》第 2 期。

潘先军　2012　《现代汉语羡余现象研究》,北京语言大学出版社。

商务印书馆辞书研究中心　2000　《古今汉语词典》,商务印书馆。

邵洪亮　2015　《汉语句法语义标记词羡余研究》,中国社会科学出版社。

邵敬敏　1988　《"非 X 不 Y"及其变式》,《中国语文天地》第 1 期。

邵敬敏　2014a　《建构汉语句式系统的价值与意义》,《汉语学习》第 1 期。

邵敬敏　2014b　《现代汉语疑问句研究》(增订本),商务印书馆。

沈家煊　1993　《句法的象似性问题》,《外语教学与研究》第 1 期。

沈家煊　1994　《"语法化"研究综观》,《外语教学与研究》第 4 期。

沈家煊　1999　《不对称和标记论》,江西教育出版社。

沈家煊　2001　《语言的"主观性"和"主观化"》,《外语教学与研究》第 4 期。

沈家煊　2002　《如何处置"处置式"——论把字句的主观性》,《中国语文》第 5 期。

沈家煊　2006　《"王冕死了父亲"的生成方式——兼说汉语"糅合"造句》,《中国语文》第 4 期。

石毓智　2007　《语言学假设中的证据问题——论"王冕死了父亲"之类句子产生的历史条件》,《语言科学》第 4 期。

帅志嵩　2008　《"王冕死了父亲"的衍生过程和机制》,《语言科学》第 3 期。

孙锡信　1990　《元代指物名词后加"们（每）"的由来》,《中国语文》第 4 期。

孙锡信　1992　《汉语历史语法要略》,复旦大学出版社。

孙锡信　1999　《近代汉语语气词——汉语语气词的历史考察》,语文出版社。

孙锡信、杨永龙　2014　《中古近代汉语语法研究述要》,复旦大学出版社。

太田辰夫　1991　《汉语史通考》,江蓝生、白维国译,重庆出版社。

太田辰夫　2003　《中国语历史文法》（修订译本）,蒋绍愚、徐昌华译,北京大学出版社。

唐钰明　1987　《汉魏六朝被动式略论》,《中国语文》第 3 期。

唐钰明　1988　《唐至清的"被"字句》,《中国语文》第 6 期。

汪维辉　1998　《系词"是"发展成熟的时代》,《中国语文》第 2 期。

王灿龙　2008　《"非VP不可"句式中"不可"的隐现——兼谈"非"的虚化》,《中国语文》第 2 期。

王海棻　1991　《六朝以后汉语叠架现象举例》,《中国语文》第 5 期。

王海棻　2001　《古汉语疑问范畴词典》,江苏教育出版社。

王鸿滨　2003　《"除"字句溯源》,《语言研究》第 1 期。

王　力　1980　《汉语史稿》,中华书局。

王　力　1989　《汉语语法史》,商务印书馆。

王　锳　2005　《诗词曲语辞例释》（第 2 次增订本）,中华书局。

王正元 2009 《概念整合理论及其应用研究》,高等教育出版社。

魏培泉 2007 《关于差比句发展过程的几点想法》,《语言暨语言学》第 2 期。

吴福祥 1997 《从"VP-neg"式反复问句的分化谈语气词"麼"的产生》,《中国语文》第 1 期。

吴福祥 2004 《近年来语法化研究的进展》,《外语教学与研究》第 1 期。

吴福祥 2005 《汉语语法化研究的当前课题》,《语言科学》第 2 期。

吴福祥 2007 《关于语言接触引发的演变》,《民族语文》第 2 期。

吴福祥 2013 《关于语法演变的机制》,《古汉语研究》第 3 期。

伍 华 1987 《论〈祖堂集〉中以"不、否、无、摩"收尾的问句》,《中山大学学报》第 4 期。

伍铁平 1987 《语言中的多余成分》,《中国语文研究》第 9 期。

席 嘉 2010 《"除"类连词及相关句式的历时考察》,《语言研究》第 1 期。

向 熹 2010 《简明汉语史》(下),商务印书馆。

解惠全 2005 《谈实词的虚化》,吴福祥主编《汉语语法化研究》,商务印书馆。

解惠全、崔永琳、郑天一 2008 《古书虚词通解》,中华书局。

解植永 2007 《中古汉语判断句研究》,四川大学博士学位论文。

许宝华、宫田一郎 1999 《汉语方言大词典》,中华书局。

杨伯峻、何乐士 2001 《古汉语语法及其发展》(下),语文出版社。

杨永龙 2003 《句尾语气词"吗"的语法化过程》,《语言科学》第 1 期。

杨永龙 2012 《目的构式"VP 去"与 SOV 语序的关联》,《中国语文》

第 6 期。

杨永龙　2014　《从语序类型的角度重新审视"X+相似/似/也似"的来源》,《中国语文》第 4 期。

杨永龙　2016　《结构式的语法化与构式演变》,《古汉语研究》第 4 期。

叶建军　2007　《疑问副词"莫非"的来源及其演化——兼论"莫"等疑问副词的来源》,《语言科学》第 3 期。

叶建军　2008　《〈祖堂集〉中四种糅合句式》,《语言研究》第 1 期。

叶建军　2010a　《〈祖堂集〉疑问句研究》,中华书局。

叶建军　2010b　《连词"争奈"探源》,《古汉语研究》第 2 期。

叶建军　2014　《从相关句式看"拒不 V 双"的来源》,《宁夏大学学报》第 3 期。

俞光中、植田均　1999　《近代汉语语法研究》,学林出版社。

余志鸿　1992　《元代汉语的后置词系统》,《民族语文》第 3 期。

袁　宾　1984　《近代汉语"好不"考》,《中国语文》第 3 期。

袁　宾　1987　《"好不"续考》,《中国语文》第 2 期。

袁　宾　1989　《〈祖堂集〉被字句研究》,《中国语文》第 1 期。

袁　宾　1992　《近代汉语概论》,上海教育出版社。

袁　宾　2005　《"蒙"字句》,《语言科学》第 6 期。

张　斌　2003　《汉语语法学》,上海教育出版社。

张伯江、方梅　1996　《汉语功能语法研究》,江西教育出版社。

张　赪　2010　《汉语语序的历史发展》,北京语言大学出版社。

张洪明　2005　《汉语"被"的语法化》,吴福祥主编《汉语语法化研究》,商务印书馆。

张华文　2000　《试论东汉以降前置宾语"是"字判断句》,《云南师范大学学报》第 1 期。

张谊生　1992　《"非 X 不 Y"及其相关句式》,《徐州师范学院学报》第 2 期。

张谊生　2005　《羡余否定的类别、成因与功用》,《语言学论丛》第 31 辑,商务印书馆。

张谊生　2012　《试论叠加、强化的方式、类型与后果》,《中国语文》第 2 期。

张谊生　2014　《现代汉语副词研究》(修订本),商务印书馆。

赵长才　2014　《语言接触背景下元明时期"后头"表时间的用法及其来源》,《中国语文》第 3 期。

赵元任　1956　Formal and Semantic Discrepancies Between Different Levels of Chinese Structure,中研院历史语言研究所集刊第 28 本。

赵元任　1979　《汉语口语语法》,吕叔湘译,商务印书馆。

郑　光(主编)　2000　《原刊〈老乞大〉研究》,外语教学与研究出版社。

郑振铎　1958　《刘知远诸宫调·跋》,文物出版社。

志村良治　1995　《中国中世语法史研究》,江蓝生、白维国译,中华书局。

中国社会科学院语言研究所词典编辑室　2016　《现代汉语词典》(第 7 版),商务印书馆。

中国社会科学院语言研究所古代汉语研究室　1999　《古代汉语虚词词典》,商务印书馆。

钟兆华　2011　《近代汉语虚词研究》,中国社会科学出版社。

朱德熙　1982　《语法讲义》,商务印书馆。

朱冠明　2013　《汉译佛典语法研究述要》,蒋绍愚、胡敕瑞主编《汉译佛典语法研究论集》,商务印书馆。

祖生利　2001　《元代白话碑文中方位词的格标记作用》,《语言研究》第4期。

祖生利　2004　《元代直译体文献中的原因后置词"上/上头"》,《语言研究》第1期。

Goldberg, Adele E.　2007　《构式：论元结构的构式语法研究》,吴海波译,北京大学出版社。

Heine, Bernd and Tania Kuteva　2005　*Language Contact and Grammatical Change*. Cambridge: Cambridge University Press.

Hopper, Paul J. & Elizabeth Closs Traugott　2001　*Grammaticalization*. Beijing: Foreign Language Teaching and Research Press.

Kuno, Suzumo　1987　*Functional Syntax: Anaphora, Discourse and Empathy*. Chicago and London: the University of Chicago Press.

Lyons, J.　1977　*Semantics*.2 Vols. Cambridge：Cambridge University Press.

Peyraube, Alain　1989　History of the Comparative Construction in Chinese from the 5th Century B.C. to the 14th Century A.D., *Papers from the Second International Conference on Sinology*, Vol.2, 589—612.Taipei: Academia Sinca.

后　　记

　　大概是从 2005 年下半年开始,我就对近代汉语中的句式糅合现象发生了兴趣。那时我在上海师范大学师从袁宾先生攻读博士学位,在研究五代时期禅宗文献《祖堂集》疑问句式时,发现其中有多种糅合的疑问句式。后来我进一步发现,《祖堂集》中除了糅合的疑问句式,还有糅合的比拟句式、判断句式、感叹句式等。这些发现都写进了我的博士学位论文《〈祖堂集〉疑问句研究》(中华书局,2010 年出版)。2008 年 6 月获得博士学位后,我来到温州大学工作,仍然对近代汉语中的句式糅合现象颇感兴趣,并持续研究,拙著《近代汉语句式糅合现象研究》就是这些年来研究的成果。

　　近代汉语中的句式糅合现象具有普遍性、多样性和系统性,我研究了其中十余种句式糅合现象,有两点深刻的认识。其一,糅合是汉语某些奇特句式的一种生成机制,句式糅合说具有极强的解释力。如果离开了句式糅合说,汉语某些奇特句式的来源是很难得到科学、合理的解释的。其二,研究汉语史应该具有历史的发展的眼光,不能以今律古。如果从现代汉语视角来看,近代汉语中的很多句式糅合现象似乎是不规范的语言现象,但是所谓的"规范"或"不规范"是具有时代性、地域性和人为性的,即便真的是"不规范"的语言现象,也有可能习非成是或积非成是。

后记

　　拙著是我主持并完成的国家社科基金项目"近代汉语句式糅合现象研究"（批准号：12BYY086）最终成果。部分章节曾以论文形式发表于《中国语文》（2篇）、《语言科学》（2篇）、《古汉语研究》（2篇）、《语文研究》（2篇）及其他期刊，其中《"X胜似Y"的来源、"胜似"的词汇化及相关问题》（发表于《语言科学》2013年第3期）和《"被NP施VPNP受"的生成机制与动因》（发表于《中国语文》2014年第3期）两篇论文获得了第十八届中国社会科学院吕叔湘语言学奖二等奖。考虑到体例的统一等，这些论文编入拙著时均已略做改动。拙著从开始撰写到最终定稿前后历时十年左右。虽然"十年磨一剑"，但是拙著中疏漏与错谬仍在所难免。

　　感谢吴福祥先生、张谊生先生、杨永龙先生、傅惠钧先生、汪维辉先生等，他们曾对拙著中的部分章节提出过宝贵的修改意见。

　　感谢吴福祥先生、张谊生先生拨冗赐序。

　　感谢商务印书馆的朱俊玄先生为拙著的出版给予了热情的帮助。

　　特别要感谢责任编辑白冰女士，她精心编校，为拙著的出版付出了辛勤的劳动。

叶建军

2020年10月8日